KB121862

한국 농협의 뿌리와 성립과정

한국 농협의 뿌리와 성립과정

초판 1쇄 인쇄 2015년 2월 17일
초판 1쇄 발행 2015년 2월 25일

지은이 김용택
펴낸이 정순구
기획 농협대학교 협동조합연구소
책임편집 정윤경
기획편집 조원식 조수정
디자인 에디하우스
마케팅 황주영

출력 블루엔
용지 한서지업사
인쇄 한영문화사
제본 우진제책사

펴낸곳 (주) 역사비평사
등록 제300-2007-139호 (2007. 9. 20)
주소 110-260 서울시 종로구 북촌로 46 - 2, 3층 (구주소 : 가회동 173번지)
전화 02-741-6123~5
팩스 02-741-6126
홈페이지 www.yukbi.com
이메일 yukbi@chol.com

농협대학교
협동조합총서

01

한국 농협의 뿌리와 성립과정

김용택 지음

역사비평사

제2부 :: 광복 후 종합농협의 성립과정

제5장 단위조합의 성립과 사업이관

책머리에

우리나라의 농업협동조합은 농업 부문의 단순한 경제조직이나 기구이기 전에 오랫동안 우리의 농업, 농촌, 그리고 농민의 경제와 생활에 지대한 영향을 미쳐온 것은 물론 국민경제에도 중요한 하나의 제도로 존재해왔다. 그러므로 농협을 올바로 이해하는 것은 앞으로 우리나라의 지속 가능한 농업·농촌 발전은 물론 국민경제의 한 부분으로서 협동조합운동의 올바른 좌표를 설정해 나가는 데도 중요하다. 우리나라에서 농업협동조합이 하나의 제도로서 자리매김되어왔다면, 무릇 제도를 잘 이해하기 위해서는 그 발전사를 뿌리부터 살펴보는 것이 중요하다.

현존하는 한국 농협을 법제적으로 보면 그 한 뿌리가 1907년 대한제국 시대의 '지방금융조합'에 닿는다. 이것이 일제 식민통치시대에 '금융조합'으로 개편되었고, 1957년 농업은행법에 의해 '농업은행'에 흡수되었다가 1961년 농업협동조합법에 의해 오늘날 '종합농협'체제로 이어졌다. 또 다른 뿌리는 일제 식민통치시대에 경제사업 수행을 위해 만들어진 각종 농사단체들이다. 1915년 조선총독부의 중요물산동업조합령에 의한 '동업조합', 1926년 조선산업조합령에 의한 '산업조합', 같은 해 농회령에 의해 정비된 '계통농회', 그리고 1935년 식산계령에 의한 금융조합의 부락 단위조직으로서 '식산계'가 그것이다. 특히 계통농회는 광복 후 12년이 지나 1957년 대한민국 정부가 최초로 농업협동조합법에 의해 구농협을 설립할 때 그 잔존 업무와 재산이 흡수되어 실체적 기초가 되었으며, 이는 다시 1961년 종합농협으로 이어졌다.[1]

이처럼 현재의 농업협동조합은 1907년 대한제국시대의 지방금융조합과 여타 경제사업단체에 뿌리를 둔 조직이며, 지난 한 세기 동안 격변의 시대를 거치면서도 법제적으로나 실체적으로 단 한 번도 단절되지 않고 오늘에 이른 제도이다. 당시 이런 조합들이 진정한 의미의 협동조합이었는지를 묻기 이전에 그것은 이미 우리에게 주어진 실체들이었으며, 법제적 정당성을 따지기 이전에 우리나라 근대 농업협동조합 역사에 엄연히 존재하고 있었다. 그럼에도 아직까지 농업협동조합을 1961년에 제정된 농협법에 따라 완전히 새로 만들어진 것으로 호도하거나, 그렇게 애써 인정하려는 경향이 있다. 이는 결코 바람직한 태도가 아니며, 미래에 일어날 수 있는 농업협동조합의 다양한 문제점을 해결해 나가는 데도 전혀 도움이 되지 않는다. 현재는 물론이고 미래의 문제는 뿌리와 역사를 올바르게 인식하고 있을 때만 그것을 교훈 삼아 해결할 수 있고, 비전과 방향 설정에도 더없이 중요하다는 것을 우리는 잘 알고 있다.

따라서 이 책은 첫째로, 농업협동조합의 뿌리를 좀 더 명확히 하는 데 목적이 있다. 농업협동조합이 언제 어떻게 시작되었고 어떠한 과정을 거쳐 오늘에 이르게 되었는가를 자료를 통해 체계적으로 정리함으로써 우리가 그동안 잘못 알고 있는 것이 있었다면 바로잡아야 할 것이다. 둘째로, 농업

---

1) 물론 협동조합의 경험적 측면에서만 보면 멀게는 계나 향약이 있고, 일제시대에 자생한 민간 협동조합운동들도 있다. 그러나 이 책에서는 법제적인 면에서 근대적인 농협의 역사를 보고자 했다.

협동조합의 전신들이 시대별로 어떤 성격을 가지고 존재했으며, 구체적으로 어떤 활동을 했는지 살펴보면서 협동조합으로서의 기능과 역할이 합당했는지 살펴볼 일이다. 셋째로, 과거의 농업협동조합이 서구의 농업협동조합과 달리 어떤 과정을 거쳐 종합농협으로 성립했는지 살펴볼 것이다. 1907년 지방금융조합으로 출발하여 일제 식민통치시대와 광복 후의 혼란기를 거쳐 1961년 종합농협으로 재탄생하기까지, 어떤 노력으로 종합농협의 틀을 완성하게 되었는지 시대별로 순차적으로 살펴볼 것이다.

따라서 이 책은 전체적으로 1907년부터 현재의 농협의 틀을 갖춘 1974년까지 67년간의 결코 짧지 않은 우리나라 농업협동조합의 역사를 정리해보고자 했다. 이 기간을 셋으로 나누어 1907년부터 1945년 광복까지 대한제국과 식민통치 시기를 '제1부 한국 농협의 뿌리'로, 1945년부터 1961년까지 광복 후 종합농협 성립 시기를 '제2부 광복 후 종합농협의 성립과정'으로, 1961년부터 1974년까지 종합농협의 완성 시기를 '제3부 종합농협의 완성'으로 기술했다. 제1부와 2부는 농협대학교 협동조합연구소의 연구보고서로 각각 2011년과 2013년에 발표한 내용을 일부 보완했고, 제3부는 새로 쓴 것이다.

이 책은 처음부터 전문적인 논문이나 연구서가 아닌, 누구나 쉽게 체계적으로 농협의 성립과정을 이해할 수 있도록 하자는 의도로 시작되었다. 따라서 식민통치시대와 광복 후에 작성된 관변 또는 민간의 방대한 자료를 찾아 일일이 참고하지 않고 주변에서 쉽게 찾을 수 있는 자료만 가지고 썼기 때문에 부족하거나 부정확한 점이 없지 않다는 것을 밝혀둔다.

그럼에도 1961년의 종합농협과 그 전신들의 구조와 성격을 이해하기 위해서는 당시의 법령들을 살펴봐야 하므로 조금은 장황하게 기술되었는데, 그에 비해 행위와 성과는 상대적으로 간략히 기술된 점이 아쉽다. 덧붙여,

이제까지 농업협동조합의 역사에 관한 연구들이 주로 역사적·경제사적 또는 농업경제적 관점에서 이루어졌다면 이 책에서는 가급적 협동조합적 관점에서 바라보려고 노력했다.

끝으로, 부족한 이 책이 하나의 참고자료가 되어 농협에 대한 더욱 심도 있는 연구와 자료가 많이 나타나기를 소망한다. 이 책이 나오기까지 애정 어린 관심과 협조, 지원을 해준 농협대학교 총장님과 교직원들에게 마음 깊은 감사를 드린다. 아울러 이 책을 써 나가는 과정에서 도움을 준 '바른협동조합연구' 모임의 가치 있는 토론과 아낌없는 조언에 머리 숙여 감사드린다.

—2015년 2월

김용택

제1부
한국 농협의 뿌리

서언

흔히 한국 농협은 1961년 8월 15일 종합농협 출범과 함께 시작된 것으로 알고 있다. 현재의 농협도 이날을 창립기념일로 정해 기념하고 있다. 그 이유는 1961년 이전, 즉 대한제국시대와 일제 식민통치시대, 광복 후에 만들어진 농협이 한국 농협과 아무 관계가 없는 것처럼 잘못 알고 있거나, 아니면 과거를 부끄럽게 여겨 의도적으로 무시하고 있기 때문이다. 심지어 1957년 광복 이후 최초의 농협이 법률로 설립되었는데도 '구농협'이라 하여 인정하지 않고 있다.

그러나 1961년 8월 15일 이전의 농협들은 법률적으로는 물론이고 실체적으로도 명백히 현 농협의 뿌리이다. 그 단적인 예로 종합농협이 출범하면서 사용한 중앙회 청사를 들 수 있다. 중앙회가 청사로 사용했던 건물은 서대문로터리 부근에 있었다. 이 건물은 1931년 조선금융조합협회 청사로 신축되어 1933년 조선금융조합연합회를 거쳐 광복 후 금융조합연합회, 1956년 주식회사 농업은행 본점, 1958년 특수법인 농업은행 본점으로 쓰였다. 그리고 1961년 8월 15일 종합농협 출범과 함께 중앙회 청사로 사용되었고, 이후에는 1987년까지 농업박물관으로 사용되다가 새 건물을 짓기 위해 헐렸다.

현 농협의 전신인 과거의 농협들이 언제 어떻게 어떤 성격을 갖고 활동을 전개했고, 지금의 농협과 어떻게 연결되어왔는지 밝히는 것은 한국 농협의 뿌리를 찾는 일이다. 나아가 이를 토대로 우리 농협의 전개과정을 재조명해본다면 당면한 농협 문제를 이해하는 데 큰 도움이 될 것이다. 따라서 제1부에서는 1907년 대한제국시대에 만들어진 지방금융조합부터 일제 말기까지의 농협 관련 기관들의 역사적 전개과정을 살펴본다. 이를 통해 첫째, 대한제국과 식민통치시대의 농협 관련 기관들의 성립과정과 성격, 활동상황은 어떠했고, 둘째, 과거 농협 관련 기관들이 현재의 농협과 어떻게 연결되어 있는지를 알아봄으로써 한국 농협의 뿌리를 밝힐 것이다.

　한 가지 밝혀둘 것은, 이 글은 기존의 연구들처럼 역사학적, 경제사적, 또는 농업경제적으로 접근한 것이 아니라 어디까지나 협동조합적 관점에서 바라보고 있다는 것이다. 협동조합적 관점이라 함은 특정 기관의 구조, 행위, 성과를 근대적인 협동조합의 정의, 가치, 원칙에 비추어보는 것을 말하며, 다만 대부분의 일이 근대적인 정체성이 확립되기 이전에 벌어졌기 때문에 지나친 해석을 피하기 위해 동시대의 유사한 협동조합과 비교하여 살펴볼 것이다. 아울러 일제 치하 우리나라 사람들이 설립한 민간 협동조합은 현 농협과의 연관성을 증명할 근거가 없으므로, 접근대상은 대한제국과 조선총독부가 만든 관제적 농협 관련 기관으로 제한하고, 접근방법은 당시 만들어진 법령을 기본으로 살펴볼 것이다.

제1장
대한제국시대의 지방금융조합

1. 대한제국 지방금융조합의 개요

지방금융조합은 대한제국 광무 11년 5월 30일(1907. 5. 30) 칙령 제33호 전문 14조로 이루어진 '지방금융조합규칙'이 제정 공포됨으로써 시작되었다. 이 규칙의 주요내용은 다음과 같다.

- 지방금융조합은 농민의 금융 완화와 농업의 발달 기도를 목적으로 하며, 사단법인으로 한다.
- 구역은 1군 또는 수군 내로 한다.
- 조합원은 구역 내에서 농업을 영위하는 자로 한다.
- 조합의 책임은 그 재산을 한도로 한다.
- 업무는 농업상 필요한 자금의 대부와 조합원이 생산한 곡류의 보관, 이에 겸하여 농업상의 자재 분배 대여와 생산물의 위탁판매로 한다.
- 조합원 선거를 통해 조합장 1인과 평의원 약간 명을 둔다.
- 조합 대여금으로 정부가 약간의 금액을 하부한다.
- 정부대하금 업무 집행은 탁지부대신이2) 추천하는 이사 1인이 한다.

- 조합은 경비충당을 위해 조합원으로부터 매년 2원 이하의 조합비를 징수한다.
- 조합의 업무성적 및 손익계산은 매년 1회씩 총회에 보고한다.
- 조합은 업무의 필요상 기채가 가능하다.
- 조합의 이익은 공동기본금으로 적립한다.
- 조합의 업무는 탁지부대신이 감독한다.
- 조합 설립에 관한 세부사항은 탁지부대신이 정한다.

이 내용을 자세히 살펴보면 다음과 같다. 첫째, 지방금융조합은 농민의 금융 완화와 농업의 발달을 목적으로 하는 사단법인이었다. '지방금융조합 규칙'을 공포할 당시 지주와 상공업자를 대상으로 부동산 대부를 주로 하는 농공은행과 보통은행이 설립되어 있었다. 그러나 이들 은행은 고리대적인 금융구조에서 신음하는 소농민의 금융수요를 충족할 수 없었다. 따라서 소농을 위한 금융 기회를 제공하는 소농 금융기구를 만들어 이를 통해 농업의 발전을 꾀할 필요가 있었다. 지방금융조합은 그런 목적으로 만들어졌고, 협동조합이라는 특수법인이 아닌 사단법인의 법인격을 부여했다.

둘째, 조합의 구역은 1개 군 또는 수 개 군으로 했다. 지방금융조합 설치는 세부지침인 '지방금융조합에 관한 세조설명'(이하 '세조설명')에 따랐다. 이를 보면 조합의 구역은 토지상황에 따라 광·협의 중 하나로 하지 않고 지세, 관습, 교통기관의 왕복, 조합업무 집행의 편부를 참작해 설치하도록 했다. 그럼에도 조합은 대체적으로 전통적인 협동생활에 토대를 둔 소구역보다는 행정구역 중심의 대구역주의를 택했다.

---

2) 탁지부(度支部): 조선 말기와 대한제국기에 국가 재무를 총괄한 중앙행정부서이다. 정부의 회계·출납·조세·국채·화폐·은행 등 사무 일체를 통괄하며 지방 재무를 감독했다.

셋째, 조합원은 구역 내에서 농업을 영위하는 자로 했다. 농민의 경제상태를 구제한다는 목적에 따라 조합원은 소농, 즉 소작인으로 하되 지주는 피하도록 했다. 단, 소상공인도 적당하다고 인정되면 조합원이 될 수 있었다. 그리고 신용이 확실한 소농에게는 무담보 대부도 했다. 이는 소작인의 금융완화를 무엇보다 중시했기 때문이었다. 조합원 가입은 평의원의 추천과 평의원회 의결을 거쳐 조합을 관할하는 재무서장의 승인을 얻어야 했고, 탈퇴 또한 평의원회 의결에 따랐다. 그러나 범죄 및 불법행위를 하거나 조합비 납입, 대부금 변제, 이자지불 연체, 조합 명예훼손 등의 행위자는 재무서장의 승인을 얻어 제명했다. 즉 조합원의 신원과 신용행위 불량자에 대해서는 제한조치를 취한 것이다.

넷째, 조합의 책임은 그 재산을 한도로 했다. 이는 출자하지 않은 조합원의 책임은 거론하지 않고 조합의 경제적·법률적 행위의 책임을 그 보유재산까지로 한 것이다.

다섯째, 조합은 조합원의 농업상 필요한 자금의 대부와 조합원이 생산한 곡류의 창고보관을 주된 업무로 삼았고, 조합원에 대한 종묘, 비료, 농구 등 농업상 재료 분배와 대여업무, 조합원이 생산한 생산물의 위탁판매 등의 겸영업무를 했다. 이를 볼 때 지방금융조합은 정부대하금에 의한 농업자금융자(신용사업)와 함께 창고업무, 영농자재업무, 농산물 판매사업까지 영위하여 종합농협적 사업을 했음을 알 수 있다.

여섯째, 조합원의 선거를 통해 선출하는 조합장 1인과 평의원 약간 명을 두었다. 지방금융조합 모범정관에 따르면, 조합은 조합장 1인, 평의원 10인, 이사 1인을 둘 수 있었다. 조합장과 평의원은 조합원 중에서 선출하여 탁지부대신의 승인을 받았고, 이사는 탁지부대신의 추천으로 임명되었다. 이사는 조합장을 보좌해 일상업무를 집행하며, 평의원회 의결에도 참여했다. 그런데 이사는 일제에 의해 특별히 양성된 일본인이었고, 조합의 집행기구이자 대표기구로서 평의원회의 업무를 제외한 조합업무 전반에 전권을 가졌다. 평의원회는 오늘날의 이사회와 같은 역할을 담당했다. 오늘날과 다른 특징이 있다면, 평의원은 조합의 일상업무에 대해 조합장의 처리가 부당하다고 판단되면 감독관청에 상신할 수 있었고, 회계나 기타 사무를 검사할 수 있었다. 조합장과 평의원은 원칙적으로 무보수였다. 그러나 총회의 의결을 거치면 약간의 보수를 지급할 수도 있었다. 또한 조합장은 평의원회의 의결을 거쳐 유급 사무원(서기)을 고용할 수 있었고, 정부는 유급 사무원의 2년치 급료와 이사 급료 전액을 지원하는 특별조치를 취했다.

일곱째, 정부는 약간의 금액을 조합대여자금으로 하부했다. '지방금융조합 설치계획요령'(이하 '설치계획요령')에는, 정부는 설립되는 각 조합에 금 1만 원을 대하한다고 되어 있다. 그리고 '세조설명'을 보면 대부 금액을 1인 50원 한도로 가능한 한 소액씩 다수인에 융통한다고 했다. 이를 볼 때 1만 원은 200여 명에게 융자할 수 있는 금액이었는데, 대부 기간은 10개월을 초과할 수 없도록 했지만 다수가 이용하기에는 부족했다. 그런데 정부대여 기본금인 이 돈은 정부의 명령에 따라 언제라도 반환해야 하는 차입금이었지만 반환 명령이 없어 사실상 자기 자본이라 할 수 있었다. 만일 이 자금이 전액 조합원에 대한 융자 재원으로만 쓰였다면 조합원 출자가 없는 상황에서 초기 설립 및 운영자금을 어떻게 조달했는지 알 수 없다. 그리고 이 자금은 정부가 임명한 이사가 집행했는데, 이를 통해 정부의 자금공여와 이사의 임명이 연계되어 있었음을 알 수 있다.

여덟째, 조합은 경비 충당을 위해 조합원으로부터 매년 2원 이하의 조합비를 징수했다. 조합비는 정관에 따라 매년 6월과 12월에 나누어 납입하며, 금액은 평의원회 의결을 거쳐 확정했다. 당시 조합원은 출자의무가 없었다.

대신 조합비를 매년 2기로 나누어 납부하는 것으로 조합원의 의무를 행했는데, 소농민의 경제사정상 이 돈은 큰 금액이어서 조합 가입에 장애요인이 되었다. 그에 따라 1909년 조합비 대신 가입금 제도로 바뀌었다.

아홉째, 조합의 업무성적과 손익계산은 매년 1회 총회에 보고했다. '설치계획요령'을 보면 조합은 매년 2회 조합 재정과 금전의 수지에 관한 상세 보고를 만들어 통지하고 매년 2회 총회를 열어 보고하도록 했다. 이로 보아 조합운영 공개를 제도화했음을 알 수 있다.

열째, 조합은 업무상 필요에 따라 기채가 가능했다. 조합은 탁지부대신의 승인을 받아 농공은행에서 차입할 수 있었다. 조합과 농공은행은 업무가 연계되어 있었는데, 조합은 농공은행 일부 예금의 대리예수와 함께 거액대출 요구자를 농공은행으로 연결시켜주었다.

열한째, 조합의 이익은 공동기본금으로 적립했다. 모범정관에 따르면, 조합은 매년 1월부터 12월까지의 사업연도 총이익금에서 제경비, 손실금, 차입금의 이자를 제외한 이익금을 조합원에게 배당하지 않고 전부 조합 기본금으로 적립했다. 그러나 적자를 시현했을 경우 구체적으로 어떻게 처리했는지는 명확하지 않다.

열두째, 조합의 업무는 탁지부대신이 감독했다. 그러나 실제는 탁지부가 통할하되 탁지부령인 '지방금융조합 감리내규'에 의거해 재무감독국장이 매월 1회 또는 임시로 필요할 때 업무를 검사하고 보고 받았고, 재무감독국장은 지방정부의 재무서 관리를 통해 감독에 필요한 사무를 집행했다. 또한 조합의 임원으로 탁지부대신이 임명한 감독관을 두고서 업무 전반을 감독했다. 즉 초기에는 조합원이 선출하는 감사 제도 없이 정부가 임명한 감독관이 업무를 직접 감독함으로써 정부가 이사에 의한 업무집행과 감독관에 의한 감독이라는 양면의 통제를 수행했던 것이다.

열셋째, 조합 설립에 관한 세부사항은 탁지부대신이 정했고, 탁지부대신은 탁지부령으로 지방금융조합 설립에 관한 건을 제정했다. 구체적으로, 지방금융조합은 탁지부대신이 임명한 군수, 세무관, 재무관, 재무관보, 민간위원 약간 명(관찰사 추천)으로 '지방금융조합 설립위원회'를 구성하여 정관을 작성하고, 탁지부대신의 인가를 받은 뒤 조합원을 모집하여 설립했다.

끝으로 오늘날의 업무처리규정에 해당하는 '지방금융조합 업무집행내규'의 주요 지침을 보면, 사업과 관련된 이자, 창고보관료, 공동구입 및 위탁수수료는 미리 일정률을 정하여 받았다. 단, 이자와 창고보관료는 지방의 관행을 참조하되 낮게 책정하여 조합원의 편의를 도모했다. 그리고 대부는 앞서 기술한 대로 1인 50원을 한도로 했고, 다액대부를 원하면 농공은행에 연계해주었다. 대부의 담보는 동산, 특히 농민의 생산물 담보를 위주로 위탁판매, 창고보관과 연계했고, 부동산 담보는 물론 미래의 수확물까지 담보로할 수 있었다. 아울러 신분이 확실하고 보증인이 있을 경우에는 무담보 신용대부도 해주었다.

공동구매사업은 그 대상을 농구, 종묘, 비료와 같은 농업재료와 생산원료, 소금, 석유와 같은 생활물자로 했다. 구매품은 종류와 수량을 미리 신청 받아 구입비용을 납부하게 했으며, 구입 빈도는 줄이고 구입 수량은 늘려 최대한 염가로 구입했다. 위탁판매품은 곡류, 소금, 잎담배, 누에고치, 모시 등으로, 조합원에게 위탁판매를 의뢰 받을 때는 위탁판매증서를 교부했고, 판매는 수급관계를 고려하여 고가로 판매했다. 그리고 창고보관업무는 주로 동산 담보대부, 위탁판매, 공동구입 등 조합의 다른 업무와 연계된 쌀과 기타 부업 산물을 대상으로 했다. 입고품에는 예치증서를 발행하고, 재고품을 담보로 대부할 때는 그 증서를 조합이 보유했다. 또한 재고품을 판매할 때는 창고 부근에 임시시장을 개설해 편의를 제공했다.

2. 지방금융조합 추진과정과 배경

　지방금융조합은 1905년 을사조약(乙巳條約) 이후 일제가 식민지 금융기구를 만드는 과정에서 1906년 설치된 농공은행을 보조하고 소액의 농사자금을 공급할 조합형태의 권업·척식 금융기관으로 구상되었다. 그리고 대한제국 재정고문이었던 일본인 메가다(目賀田)에 의해 실행되었다.

　메가다는 1906년 4월 통감부의[3] 초대 통감 이토 히로부미(伊藤博文)의 동의를 얻은 뒤 '제1차 조합설치요령'을 만들어 대한제국 정부에 자문을 구했다. 그 내용은 2～3개 군에 1개 조합을 설치하고, 대부는 대인 담보로 단기 소액자금을 융통하며, 지배인은 일본인을 채용하고, 자금은 정부공채자금을 동원한다는 등 조합의 설립과 운영 전반에 대한 것이었다. 메가다의 구상에서 조합은 대인신용을 바탕으로 소농민 위주의 상호조합이 되어야 했다. 이후 메가다는 1907년 2월 각지의 농공은행 지배인들로부터 농업금융 확대와 농업창고 설치의 필요성에 대해 자문을 구하고 조합 설치의 필요성을 인정받은 뒤 새로운 금융기관을 설치할 준비를 마쳤다. 대한제국 정부와 탁지부의 검토 및 협의, 대신들의 합의를 받아낸 것이다.

　1907년 5월 4일 대한제국 정부는 이토 히로부미, 메가다 등이 참석한 제15회 '한국 시정개선에 관한 협의회'를 열었다. 이 자리에서 '지방금융조합 설치요령'이 제안되었다. 이 요령은 앞서 만든 제1차 요령을 더욱 구체화한 것으로, 이후 제정된 '지방금융조합규칙'에 명기된 조합의 설립, 업무, 임원, 조합원의 의무, 자금, 조합 감독 등 조합의 조직과 운영, 사업활동에 대한 대체적인 것들이 명시되었다. 아울러 조합의 자금으로 정부대하금 1만 원과

---

3) 통감부(統監府): 일제가 조선 통치를 위해 을사조약을 통해 만든 기관으로, 1906년 2월 1일에 설치되었다.

필요시 농공은행으로부터의 차입, 그리고 조합원으로부터 매년 2원씩을 받아 조합 경비로 충당한다는 내용도 포함되었다.

그런데 특기할 것은 조합원으로부터 예수금을 받는 것과 조합원 출자에 의한 자금조성은 처음부터 검토되지 않았다는 것이다. 이는 일본흥업은행(1908년 철수)—농공은행—지방금융조합으로 이어지는 식민지 산업금융구조를 만들어 지방금융조합 자금을 일본흥업은행 차관으로 조달하려 했기 때문이었다.

또 하나 눈여겨볼 것이 있다. 제1차 요령에는 '설립되는 각 조합에 농업 전문가인 농업기수를 배치한다'는 계획이 들어 있는데, 이는 제2차 요령에 포함되지 않았다. 그리고 제15회 협의회를 마치고 시달된 지방금융조합에 관한 '세조설명'은 조합은 농촌, 특히 농민의 금융을 소통하여 그 경제상태를 개선하는 일과 함께 농사개량을 돕도록 지시하고 있다. 이는 조합의 설립 목적이 단순히 농업자금의 대부만이 아니라 경제사업과 농사개량 등을 통한 농업발전, 장기적으로는 식민지 농정 원조에 있었음을 시사한다.

'지방금융조합규칙'은 이런 과정을 거쳐 1907년 5월 30일 칙령 제33호로 제정되었다. 그리고 다음 날인 6월 1일 의정부 참정대신 이완용과 탁지부대신 고영희 명의로 관보에 발표되었다. 이로써 지방금융조합이 본격적인 설립을 보게 되었다.

이처럼 지방금융조합은 농업금융기구 설립의 필요성에 따라 메가다에 의해 제안되어 일제 당국자들과 대한제국 정부 관계자들의 협의와 검토를 거쳐 만들어졌다. 그리고 짧은 기간 내에 신속하게 진척된 배경에는 일제의 재정정리사업과 화폐정리사업으로 빚어진 금융경색 현상과 신용통화기구의 혼란이 있었다.

재정정리사업은 재정을 식민지적으로 재편하기 위해 국고 및 회계 제도를 수립하고, 징세 제도를 개편해 세무기구를 장악하여 세출을 감시하고 세입을 확보하려는 사업이었다. 이 사업에 따라 기존의 외획 제도(外劃制度)를 폐지하고 세수의 국고일원화 정책을 새롭게 펼쳤는데, 그로 인하여 징수한 세금이 도시에 집중됨으로써 농촌지역에 자금경색 현상이 발생했다. 이를 해소하기 위해서는 각지에 금융기관을 설치해 자금을 농촌으로 환원해야 했고, 그런 목적에서 지방금융조합을 신속하게 설치해야 했다.

화폐정리사업은 일본의 제일은행권과 신화(新貨)의 유통을 확대하여 대한제국 경제를 일본 통화에 강제로 편입시키기 위한 사업이었다. 즉 식민지 금융기관을 신설하여 이들 금융기구를 통해 신화를 보급함으로써 구화인 백동화를 회수하고 엽전 유통을 축소하려던 것으로, 특히 지방 소상인과 농민은 구화의 회수나 신화의 보급이 용이치 않아 통화 사용에 혼란이 계속되었다. 이를 해소하기 위해 지방금융조합이 설치되었다.

3. 지방금융조합의 전개과정

통감부는 지방금융조합 설립을 위한 칙령을 하달하기 전에 이미 금융조합 실무를 담당할 간부를 양성해놓았다. 척식대학의 전신인 동양협회 전문학교 출신의 22~25세에 이르는 30명의 일본인 청년들을 대한제국 정부의 재정 고문부 관리로 채용해 금융조합 이사로 내정해두었던 것이다.

1907년 5월 15일 통감부는 지방금융조합에 관한 '세조설명'을 만들어 시달했다. 설립구역은 당분간 세무관 소재지에 한했고, 농공은행 본·지점 등의 기설 금융기관으로 족하다고 인정할 만한 지방은 가능한 한 피하도록 했다. 또한 조합원 수는 당분간 한정하지 말고 설립구역 내에 주소를 가진 농업자를 권유하여 다수를 가입시키도록 했다. 그에 따라 설립구역은 세무관 소재지를 중심으로 일률적으로 정해졌다. 이로 인해 경제 및 교통사정이 서로 다른 지역이 동일 조합구역 내에 포함되는가 하면, 9개 군을 관할하는 세무관서가 생길 정도로 어떤 조합은 업무구역이 너무 넓어 구역변경을 요청하는 등의 문제가 발생했다. 이런 이유로 초기에는 세무관서를 중심으로 한 대조합이 많았으나 이후 경제적 사정을 고려한 지역선정을 통해 소조합으로 전환되었다.

일단 설립지역이 선정되면 조합설립위원을 지명하여 조합의 설립을 추진했다. 설립위원으로는 군수와 세무관, 재무관, 재무관보, 민간위원 약간 명을 두었는데, 실제로는 지방 재무관서의 일본인 재무관과 재무관보가 설립을 주도했고 정부대여금을 지급한다는 명목으로 임명된 일본인 이사가 가세했다. 그러나 이들 일본인 관료만으로는 농민의 자발적인 참여를 유도하기 곤란하여 조합원 모집은 물론 사업활동도 어려웠다. 따라서 면장을 비롯해 지주와 유력 상인들을 민간위원으로 두고 조합을 설립했고, 이들은 조합설립 이후 조합장과 평의원 등 임원으로 활동했다.

'지방금융조합규칙'은 조합원은 소농, 즉 소작인을 주로 하고 지주는 가입을 피하라고 했다. 그러나 규칙과 달리 조합 설립 초기부터 지주계층과 유력 상인층이 참여하여 활동했다. 그 결과 1912~1913년의 조합원 계층별 구성을 보면 65개 조합에서 지주 6.6%, 자작농 70.23%, 소작농 23.16%로 지주계층이 6.6%나 되었고 소작농은 23.16%에 그쳤다. 또한 33개 조합을 대상으로 계층을 세분화해 조사한 바에 의하면 지주는 4.96%, 자작농은 30.27%, 자소작농 51.74%, 소작농 13.03%로 일부 소작농이 자소작농에 포함되었다 하더라도 소작농의 비율이 매우 낮았다. 이는 조합들이 규칙을 따르지 않고 자산상태가 양호하고 채무변제가 확실한 사람을 조합원으로 가입시킨다는 방침하에 경제적으로 열악한 계층인 소작인의 가입을 제한했기 때문이다. 이런 현상은 시간이 경과될수록 심해졌다.

이렇게 하여 초년도인 1907년에는 17개(영업조합 10개, 평균 조합원 562명) 조합이 신설되었다. 이어 1908년에는 30개 조합이 신설되어 47개 조합(영업조합 43개, 평균 조합원 375명)이 되었고, 1909년에는 53개 조합이 신설되어 모두 100개 조합(영업조합 97개, 평균 조합원 312명)으로 늘어났다. 여기서 잠깐 대한제국시대에 최초로 설립된 광주금융조합 사례를 통해 당시의 상황을 살펴보겠다.

1907년 5월 13일 탁지부대신의 훈령과 금융조합 설립계획 및 정관안 등을 받은 재정고문부 광주지부(재무관 소재지)는 한 달여 뒤인 6월 28일 설립허가를 받고 조합원 모집에 나섰다. 관할구역은 광주를 중심으로 담양·창평·옥과·곡성·화순·동복·능주였다. 창립위원은 김형옥·조운환·이응일 등이었고, 관찰사와 군수, 면장, 이장 등을 동원해 8월 10일까지 1,034명의 조합원을 모집했다. 8월 24일 지역별 대표 104명과 지방유지들을 초청하여 전남관찰부에서 광주금융조합 창립총회를 개최하고 초대 조합장에 최상진을 선임했다. 이어 10월 20일 초대 이사(오쿠다)가 부임했고, 11월 1일부터 업무를 개시했다.

초기에는 이사가 조합원들을 일일이 찾아다니며 돈을 빌려주었다. 대출액은 50원 이하였고, 평균 36엔이었다. 금리는 연간 2할 2푼 4리부터 최저 1할 6푼 4리였다. 당시 사채금리는 20엔 이하가 월 6푼에서 1할까지, 100엔 안팎은 3~6푼이었는데, 그에 비하면 싼 편이었다. 이를 바탕으로 금융조합은 여수신업무 외에 영농기술의 보급 및 지도, 양잠기술 보급, 종자개량, 비료와 농기구 등의 구판사업, 특산품 개발 등으로 점차 사업범위를 넓혀나갔다.

이 사례처럼 지방금융조합은 조합원의 선거를 통해 조합장을 선출하고, 조합장은 지방장관의 승인을 얻어 취임했다. 이사는 조합의 집행기구이자 대표기구로서 일제가 임명하여 파견했다. 평의원은 조합원 중에서 선출하여 이사와 조합장의 자문에 응하거나 지역별로 임무를 맡아 수행했다. 총회는 조합원의 의결기관이었고, 조합원은 총회에서 임원 선출과 정관 작성, 회계 감사 등에 대해 의견을 발표하고 의결권을 행사했다. 평의원회는 조합규칙 및 명령과 정관에 정한 사항을 의결하여 조합의 의사를 결정했다. 그러나 실제로는 조합운영의 모든 실권이 이사에 집중되어 있었고, 조합장 이하 기타 임원들은 부분적으로 참여했다. 또한 조합운영 전반에 걸쳐 감독규정과 명령에 의해 중앙정부와 지방정부의 감독과 지시를 받았다.

지방금융조합의 자금조달에 대해 살펴보면, 초기에는 출자금 제도와 예금 제도가 있기 전까지 정부대여기본금, 적립금, 차입금, 보조화정리자금, 정부 공여 창고건설보조금, 기타경비와 같은 정부보조금으로 자금을 구성했다. 그런데 보조화정리자금, 창고건설보조금, 경비보조금은 처음부터 용도가 제한되어 있어 임의로 운용할 수 없었고, 정부대여 기본금, 적립금, 차입금만 운용 가능했다. 이런 상황에서 1909년까지는 차입금이 전혀 들어오지 않았고, 적립금도 미미하여 운영자금은 정부대여 기본금 중심이었다. 그래서 초기부터 자금부족에 시달렸는데, 정부공여 경비보조금이 없었다면 손익도 적자를 시현할 수밖에 없었다. 이는 조합이 사실상 정부가 지원하는 경비보조금에 의해 지탱되었고, 따라서 그들의 지시와 명령에 순응할 수밖에 없는 구조였음을 의미한다.

지방금융조합의 가장 중요한 사업은 대부활동이었다. 그런데 신용대부를 위주로 조합을 운영한다는 애초의 목적과는 달리, 감독관청은 초기부터 담보대출을 권장했다. 그 결과 1913~1915년까지 부동산 담보대부가 50%에 달했고, 신용대부가 40%, 동산 담보대부가 10% 정도였다. 이는 조합 설립 초기에도 유사했을 것으로 짐작된다.

대부금리는 그 지방의 금융상태와 소재 금융기관의 관계를 참작하고 조합의 이익을 고려하여 적당히 정하도록 했는데, 대개는 민간의 대부금리보다 낮게 책정했다. 대부 한도액은 50원이었고, 대부 기간은 10개월, 이자는 매월 또는 격월로 납부하도록 했다. 대부금 용도는 초기부터 제한했고, 그 용도는 농우구입자금, 자작농 토지구입자금, 토지개량자금, 농비의 순이었다.

위탁판매사업은 조합 설립 초기부터 장려되었다. 그러나 1907년에는 취급 조합이 없었고, 1908년에는 영업조합 43개 중 2개 조합만이, 1909년에는 영업조합 97개 중 12개 조합만이 취급했다. 1조합당 평균 취급액은 1907년 102원, 1908년 561원으로 저조했다. 위탁판매품목은 쌀, 벼, 보리, 콩과 같은 곡물과 소금, 잎담배, 누에고치, 모시와 같은 지방특산물이나 부업장려품이었다.

오늘날의 구매사업에 해당하는 공동구입사업도 초기부터 장려되었다. 그러나 이 역시 1907년에는 취급하는 조합이 없었고, 1908년에는 영업조합 중 5개 조합이, 1909년에는 15개 조합만이 취급했다. 1조합당 평균 취급액은 1908년 298원, 1909년 193원으로 매우 저조했다. 공동구입 취급품목은 농용기구, 종묘, 비료와 같은 농자재와 면사, 저마, 누에와 같은 부업생산원료, 그 밖에 소금, 석유 등의 생활물자였다.

이용사업의 하나인 창고보관사업은 1907년에는 취급 조합이 없었고, 1908년 영업조합 중 4개 조합이, 1909년 10개 조합이 취급하여 1조합당 평균 입고액은 1908년 955원, 1909년 356원이었다.

조합의 사업활동에는 농사개량과 부업장려사업도 있었다. 이는 '지방금융조합규칙'에는 명시되지 않았으나 행정지시에 의해 수행되었다. 조합을 통한 농사개량 장려는 설립 전부터 당국에서 의도했던 것으로 보인다. 조합은 설립 초기부터 다투어 농사개량시설을 설치했는데, 도작 강습회, 농산물 품평회 등을 여는 한편 시범포를 설치해 쌀, 보리, 콩 등 곡물과 뽕나무 묘목, 육지면 등을 시험재배하고 개량종자 보급도 도모했다. 산미증식과 벼의 품종개량은 가장 역점을 둔 장려사업이었으며, 당국은 역둔토를 무료로 대여하거나 2~3개 조합에 1명씩 농사 전문가인 농업기수를 배치하여 농사개량사업을 도왔다. 농사개량사업은 일제의 권업행정시설이 완비되기 전까지는 조합의 권업시설이 군정의 시설을 능가하여 조합을 중심으로 수행되었다.

조합은 농사개량 장려와 더불어 부업장려에도 힘을 쏟았다. 부업은 위탁판매업무와 연결하여 장려했고, 특히 주업으로 생계유지가 어려운 조합원의 저축장려수단으로 강조되었다. 부업장려품목은 한지, 저포 등의 특산품부터 가마니 짜기, 새끼 꼬기, 양돈, 양계 등 다양했고, 나중에는 일제의 요구에 따라 콩, 누에, 잎담배, 면화와 같은 원료농산물로 발전해 나갔다.

마지막으로 지방금융조합이 주력했던 화폐정리사업은 구화인 백동화와 엽전의 회수, 신화의 산포 등이었다. 백동화는 1911년까지 회수되었고, 엽전 회수와 신화 산포는 1923년에 종료되었다.

4. 대한제국시대 지방금융조합의 성격

지금까지 대한제국시대의 지방금융조합 개요와 추진과정, 배경, 그리고 1907~1909년까지의 전개과정을 살펴보았다. 이를 바탕으로 이 시기 지방금융조합의 성격을 규명하면 다음과 같다.

첫째, 지방금융조합은 철저히 관제적 하향식 조합이었다. 당시 우리나라 농민들은 근대적인 협동기구를 자발적으로 만들 만한 역량이 없었다.

둘째, 지방금융조합은 일본인 재정고문의 제안에 따라 대한제국 정부 관계자와 일제 당국자 간의 검토와 협의를 통해 만들어졌고, 모든 법령과 지침은 대한제국 정부 탁지부 명의로 이루어졌다. 그러나 실제로는 일제 통감부와 일본인으로 이루어진 재정고문부, 재무감독국과 지방의 재무관서, 세무관서 등이 설립 제안부터 입법, 설립, 운영지도, 감독을 주도했다. 1910년 한일합병 이후에는 일제에 강요당하거나 방관자적 입장에 서지 않고 대등한 입장에서 협의와 검토를 통해 대한제국의 입장을 관철하려 했다.

셋째, 일제가 지방금융조합을 서둘러 설치한 의도는, 단기적으로는 조선의 경제를 식민지 구조로 개편하는 데 필요한 재정정리사업과 화폐정리사업에 따른 금융경색을 완화하고, 신용통화기구의 혼란을 조속히 해결할 농촌 금융기관이 필요했기 때문이었다. 중장기적으로는 식민지 농정을 금융면에서 뒷받침할 기관이 필요했다. 또한 경제 외적으로는 의병투쟁의 고조기에 의병의 주요 근거지인 농촌에서 의병과 일반 농민의 관계를 단절시키려는 의도도 깔려 있었다.

그러나 대한제국의 입장은 달랐다. 당시 대한제국은 조세 제도와 화폐 제도의 운영문제, 지주제로 인한 농민경제의 영세성 등으로 고리대적 금융구조가 고착되어 엄청난 문제를 야기하고 있었기 때문에 이를 전면적으로 개혁해야 했다. 대한제국은 화폐 제도를 개혁하고 중앙은행을 설립해 화폐금융구조를 지키면서 한편으로는 근대화사업에 필요한 자금공급을 위해 보통은행이나 농공은행과 같은 금융기구를 만들어 금리제한 조치를 통해 고리대적 금융구조를 해결하려 했으나 여의치 않았다. 그에 따라 지주계층, 즉 경영형 부농층이나 경영지주를 인정하면서 소농금융기구를 설립하여 신용있는 소농층을 대상으로 저리의 신용대부를 한다는 방안을 가지고 있었다.

그런 의도는 지방금융조합으로 구체화되었다. 따라서 '지방금융조합규칙'은 지방금융조합의 주 대상을 소작인 층으로, 대부방식을 신용대부 위주로 했고, 지방금융조합의 운영을 기존 향촌사회의 자치질서인 사창이나[4] 향회의[5] 운영방식(정부보조금 1만 원, 회비 2원, 적립금 등의 제도)과 동일하게 했다. 여기에는 대한제국의 의도가 깊숙이 개입되어 있었다.

넷째, '지방금융조합규칙'은 사창이나 향회의 운영방식을 일부 차용했지만, 전통적인 협동조직인 계의[6] 경우 공동체적 이념에 바탕을 둔 상호부조적·자조적·자율적 조직인 점에 비추어 어떤 점을 구체적으로 도입했는지는 분명치 않다. 다만 조합 설립 이후 규정상의 운용기구 외에 면·리 단위에 하부조직을 설치·운영했는데, 면 단위에는 평의원을 중심으로 임의단체를 만들어 운영하도록 했고 면 단위 이하의 리·동에는 계라는 이름의 각종 조직을 만들어 활용했다.

계는 저축계, 금융계, 농계, 대두경작계, 부업계 등의 산업계가 대부분이었다. 계는 조합적 이념을 주입하는 데 적당했다. 계원은 금융조합 조합원으로 한했고, 계장(1인)은 무보수 명예직으로 하여 규약이나 모범정관을 작성, 당국의 승인을 받아야 했다. 그리고 계 조직들은 명칭에서 보듯이 저축장려를 위해 이용되거나 상호연대보증을 통해 조합원을 부락 연대책임제로 묶는 역할을 수행했고, 부업계 등은 당국의 권업방침에 따라 특정 원료농산물을 생산·가공하는 역할을 담당하는 등 조합의 요구나 당국의 농정대행을

---

4) 사창(社倉): 조선시대에 각 지방의 촌락에 설치되었던 곡물대여기관.
5) 향회(鄕會): 마을의 일을 함께 의논하기 위한 마을 사람들의 모임.
6) 계(契): 옛날부터 전해오는 상부상조의 민간협동단체. 그 기원은 삼한까지 거슬러 올라가지만, '계'라는 명칭으로는 고려 후기에 처음 성립되었다. 조선시대에 들어 다양해졌고, 친목과 공제(共濟)를 목적으로 한 종계(宗契), 혼상계(婚喪契), 경제적 곤란을 타개하기 위한 호포계(戶布契), 농구계(農具契) 등이 있었다.

위해 설치되었다. 따라서 이들 계 조직은 인보상조(隣保相助)를 목적으로 하는 전통적인 자발적 협동조직인 계와 근본적으로 성질이 다르다. 또한 '지방금융조합규칙'의 입안자인 메가다는 규칙을 만들면서 우리 전통의 사환미 제도와[7] 계 제도는 물론 서구의 협동조합 제도까지 참작했다고 했는데, 독일의 라이파이젠 신용협동조합이[8] 자본가로부터 차입한 자금을 대부한 것과 금융조합이 정부대하금으로 수행한 대부는 유사하고, 일정 금액에 이르기까지 조합 잉여금을 공동재산으로 적립한 것과 비출자제 등은 라이파이젠 신용협동조합과 같다.

다섯째, 혹자는 지방금융조합이 라이파이젠 신용협동조합을 모델로 하고, 일본 산업조합의 한 형태인 신용조합을 참고해 만들어졌다는 점에서 불완전하지만 협동조합이라고 주장한다. 또한 지방금융조합이 조합원들로 구성된 인적 조직이고, 조합장 1인과 평의원을 1인 1표에 의해 직접 선출하며, 잉여금을 적립하고 묵시적으로 이윤을 배제하고 있음을 들어 협동조합이라고 주장한다. 그러나 지방금융조합은 자본주의체제에서 독점자본에 의한 폐해를 극복하기 위해 경제적 약자들이 자율적으로 결사한 것이 아니라, 경제적으로 취약한 소농민들의 금융 시혜를 목적으로 정부가 만든 하향적 조직이었다.

협동조합의 공통된 정의와 일반 원칙은 '공동으로 소유되고 민주적으로 운영되는 사업체를 통해 공동의 경제·사회·문화적 필요와 욕구를 충족시키고자 하는 이들이 자발적으로 결성한 자율적 조직'이다. 이에 비추어볼 때

---

7) 사환미(社還米): 각 고을의 사창에 간직했다가 춘궁기인 봄에 농민에게 빌려주고 추수기인 가을에 갚도록 하던 곡식이나 종자.
8) 라이파이젠의 초기 빈농구제조합. 라이파이젠(Wilhelm Raiffeisen, 1818~1888)은 독일 농촌신용조합의 창설자로, 사실상 농업협동조합의 원조로 평가받는다.

지방금융조합을 협동조합이라고 볼 수 있는 근거는 희박하다. 그 이유를 좀 더 살펴보면 첫째, 협동조합은 자조적 노력에 의해 조합원의 경제적·사회적·문화적 편익을 증진하는 데 그 목적이 있으나 지방금융조합은 그렇지 않다. 다만 지방금융조합은 정부대하금의 소액융자라는 시혜적 금융혜택과 부대사업으로 제한적인 경제적 편익을 제공했으나 이를 자조적인 노력에 의한 조합원의 경제적·사회적·문화적 편익증진이라고는 볼 수 없다.

둘째, 지방금융조합은 자율성이 현저히 떨어지는 조직이었다. 협동조합은 자발적으로 결성한 자율적 조직으로 자율성이 그 생명인데, 지방금융조합은 조합원 스스로가 발기인을 구성하여 조합을 설립하지 못하고 당국에서 임명한 자와 당국의 지도감독하에 조합을 설립했으며, 조합원의 가입과 탈퇴도 경제적 능력이나 신용상태에 따라 차별을 받았다.

셋째, 지방금융조합은 민주적 관리가 이루어지지 않았다. 협동조합이 조합원에 의해 관리되는 민주적 조직인 데 반해, 지방금융조합은 조합원의 총회소집권이 보장되지 않았고, 조합장과 평의원이 총회에서 선출되었음에도 조합의 운영 전반에 참여하지 못하고 관선이사가 조합을 운영했다. 또한 총회나 평의원회는 상부의 지시를 피동적으로 전달받는 기구에 불과했다.

넷째, 협동조합은 조합원이 자본조달에 공평하게 참여하여 민주적으로 자본을 관리하고, 이를 통해 공동재산을 형성하며, 조합원의 사업이용실적에 비례해 편익을 제공한다. 그러나 지방금융조합은 조합운영비 납부 외에는 조합원이 자본조달에 참여하지 않았고, 정부대하기본금과 적립금도 조합원의 공동자산이라고 볼 수 없었다. 또한 조합원의 사업이용고에 따른 배당제도도 없었다. 이런 이유로 지방금융조합은 근대적 의미의 협동조합은 아니었다. 다만 협동조합적 외형을 최소한이나마 갖추려 했던 사회정책적 농업금융기관이었다고 할 수 있다.

대한제국의 지방금융조합은 1910년 8월 29일 한일합병으로 조선총독부에 계승되었다. 당시 통감인 데라우치 마사타케(寺內正毅) 명의로 된 제령 제1호는 "조선총독부 설치일 현재에 있어서 그 효력을 잃게 될 제국 법령 및 대한제국 법령은 당분간 조선총독이 발한 명령으로써 아직도 그 효력을 가진다"는 내용이었다. 따라서 농협 관련 법령은 그대로 유지되어 조선총독부에 계승되었다.

제2장
식민통치시대의 금융조합

1. 조선총독부 초기의 지방금융조합

한일합병으로 대한제국의 국권을 강탈한 조선총독부는 지방금융조합을 식민통치에 유용한 수단으로 보았다. 이는 지방금융조합의 법령개정을 통해 알 수 있다. 조선총독부는 '탁지부대신'을 '조선총독'으로 바꾸어 명시하는 등 행정기관장의 변경에 따른 명칭 변경을 주로 하여 법령을 개정했다. 그리고 조합이사가 "조합업무를 집행케 하던 것"을 "조합 상무로 집행케 한다"고 바꾸었고 지방금융조합규칙 제12조와 지방금융조합 모범정관(예) 제26조에 규정한 '감독관제'를 없애는 한편 '조합비' 제도를 이미 1909년에 조합원의 과중한 부담을 우려하여 변경했던 '가입금' 제도로 변경했다. 또한 모범정관 제32조와 제34조의 조합원 가입과 제명은 재무서장의 승인제를 폐지하고 평의원회의 의결에 따르도록 했다. 이와 함께 조선총독부는 조선총독부령 제152호로 '지방금융조합 감독규정'을 새로 제정했는데, 주된 내용은 다음과 같다.

● 조선총독의 지방금융조합 5가지 인가사항 명시(정관변경, 결손 처분, 조합

채무, 적립금 사용, 토지건물매입).

- 지방금융조합의 이자, 보관료, 수수료의 최고율을 매년 사업개시 전 지방장관을 경유해 총독이 인가.
- 매 사업연도의 업무보고서 작성, 총독에게 제출.
- 지방장관은 매년 1회 관할 금융조합의 이사회 개최.
- 지방장관은 매월 말일 지방금융조합 현황보고표 작성, 익월 20일까지 총독에 제출.
- 지방금융조합 직원임명은 지방장관의 승인 후 조합장이 시행.

이 같은 상세한 감독규정은 조선총독부가 지방금융조합에 대한 감독권을 강화할 의사를 드러낸 것으로, 이후 금융조합 감독을 강화하는 시발점이 되었을 뿐 아니라, 해방 이후 대한민국 정부의 농협에 대한 지도감독의 뿌리가 되었다.

한일합병 이후 조선총독부는 설립구역을 행정구역이 아닌 경제 및 교통을 기초로 하여 1~2개 군으로 축소하고 조합원도 300명 수준으로 제한했다. 그에 따라 1914년에는 227개 조합으로 늘어나 거의 '1개 군 1개 조합' 체제가 되었고, 1개 조합당 조합원은 1913년에는 385명, 1914년에는 263명을 기록했다.[9]

이 시기의 업무를 살펴보면 먼저 금융업무는 1911년부터 농공은행 대부금의 매개, 1912년 5월부터 농공은행 저축예금의 매개 알선을 개시했다. 또한 조합마다 채용 배치된 농업기수가 행정기관과 함께 농사개량 장려와 부업지도에 힘썼고, 우량종자, 종묘, 비료, 농기구 등의 공동구입업무와 위

---

9) 1914년에는 출자 제도 시행에 따라 조합원이 일시적으로 감소했다.

탁판매업무, 창고보관업무도 활발하게 추진했다.

지방금융조합은 대한제국시대 3년 동안 일제의 재정고문부와 통감부의 지도하에서 기반을 확립했다. 그러나 1910년 한일합병 이후 4년간은 철두철미하게 식민통치기구인 조선총독부의 지도감독을 받았다. 협동조합적 측면에서 볼 때 아무런 진전이 없었던 시기였던 것이다. 법제적인 관점에서는 대한제국시대부터 이 시기, 즉 1914년까지를 '지방금융조합규칙 시대'라고 할 수 있다.

2. 지방금융조합령 시대의 금융조합

1) 지방금융조합령의 개요

지방금융조합은 1914년 제1차 세계대전 발발에 즈음하여 일대 전기를 맞이했다. 조선총독부가 설립 이래 7년간의 금융조합 성과를 평가하고, 변화하는 환경에 맞추기 위해 '금융조합규칙'을 폐기하고 새로운 '지방금융조합령'을 제정했기 때문이다. 조선총독부가 '지방금융조합령'을 제정한 배경에 대해서는 뚜렷한 자료가 없어 정확히 알 수 없다. 다만 '지방금융조합령' 발포에 즈음하여 탁지부대신이 그 이유를 설명한 말을 통해 짐작할 수 있을 뿐이다.

이 설명을 보면, 먼저 조선의 계 제도와 구주 제국의 조합 제도를 참작하여 만든 지방금융조합이 피폐한 농민에게 저리자금을 공급하여 농민금융을 완화하고 농업의 개량 발전을 꾀하며 210여 개의 조합에 8만여 명의 조합원, 220만 원의 대출금과 50만 원의 적립금 등의 성과를 거두었다고 평가했다. 그리고 이제까지의 조합은 조합원의 권리·의무가 분명하지 않았고, 저리자금을 대부하고 농사를 지도·장려한다고 하지만 그들의 경제력 발전을 촉진할 저축장려의 수단이 미비했다고 지적했다. 따라서 새로운 법령은 조합원의 권리·의무를 명백히 하고, 예금업무를 추가함으로써 조합원의 저축을 장려하여 경제력 향상을 도모한다는 양대 취지를 기둥 삼아 제정하게 되었다고 밝혔다.

이 같은 설명이 첨부된 '지방금융조합령'은 1914년 5월 27일 제령 제22호로 공포되어 그해 9월 1일부터 시행되었다. 이 법령은 10장 96조에 달하는데, '지방금융조합규칙'의 7배나 될 정도로 방대하고 세밀했다. 그리고 이 체계는 해방 이후 계속 이어진 농협법 체계의 전범이 되었다. 새롭게 제정된 '지방금융조합령'의 주요내용은 다음과 같았다.

- 조합은 농민의 금융을 완화하고 그 경제의 발달을 기도하는 사단법인으로 한다.
- 조합원 자격은 업무구역 내에 1년 이상 주소를 가지는 농업 종사자로, 독립의 생계를 유지하는 자에 한한다.
- 조합은 조합원을 위해 다음의 업무를 행한다.
  · 농사상 필요한 자금의 대부 및 예금업무
  · 종자, 종묘, 비료, 농구, 그 밖에 농업상 필요한 재료의 구입, 분배 또는 대부
  · 조합원 위탁에 의한 농산물 판매 및 창고 보관과 이에 대한 창하증권 발행
  · 공동이익을 위한 농사상 시설 영위
  · 조선총독의 인가를 받으면 조합원이 아닌 자의 예금 및 농공은행의 업무대리 또는 중개 가능

- 조합원은 출자의 의무를 지고, 출자 1좌의 금액은 10원으로 하며, 조합원은 출자액을 한도로 그 책임을 진다.
- 조합원의 지분은 조합의 승낙이 있어야 양도 가능하고, 그 지분은 질권의 목적으로 하지 못하며, 공유할 수 없다.
- 조합원 1/5 이상의 동의로 총회소집을 청구할 수 있으며, 총회의 소집 수속 또는 결의방법이 위법일 경우 조합원은 결의취소청구를 할 수 있다.
- 조합에는 조합장 1인, 이사 1인, 감사 2인 이상, 평의원 7인 이상을 두며, 조합장은 총회에서 조합원 중에서 선임하여 지방장관의 승인을 받아야 하고, 이사는 조선총독이 임명하며, 감사와 평의원은 총회에서 조합원 중에서 선임한다.
- 조합장과 이사는 공동으로 조합을 대표하고, 조합장은 총회 및 평의원회의 의장이 된다.
- 조합의 업무는 이사가 집행한다.
- 감사는 조합의 재산 및 업무집행 상황을 감사하고, 부정이 발견될 경우 지방장관에게 보고한다.
- 평의원회는 본령 또는 정관에 정한 사항을 의결하며, 평의원은 조합의 업무에 관하여 조합장에게 의견을 진술할 수 있다.
- 조합원의 의결권은 평등하며, 대리인으로서 의결권 행사가 가능하되 대리인은 조합원에 한한다.
- 조합은 결손보전 준비금으로 출자 총액에 달할 때까지 매 사업연도 잉여금의 1/4 이상을 적립해야 하며, 잉여금에 대한 배당은 불입출자액에 따라 연 7분 이하의 비율로 실시한다.
- 조합원 가입은 평의원회의 결의를 거쳐야 하며, 신규 조합원은 정관이

정하는 바에 따라 제1회 출자 불입을 한다.

- 조합원은 사업연도 말에 탈퇴가 가능하나, 그 3월 전에 이를 예고해야 한다.
- 조합원의 자연탈퇴는 사유를 명시해야 한다.
- 탈퇴한 조합원은 정관이 정하는 바에 따라 그 지분의 환급청구가 가능하며, 지분환급은 그 출자불입액을 초과할 수 없다.
- 조합은 조선총독과 지방장관이 감독한다.

이상의 내용을 좀 더 자세히 살펴보면 다음과 같다. 첫째, 조합의 목적은 농민의 금융을 완화하고 그 경제의 발달을 기도했다. 이는 금융을 완화하고 농업의 발달을 기도한다고 했던 '금융조합규칙'에 비해 조합원의 경제적 편익 증진을 보다 구체적으로 적시한 것이다. 그리고 조합의 법인격은 종전처럼 사단법인으로 했다.

둘째, 조합원의 자격을 종전의 "농업을 영위하는 자"에서 "업무구역 내에 1년 이상 주소를 가지는 농업 종사자로, 독립의 생계를 유지하는 자"로 했다. 이는 한일합병 이후 우리나라에 들어와 농업을 영위하는 일본인 이주농업자까지 조합원으로 가입시키려 한 조치였다. 이 조치로 훗날 많은 일본인 대농과 지주들이 금융조합의 중추적인 구성원이 되었다.

셋째, 조합 업무에 예금업무가 추가되어 예금과 대부가 결부되는 상호금융적 성격이 완비되었고, 조합원의 공동이익을 위해 농사시설의 영위를 가능하게 하여 지도·경제사업을 조합의 주력사업으로 했다. 주목할 것은, 조선총독의 승인을 받으면 비조합원의 예금도 취급할 수 있도록 했다는 것이다. 이는 금융조합이 비조합원 예금을 받을 수 있는 근거를 최초로 마련한 것으로, 농촌에 거주하는 비농민에게 조합 이용의 편의를 제공한다는 명분과 함께 이후 조합자금 조성 확대와 범국민적 저축동원을 위한 기반을 조성하려는 의도를 담고 있었다. 그래서 금융조합이 향후 농민뿐만 아니라 전 국민을 대상으로 하는 서민금융기관이 되는 단초가 마련되었다.

넷째, 조합 가입 시 종전의 조합비 징수제나 가입금 납부 대신에 유한책임의 출자 제도를 도입했다. 즉 출자금은 1좌에 10원으로 하고, 1회 불입금을 1원으로 하여 나누어 불입할 수 있도록 함으로써 경제적 부담을 덜어주는 제도를 채택한 것이다. 출자 제도의 도입은 조합원의 의무를 명확히 함과 동시에 주인의식을 심어주어 금융조합이 정부기관이라는 인식에서 벗어나 협동조합이라는 의식을 심어주는 계기가 되었다.

다섯째, 조합원의 지분권을 인정했다. 종전의 금융조합은 지분권이 명확하지 않아서 조합 적립금에 대한 조합원의 지분환급권이 분명하지 않았다. 그러나 조합원의 지분권이 인정되면서 출자금뿐 아니라 적립금도 조합원의 공동재산임이 명확해졌다.

여섯째, 조합원에게 총회소집청구권, 조합결의취소청구권, 의결권, 임원선거 및 피선거권, 서류열람권, 잉여금배당청구권을 부여함으로써 조합원의 민주적 권한을 대폭 확대했다.

일곱째, 2년 임기의 감사 제도를 최초로 도입했고, 조합장, 감사, 평의원은 명예직으로 하여 모두 총회에서 선임하되 조합장은 선임 후 지방장관의 승인을 받아 취임했다.

여덟째, 관리 면에서 조합의 대표권은 조합장과 이사의 공동대표로 하되 조합의 업무는 이사가 전권을 가지고 집행했다.

아홉째, 조합원의 의결권은 평등하다고 하여 협동조합주의적 평등권을 명확히 했다.

열째, 조합의 결손보전준비금 적립의무와 조합원에 대한 잉여금배당으로 불입출자금에 따른 배당 제도를 도입했다.

열한째, 조합원의 임의 및 자연탈퇴 사유를 명확히 하고, 지분환급청구권을 인정하되 불입출자액을 넘지 못하게 했다.

2) 지방금융조합령 시대의 활동

7년간의 '지방금융조합규칙' 시대 이후 '지방금융조합령' 시대는 4년간 지속되었다. 이 시기 동안 조합은 1914년 227개에서 1918년 278개로 51개가 늘어났다. 그러나 조합원은 1913년 80,573명에서 1914년 59,722명으로 21,000명 정도 감소했다. 이는 조합원의 정예화를 꾀한 면도 있으나 가입금 제도가 출자금 제도로 바뀌어 이 제도에 대한 이해부족으로 탈퇴자가 많이 발생했기 때문이다. 또한 출자의무를 이행할 수 있는 중산층의 신규가입은 늘었으나 대부분의 영세 소농은 경제형편상 가입할 수 없었기 때문이기도 하다.

이후 조합원은 계속 늘어났다. 1918년 140,224명으로, 총 호수 323,766호 대비 4.34%의 가입률을 보인 것이다. 납입출자금도 1914년 조합원당 1원 22전에 불과했으나 1918년에는 5원 71전으로 늘어났다.

지방금융조합령 시대에 새로 도입한 예수금(일부 비조합원 예금 포함)은 1914년 조합원당 1원 14전에서 1917년 4원 9전으로 늘어났다. 그런데 이는 지속적인 저축장려 방침에 따라 금융계와 저축계 같은 임의조직을 만들어 저축규약을 통해 억지로 저축을 하게 하거나 각종 부업을 장려하여 생산액의 일부를 강제로 저금시키는 영세 자금의 강제저축이 대부분이었다. 그러나 1918년부터는 '지방금융조합령'을 개정하여 예수금과 대출금 환경이 급격히 달라졌다.

한편, 이 기간 중 농공은행 매개대출금과 창고사업은 꾸준히 늘어난 반면

(창고동 1914년 189동에서 235동으로 증가) 위탁판매사업과 공동구입사업은 1914년에 비해 현저히 줄어들어 미미한 상태를 보였다. 특히 대부업무와 함께 초기에 활발히 추진했던 농사지도사업은 점차 활기를 잃어갔다. 이는 조합령이 공포된 이후 예금업무가 새로 늘어나 소수의 직원으로 각종 사업을 고루 할 수 없었고, 행정력과 더불어 일본인 중심의 민간 협력조직이 크게 늘어나면서 농사 관련 사업에 집중할 필요성이 현저히 줄었기 때문이었다. 이 시기의 금융조합은 종전의 소규모 대출기관에서 신용조합적 금융기관으로 점차 변모했다. 그리고 실효성도 적고 위험성을 수반한 4종 겸영의 형태를 취하지 않도록 하려는 당국의 정책적 노력과 함께 농민에 대한 경제사업과 지도사업은 퇴보하기 시작했다.

3) 지방금융조합령 시대 금융조합의 성격

이 시기의 금융조합은 '지방금융조합규칙' 시대와는 확연히 다른 성격의 조합으로 탈바꿈했다. 비록 조선총독부의 강력한 지도와 감독을 받는 하향식 조직이었지만 조합원 출자 제도 도입 및 총회소집권 등 민주적 기본권과 조합원 감사 제도 확립, 출자배당 제도와 지분권 인정, 그리고 무엇보다 조합원 의결권의 평등주의를 도입해 '1인 1표 제도'를 분명히 한 것은 1900년 일본의 산업조합법 제정 이래 대만의 산업조합규칙과 함께 동북아시아에서 가장 근대적인 협동조합 정신을 이식한 사례라고 할 수 있다. 뿐만 아니라 사업 면에서도 그동안 대출금만 취급하던 불완전한 상태에서 예수금 제도를 도입함으로써 농업인의 협동조합으로서 손색이 없는 면모를 갖추었다.

그러나 조합장의 지방장관 승인 제도를 그대로 둔 채 조합 운영관리의 전권을 조선총독부가 임명한 이사에 집중시켜 조합의 대표인 조합장과 최고 의결기관인 평의원회를 무력화했고, 업무의 세세한 부문까지 지도감독하여 민주성과 자율성을 현저히 훼손했다. 또한 경제적 약자인 영세 소농계층의 자유로운 가입을 제한하고 비조합원 예금 제도를 도입한 것 등은 협동조합과는 거리가 있었다. 이런 문제에도 불구하고 이 시기 금융조합은 법제상으로 볼 때 그 이전 시기나 그 이후 일제 패망에 이르기까지의 전 기간에 걸쳐 산업조합과 더불어 가장 협동조합적인 성격을 가진 조합이었다고 할 수 있다.

3. 금융조합령 시대의 금융조합

1) 금융조합령의 변천

'지방금융조합령'이 시행되고 4년 동안 경제는 제1차 세계대전의 영향으로 전반적인 활황을 보였다. 조선총독부의 새로운 시책이 정착되면서 식민지적 발전의 기반이 확립되었던 것이다. 이런 가운데 금융조합도 새로이 개편된 체제에서 점차 활기를 띠었고, 사회적 가치도 커져갔다.

그 즈음 조선총독부는 금융기구를 정비하기로 하고 농공은행과 금융조합 제도를 재편성했다. 지방에 흩어져 있는 농공은행을 하나로 통합하고, 자본금을 증대하여 조선식산은행을[10] 만들어 향후 산업발전의 초석이 되도록 추진한 것이다. 그러나 새로 발족한 식산은행은 물론 기존의 보통은행을 이용할 수 있는 자는 상당한 재력과 신용을 가진 자산계급에 한정되어 금융 소외계층이 발생했다. 그래서 금융조합의 조합원 자격을 확대해 도시 중산계급 이하의 일반 대중에게 금융편익을 제공하고, 금융조합 확대에 따른

---

10) 조선식산은행(朝鮮殖産銀行): 1918년 10월 산업개발자금을 원활하게 마련하기 위해 설립된 특수은행. 광복 이후 '한국식산은행'이 되었다가 1952년 한국산업은행에 흡수되었다.

연합조직을 설립할 필요성이 대두되어 '지방금융조합령'이 개정되었다.

1918년 6월 27일 조선총독부는 제령 제13호로 '지방금융조합령'을 대폭 개정한 데 이어 그해 10월 1일 조선총독부령 제94호로 '지방금융조합감독규정'을 '금융조합감독규정'으로 개정했다. 개정 이유는 앞서 기술한 대로 지방금융조합의 조합원을 농민으로 한정하여 소상공업자, 특히 도시민들은 가입할 길이 없어 그로 인해 금융권 외에 방치되므로 이들에게 조합원 자격을 주는 도시조합을 설치하여 금융편익을 향유하게 한다는 것이었다. 아울러 금융조합의 제휴 및 상급 금융기관 간의 연락을 도모하기 위해 금융조합연합회를 설치하여 조합의 활동범위를 대폭 확대하고자 했다. 새롭게 개정된 '지방금융조합령'의 주요내용은 다음과 같았다.

- 법령의 명칭을 '지방금융조합령'에서 '금융조합령'으로 바꾸고, 조합의 명칭을 '지방금융조합'에서 '금융조합'으로 개칭했다.
- 조합원 자격을 "구역 내 1년 이상 주소를 가진 농업 종사자로 독립의 생계를 유지하는 자"로 제한했던 것을 "구역 내 주소를 가진 자"로 제한을 완화했다.
- 사업 내용에서 대부대상을 조합원의 경제발달에 필요한 자금으로 바꾸고, 공동이용의 농사상 시설사업을 삭제했다. 조합원의 공동구입사업과 위탁판매사업, 창고사업을 겸영사업으로 바꾸고 조선총독의 인가를 받도록 했고, 부 또는 조선총독이 지정하는 조합은 어음할인을 할 수 있으며, 농공은행뿐만 아니라 다른 은행의 업무도 대리 또는 중개할 수 있게 했다.
- 조합의 업무상 여유자금 운영대상기관에 금융조합연합회를 추가했다.
- 금융조합에 상법 및 상법시행법 준용근거를 마련했다.

- 출자 1좌의 금액은 "10원으로 한다"를 "10원 이상 50원 이하로 균일하게 정하여야 한다"로 개정했다.
- 이사는 "조선총독의 임명"에서 "총회에서 조합원 중 선임"하는 것으로 바꾸고, 다만 "조선총독이 지정하는 조합의 이사는 조선총독이 임면"한다고 개정했다.
- 조합 업무의 집행권자로 이사 외에 조합장도 추가했고, 그 내용은 정관으로 정했다.
- 각 도에 금융조합연합회의 설치근거를 신설했다.
  - 사업 내용: 소속 조합에 대한 자금대부, 예금수입, 업무상 지도, 소속 조합 상호연락 및 업무상 편의 도모
  - 회원: 금융조합과 조선총독이 지정한 산업에 관한 법인
  - 조직 유형: 사단법인
  - 출자 1좌의 금액: 500원
  - 이사장 1인, 이사 1인, 감사 2인 이상을 두되, 이사장과 이사는 조선총독이 임면하고 감사는 회원의 임원 중에서 총회에서 선임

이상의 내용을 좀 더 자세히 살펴보면 다음과 같다. 첫째, 법률의 명칭과 조합의 명칭에서 '지방'을 제외했다. 이는 농민만 대상으로 하던 농촌 중심의 조합에서 도시와 농촌을 아우르는 조합으로의 변신을 표방한 것이었다.

둘째, 이전까지 금융조합은 농업인만을 조합원으로 하는 농업인 협동조합임을 강조했으나 조합구역 내에 거주하는 누구나 조합원이 될 수 있게 하여 농민협동조합적 조직에서 범국민을 조합원으로 하는 조직으로 변모했다.

셋째, 사업 면에서 대부대상을 조합원의 농사상 필요한 자금으로 한정했던 것을 조합원의 경제발달에 필요한 모든 자금으로 바꾸어 대부대상을 조

합원 구성 변화에 맞게 전면 확대했다. 또한 도시조합의 경우 원활한 상거래를 위해 어음할인업무를 허용했고, 당좌예금과 당좌대월업무도 열어놓았다. 아울러 금융조합의 대리업무 또는 중개업무는 농공은행뿐만 아니라 다른 은행까지 확대했다. 그러나 "조합원의 공동이익을 위하여 농사상의 시설을 행하는 것"을 삭제하여 더 이상 대농민 지도사업을 하지 않도록 했고, 조합원의 공동구입사업과 위탁판매사업은 주 사업이 아닌 겸영사업으로 하여 조선총독의 인가를 얻도록 함으로써 조합원에 대한 구입·판매사업을 제한했다.

넷째, 업무상 여유자금을 이전까지는 국채 및 지방채증권, 조선총독이 지정하는 은행에 예금하던 것을 금융조합연합회가 발족되어 연합회도 이용하게 했다.

다섯째, 금융조합법 외에 최초로 상법 및 상법시행령을 준용하도록 했다.

여섯째, 출자 1좌 금액을 10원에서 "10원 이상 50원 이하"로 균일하게 정해 출자 1좌 금액을 상향 조정했다. 도시조합의 경우 정부에서 대하금을 대하하지 않고 예금과 차입금만을 운영자금으로 하는 동시에 출자금을 높여 자기자금을 확보케 했다.[11]

일곱째, 이사는 이전까지 조선총독이 임면했으나 조합원 중에서 선임하도록 바꾸었고, 조선총독이 지정하는 이사는 총독이 임면한다고 하여 이중시스템을 적용했다. 이는 절대다수인 촌락조합에서는 종전대로 이사를 조선총독이 임명하고 도시조합은 자치성을 부여해 이사를 다른 임원과 같이 총회에서 선임하도록 한 진일보한 조치였다.[12] 그러나 조합장과 이사의 선임은 여전히 지방장관의 인가를 받았다.

---

11) 이 조치 이후 촌락조합은 조합원 출자금이 대개 10원, 도시조합은 50원으로 운영되었다.
12) 이 제도는 후에 폐단이 많다 하여 다시 총독 임명으로 환원되었다.

여덟째, 도시 및 촌락조합 공히 조합장과 이사가 조합을 공동대표하는 것은 종전과 같으나 정관에 따라 조합장도 업무를 집행할 수 있도록 부분적으로 허용했다.

아홉째, 금융조합의 연합조직으로 도 단위에 금융조합연합회를 설치할 수 있는 근거를 마련했다. 이는 금융조합이 연합체를 만들어가는 제1단계 조치였다. 금융조합연합회의 법인격은 사단법인이었고, 금융조합뿐만 아니라 조선총독이 지정하는 산업법인, 즉 축산동업조합연합회와 동업조합, 어업조합, 수산조합, 산업조합도 회원이 되었다. 출자 1좌의 금액은 500원으로 했고, 이사장 1인, 이사 1인, 감사 2인을 두되 이사장과 이사는 조선총독이 임명하고 감사만 총회에서 선임했다.

열째, 조합 설립은 이전까지 감독관청의 엄밀한 지도감독하에 했으나 촌락조합은 종전처럼 하되 도시조합은 소상공업자를 조합원으로 하여 지방독지가들이 비교적 자유롭게 조합을 설립할 수 있도록 했다. 즉 도시조합에 대해서는 좀 더 유연하게 대처한 것이다.

이상 살펴본 것처럼 '금융조합령'은 조합원의 구성을 농민만이 아닌 사실상 전 국민으로 개방하고 사업도 그에 걸맞게 농민의 농사와 관련된 업무를 없애거나 최소화했으며, 도시조합과 금융조합연합회를 설치하는 등 조합의 조직과 사업에 일대 변혁을 가져왔다. '금융조합령'은 1918년 개정 이래 지속적으로 시행되다가 1928년 한 차례 경미하게 개정되었다. 저축은행령에 의한 저축은행으로부터 연합회가 예금을 받을 수 있는 근거를 금융조합연합회의 업무에 포함시킨다는 내용의 추가개정이었는데, 이는 연합회로 하여금 지방금융을 조절하게 하려는 의도였다.

이후 조선총독부는 1929년 '금융조합령'을 대폭 개정했다. 1918년 '금융조합령' 제정 이후 10여 년 동안 경제·금융 면에서 많은 변화가 있었기 때문이다. 특히 제1차 세계대전 이후 계속되는 불경기와 금융공황에 대응할 필요가 있었고, 그동안 신설된 각종 금융기관과 산업조합 등과의 업무상 마찰을 해소하려는 목적도 있었다.

조선총독부는 개정의 근본방침을 첫째, 금융조합의 활동을 보편적으로 확충하고, 둘째, 금융조합의 건전한 발달을 조정하며, 셋째, 금융조합의 발달에 대하여 은행 및 산업조합 등 타 기관과의 업무상 조절을 도모할 것 등으로 정하고 다음과 같이 개정을 단행했다.

- 기한을 정해 일정 금액의 급부를 행할 것을 약정하고, 정기에 또는 일정의 기간 내에 수회 금전을 수입하는 업무를 추가했다.
- 공동구매사업과 위탁판매사업을 폐지했다.
- 비조합원의 예금거래 종류를 제한했다.
- 다른 금융조합의 업무대리를 추가했다.
- 여유자금 운용방법에 우편저금과 조선총독이 인가한 유가증권 매입을 추가했다.
- 공탁업무를 할 수 있는 근거를 신설했다.
- 정관기재사항을 일부 변경하여 주된 사무소의 소재지뿐만 아니라 모든 사무소의 소재지를 기입토록 개정했다.
- 조합원의 출자 좌수 상한선을 규제했다(100좌 초과 불가).
- 평의원의 하한선을 7인 이상에서 5인 이상으로 변경하고, 부이사 1인 또는 수인이 운영한다는 근거를 신설했다.
- 이사와 부이사는 조선총독이 임면하는 것으로 개정했다.
- 조합의 일상업무에 대한 이사의 단독대표권을 인정했다.
- 조합이 조합장, 이사, 부이사와 계약을 하거나 소송할 때 그 대표자는

감사로 했다.

- 감사의 총회소집규정을 신설했다.
- 조합에 총회에 대할 총대회를 신설할 근거를 마련했다.
- 비조합원으로부터 수입한 예금액의 1/3 이상으로 금액관리대상을 제한했다.

이를 구체적으로 살펴보면 다음과 같다. 첫째, 금융조합의 수행업무 내용을 변경하여 다년간 촌락금융조합이 취급하던 구판사업을 완전히 폐지(창고업무만 존치)하고, 1926년 '조선산업조합령'과 '조선농회령'에 의해 설치된 기관들과 업무마찰을 피하기 위해 금융업무만 전담하도록 했다. 그리고 저축은행이 취급하는 업무까지 추가했는데, 비조합원 예금의 종류를 제한하여 저축은행이 취급하는 예금의 범위에 한정함으로써 보통은행의 업무범위를 과도하게 침범하지 못하도록 했다. 또한 조합 간의 업무의 대리를 인정하여 종래의 은행업무대리뿐 아니라 조합 간 업무를 대리할 수 있도록 했다.

둘째, 조합의 여유자금 운용은 종전의 국채, 지방채증권 매입, 금융조합연합회 또는 조선총독이 지정하는 은행 예치 외에 우편저금과 조선총독이 인가한 유가증권 매입을 추가했고, 공탁업무도 새로이 추가했다.

셋째, 정관기재사항의 사무소 소재지를 주된 사무소뿐만 아니라 모든 사무소로 개정하고, 종된 사무소의 소재지도 등기하게 함으로써 지소 제도를 도입했다. 이는 그동안 '출장소'라는 이름으로 존재하던 종된 사무소를 '지소'로 승격시켜 전국적으로 다수 설치할 수 있는 근거를 마련함으로써 독립조합의 증설에 대비한 것이다.

넷째, 조합원의 출자 보유 좌수를 1인당 100좌로 제한했다. 이는 소수 재력가들이 투자 목적으로 다액을 출자하는 경향이 있어 이들의 가입 및 탈퇴로 인해 조합기반이 동요하는 것을 막고자 함이었다.

다섯째, 평의원을 5인 이상으로 낮추고 부이사를 1인 또는 수인 운영할 수 있도록 했다. 부이사는 이사와 같이 조선총독이 임면하며, 부이사 제도는 지소 설치와 병행하여 그 책임자로써 이사를 대리하게 하거나 본소의 사무량에 따라 1인 또는 수인을 배치할 수 있게 했다.

여섯째, 1918년 '금융조합령'으로 도입한 도시조합 이사의 민선 제도를 폐지하고 다시 조선총독 임면으로 환원시켰다. 이는 그간의 시행과정에서 자치적 훈련 부족으로 많은 폐해가 있다고 판단한 때문으로 보인다.

일곱째, 조합의 상무(일상업무)에서 이사가 단독으로 조합을 대표하도록 다시 변경했다. 이는 조합장과의 공동대표로는 복잡한 업무의 처리에 지장이 많았기 때문인데, 이로써 조합장은 형식상의 대표가 되었다.

여덟째, 감사에게 대표권과 총회소집권을 부여하는 등 감사의 권한을 확대했다.

아홉째, 조합원의 증원에 따라 총회 성립이 어려워지면서 적당한 조합원 수에 대하여 총대를 1명씩 선출하고, 이 총대가 총대회를 구성하여 총회를 대신할 수 있게 했다.

열째, 비조합원 예금으로 수입한 금액의 1/3 이상을 특정 기관에 엄격히 관리시켜 조합기초의 건실화, 비조합원 예금자 보호와 예금흡수를 용이하게 했다.

'금융조합령'을 대폭 개정한 것은 급속히 팽창하는 업무의 효율성을 증대시키기 위해서였다. 이후 '금융조합령'은 1931년 무진업과 신탁업의 통제 정비에 관한 입법조치가 이루어지면서 금융조합에 무진회사 또는 무진관리 회사가 예금할 수 있는 근거를 마련하고, 금융조합연합회에 저축은행 또는 신탁회사로부터 예금을 받을 수 있는 근거를 신설하는 등 한 차례 더 개정이 이루어졌다. 그리고 1933년 도 단위의 금융조합연합회를 해체하고 금융조합의 전국조직인 '조선금융조합연합회'를 창설한다는 '조선금융조합령'이 제정 공포되어 일부 자구와 체제를 정비하는 개정을 마지막으로 1945년까지 유지되었다.

2) 금융조합령 시대의 조직과 사업

(1) 금융조합령 시대의 조직

먼저 도시금융조합이 1918년 '금융조합령' 개정과 함께 본격적으로 설립되었다. 도시금융조합은 촌락조합과 달리 시가지 또는 지방 유력자들의 자발적 의사에 의해 설립되었으며, 이사도 조합원 중에서 민주적으로 선임했다. 그러나 촌락조합과 다름없이 철저한 보호와 감독을 받았다. 조선총독부는 도시조합에 대해 다소 유화적인 조치를 취하며 무이자의 정부대하금을 대하하는 대신 각 조합에 5만 원씩의 저리자금을 융자해주어 기초를 다지도록 했다. 그 결과 도시조합은 1918년 12개 조합을 시작으로 '금융조합령'이 대폭 개정된 1929년에는 60개 조합으로 늘어났고, 1945년까지 64개 조합을 유지했다.

1918년 '금융조합령'에 의해 설치된 '금융조합연합회'는 그해 12월경 각 도에 13개가 일제히 설립되었다. 연합회의 이사장과 이사는 조선총독이 임명했고, 처음에는 각 도청의 제2부장(재무부장)이 겸임하다가 1921년부터 전임이사장이 임명되었다. 각 도의 금융조합은 도연합회에 강제가입하여 전속거래를 했고, 일부 어업조합과 산업조합도 가입했다. 금융조합연합회는 1933년 금융조합의 중앙단위조직인 '조선금융조합연합회'가 설립될 때까지 도내 금융조합 간의 자금조정과 업무지도, 상부기관과의 협력업무를 활발히 추진했다.

금융조합은 금융조합령이 개정된 1918년 촌락조합 266개, 도시조합 12개 등 모두 278개 조합이었다. 이는 '금융조합령'을 대폭 개정하기 직전인 1928년에 촌락조합 537개, 도시조합 60개 등 597개로 크게 늘었다. 그리고 1929년 법령 개정으로 지소 설치가 가능해지면서 지소 또한 크게 늘어났는데, 1929년만 해도 68개 지소가 설치되어 621개 조합과 함께 모두 689개 사무소에 달했다. 그러나 '조선금융조합연합회'가 설치된 1933년에는 조합 685개, 지소 172개(도시조합 지소 1개) 등 857개 사무소가 되었는데, 이는 사무소당 업무구역이 3개 면 정도로 축소되었음을 의미한다.

'조선금융조합연합회' 설립 이후 1942년까지 조합은 726개였다. 그러나 경영합리화 방침에 따라 1943년 613개로 줄었고, 1944년에는 지소만 늘어 (299개) 총사무소는 912개였다. 이는 1945년 해방을 맞을 때까지 유지되었다. 조합원은 1918년 촌락조합원 141,440명, 도시조합원 5,351명 등 모두 146,791명에서 1929년 촌락조합원 559,124명, 도시조합원 29,436명 등 588,560명으로 크게 늘었다. 그리고 1933년에는 촌락조합원 959,801명, 도시조합원 43,847명 등 1,003,648명을 기록하며 최초로 백만 명을 넘어섰고, 1944년에는 촌락조합원 2,609,235명, 도시조합원 166,078명으로 늘어나 2,815,813명을 기록했다. 이는 당시 전국의 총 호수 464만 3천 호의 60%나 차지했고, 1944년 말까지 총 조합원 중 농업자 조합원이 243만 명으로, 전국의 농업자 3,007천 명 중 80%가 가입했다. 그러나 실제로는 개인 조합원 뿐만 아니라 식산계까지 법인 조합원으로 가입하여 식산계원 중 비조합원을 감안하면 조선총독부가 강력히 추진했던 전호가입운동이 성공적으로 수행되었다고 볼 수 있다.

이와 함께 조합당 조합원은 1918년 촌락조합 532명, 도시조합 446명에서 1929년 촌락조합 1,000명, 도시조합 475명, 1937년 촌락조합 2,368명, 도시조합 1,252명, 1944년 촌락조합 4,825명, 도시조합 2,595명으로 늘어났다. 조합의 구역이 점차 축소되었음에도 조합원은 큰 폭으로 늘어난 것이다. 그 결과 지소를 설치했어도 조합원이 많아서 조합과 조합원과의 관계는 물론 지도를 충실하게 수행하지 못하는 결과가 초래되었다. 이는 이후 부락 단위 소조합 제도(식산계)를 도입하는 계기가 되었다.

(2) 금융조합령 시대의 사업

1918년부터 시작된 금융조합령 시대는 제1차 세계대전 이후 경제적인 불경기가 지속되다가 1927년 일본의 모라토리엄이, 1929년부터는 세계경제의 공황이 있었던 시기였다. 국내적으로는 1919년 일어난 3·1운동으로 전국적으로 독립을 열망하는 기운이 짙어지면서 일제의 강력한 탄압을 피해 뜻있는 인사들이 농촌을 무대로 자생적인 협동조합운동에 참여했다. 그래서 조선총독부는 1926년 산업조합을 만들고 농회를 조직했다. 또한 농정 면에서는 1910년대의 계몽적 농정을 통한 기반 구축이 1920년대의 산미증식계획 강력 추진, 1930년대의 농촌진흥운동으로 이어졌다. 1937년 중일전쟁, 1941년 제2차 세계대전 등 전시체제로 급격히 전환해 나가던 시기이기도 했다.

1914년 지방금융조합 시대에 확고한 주력사업이 되었던 대농민 지도사업과 구판사업이었지만, 4년 만인 1918년 금융조합령 시대를 맞아 대농민 지도사업은 아예 폐기되고 구판사업은 겸영사업으로 격하되어 조선총독의 인가를 받아 수행하도록 제한되었다. 구판사업은 1929년 '금융조합령' 개정과 함께 금융업무와 관련된 창고업무를 제외하고 완전히 폐기되었다.

대농민 지도사업의 경우, 행정기관이 지도사업 역량과 체제를 갖춤으로써 조합이 임직원이나 조합원교육 외에 권업적 농사지도를 담당할 필요가 없어졌다. 구판사업은 1926년 이후 산업조합과 농회가 경제사업을 수행하면서 기관 간의 업무마찰을 없애기 위해 폐기되었다. 그러나 사실은 많은 금융조합과 도연합회가 신용사업과 지도·경제사업을 겸영하는 데 따르는 어려움을 지속적으로 호소했고, 이익은 적고 리스크가 큰 경제사업을 더 이상 수행해서는 안 된다는 금융조합 내부의 여론도 높았다. 그래서 구판사업은 1918년부터 점차 축소되다가 법령이 개정되기 직전인 1928년에는 이미 전혀 실적이 없었다.

금융조합이 1914년 '지방금융조합령'을 계기로 보다 체계적인 검토와 장기적인 안목으로 사업을 수행했더라면 4종 겸영의 종합농협으로 발전할 수 있었을 것이다. 그러나 그렇게 하지 못함으로써 지도·경제사업은 한동안 없어졌다가 1933년 조선금융조합연합회와 1935년 식산계가 설립되면서 부분적으로 다시 시작되었다.

(3) 금융조합령 시대의 예수금

'지방금융조합령' 제정과 함께 도입된 예수금은 1914년 6만 8천 원에 불과했다. 그러나 1917년까지 조합이 증가하면서 57만 3천 원으로 높은 성장을 보였고, 금융조합령이 개정된 1918년에는 202만 4천 원, 금융조합령을 대폭 개정하기 직전인 1928년에는 7,130만 9천 원을 기록하며 10년 동안 무려 3,423%, 연평균 342%씩 신장했다. 또한 조선금융조합연합회가 설립되던 1933년에는 도시와 촌락조합을 합해 1억 2,428만 4천 원의 성과를 올리며 1918년 대비 6,040%, 15년간 연평균 402%씩 성장했다.

당시 예수금 구성을 보면 1918년 촌락조합과 도시조합 예금비는 96% 대 4%였다. 이는 1929년 68% 대 32%로 바뀌었고, 1933년에도 그 비율을 유지했다. 1933년에는 촌락조합과 도시조합이 91% 대 9%로 촌락조합이

월등하게 많았다. 그럼에도 도시조합의 예금구성비는 높게 나타났다. '금융조합령' 개정 이후 예수금이 급격히 늘어난 것은 조합과 사무소, 조합원의 급증과 함께 도시조합 설립, 농업자에서 조합구역 내의 독립 생계자로 범위를 확대한 조합원 자격 변경, 신용사업 전담, 원외예금 증가 및 도연합회의 효율적인 지도 등이 종합적으로 작용한 결과였다. 그런데 1918년 이후의 정치적·경제적 어려움과 농민의 경제상황을 고려해본다면 이런 예수금의 대폭적인 증가는 범국민적 공신력을 얻고 업무의 편이성이 높았기 때문이라고 볼 수 있다.

예수금은 조선금융조합연합회가 설립된 1933년 1억 2,428만 4천 원이었다가, 제2차 세계대전이 발발한 1941년 11월 국민저축조합 제도가 생기면서 범국민 저축운동이 강화되어 5억 6,939만 1천 원을 기록하며 연평균 45%의 성장을 보였다. 그리고 1942년 7억 3,520만 8천 원, 1943년 11억 414만 6천 원, 1944년 17억 93만 7천 원 등 해마다 증가했다. 이는 1933년 이후 1944년까지 중일전쟁과 제2차 세계대전 등의 외부적 요인에도 불구하고 연평균 115%씩 증가한 것이며, 특히 1943년과 1944년 전쟁 말기에 들어서는 급격하게 늘어났다.

이런 결과는 금융조합이 전쟁 이전까지 예수금 장려를 대출 차원, 즉 자기자금 조성 측면에서 수행해왔으나 전쟁이 시작되면서 범국민 저축운동의 주요한 담당기관으로 일제 당국의 시책에 적극 순응한 결과였다. 특히 1941년 11월 국민저축조합령 이후에는 저축증강활동을 더욱 강화하여 예금권유원의 증강, 예금전담출장소 신설, 벼 매상자금을 비롯한 각종 생산물 대금의 10% 정도를 강제예금시키는 '천인예금' 등 농민과 도시서민을 불문하고 저축증강에 총력을 기울였다.[13]

한편 1944년 금융조합 총예금의 구성비는 조합원 예금(식산계와 조합원 가

족예금 포함) 51%, 비조합원 예금 48%, 특수예금 1%로, 비조합원 예금 비율이 매우 높았다. 금융조합 총예금은 당시 조선은행, 조선식산은행, 조선저축은행, 보통은행(시중은행)의 예금액보다 앞선 1위였고, 그들 전체 예금 합계액의 46.5%를 차지했다.

(4) 금융조합령 시대의 대출금

1918년 '금융조합령' 시행 당시 금융조합의 총대출금은 693만 원이었다. 대출금은 1919년부터 급증하기 시작해 '금융조합령'이 대폭 개정된 1929년까지 1억 493만 1천 원으로 증가하여 이 기간 중 1,414% 연평균 129%씩 신장되었고, 농촌진흥운동이 시작된 1930년 1억 2,336만 8천 원에서 1940년 3억 6,409만 5천 원(어음할인 제외)으로 늘어나 연평균 19.5%씩 성장했다. 그리고 세계대전이 시작된 1941년 4억 820만 1천 원에서 전쟁 말기인 1944년에는 5억 2,781만 9천 원으로 늘어나 연평균 9.7% 정도 소폭 증가했다.

대출금이 1918년부터 급증한 것은 '금융조합령' 시행과 함께 조합원 1인당 대출한도를 도시조합은 보통대출 500원, 촌락조합은 100원, 특수대출은 400원까지 조정했다가 1919년 도시조합은 1,000원까지, 촌락조합은 200원, 특수대출을 합해 500원까지 대출해주었기 때문이다. 또한 1921년에는 도시조합의 대출한도를 3,000원까지 확대했고, 전쟁 중인 1942년에는 1인당 1만 원까지 확대하기도 했다.

이처럼 1인당 대출한도를 지속적으로 늘리는 한편 대출금 용도를 계속 확대한 결과 1920년대까지는 우리나라에 들어온 일본인들에 대한 대출과

---

13) 천인예금은 훗날 식산계의 공출 업무와 함께 금융조합이 외부로부터 악감정을 얻게 되는 원인을 만들었다.

함께 관개사업, 토지개량사업 등에 대출하여 산미증식계획을 뒷받침했고, 농촌진흥운동이 한창이던 1930년대에는 자작농 창정을 위한 토지구입자금, 축우증식자금, 농기구구입자금, 고리부채 정리자금을 집중대출했다. 그러나 전시에는 불요불급한 자금융자를 극도로 억제하고 오로지 생산력 지원에만 대출하여 정상적인 농업금융은 위축될 수밖에 없었다.

한편, 대출금이 급증한 또 다른 이유는 일본인 지주나 일부 한국인 유력자, 대금업자들이 농촌의 유일한 금융기관인 금융조합과의 유리한 관계를 이용해 대출이 불가능한 영세 소농에게 금융조합에서 융자한 자금으로 고리융자하는 사례가 많았기 때문이었다. 이는 농민들의 경제적 어려움을 가중시키는 한 요인이 되었다.

(5) 금융조합령 시대의 차입금

초기의 지방금융조합은 1912년부터 농공은행에서 부족한 자금을 조금씩 차입하다가 1918년 금융조합령 시대에 들어서면서 그해 설립된 식산은행에서 151만 3천 원을 차입한 것으로 기록되어 있다. 그리고 농촌진흥운동이 한창이던 1936년에는 차입금이 1억 1,266만 원으로 늘어나 이 기간 동안 7,346%, 연평균 408%의 증가를 보였다. 그러나 전쟁이 끝나가던 1945년 6월 말에는 1억 1,714만 5천 원으로 차입금에 변동이 거의 없었다.

금융조합은 지방금융조합령 시대까지는 농공은행에서 직접 차입하다가, 이후 1918년 식산은행이 생기면서 여기서 차입하기 시작했다. 즉 식산은행이 일본 대장성 예금부에서 자금을 차입하고, 각 도 금융조합연합회는 식산은행에서 일반자금과 특수자금을 차입해 각 금융조합에 공급했던 것이다. 여기서 유의할 점은 1920년대 이래 일본의 여유자금이 그 배출구를 찾아 대장성 예금부 창구를 통해 지속적으로 우리나라에 유입되었고, 그 자금이 금융조합을 통한 대출형식으로 국내에서 소모되었다는 것이다.

(6) 금융조합령 시대의 출자금·적립금

출자금 제도가 도입된 1914년 불입출자금은 7만 4천 원, 제적립금 49만 1천 원이었다. 1918년 금융조합령 시대에 들어와서는 도시와 촌락조합을 합해 불입출자금 78만 4천 원, 제적립금 80만 원이었다. 그리고 금융조합령 이 대폭 개정된 1929년에는 불입출자금 856만 원, 제적립금 1,229만 5천 원으로, 1918년 이후 불입출자금은 연평균 90%, 제적립금은 130%씩 늘어 났다. 또한 조선금융조합연합회를 설립한 1933년에는 불입출자금 987만 원, 제적립금 1,564만 7천 원으로 조합당 불입출자금 14만 4천 원, 제적립 금 22만 8천 원이 되었고, 이후에도 계속 늘어 1944년에는 불입출자금 2,259만 3천 원, 제적립금 6,041만 원이었다.

(7) 금융조합연합회의 사업

1918년 설립 당시 금융조합연합회는 279개 회원조합에 불입출자금 2만 8천 원, 예금잔액 41만 4천 원, 차입금잔액 59만 7천 원, 대출금잔액 151만 9천 원, 식산은행 예치금잔액 15만 6천 원이었다. 그리고 1919년까지 2년 동안 창업 초기의 어려움을 극복하고 지속적으로 성장하여 1933년 조선금 융조합연합회로 흡수되기 전까지 회원조합 733개(금융조합 674개, 기타 59개) 에 불입출자금 43만 5천 원, 제적립금 232만 5천 원, 예수금 5,222만 6천 원, 대출금 5,913만 1천 원, 차입금 2,089만 3천 원, 식산은행 예치금 1,865 만 1천 원으로 크게 늘어났다. 이는 금융조합의 사업이 급증했기 때문인데, 금융조합연합회는 회원조합 간의 자금조절업무 외에도 회원조합에 대한 지 도업무와 조합직원교육, 회보 발간, 제장부와 용지류 공동구입, 조선금융조합협회 업무의 중개업무까지 활발히 수행했다.

3) 금융조합령 시대 금융조합의 성격

금융조합령 시대 금융조합의 성격을 짚어보면 다음과 같다. 첫째, 금융조합은 경제적 약자의 조직체인 협동조합의 정체성이 희박했다. 지방금융조합령 시대에 확립된 금융조합의 협동조합적 본질 가운데 조합의 소유자이며 이용자인 조합원이 경제적 약자인 '농업자'에서 '조합구역 내에 주소를 가진 자'로 변경되었기 때문이다. 금융조합이 농업자를 비롯한 소상공업자, 농촌 및 도시서민 등 금융소외계층을 위한 조직임을 천명했지만 당시는 금융기관이 과소한 상태여서 금융소외계층을 경제적 약자로 보는 것은 무리가 있다.

둘째, 지방금융조합령 시대에 주력사업으로 명문화된 대농민 지도사업과 구판사업을 처음에는 제한하다가 1929년 이후 완전히 폐기해버렸다. 이로써 4종 겸영의 종합농협적 성격을 갖고 있던 금융조합은 신용사업만 전담하는 서민금융기관이 되고 말았다.

셋째, 금융조합은 식민통치가 강화될수록 농정수행을 뒷받침하는 농업정책기관의 역할을 확대해 나갔다. 농업정책기관으로서의 역할은 해방 후 농업은행과 오늘의 농협중앙회에 그대로 이어졌다.

넷째, 금융조합의 민주적·자율적 운영관리는 진일보하지 못하고 후퇴했다. 금융조합의 실질적인 대표이자 업무집행권자인 이사는 도시조합에 한해 총회에서 선임하는 다소 민주적인 모습을 보였으나 부작용을 우려해 그마저 중단되었다. 아울러 조합장에게 부여했던 일상업무 집행권도 없앰으로써 전문경영인(이사) 중심의 성격을 그대로 유지했다. 또한 '금융조합 업무감독 규정'을 20여 차례나 개정해 금융조합에 대한 감독을 강화함으로써 금융조합의 민주적·자율적 운영관리를 후퇴시켰다.

다섯째, 금융조합은 전시체제로 들어갈수록 조합원의 경제적 편익 제공보다는 일제의 시책에 따라 움직이는 전쟁수행의 도구로 전락했다. 마지막으로 1918년부터 1933년 조선금융조합연합회가 설립되기 전까지 업무를 수행했던 도 단위 금융조합연합회는 금융조합과 기타 산업법인을 회원으로 구성되었으나 이사장과 이사를 조선총독이 직접 임면함으로써 협동조합이라기보다는 금융조합 및 다른 산업법인의 관리기관 성격을 지니게 되었다.

4. 조선금융조합연합회 창립과 국제협동조합의 활동

1) 금융조합 중앙연합조직의 전초기관

1907년 지방금융조합이 창설된 이후 금융조합 간의 상호연락기관으로 만들어진 최초의 기관은 '이사구락부'였다. 이사구락부는 금융조합에 근무하는 이사들이 1908년 관계 당국의 협력을 얻어 만든 친목조직이었다. 이사구락부는 처음에는 재무감독국 소관구역마다 설치되었으나 재무감독국이 폐지된 이후 각 도마다 조직되었고, 지방금융조합 이사와 감독관청의 관계 직원이 회원으로 가입해 활동했다.

이사구락부의 설립 목적은 회원의 교류와 친목을 도모하고 지식을 교환하며 상호공제를 행하는 것이었다. 사업도 명시했지만 실제로는 미미한 실행에 그쳤고, 그야말로 우의를 다지는 조직으로 존재했다. 따라서 실효성 있는 업무를 위한 보다 체계적인 조직이 필요했는데, 이런 이유로 1914년 9월 '지방금융조합회'가 결성되었다.

지방금융조합회는 이사구락부처럼 이사들만의 조직이 아니라 전국의 지방금융조합을 회원으로 했으며, 직원교류와 지식교환, 공제사업을 진행했다. 정회원은 금융조합이었고, 특별회원으로 감독관청의 간부, 관계 기관의 책임부서에 있는 자까지 받아들였다. 잡지와 도서의 발간, 화재공제사업, 공동인쇄, 이사숙박소 설치 등의 사업을 펼쳐 훗날 결성될 연합조직의 디딤돌이 되었다. 특히 기관지『지방금융』을 발행하고 1915년 금융조합 상호공제사업의 하나로 조합소유 건물의 화재공제사업을 시작했는데, 이는 농협공제사업의 효시라 할 수 있다. 또한 지방금융조합회는 금융조합에 소요되는 제장표의 공동인쇄를 비롯해 이사숙박소 1개를 중앙에 설치해 운영했다.

지방금융조합회는 회원인 금융조합의 지도기관이 아니었고 경제단체도 아니었다. 그러나 이후 등장하는 유사한 단체의 선구적 역할을 했다. 그리고 5년여 동안 순조롭게 활동하다가 1918년 '금융조합령' 개정에 따라 1919년 5월 '조선경제협회'로 새롭게 발족했다. '금융조합령' 개정으로 각 도연합회가 설치되어 금융조합이 금융기관으로서 확고히 자리잡아가면서 다른 경제단체나 금융기관과의 관계가 중요해졌다. 그리하여 단순히 금융조합만의 연구 및 연락기관이 아닌 일반재정 및 금융기관 전체의 조사연구와 그 관계자들 간의 연락기관으로 발전할 필요가 있다는 인식하에 새로이 발족한 것이다.

조선경제협회는 금융조합과 그 연합회는 물론 조선은행, 식산은행, 동양척식주식회사, 조선총독부 재무국 등을 회원으로 하여 재정·금융·경제의 조사연구 겸 각 경제단체의 연락기관 역할을 했다. 이사 3명, 평의원 약간 명, 주간 1명 및 각 도 지부장을 두고 운영했고, 금융 및 재정에 관한 조사연구, 잡지 발행, 연구회 및 강연회 개최, 회원의 지식교환에 관한 시설 운영 등 다양한 사업을 펼쳤다. 구체적으로는 조사연구에 관한 간행물 발간, 잡지 및 국문신문 발행, 보급선전활동 수행, 이사견습강습회 개최, 건물손해공제사업과 공동조달사업 등을 실시했다.

조선경제협회는 처음에는 금융조합의 연합조직과는 완전히 다른 성격의 조직으로 출발했다. 그러나 시간이 지나면서 참여기관들이 독자적인 조사연구부서를 조직하여 협회에서 속속 탈퇴했고, 결국 나중에는 금융조합과 금융조합연합회를 중심으로 운영되었다. 이런 가운데 1922년 조선재무협회가 신설되고 식산은행도 독자적인 유사조직을 설립하자 존립의 의미마저 퇴색했다. 또한 금융조합이 독자적인 중앙기구의 필요성을 강력히 제기하면서 당국은 1928년 9월 13일 조선경제협회를 해산하고 금융조합의 각 도연합회장을 발기인으로 하는 '조선금융조합협회'를 설립하기에 이르렀다.

조선금융조합협회는 각 도연합회가 1만 원씩 출자해 기금을 마련하고 회보 발간, 직원교육, 금융조합 취지 선전, 조사연구, 건물화재공제와 공동조달사업 등을 했다. 이사 6명 이상, 평의원 30명 이상, 감사 2명을 두고서 이사 중에서 회장 1인, 상무이사 2인을 두되 회장은 조선총독부 재무국장이 맡고 이사 3인은 조선총독부 이재과장, 경기도 재무국장, 경기도 금융조합 이사장으로 했다. 조선금융조합협회는 금융조합의 준관리기관인 관치적 조직이었다. 이로써 조선경제협회 시대의 여타 금융경제단체와의 연계는 단절되었고, 금융조합 독자적인 상호연락, 교육, 선전, 공동사업을 목적으로 하는 중앙기구가 탄생했다.

조선금융조합협회는 조합 간의 연락 및 교육기관 역할의 중앙기구였으나 중앙금고 기능은 없었다. 금융조합의 각 도연합회가 설립된 이래 각 조합 간 자금의 유무상통은 원활히 이루어졌고, 각 도연합회 간의 자금조작은 식산은행이 담당했다. 그러나 도청소재지 식산은행 지점과 거래해야 했기 때문에 업무가 번잡하고 사무착오도 적지 않은 문제점이 있었다. 이에 각 도 금융조합연합회는 중앙회나 중앙금고를 설치하자고 제기했으나 받아들여지지 않았고, 대신 조선금융조합협회, 금융조합 도연합회, 재무당국 간의 협의를 통해 조선금융조합협회 창립 이듬해인 1929년 10월 조선식산은행에 '금융조합 중앙금고과'를 설치해 '금융조합 중앙금고위원회'를 두고 제반 사항을 심의하게 했다. 이 조치는 금융조합의 중앙금고로서는 과도기적 조치였으나 금융조합의 중앙연합조직이 생길 때까지 조선식산은행이 금융조합의 모행 역할을 담당한 것이었다.

2) 조선금융조합연합회의 성립과 활동

(1) 조선금융조합연합회 설립

금융조합의 중앙연합조직을 결성하려는 노력은 조선금융조합협회의 설립과 조선식산은행의 금융조합 중앙금고과 설치로 어느 정도 성과를 보았다. 특히 금융조합 중앙금고과를 설치한 결과 금융조합의 자금이 장기적으로 안정화 경향을 보이면서 금융조합의 중앙기구를 설치하는 것이 금융조합 업무를 발전시키는 데 중요하다는 인식이 확산되었다. 그에 따라 금융조합 중앙기구의 필요성과 당위성이 지속적으로 제기되었고, 조선총독부는 각 도 연합회를 합병해 조선금융조합연합회를 신설하기 위해 '금융조합령', '조선식산은행령', '저축은행령', '신탁은행령', 기타 관계 법령을 개정하고 1933년 8월 17일 제령 제6호로 조선금융조합연합회령을 공포했다. 조선금융조합연합회령의 주요내용은 다음과 같았다.

- 연합회는 회원에 대한 자금공급, 업무상의 지도, 그 밖에 회원 공동의 이익증진을 도모한다.
- 연합회의 회원은 금융조합과 조선총독이 지정하는 산업에 관한 법인으로 한다.

- 회원은 출자 1좌 이상을 가져야 하고, 1좌의 금액은 500원으로 한다.
- 회장 1인, 이사 13인 이상, 감사 2인 이상을 둔다. 회장은 연합회를 대표하고 사무를 총리하며 총회의 의장이 되고, 이사는 회장을 보좌하며 종된 사무소의 장이 되어 그 업무에 한하여 연합회를 대표한다.
- 회장과 이사는 조선총독이 임명하고, 감사는 총회에서 회원의 대표자 중에서 선임하며, 임기는 회장 5년, 이사 3년, 감사 2년으로 한다.
- 총회는 회원의 대표자 중에서 선출된 의원으로 조직하고, 중요 사항을 의결한다. 총회에서 의원의 의결권은 평등하다.
- 연합회는 회원에 필요한 자금의 대부, 어음할인, 환업무, 예금, 업무상의 지도, 회원 상호의 연락 및 업무상의 편의 도모, 회원직원의 교양, 그 밖에 다른 회원의 공동이익 증진을 위해 필요한 업무를 수행하며, 저축은행, 신탁회사 또는 공공단체, 그 밖에 영리를 목적으로 하지 않는 법인의 예금업무도 수행한다.
- 연합회의 업무상 여유자금의 사용방법은 제한한다.
- 연합회는 회원업무 및 재산상황에 대한 조사를 할 수 있다.
- 연합회는 불입출자금액의 15배를 한도로 조선금융채권을 발행할 수 있다.
- 연합회는 조선총독이 감독하며, 조선총독은 감리관을 두어 연합회의 업무를 감시한다.

이상의 내용을 보다 자세히 살펴보면 다음과 같다. 첫째, 조선금융조합연합회(이하 '연합회')는 금융조합령과는 별도인 특수법령에 의해 설립된 특수법인이었다. 연합회는 각 도에 설립되어 있던 도연합회를 합병하는 형식을 취하여 업무구역은 전국 일원으로 하고 주된 사무소는 중앙에 두었다. 각 도는 지부를 두는 연합회, 금융조합의 2단계 조직이었다.

둘째, 연합회의 목적은 회원에 대한 자금공급, 업무상의 지도 및 회원 공동이익 증진이었다. 이는 식산은행의 금융조합 중앙금고과 업무와 조선금융조합협회의 회원 공동이익 증진업무 외에 회원조합을 직접 지도하는 업무를 추가한 것이다. 이로써 연합회는 명실상부 금융 및 회원조합에 대한 지도·교육기관으로 자리매김했다.

셋째, 연합회의 회원은 금융조합과 조선총독이 지정하는 산업에 관한 법인으로 했다. 금융조합이 아닌 다른 산업법인도 가입할 수 있도록 허용했는데, 실제로는 금융조합은 강제가입시키고 기타 산업법인은 임의로 가입하도록 했다. 그러나 엄정한 심사를 했기 때문에 회원이 되기는 쉽지 않았다.

넷째, 회원은 1좌 500원인 출자 1좌 이상을 보유하도록 했고, 출자의무를 가졌다. 출자는 정관에 따라 배당을 실시했다.

다섯째, 연합회는 회장 1인, 이사 13인 이상, 감사 2인 이상을 두었다. 회장과 이사는 조선총독이 임명하는 임명제였고, 회장은 대표권, 업무집행권, 총회의 의장 권한을 가지며, 이사는 연합회의 종된 사무소, 즉 본부 부서 및 각 도 지부의 장이 되어 그 업무에 한해 연합회를 대표하는 회장의 보좌자로서 연합회 업무를 분담처리하는 기구였다. 감사는 회원의 대표자 중에서 선임해 연합회의 재산 및 업무집행상황을 감사했다.[14]

여섯째, 총회는 각 도의 구역에 있는 회원의 대표자(회원들이 정하여 미리 연합회에 제출)가 회원 15명에 1명씩(15명을 더할 때마다 1명 추가) 호선하여 선출한 의원으로 구성하는 독특한 제도를 택했다. 총회는 결산, 감사의 선임 등 중요 사항을 의결했고, 의원의 의결권은 평등하게 '1인 1표주의'를 채택

---

14) 참고로 최초의 이사는 본부 부장 3인, 도 지부장 13인으로 구성되었고, 감사는 설립위원회가 선임한 4인으로 구성되었다.

했다.

일곱째, 연합회의 업무는 회원에 대한 금융, 지도, 공제, 선전, 교육 등의 업무에 한하고, 오늘날 농협중앙회처럼 일반 고객이나 조합원에 대한 직접적인 금융사업은 수행하지 않았다. 오늘날로 보면 경제사업을 제외한 단위조합 상호금융의 연합기관이면서 공제사업과 교육지원, 농정활동을 수행하는 중앙기구였다고 볼 수 있다.

여덟째, 연합회는 업무상의 여유자금을 조선총독이 지정하는 은행에 예금, 또는 우편저금과 국채증권, 지방채증권, 조선총독이 인가한 유가증권의 매입, 그리고 공공단체 및 기타 영리를 목적으로 하지 않는 법인의 일시차입에 대한 대부 외에는 운용할 수 없도록 제한했다. 이는 조선총독부가 금융조합을 강력하게 통제하기 위한 조치였다.

아홉째, 연합회는 회원의 일상적인 업무상 지도 외에 회원의 업무와 재산 상황을 조사할 수 있었다. 이는 정기적으로, 또는 회원조합에 문제가 있거나 행정기관의 의뢰가 있을 경우 수시로 행해졌다.

열째, 연합회의 자금은 회원의 출자금, 법정준비금, 특별적립금, 정부대하금, 차입금, 예수금 외에 불입출자액의 15배를 한도로 조선금융채권을 발행하여 충당할 수 있었다. 이는 오늘날 농업금융채권 발행의 시작이었다.

열한째, 연합회는 조선총독이 감독하고, 특별히 감리관(조선총독부 이재과장 또는 농정과장)을 두어 수시로 감시 감독했다. 감리관은 언제든지 금고와 장부, 가타 제반 문서를 검사하고 총회 및 그 밖의 회의에 출석해 의견을 진술할 수도 있었다. 조선총독부의 연합회에 대한 일상적 감독은 회장 및 이사의 급료결정, 업무시간 조정, 정기휴일 결정, 사업계획 및 수지예산 인가, 임직원업무, 급여, 복무, 신원보증, 징계, 그 밖의 사항에 관한 규칙의 제정 및 변경의 인가, 자금차입, 법정적립금 외의 적립금을 손실보전 이외의 용도에 사용할 때의 승인 등이었다. 연합회는 총회, 협의회, 강습회, 그 밖의 집회를 개최할 때는 사전에 조선총독에게 신고했고, 집회를 개최할 때는 즉시 보고했다. 그리고 조선총독부는 연합회가 법령, 명령, 처분, 정관 등을 위반할 경우 총회의 결의를 취소하고, 회장과 이사의 해임은 물론 연합회의 해산까지 명할 수 있었다. 그러나 이러한 엄중한 감독과 함께 조선총독부는 회원조합의 견습이사에 대한 급여보조, 저리자금 공여, 세법상 비과세 혜택 등의 특전을 주어 금융조합연합회를 지원했다.

이상 살펴본 것처럼 조선금융조합연합회는 회원조합이 출자자이자 이용자였으나 조합원과 회원조합이 민주적으로 선임한 경영진이 자율적으로 운영할 여지는 거의 없었다. 회장과 이사의 임명부터 거의 모든 주요 업무의 결정, 승인, 인가가 조선총독부에 의해 이루어졌고, 따라서 민주성과 자율성 측면에서 협동조합과는 거리가 먼 조직이었다. 그러나 금융조합의 중앙조직이 설립됨으로써 당국의 방침과 연합회장의 의도를 더욱 강력하게 실행하는 기반이 마련되었고, 중앙조직부터 회원조합에 이르기까지 일사분란하게 움직일 수 있는 조직력과 업무체제를 갖추게 되었다.

(2) 조선금융조합연합회의 활동

조선금융조합연합회는 창립 초기 이전 기구로부터 이어받은 금융업무, 공제사업, 교육사업, 출판문화사업, 조사업무와 함께 새로운 사업인 회원지도업무를 보았다. 그러나 이는 사무용품 공동조달과 회원의 공동시설에 관한 업무에 국한되어 있었다. 이후 연합회는 1935년 식산계가 도입되면서 경제사업을 활발히 전개했고, 다른 사업도 1937년 직후까지 매우 활발하게 전개했다.

① 회원지도업무: 연합회 회원은 창립 연도인 1933년 금융조합 685개(지

소 172개), 산업조합 41개, 기타 15개(어업조합) 등 모두 741개 조합이었다. 1938년에는 금융조합 723개(지소 215개), 산업조합 63개, 기타 5개 조합으로 792개 조합에 이르렀다. 그러나 1944년에는 경영합리화를 위한 금융조합 통합, 산업조합 해산, 어업조합의 어업조합연합회로의 이탈 등으로 인해 금융조합 613개(지소 299개), 산업조합 15개 등 628개로 축소되었다. 연합회는 이들 회원조합의 업무 전반을 지도했고, 법령에 따라 매년 정기 또는 수시로 업무감사를 실시했다.

② 금융업무: 연합회는 각 도연합회와 식산은행 금융조합 중앙금고과의 업무 외에 새로이 어음할인, 환업무, 공공단체 및 기타 영리를 목적으로 하지 않는 법인에 대한 여유자금의 대출과 예금수입, 그리고 조선금융채권을 발행하여 명실상부한 금융조합의 중추기관이 되었다. 이를 통해 회원조합 상호 간의 자금수급은 물론 금리조절, 농업 및 중소상공업에 대한 금융 및 자금의 축적이 원활하게 이루어졌다.

연합회는 창립 때부터 중일전쟁 발발 전후까지 금융업무를 충실히 수행하며 발전했다. 그러나 태평양전쟁 시기에 들어 그 역할은 급변했다. 연합회는 1933년 창립 당시 예수금 63%, 차입금 27%, 기타 10%로 자금이 구성되어 있었다. 이후 금융채권의 비중이 18%까지 이른 적도 있었으나 1945년 3월 예수금 95%, 금융채권 2%, 기타 4%로 운용자금 대부분이 예수금으로 이루어졌다. 그리고 창립 당시 대출금 76%, 유가증권 3%, 예치금 20%, 기타 1%였는데, 중일전쟁 발발 직전에는 대출금이 일시에 85%까지 늘어났다. 이후 대출금은 점차 줄어들어 1945년 3월에 이르면 8%에 불과했고, 유가증권투자 83%, 예치금 8%, 기타 1%로 유가증권투자가 급증했다. 이는 저축으로 흡수한 자금을 전시국·공채와 사채 등에 운용한 결과였다.

③ 공제업무: 지방금융조합 시대부터 시작된 회원조합 건물에 대한 화재

공제사업은 조선금융조합협회 시대에 진전되었다가 금융조합연합회 시대에 이르러 종전의 회원건물 화재손해보전규정을 공제규정으로 변경하면서 더욱 성장했다. 연합회의 화재공제 실적은 1933년 1,878건에 계약고 463만 원에서 1943년 4,419건에 계약고 1,381만 2천 원으로 크게 증대했다. 아울러 1929년 금융조합협회 시대에 시작된 직원공제사업은 조선금융조합직원공제회를 설립하여 전국 계통기관과 그 직원을 회원으로 퇴직위로금, 질병보조금, 재해보조금, 조위금 등의 지불과 여유자금의 대출업무를 수행했다.

④ 경제사업: 연합회의 초기 구판사업은 금융조합협회의 사업을 이어받아 회원인 금융조합의 사무용품 알선구매 정도에 그쳤다. 그러나 농촌진흥운동이 전개되면서 도입된 식산계가 계원의 생산품 판매와 필수품 구입을 주력사업으로 하고, 연합회가 식산계의 공동판매와 공동구입사업의 상급기관으로 지정됨으로써 1936년부터 본부에 사업부를 두고 금융조합을 중계기관으로 경제사업을 활발하게 추진했다. 이로써 법률상 경제사업을 수행할 수 없는 금융조합이 연합회의 중계기관으로 경제사업을 주도적으로 수행하게 되어 금융조합의 경제사업을 부활시키는 결과를 가져왔다.

판매사업은 식산계가 수집한 곡류, 임산물, 직물, 기타 특산물을 조합을 경유하여 판매위탁을 받아 경쟁입찰 또는 상대매매의 방식으로 판매하고 수수료를 징구하는 방식으로 이루어졌다. 판매사업 실적은 1937년 1,137만 4천 원에서 1943년 6억 531만 8천 원까지 늘어났으나 전쟁 말기인 1945년에는 4,342만 4천 원으로 급락했다.

구매사업은 비료, 농기구, 종자, 종묘, 사료 등 농업과 관련된 구매품을 비롯해 사무용품을 대상으로 꾸준히 전개되었으나 일반생필품은 극히 미미한 실적을 보였다. 구매사업 실적은 1936년 957만 8천 원에서 1940년 2,266만 6천 원으로 늘었다가 1944년 1,718만 5천 원으로 줄었다.

⑤ 교육·출판·조사연구업무: 직원양성을 위한 교육사업은 조선경제협회 시대에 시작되어 조선금융조합협회 시대에 조직적으로 추진되다가 연합회 시대에 들어서 확대 강화되었다. 1937년 연합회 건물 별관을 신축하여 교육 장을 마련하고 기숙사를 확대하고 협동문고까지 설치했으며, 교외에는 체험 농장까지 갖추었다.

교육은 견습이사를 위한 갑종 강습, 책임자 양성을 위한 을종 강습, 서기 채용자를 대상으로 하는 병종 강습으로 실시했고, 회원조합의 조합원교육은 부락지도여성을 대상으로 한 부인강습회가 몇 차례 있었을 뿐 직원교육에 비해 극히 미미했다.

출판사업은 기관지『금융조합』을 비롯한 정기간행물과 한국인·일본인 조합원을 상대로 발행된 월간지가 있었고, 부정기적으로 책자와 선전광고물 등을 간행했다. 그리고 1938년 이후부터 본격적으로 실시한 조사사업과 관련해서는 연합회에 조사과를 설치하여 전국적인 조합 계통망을 활용해 자료를 수집하고, 이를 통해 농업생산력 증진에 관한 기초자료뿐 아니라 조합 관련 업무방침자료, 농업정책 및 농업단체 정비 관련 대안, 각종 경제동향 수집 및 배포 등 당시 국내 조사기관 중에서는 뚜렷한 지위를 확보하고 있었다.

(3) 국제협동조합운동 참여

조선금융조합연합회가 해외 협동조합운동에 참여한 계기는 연합회 창립 직전인 1933년 3월 임원을 유럽에 보내 시찰하고 국제협동조합 기관과 접촉함으로써 만들어진 것으로 보인다. 이후 연합회가 창립되어 1933년 12월 영국에 소재한 농업협동조합 교육사업을 위한 문화시설인 호레이스 프랑켓 재단에 가입했고, 1934년 1월에는 국제협동조합연맹에도 가입했다.

조선금융조합연합회가 어떤 이유와 과정으로 국제협동조합연맹에 가입하게 되었는지는 자세히 알 수 없다. 그러나 이 가입을 통해 국제연맹은 지극히 비민주적이고 자율성이 없었던 조선금융조합연합회를 협동조합으로 인정했다. 이는 1962년 이후 1988년까지 농협중앙회가 회장 등의 임명제로 인해 장기간 국제협동조합연맹의 정회원이 되지 못한 것과는 대조적인 조치였다.

조선금융조합연합회는 국제협동조합연맹에 가입함으로써 세계 각국의 협동조합 관련 자료를 구득하고 금융조합 관계 자료를 보내 대외선전에 활용할 수 있었다. 그러나 1937년 중일전쟁 이후 일본이 이탈리아, 독일 등과 함께 연합국과 대치하자 일본·이탈리아·독일 등의 협동조합과 더불어 1939년 12월 국제협동조합연맹에서 퇴출되었다. 이후 조선금융조합연합회의 해외활동은 일본의 산업조합과 식민지 내의 기관으로 한정되었다.

5. 식산계 제도 시행과 금융조합

1) 식산계 제도의 도입 배경

식산계는 1935년 8월 조선총독부가 공포한 '식산계령'에 따라 설립된 부락 단위 소조합이다. 식산계는 1926년 설립된 산업조합 및 농회와 관련이 있는데, 특히 1932년 피폐한 농촌을 살릴 목적으로 전개된 농촌진흥운동과 1933년 창립된 조선금융조합연합회와 밀접히 연관되어 있다.

금융조합은 농촌진흥운동의 시작과 함께 행정기관과 협력하여 농민지도를 하는 한편 저리자금인 자작농 창정자금, 관개시설자금, 부락 공동시설자금, 부채정리자금 등의 대출에 대해 지도금융을 강화했다. 아울러 개별 농가에 대한 갱생사업과 지도부락활동 등을 지원하면서 법적으로는 할 수 없는 구판사업과 이용사업을 통해 신용사업기관이면서도 경제단체로 농촌진흥운동에 협력했다. 또한 그동안 거리를 두었던 영세 소농층과 빈농층을 조합원으로 대거 받아들이는 조합원 하강운동을 전개했다. 따라서 상환능력이 약한 영세 조합원의 연대보증을 위해 부락 단위에 상호연대보증조를 만들고 자금을 대출하는 식산계를 만들어 구판사업과 공동이용사업을 통해 변제능력을 제고할 필요가 있었다. 그러나 금융조합의 경제사업 참여는 동일한 사업을 하면서도 설립 후 부진을 면치 못하던 산업조합의 존재를 위태롭게 만들었고, 비료제조사업과 판매사업에 열중하던 농회와도 갈등의 여지가 많았다. 또한 금융조합의 비대화와 금융단영주의에서 오는 문제점과 함께 금융조합이 겸영사업을 하더라도 은행과 같은 체질에서 금융편의 위주의 경제사업을 제대로 할 수 없다는 비판에 직면했다.

이런 상황에서 일제는 그들의 체제를 안정적으로 유지하기 위해서라도 금융조합의 부정적 이미지를 불식하고 산업조합의 부진에 따라 커져만 가는 농정에 대한 비판을 무마할 필요가 있었다. 그 결과 조선총독부는 일본의 협동조합 전문가를 초청하여 조선총독부 관련 3국(재무국, 식산국, 농림국)으로 하여금 대안을 마련하도록 했다. 대안을 만드는 과정에서 근본적인 문제로 지적된 것은 금융조합이 신용업무만 단영하고 산업조합은 판매·구매와 이용사업에 한정하고 있어 서로 연계가 이루어지지 않고 있다는 것이었다. 그리하여 논의를 거듭한 끝에 금융조합과 산업조합은 그대로 유지하고 산업조합에 대한 확충방안을 모색하는 방안과 산업조합을 설치하기 곤란한 지방에 금융조합이 소산업법인이나 식산조합을 설치하는 방안으로 결론을 냈다.

식산계는 이 두 가지 방안을 결합하여 산업조합을 확충하고, 동시에 금융조합 산하에 소산업법인을 설치하기로 한 데서 탄생했다. 즉 금융조합 산하에 구매 및 판매, 이용사업을 영위하는 부락 소산업법인을 설치해 금융조합의 구판사업, 지도금융, 조합원 하강운동의 대행기관으로 식산계를 두었던 것이다. 이에 대한 반대 의견도 많았지만, 제도를 실시하며 다음과 같이 만전을 기하기로 하여 무마되었다.

첫째, 식산계는 금융조합과 산업조합 양 단체의 소속으로 하고, 산업조합 구역의 것은 산업조합 소속, 기타 지역의 것은 금융조합 소속으로 한다. 둘째, 식산계 중 사업성적이 우수한 조직은 점차 산업조합으로 대체 조직하고, 식산계가 산업조합으로 설립된 경우에는 그 구역 내의 금융조합 소속 식산계를 산업조합으로 소속 변경한다. 셋째, 식산계의 설치지원에 필요한 보조예산은 산업조합 소속 식산계에도 균일하게 배정한다.

조선총독부는 이런 과정을 거치면서 식산계의 법제화를 서둘렀는데, 금융조합을 감독하는 조선총독부 재무국과 금융조합이 소조합 설치방안에 적극적이었던 것은 내외적인 이유가 있었다. 먼저 외적으로는 농촌진흥운동과 그에 따른 농가갱생사업에서 금융조합의 역할이 확대되었고, 통제농정을 실시하기에는 자금을 갖고 있는 금융조합이 유리하다고 판단했기 때문이었다. 그리고 내적으로는 첫째, 1929년 금융조합령 개정으로 경제사업이 없어지자 오로지 돈 장사에만 열을 올림으로써 설립취지에 반한다는 각계각층의 비난이 있었다. 둘째, 농촌진흥운동이 전개되는 가운데 산업조합과 농회처럼 구판사업을 하지 않으면 불평이 고조되어 농촌에서 기반을 상실할 우려가 있었다. 셋째, 금융조합 대출은 1918년 이래 크게 늘어나다 1930년 이후에는 전혀 진전이 없었는데 이는 금융조합과 연합회의 자금 원천에서 예금이 차지하는 비중이 커진 반면 농가갱생사업 등으로 대부금상환이 늘어나 유휴자금의 활용방안을 적극 모색하지 않으면 안 될 절박한 상황이었다.

이에 금융조합은 대출을 확대하는 방법으로 조합원의 증가, 대부금리 인하, 신용대부 및 대출한도 확대와 더불어 경제사업 실시, 즉 금융조합의 겸영조합화를 추진했다.

2) 식산계의 개요

1932년 일본은 농촌경제 갱생운동의 추진주체로서 산업조합과 산업조합의 하부조직으로 부락소조합, 일명 '농사실행조합'을 설치했다. 식산계는 여기 착안하여 시행되었다. 1935년 8월 30일 제령 제12호로 제정 공포된 '식산계령'의 주요내용은 다음과 같았다.

- 식산계는 부락, 그 밖에 이에 준하는 지구 내의 거주자로 조직한다.
- 식산계는 인보공조(隣保共助)의 정신에 따라 계원의 경제발달을 기도하기 위해 그 공동사업을 수행함을 목적으로 한다.
- 식산계는 법인으로 하며, 동일 지구 내 5인 이상이 설립자가 되어 규약을 작성하여 도지사의 인가를 얻어 설립한다.
- 식산계는 금융조합 또는 산업조합의 조합원이 된다.
- 식산계에 주사, 부주사, 감사 각 1인을 두되, 주사는 식산계를 대표해 업무를 집행하고 계원총회의 의장이 되며, 부주사는 주사를 보좌하고, 감사는 식산계의 재산과 사업집행상황을 감사한다.
- 주사와 부주사는 계원 중에서 선임하며, 감사는 계가 속한 금융조합 또는 산업조합의 이사로 충원한다.
- 식산계가 채무를 완제할 수 없을 때는 계원이 연대하여 책임부담한다.
- 식산계는 도지사가 감독하며, 도지사는 언제든지 식산계의 사업과 재산상황을 보고받고 부하의 관리로 하여금 이를 검사할 수 있으며, 필요한

조치도 가능하다.

● 식산계는 금융조합령의 규정을 준용한다.

식산계령과 함께 조선총독부 재무국과 식산국, 농림국, 그리고 조선금융
조합연합회는 각각 식산계 설치운영지침을 시달했다. 그중 주무관청인 재무
국의 내용을 살펴보면 다음과 같았다.

● 식산계는 주로 구판사업을 영위하는 소산업조합임을 명확히 할 것.
● 판매사업은 주로 위탁주의에 의하고, 구매사업은 신청구매와 매취구매
   에 의할 것. 계원의 판매품은 공동판매에 적합한 품목을 선정하고, 구매
   품은 가정용품을 시작으로 구매사업에 대한 계원의 의식 진전에 따라
   구입품목을 늘려 나갈 것.
● 계원은 계의 승낙 없이는 계의 판매품을 계에 위탁하지 않고 판매하거
   나 구매품을 계원 이외에서 구입할 수 없음.
● 식산계의 거래는 모두 금융조합의 전속거래로 하고, 소요자금은 금융조
   합을 통해 융통하며, 계가 행하는 판매 및 구매사업은 전부 금융조합의
   알선에 의해 조선금융조합연합회에 연결시킬 것.
● 식산계의 판매 및 구매사업에 관한 상층기관으로 조선금융조합연합회
   에 사업부를 새로 설치하고, 식산계의 거래 일체는 금융조합이 수행하
   되 명목상으로는 조선금융조합연합회 사업으로 처리할 것.
● 금융조합에서 식산계의 사업자금으로 차입할 수 있는 한도는 계원 총수
   에 30원을 합한 금액을 초과하지 않을 것.
● 식산계를 설치하는 금융조합에 대하여 식산계 지도직원 운용비로 매년
   국고에서 상당액을 보조함.

'식산계령'과 운영지침을 좀 더 자세히 살펴보면 다음과 같다. 첫째, 식산계는 부락, 그 밖의 이에 준하는 지구 내에 거주하는 자로 조직했다. 전통적인 부락을 기본으로 경제사업이 용이하도록 수 개 부락을 묶어서 조직할 수 있도록 했고, 규약에 따라 다르겠지만 농민과 비농민, 금융조합과 산업조합의 조합원 여부를 불문하고 가입할 수 있도록 했다. 그래서 식산계 가입은 사실상 금융조합이나 산업조합에 가입한 것과 같은 의미였고, 금융조합과 산업조합의 조합원이 늘어난 것과 같은 효과를 보았다.

둘째, 식산계의 목적은 인보공조의 정신에 기초하여 계원의 경제발달을 기도하는 공동사업의 수행이었다. 이는 형식상 우리의 전통적인 협동조직 정신인 상호부조의 정신을 끌어들여 미화한 것으로, 구매 및 판매사업, 공동이용시설의 설치, 산업지도, 공제사업 전반에 걸친 사업활동을 했으나 신용사업은 배제되었다.

셋째, 식산계는 법인으로 하고, 5인 이상이 설립자가 되어 규약을 작성해 도지사의 인가를 받도록 했다. 이는 부락 단위 조직에 최초로 법인격을 부여한 것이었으며, 도지사가 자격 여부를 심사하여 인가한 것은 식산계에 대한 행정감독의지를 강력히 드러낸 조치였다.

넷째, 식산계는 계 조직 자체를 금융조합이나 산업조합의 조합원이 되도록 했다. 즉 식산계가 속한 금융조합이나 산업조합을 도지사가 지정하면 자동적으로 당해 조합의 조합원이 되도록 한 것이다. 그러나 식산계가 일반 조합원처럼 해당 조합에 출자했는지는 분명치 않다. 또한 식산계원의 권리와 의무는 규약에 정하도록 했으나 식산계원이 금융조합원이나 산업조합원처럼 식산계에 출자의무를 가졌다는 근거는 없다.

다섯째, 식산계는 계원 전원으로 총회를 구성했고, 계원의 의결권은 평등했다. 임원으로 주사, 부주사, 감사 1인을 두었고, 주사와 부주사는 계원이 선임하고 감사는 계가 속한 금융조합이나 산업조합의 이사가 되도록 하여 감시감독을 엄격하게 할 수 있는 근거를 마련해놓았다.

여섯째, 식산계가 그 재산으로 채무를 완제할 수 없을 때 계원은 계가 속한 금융조합이나 산업조합에 대해 계가 부담하는 채무를 연대책임지고, 심지어 계원의 가입 전 채무라도 계의 책임을 부담하도록 하여 사실상 조합에 무한책임을 지도록 했다.

일곱째, 식산계는 인가기관인 도지사가 감독했다. 도지사는 언제든지 식산계의 사업과 재산상황을 보고받고, 식산계의 사업 또는 재산상황에 따라 계에 대한 사업의 제한을 명하고 필요한 명령을 발하도록 했다. 뿐만 아니라 식산계가 규약이나 법령, 명령을 위반할 때는 계원 총회의 결의를 취소하고, 사업의 정지 또는 계의 해산을 명할 수 있었다. 그런데 도지사의 감독권 말고도 식산계에 대한 금융조합의 감독은 훨씬 엄격했다. 금융조합과 전속 거래를 했던 식산계는 자금을 모두 금융조합에서 차입하고, 여유금은 원칙적으로 조합에 예입하며, 공동구매품의 매입과 물품판매는 일일이 조합의 알선을 받아야 했다. 심지어 집무일과 휴일의 결정 및 변경, 토지, 건물, 기계기구나 집기의 취득 또는 처분과 같은 일상운영과 재산권에 관한 부분, 공동시설물의 설치, 변경, 폐지나 수수료 징수방법 등 내부적으로 가능한 세세한 일까지 모두 금융조합과 협의해야 했다. 또한 계의 현금보유를 가능한 한 피해야 한다는 이유로 위탁판매대금, 구매대금이나 다른 계의 계원 간의 현금수수를 계를 대신해 조합이 장악했다. 한마디로 식산계가 법인으로서 독자적인 재산권을 가질 수 있었음에도 내부의 자치적 운영권을 유보한 것이다.

3) 식산계의 조직과 사업

1935년 식산계령 시행 이후 초기에는 행정기관이 그 설립을 엄격히 심사하고 승인했다. 금융조합도 처음에는 시험적으로 조합당 4~5개의 계를 조직해 나가다가 1938년 조선금융조합연합회가 식산계 확충 5개년 계획을 수립하면서 적극적으로 설치하기 시작했다. 이런 가운데 1940년 식산계의 주무관청이 재무국에서 농림국으로 변경되었고, 이때부터 농림국의 식산계 전면 설치 지시에 따라 금융조합은 식산계를 급속히 증설해 나갔다.

식산계령이 공포된 1935년 식산계와 계원의 수는 금융조합이 143개, 계원 5,290명, 산업조합이 9개, 계원 443명이었다. 그리고 1944년에는 금융조합이 48,838개, 계원 3,023,553명, 산업조합이 189개, 계원 7,406명이었다. 이는 1조합당 평균 식산계 79개, 계원 62명이었는데, 당시 자연부락이 약 7만여 개였음을 감안하면 약 70%의 자연부락에 식산계가 설치된 것으로, 약 300만 호였던 농가 호수 중 100%가 식산계에 가입한 것이다.

식산계 조직은 금융조합에 비해 산업조합이 부진했다. 이는 산업조합이 처음에는 식산계 설치를 부적당하다고 보고 설치에 소극적이었기 때문이다. 그러나 나중에는 조선총독부와 금융조합의 적극설치방침에 영향 받아 1940년 식산계 1,836개, 계원 67,133명, 1941년 식산계 1,758개, 계원 76,210명에 이르렀고, 1942년에는 다수의 산업조합이 해산되면서 대폭 감소했다.

한편, 식산계의 구판사업 실적을 보면, 1936년 금융조합의 식산계 구매사업고는 69만 2천 원, 판매사업고는 47만 2천 원, 산업조합의 식산계 구매사업고는 1만 9천 원, 판매사업고는 1만 3천 원이었다. 이후 1944년에는 금융조합의 식산계 구매사업고 1,415만 2천 원, 판매사업고 1억 4,919만 4천 원에 달했으나 산업조합의 식산계 구매사업고는 1천 원, 판매사업고는 6천 원에 불과했다. 이 역시 1942년 산업조합 해산 이후 사업실적이 대폭 감소한 결과였다. 그런데 식산계는 1937년을 기점으로 농촌·농민의 자활적 경제단체라는 당초의 취지와는 다르게 완전히 변질되고 말았다.

4) 식산계의 성격과 설치의의

법령상 부락 또는 그에 준하는 지구에 거주하는 자는 모두 식산계원이 될 수 있었으므로, 식산계는 경제적 약자인 농민만을 계원으로 하지 않았고, 계원이 출자를 하지 않았기 때문에 소유자면서 이용자라 할 수 없었다. 아울러 행정기관과 조합의 엄격한 감시감독을 받음으로써 운영의 자율성과 민주성이 전혀 없었다. 따라서 식산계는 진정한 의미의 부락 단위 협동조합이라고 할 수 없으며, 금융조합이나 산업조합의 행정보조적 기구였다고 봐야 한다.

이와는 다른 관점에서 식산계의 의미를 살펴보면 우선 조선총독부 입장에서는 첫째, 식산계를 설치함으로써 그간 금융조합, 중요물산동업조합, 산업조합, 농회 등으로 꾸준히 추진해온 농촌 조직화, 즉 농촌사회 조직의 완성이라는 의미를 갖는다. 식산계를 기존 법령의 일부에 포함시켜 자율적으로 운영토록 할 수 있었음에도 굳이 별도의 법체계를 갖추어 지배와 통제를 가한 것은, 우리나라 농촌과 농민을 일관된 통제체제하에 두려는 조선총독부의 지속된 의지 때문이었다.

둘째, 식산계 설치는 다가올 전시체제에 대비해 국내를 안정시키고 전시 농업정책을 수행하는 최말단조직을 확보한 것이었다. 특히 금융조합을 통해 식산계를 지도·통제함으로써 경제적 측면에서 가장 효율적인 전쟁지원 역할을 담당할 수 있었다.

다음으로 금융조합 입장에서는 첫째, 식산계를 설치함으로써 1929년 '금융조합령' 개정으로 배제되었던 경제사업을 재개할 수 있었다. 이로써 금융

일변도로 야기된 많은 사회적 비판을 완화하고 농촌진흥운동과 전시체제하에서 주도적인 역할을 할 수 있었다. 둘째, 식산계 설치는 별도의 법령에 근거했지만 사실상 조선금융조합연합회-금융조합-식산계라는 3단계 조직을 완성하게 되어 농촌의 중앙 단위에서 부락 단위에 이르기까지 일사불란한 조직을 구축했다. 셋째, 금융조합은 식산계 설치로 조합원 증가운동을 통해 조합원을 대폭 확대할 수 있었고, 조합원과 비조합원 모두를 아울러 구매·판매·이용사업을 실시하는 한편 금융조합에서 대부를 받을 수 있게 되었다. 다시 말하면, 금융조합의 조합원뿐만 아니라 농촌의 일반 주민까지 금융조합의 금융망과 농업유통망에 포함시킬 수 있었다.

마지막으로, 그동안 금융조합은 고리채 정리사업 등을 핑계로 전통조직인 계를 고리채의 온상으로 지목하여 해체정리하고 상호연대보증조, 준식산계, 신용계 등을 조직해 자생조직을 대체해왔다. 그러나 식산계를 설치하면서 그동안 금융조합이 조직한 단체를 비롯해 농촌에 산재한 각종 단체를 하나로 통합하여 금융조합이 관리함으로써 사실상 우리의 전통적 협동조직인 계는 거의 자취를 감추고 말았다.

6. 전시하 촌락금융조합의 역할

1) 전시체제의 부락 단위 조직

일제는 1937년에 발발한 중일전쟁이 장기화되자 1938년 '국가총동원법'에 따라 만들었던 '국민정신총동원조선연맹'을 1940년 10월 '국민총력조선연맹'으로 전환하고 총동원운동의 지방조직인 도연맹-부·군·도연맹-읍·면연맹-리·동부락연맹-애국반을 총력운동체제로 바꾸어 중앙부터 부락 단위까지 고도국방체제를 확립하며 전쟁을 수행하기 위한 체계를 잡아 나갔다. 그리고 조선총독이 이 연맹의 총재에 취임하여 행정조직과 운동을 일체시키고 1932년부터 추진한 농촌진흥운동을 이 운동에 흡수통합하는 한편, 농촌진흥운동의 농가갱생계획을 부락생산확충계획으로 전환하여 1941년부터 실시했다.

국민총력부락연맹은 1940년 식산계에 생산품집하와 필수품배급 등의 경제 부문을 맡도록 했다. 그에 따라 식산계는 부락연맹과 표리일체가 되어 농촌의 경제통제기구가 되었는데, 식산계의 구역도 가급적 부락연맹의 구역과 일치시키고 식산계의 주사와 부주사 또한 부락연맹 임원과 인적으로 결합시킴으로써 부락연맹 전원이 식산계에 포용되었다.

그리고 부락연맹, 식산계와는 별도로 지역저축조합이 있었다. 지역저축조합은 금융기관의 저축업무 대행기관으로, 1938년 일제의 국민저축 조성운동에서 비롯되었다. 일제는 전쟁 장기화에 따라 국채의 소화와 생산력 확충자금 확보, 물가등귀 억제를 위해 저축을 장려하게 되었고, 이 운동의 기구로 중앙 단위에는 조선총독부의 정무총감을 위원장으로 하는 저축장려위원회를 두고 관공서, 은행, 회사, 공장 등의 상공업단체에는 산업단체조합, 재향군인회, 청년단, 부인회 등에는 저축조합을, 농촌에는 기존 단체를 이용하거나 새로 지역조합을 만들도록 하여 국민이면 누구나 한 조합에는 가입하도록 했다. 이후 1941년 국민저축조합령이 공포되면서 기존의 저축조합이 법적 단체로 전환되어 조선총독부의 저축정책을 집행하는 기관이 되었다.

이상 살펴본 것처럼 전시의 농촌부락 단위에는 부락연맹과 그 하부조직인 애국반,15) 식산계, 저축조합 등 3개의 기구가 있었다. 부락연맹과 애국반은

---

15) 약 10호로 구성되는 최말단 실천기구.

내선일체와 황국 신민화로 대표되는 정신운동과 함께 부족한 노동력을 보완할 목적으로 생산과정에서 노동력 동원을 담당했고, 식산계는 농산물 공출과 물자배급을 담당했다. 그리고 저축조합은 강제저축을 담당했다. 조선총독부는 이들 조직을 활용하여 부락 단위부터 전시체제의 생산·유통·분배 등 전 과정을 통제했는데, 부락연맹은 행정기관과, 식산계와 저축조합은 금융조합과 밀접한 관계를 갖고 지도통제를 받았다.

2) 금융조합의 농산물 공출업무

금융조합과 식산계의 실질적인 관계는 구매·판매사업을 통해 전속거래를 하고 구판자금, 공동시설자금 등 식산계의 자금은 모두 금융조합으로부터 차입하여 그 지도를 식산계 주사를 통해 시행한 것을 보면 알 수 있다. 또한 금융조합은 식산계에 쌀을 비롯한 잡곡 및 기타의 수집, 공출 내지 농업자재 및 기타의 배급, 농촌구매력 흡수, 부락생산계획 실천이라는 임무를 부여하여 쌀 등의 농산물 공출은 판매사업이라는 이름으로 계 단위로 공동조제·공동검수하여 이루어졌다.

공출업무는 식산계의 주사가 각호별 생산고를 조사하여 각 계원 책임할당제를 정해서 공출하기도 하고, 금융조합이나 계 창고에 미리 공동보관했다가 출하하기도 했다. 그리고 공출 수량이 미달일 때는 계원의 판매 및 구매 알선을 일절 중지시켰다. 또한 식산계의 주사와 부주사는 대부분 부락연맹 이사장, 애국반장, 구장, 저축조합장 등을 겸임한 경우가 많아서 저축업무도 보다 용이하게 할 수 있었다. 식산계를 통한 공출업무는 1941년 총 공출량의 11%였고, 1943년 15%, 1944년 46%에 이르렀다. 이는 지주를 제외한 소작농과 자작농의 공출량 전체와 맞먹는 양이었다.

3) 금융조합의 전시저축증강운동

　금융조합의 전시저축증강운동은 두 가지로 실천되었다. 그 하나는 강제저축이다. 이는 쌀 등의 농산물 공출과정에서 판매대금 10%를 무조건 공제해 금융조합 구좌에 입금하게 하는 형식이었다. 또 하나는 강제적 소비절약저축이다. 금융조합은 부락의 지역저축조합장을 모두 부락연맹 이사장으로 하여 애국반을 실행체로 육성하고 강화하며 그 운영은 식산계처럼 세부에 걸쳐 지도하는 구조를 만들었다. 그리고 저축조합원은 매월 자기할당 목표액을 반드시 저축조합장을 통해 저금하고, 각호는 매월 애국반상회 때 전원의 소비절약으로 생긴 잉여금 50전 이상과 예금통장을 애국반장에게 제출했다. 즉 애국반을 기반으로 지역저축조합을 조직해 금융조합이 이를 통하여 강제적 소비절약저축을 하게 한 것이다.

　강제저축은 국민저축조합을 통한 저축할당과 저축조직의 강화, 농산물 공출의 과정에서 일정액 이상 원천공제, 임금지급과정에서 소득의 일정액을 공제하는 이른바 원천공제저축과 같은 조선총독부의 국민저축 조성운동 계획으로 이루어졌다. 이 계획의 일환으로 조선총독부는 매년 국민저축 목표액을 결정하고 각 금융기관에 저축액을 할당했는데, 전체의 20%를 할당받은 금융조합은 매년 이 할당액을 초과달성하여 국내 전체 저축증가액에서 금융조합의 증가액이 차지하는 비중이 34～35%에 이르기도 했다. 또한 국민저축조합의 조직상황과 저축액 비중에서도 전체 저축조합 수의 76% 이상, 저축액의 60% 이상이 농촌에 기반을 둔 지역조합에서 이루어졌다.

　금융조합은 조선총독부가 전개한 국민저축 조성운동의 주요 담당기관이었다. 1941년 국민저축조합 제도를 만들었을 때는 저축조합의 결성과 그 이후의 지도에 노력했고, 쌀 등 농산물의 공출업무를 담당하여 그 대금으로 원천공제저축을 강화했으며, 동시에 다른 각종 생산물대금으로도 저축을 확장하는 데 앞장섰다. 그리고 저축증강을 위해 저축권유사무원을 늘리고 예금업무만 취급하는 금융조합출장소를 신설하는 등 국민저축 조성을 위해 총력을 기울여 그 위상도 대출기관에서 저축기관으로 전환되었다.

이처럼 금융조합은 전시에 영세한 저축의 집적, 농산물 공출대금의 강제저축, 국민저축조합령에 근거한 단체저축을 담당하는 기관으로 농촌자금의 흡수를 위한 파이프라인으로 기능했다. 그리고 이를 기반으로 증강된 금융조합의 예수금은 중앙기관인 조선금융조합연합회를 통해 전쟁수행을 위한 자금으로 공급되었고, 일부는 전시농업정책 수행을 위한 농업대출금으로 사용되었다.

4) 금융조합의 전쟁수행을 위한 자금공급

일제의 전쟁수행을 위한 금융조합의 자금공급은 대부분 조선금융조합연합회를 통해 이루어졌다. 금융조합은 늘어난 예금을 조선금융조합연합회에 지속적으로 예치했는데, 이 예치금은 조선총독부의 국민저축 조성운동과 맞물려 1940년 이후 큰 폭으로 증가했다. 촌락금융조합 총자산 중 금융조합의 예치금 비율은 1940년 27%였는데, 1944년에는 62%까지 늘어났다. 이렇게 예치된 자금으로는 전시산업을 위한 유가증권을 매입했다. 주로 국채와 사채였다(사채의 대부분은 식산은행 사채).

금융조합은 농민의 영세한 자금을 강제저축을 통해 흡수하여 조선금융조합연합회에 예치하고, 조선금융조합연합회는 이를 주로 식산은행 예치금과 식산은행 사채를 통해 일제의 전시생산력 확충자금으로 공급했다.

5) 금융조합의 전시농정을 위한 자금대출

촌락금융조합의 총자산에서 차지하는 농업대출금 비중은 1937년 56%에서 1942년 49%에 이르기까지 매년 50%대를 유지했다. 그러나 1943년에는 37%, 1944년에는 23%로 떨어졌다. 이는 금융조합이 농촌자금 흡수를 통해 전쟁자금을 공급하는 한편, 전시농정을 위한 농업자금도 지속적으로 대출하고 있었음을 보여준다.

금융조합의 농업대출금은 대장성 예금부자금을 주로 한 정책금융인 특별대출금과 조선금융조합연합회의 자기자금에 의한 보통대출금으로 이루어졌다. 특별대출금과 보통대출금 중 장기대출금과 같은 장기자금은 20년 이상 연부상환으로, 주로 농지구입자금, 부채정리, 재해복구, 촌락공동시설, 축우·농기계 구입자금으로 대출되었고, 단기대출금은 주로 비료, 식량구입, 노임지불 등의 단기영농자금으로 대출되었다.

금융조합의 농업자금대출금은 전체 농수산업 대출금 중 1937년 이래 35~39%에 이르러 당시 식산은행 농업대출금과 거의 같은 비중이었다. 또한 1937~1943년까지 농업자금 대출금의 약 80%는 자작농 토지구입자금과 부채정리자금에 집중되었는데, 이는 농업생산의 증가를 위해 소작농보다는 농업생산성이 높은 자작농을 창출하고, 기존의 자작농을 유지하며, 창출한 자작농의 소작농 전락을 막기 위한 조선총독부의 농업정책을 금융조합이 뒷받침한 것이다.

전시 금융조합의 농업대출금은 전쟁 말기인 1943년과 1944년에 줄어든 것을 제외하면 꾸준했다. 이는 전쟁을 위한 농업생산 증가를 목적으로 안정적인 생산주체를 형성하려는 조선총독부의 전시농정을 금융적으로 지원하는 성격과, 다른 한편 식민지체제의 지지층을 광범위하게 확대해 이를 유지 통제하기 위한 통제자금의 성격도 아울러 갖고 있었다고 볼 수 있다.

6) 전시 금융조합의 활동 의의

전시 금융조합의 활동은 전쟁과 같은 외부환경 변화에 따른 국가정책의 변화에 맹목적으로 수종함으로써 조합이 얼마나 변질될 수 있는가를 보여주는 단적인 사례다. 또한 법령상의 본질에는 변화가 없음에도 외형적으로 드러난 행태가 변화함으로써 아무리 긍정적으로 보려고 해도 본질대로 평가받을 수 없는 결과를 낳고 만 경우에 해당한다. 금융조합 당무자들은 금융조합이 조합원의 편익을 증진하기 위해 존립하는 협동조합이라 자처해왔다. 그러나 전시 금융조합의 역할과 행동을 보면 그것이 얼마나 허구였는지 알 수 있다. 그럼에도 불구하고 전전의 금융조합과 전시의 금융조합을 같은 잣대로 평가할 수는 없다. 이는 이제까지 살펴본 것으로 충분히 알 수 있다.

제3장
식민통치시대의 경제사업 관련 단체

1. 농업 관련 각종 산업단체

　농사단체가 본격적으로 설립된 것은 1905년 을사조약을 전후해서였다. 1876년 강화수교조약 이후 개항지를 중심으로 우리나라에 들어온 일본인들은 토지확보와 더불어 지주로서의 이익을 확보하고 상호편익을 제공하기 위해 각종 농사단체를 만들었다. 1904년 군산농사조합, 1905년 강경토지조합, 이들을 포함해 설립한 군산토지연합조합(1905)이 그것이다. 또한 1905년 부산에서도 일본인 농업자들이 생산물을 유리하게 판매하기 위해 부산농업조합을 설립했고, 일본인 관리와 통감부 농사 관계 직원, 농림학교 직원, 곡물무역상, 유지급 농사경영자 등이 농사개량발전을 목적으로 한국중앙농회를 설립했다. 아울러 1906년에는 대구를 중심으로 일본인 농업자가 상호 지식교환 및 업무발전을 목적으로 대구농회를 설립했고, 대구 근교의 거류농민 가운데 채소재배업자들이 생산물판매를 위해 대구농산시장조합을 만들었다.

　한일합병 이후 조선총독부의 산업정책은 각종 산업 부문의 생산 및 무역에서 90% 이상을 농업 부문에 의존하고 있었다. 그리고 국내인구 급증에 따른 식량확보와 일본의 공업화에 따른 원료공급기지 역할을 고려하여 농업개발제일주의를 택했다. 이 정책에 따라 식량확보를 위한 쌀, 공업원료로서의 면화와 잠견, 국내 생산수단과 일본의 식량으로서의 축산 등 4대 부문을 농업개발의 주요 부문으로 선정하고 농업 관련 행정조직을 이 4대 부문에 맞도록 편성해 전문인력을 배치했다. 그리고 이 정책의 실천단체로 기존의 산업단체는 이용가치가 없다고 보고 4대 부문에 전속하는 산업단체를 적극 설치했다.

이 조치에 따라 전국에 각종 산업단체가 우후죽순으로 생겨났다. 그러나 신설단체는 당국의 장려방침인 농업의 주요 4대 부문에 맞추어 보통농사, 면작, 양잠, 축산 기타 승입(새끼, 가마니 등)조합에 한하도록 했다. 그 결과 면작조합이 1912년부터 설치되기 시작해 1915년에는 전남 지역에만 면 단위 조합으로 229개가 생겨났고, 나중에는 군 단위 조합으로 바뀌어 96개가 되었다가 1925년에는 52개로 줄었다. 또한 양잠조합은 1922년 169개에서 1925년 108개로 줄었고, 축산조합은 1911년 개성축산조합을 최초로 순차적으로 설립되어 1911년 11개, 1915년 26개 등 이후에도 계속 설립되었다. 그리고 보통농사조합으로는 지주회가 1920년 124개, 도연합회가 4개 설립되었고, 농회는 1925년 조선농회 1개, 도농회 4개, 군·도(섬)농회 120개, 면농회 234개가 설립되었다. 이 밖에 고공품을 주로 취급하는 승입조합이 1920년 58개에서 1925년에는 23개로 줄었고, 이들 4대 부문에 포함되지 않는 조합과 단체들도 상당수 있었다.

이상에서 열거한 단체들은 처음에는 법적 근거 없이 임의단체로 운영되었다. 그리고 1915년에 공포된 '조선중요물산동업조합령'과 1926년의 '농회령'에 따라 모두 흡수합병되었다.

2. 중요물산동업조합

1) 중요물산동업조합의 개요

종래 우리나라 동업조합은 같은 업종을 영위하는 자들이 영업상 폐해를 교정하고 공동이익을 도모하기 위해 상호합의로 규약을 만들어 조합을 설립해 활동했다. 그러나 대부분 사교단체에 불과했고, 실제적인 역할은 하지 못한 채 오히려 각종 폐해만 낳았다. 특히 한일합병 이후 일부 업자들은 각종 산업이 발달하면서 일반상품거래가 활기를 띠자 쌀, 대두, 면화, 잠견, 직물, 소, 일본의 술 등을 판매 또는 제조하는 데 근량을 속이거나 품질이 조악한 상품을 남발하여 일시적 이익을 도모하고, 심지어 질병이 있는 소를 반출하는 등 악덕상인들이 다수 출현하여 국내뿐만 아니라 일본과의 거래에도 많은 문제를 일으켰다. 이에 조선총독부는 1911년부터 동업조합의 설치, 임원의 선임, 경비예산 및 정관의 변경 등 주요 사항에 대해 지방장관이 인가하고 지도감독하도록 했다. 그러나 이는 법률상 근거도 없고 조합의 기초마저 빈약해 조합의 업무수행에 애로가 많았고, 관청의 감독도 불충분했다. 결국 조선총독부는 1915년 7월 13일 제령 제3호로 '조선중요물산동업조합령'을 공포하고 그해 10월 1일부터 시행했다.

이 법령은 1900년에 제정된 일본의 '중요물산동업조합령'과 궤를 같이한다. 다만 '조선중요물산동업조합령'은 중요물산을 농산(다업 제외) 관련에 한하고 있으나 일본은 농업(다업 포함), 수산업, 임업을 포괄했다는 차이가 있다. '조선중요물산동업조합령'의 주요내용은 다음과 같다.

● 설립 목적은 중요물산의 생산·제조·판매에 관한 업을 영위하는 자의 생산·제조·판매상 폐해를 교정하고 공동이익을 증진하는 것으로 한다.

- 동업조합의 조직은 법인으로 한다.
- 동업조합은 영리사업을 행하지 못한다.
- 동업조합의 설치는 조합원 자격을 갖춘 5인 이상을 발기인으로 하여 정관을 작성하고 지구 및 업의 종류를 정하여 그 지구 내의 그 업을 영위하는 자 2/3 이상의 동의를 받아 조선총독의 인가를 받아야 한다.
- 동업조합은 지구 내에 있는 동업자를 조합원으로 한다.
- 동업조합에 조합장 1인, 조합부장 1인, 평의원 수인을 둔다.
- 임원은 조합원 중에서 선임한다. 다만 조합장 또는 조합부장은 특별한 사유가 있는 경우에 한해 비조합원 중에서 선임할 수 있으며, 임원의 선임 및 해임은 조선총독의 인가를 요한다.
- 조합장은 조합을 대표하며 조합의 사무 일체를 담임하고, 조합부장은 조합장을 보좌하며 조합장 사고 시 이를 대리하고, 평의원은 조합장의 자문에 응하거나 업무의 집행 및 재산의 상황을 감사한다.
- 조합은 정관에 따라 조합원의 생산, 제조, 판매와 관련된 물품을 검사할 수 있다. 이때 조합은 조선총독의 인가를 받아 물품검사수수료를 징수할 수 있으며, 특별히 검사원을 둘 수 있다. 검사원의 채용과 해임은 조선총독의 인가를 받아야 한다.
- 조합은 정관에 따라 조합원의 청구에 의거 물품의 가공, 판매 또는 원료품 구입을 중개할 수 있다.
- 조합의 경비는 정관에 따라 조합원이 이를 부담하고, 경비의 수지예산 및 징수방법은 조선총독의 인가를 받는다.
- 조선총독은 조합에 대해 업무에 관한 보고를 행하게 하고, 업무 또는 재산의 상황을 검사하며, 정관 또는 예산의 변경을 명한다. 기타 감독상 필요한 명령 또는 처분을 행할 수 있으며, 공익상 필요할 때는 조합의

합병 또는 분할을 명할 수 있다.

- 조합 또는 그 임원이나 검사원이 법령·정관을 위반하고 명령 또는 처분에 따르지 않거나 공익을 해할 염려가 있다고 인정될 때 조선총독은 임원이나 검사원을 해임하거나 조합의 업무정지 또는 해산을 명할 수 있다.
- 조합은 공동으로 하여 그 목적 달성을 위해 연합회를 설치할 수 있다.
- 동업조합연합회에는 회장 1인, 부회장 1인 또는 다수, 평의원 수인을 둘 수 있다.

이상의 내용을 좀 더 자세히 살펴보면 다음과 같다. 첫째, 동업조합은 중요물산의 생산, 제조, 판매에 관한 업을 영위하는 자의 생산, 제조, 판매상 폐해를 교정하고 공동이익을 증진함을 목적으로 했다. 중요물산은 처음에는 쌀, 대두, 소, 돼지, 가금, 기타 축산물, 면화, 잠견, 과실, 직물, 종이, 양조품 등 12종이었다. 그러나 나중에는 소, 돼지에 일반 가축을 포함시키고, 모피와 모피제품, 잠종, 상묘, 백삼과 백삼제조물, 목탄, 제재 등 6가지가 늘어 모두 18종이 되었다. 또한 조합원 자격은 일정 지구 내에 있는 자로서 중요물산 중 하나를 생산하거나 가공, 제조, 판매업을 영위하는 자로 했다. 이 법령의 목적은 상도덕의 미발달로 인해 야기될 수 있는 품질이 조악한 제품의 생산, 제조 또는 판매행위, 부정 상품의 유통 및 수출, 동업자 간의 무모한 경쟁 등을 동업자의 결속과 조합의 제품검사 등으로 제거하는 데 있었다.

둘째, 동업조합은 반드시 법인으로 하고 영리사업을 할 수 없도록 했다. 기존의 비법인 산업단체들에 법인격을 부여하여 일정 자격을 갖추도록 했고, 조합이 자체적인 영리사업을 하지 못하도록 하여 조합원의 개별 이익을 침해하지 않고 공동의 이익만을 증진하도록 했다.

셋째, 동업조합의 설치는 조합원 자격을 갖추고 있는 자 5인 이상을 발기인으로 하여 정관을 작성하고, 조합원이 속할 지구와 업종을 정하여 그 지구 내의 그 업을 영위하는 자 2/3 이상의 동의를 받아 인가신청서를 작성해 조선총독의 인가를 받도록 했다.

넷째, 설치인가를 받은 동업조합은 그 지구 내에 있는 동업자를 조합원으로 구성하되 출자의무는 없었다.

다섯째, 임원으로는 조합장 1인, 조합부장(부조합장에 해당) 1인 내지 수인, 평의원 수 인을 두었다. 이들은 조합원 중에 선임했고, 임원의 선임과 해임은 조선총독의 인가를 받도록 하여 조선총독부는 동업조합의 인사까지 엄격히 감독했다.

여섯째, 조합은 조합원이 생산, 제조, 판매와 관련된 물품을 검사했고, 이를 위해 검사원을 두었다. 검사원의 채용과 해임, 검사수수료는 조선총독의 인가를 받았다.

일곱째, 조합의 모든 경비는 조합원이 부담하고, 경비의 수지예산 및 그 징수방법 역시 조선총독의 인가를 받도록 했다.

여덟째, 조합은 조합원의 요청에 따라 물품의 가공, 판매 또는 원료품의 구입을 중개할 수 있도록 하여 조합이 직접 사업을 하지 않고 조합원의 편익만을 제공할 수 있도록 했다.

아홉째, 동일업종 조합은 필요한 경우 동업조합연합회를 구성할 수 있었다. 연합회에는 회장 1인, 부회장 1인 또는 다수, 평의원 수 인을 둘 수 있었다.

동업조합은 원래 같은 산업 분야에서 같은 업종을 하는 사업자(중소 상공인)끼리 공동이익을 위해 만든 임의단체로 출발했다. 그런데 이처럼 법령으로 규정한 것은 단순히 동업자 간의 친목도모나 정보교환, 동업자 간의 배타적 이익보호, 즉 생산량통제, 품질 및 가격통제, 시장할당, 신규가입 등의 규제에 그치지 않고 제조 및 상거래 질서의 확립이라는 정책적 목적이 있었기 때문이다. 즉 쌀, 대두, 돼지, 면화, 잠견, 과일, 직물, 종이, 양조업 등 일제가 강점 후 줄곧 개량과 증산을 강조했던 품목에 대하여 동업자들끼리 동업조합을 만들도록 함으로써 이들 품목에 대한 통제와 상품화를 강화하기 위한 방법이었다. 이는 이미 조직된 것에 대한 법령 적용이기도 하지만, 새로이 이들 품목의 상품화와 수출을 꾀하기 위한 방안이기도 했다. 따라서 식민지 시대의 중요물산동업조합은 일부 농축산물의 생산자를 포함한 중소상공업자들의 제조 또는 판매에 관한 거래상의 폐해를 교정할 목적을 지닌 공익적 강제단체로서 협동조합과 구별된다. '중요물산동업조합령'은 1915년에 제정되어 이후 계속 유지되다가 1961년 '중소기업협동조합법'이 제정되면서 폐지되었다.

2) 중요물산동업조합의 보급

중요물산동업조합령이 제정되자 가장 먼저 반응한 것은 조선총독부 축산당국이었다. 축산 당국은 기존의 임의단체인 축산조합을 이 법령에 기초한 법인단체로 바꾸어 임의단체의 불리한 점과 불편한 점을 제거함으로써 조합의 기초를 더욱 공고히 하려 했다. 그러나 일부에서는 축산조합이 '중요물산동업조합령'에 의해 재편되는 데 대해 크게 반발했다. 그 이유는, 동업조합은 어디까지나 제조 또는 판매에 관한 거래상 폐해를 제거하는 데 목적이 있는데 축산조합은 가축의 매매보다는 자가활용을 위해 소를 사육하는 농가의 조직이어서 동업조합령을 적용하기에 무리가 있다는 것이었다. 그럼에도 불구하고 축산조합은 '중요물산동업조합령'에 의한 법인으로서 조직되어 나갔다.

축산동업조합은 군·도(섬) 일원을 구역으로 하여 군수·도사를 조합장으로, 군·도 서무주임을 부조합장으로, 축산기수를 이사나 감사로 하고 각 면장을 평의원으로 했다. 사무소는 군·도청에 두었고, 사업은 조선총독부와 각 도의 축산개량방침에 따라 종모우 설치, 소 사육 장려, 소 질병예방 및 치료, 우시장 경영 및 관리, 가축매매 중개, 계란판매 알선, 돼지 및 닭의 개량, 축우공제, 사료개량 등을 수행했다. 그리고 도내의 조합을 회원으로 하는 축산동업조합연합회를 설치했으며, 연합회는 소속 회원에 대해 자금을 융자하고 회원의 업무를 지도했다. 또한 연합회는 각 도를 구역으로 하는 금융조합연합회에 가입하여 업무집행상 금융조합과 상호 연결되었다. 이렇게 축산동업조합은 각종 산업단체 중 유일한 법인단체로서 회비의 완전징수 및 고율수수료를 실시하면서 가장 건실한 재정의 기초를 다지며 성장해 나갔다.

동업조합은 축산동업조합을 필두로 '중요물산동업조합령'을 공포한 지 6년이 경과한 1921년 축산동업조합 155개, 축산동업조합연합회 2개, 직물조합 1개, 과물조합 1개, 모피조합 1개 등 모두 160개였다. 이후 축산동업조합이 더욱 늘어나면서 '제1차 산업단체 정리' 직전인 1925년에는 축산동업조합 205개, 조합원 1,117,313명, 축산동업조합연합회 7개에 이르는 거대한 단체가 되었다. 그러자 조선총독부는 1926년 계통농회와 산업조합을 설립하고 이와 동시에 각종 산업단체의 난립과 폐해를 시정하기 위해 '제1차 산업단체 정리' 및 통합을 추진하며 축산동업조합을 계통농회에 합병시키려 했다. 이에 축산동업조합은 상당한 이유를 제시하여 정리 및 통합을 모면할 수 있었으나 1932년 말 단행된 '제2차 산업단체 정리' 때 계통농회에 완전히 통합되어 농회 속의 축산계가 되고 말았다.

축산동업조합의 해산으로 중요물산동업조합은 크게 줄어들었다. 1933년 중요물산동업조합은 직물동업조합 1개, 주조동업조합 1개, 곡물수출입동업조합 1개, 인삼동업조합 1개, 과물동업조합 7개, 과물동업조합연합회 1개, 목탄동업조합 2개, 잠종동업조합 3개 등 모두 18개만 남게 되었는데, 그만큼 축산동업조합이 절대다수를 차지하고 있었음을 알 수 있다. 이후 1937년에는 지금의 서울우유조합 전신인 경성우유동업조합이, 1941년에는 오늘날 예산능금조합의 전신인 경남과물동업조합과 충주과물동업조합이 신설되었다. 이를 볼 때 축산동업조합을 제외한 다른 동업조합은 과물조합이 대종을 이루었고, 나머지는 미미한 상태였다. 이는 축산동업조합처럼 다수의 조합원을 확보할 수 없어 경영을 유지하기가 곤란했기 때문이다.

동업조합 중 이북에 소재한 조합을 제외하고 조선과물동업조합연합회, 경상북도과물동업조합, 삼랑진과물동업조합, 김해군과물동업조합, 경남과물동업조합, 충주과물동업조합, 개성인삼동업조합, 경성우유동업조합 등은 오늘날의 농협과 직간접으로 연결되어 있다.

3. 계통농회

1) 계통농회의 설립 배경과 경과

일제가 계통농회를 설립한 배경은 크게 세 가지로 볼 수 있다. 첫째, 일제가 우리나라에 본격 진출하기 시작한 1900년대 초부터 일본인들과 조선총독부가 만든 농업 관련 산업단체가 난립하여 각종 폐해가 속출하자 이를 통폐합할 필요가 있었다. 둘째, 1925년 제2차 산미증식계획을 추진하기 위해서는 추진 도구가 절실히 필요했다. 셋째, 식민지 농업정책을 본격적으로 전개하면서 발생한 반봉건적 고율소작료 등 수탈에 반대하는 우리 농민운동을 무마할 필요가 있었다.

이 세 가지 배경 가운데 표면적이고도 직접적인 것은 각종 농업 관련 단체의 난립으로 인해 야기된 폐해를 시급히 해소하는 것이었다. 1921년 산업단체는 이미 10여 종에 걸쳐 760개에 이르렀고, 회원만 해도 264만 3천 명이었다. 이들 단체들은 사업상 마찰은 물론 갖가지 단체비 징수, 각종 시설 장려에 관한 통일적 협력 부재, 회비징수성적 미흡 등의 문제를 안고 있었으며, 회비징수에 매진한 나머지 본래의 업무를 태만히 하는 등 수많은 폐해를 낳았다. 이를 방치할 경우 농민들의 불만이 폭증함은 물론 농업발전에도 저해된다고 보았고, 이 폐해를 제거하기 위해서는 각종 산업단체를 정리통합해야만 했다.

조선총독부는 1919년부터 각종 산업단체를 통합·일원화하여 단일기관을 설립하기 위한 '조선농회령' 제정의 필요성을 인식하고 제국 농회법과 대만 농회규칙을 모방해 입법심의에 착수했다. 그러나 이는 여러 사정에 의해 진척되지 못했다. 그래서 우선 1920년부터 각 도에 훈령을 내려 부·군·도(섬)에 일제히 임의단체인 부·군·도농회를 설치하게 하고 종래의 지주회, 양잠조합, 면작조합, 승입조합 등을 농회에 통합했다. 이때 만들어진 군·도농회는 회장을 군수·도사로, 부회장을 민간 유력자로 하고, 이사를 군·도의 권업과장, 감사를 군·도 서무주임, 평의원을 각 면의 면장으로 하여 사무소를 군·도청에 설치한 뒤 전임직원과 촉탁직원을 두어 업무를 수행했다. 군·도농회의 수입은 회비와[16] 잠견 및 면화공판 수수료, 지방비보조금 등이었고, 보통농사, 면작, 양잠에 관한 각 부문의 사업을 수행했다.

이렇게 만들어진 군·도농회의 업무수행을 위해 상부기관인 도농회도 설립되었다. 도농회는 1923년부터 1924년까지 4개가 설립되고, 1925년 3월 말

---

16) 호별할 1호당 30전, 지세할 1원당 10전 내외.

까지 이들 4개의 도농회에 더하여 120개의 군·도농회가 설립되었다. 또 면 단위에도 면장을 책임자로 하는 면농회가 다수 설립되었다.

한편, 1905년에 설치된 구(舊)한국중앙농회는 1910년 명칭을 '조선농회'로 개칭하고 회보발행 외에 각종 품평회, 공진회, 강습회 등을 개최하며 농산 관계 생산물의 진열장소 설치, 농업기술원 양성, 채종답 경영 등의 사업을 수행하던 중 군·도농회가 설치되자 종전의 지방지회를 폐지하고 신설조직으로 개편되었다. 각 도에 신설된 군·도농회는 법령상 근거가 없는 임의단체에 불과하여 기존의 다른 단체와 다를 바가 없었다. 그래서 '농회령' 반포에 대해 결정하지 못하고 시간을 끌던 조선총독부는 1919년 법령안 기초에 착수하여 제2차 산미증식계획을 시행한 1926년 1월, 8년 만에 '조선산업조합령'과 함께 '조선농회령'을 제정·공포했다.

2) 농회령의 개요

조선농회령의 주요내용은 다음과 같았다.

- 농회는 제국 농회법이 정한 바대로 농업의 개량발달을 도모함을 목적으로 한다. 농회는 법인으로 하고, 영리사업을 할 수 없으며, 정부는 예산의 범위에서 보조금을 교부할 수 있다.
- 농회는 부·군·도농회, 도농회, 조선농회의 3단계로 한다.
- 부·군·도농회는 부·군·도, 도농회는 도, 조선농회는 조선을 그 구역으로 한다.
- 부·군·도농회는 그 지구 내에 경지·목장·원야를 소유한 자나 그 지구 내에서 농업을 영위하는 자를, 도농회는 그 지역 내의 부·군·도농회를, 조선농회는 도농회를 그 회원으로 한다.

- 농회의 사업
  - 농업의 지도장려에 관한 시설
  - 농업에 종사하는 자의 복리증진에 관한 시설
  - 농업에 관한 연구 및 조사
  - 농업에 관한 논의의 조정 및 중재
  - 그 밖에 농업의 개량발달을 도모하는 데 필요한 사업
- 농회는 총회를 두며, 총회는 회장, 부회장, 통상의원, 특별의원으로 구성한다. 통상의원은 부·군·도농회는 회원 중에서 선출하고, 도농회와 조선농회는 총회를 조직하는 자 중에 선출하여 행정관청이 임명한다.
- 임원은 회장, 부회장 1인, 평의원 수 인을 두며, 회장과 부회장은 행정관청이 임명하고, 평의원은 총회에서 통상의원 및 특별의원 중에 선출한다.
- 농회는 회칙에 따라 회원에게 경비를 부과하고 과태금을 징수하며, 사용료와 수수료를 징수한다.
- 행정관청은 농회의 결의 또는 임원의 행위가 법령 등을 위반하고 공익을 해하거나 해할 우려가 있을 때는 결의를 취소하고, 임원·통상의원·특별의원을 해임하며, 사업을 정지시키거나 해산을 명할 수 있다.
- 농회에 관하여는 제국 농회법의 규정을 적용한다.

이상의 내용을 좀 더 자세히 살펴보면 다음과 같다. 첫째, 조선농회령은 전문 12조로 되어 있으나 본령에서 정하지 않은 것은 전문 41조로 된 일본의 제국 농회법을 따르도록 하여 법령의 형식을 제국 농회법을 따랐고, 일부만 우리나라에 맞도록 변경하여 제국 농회법을 옮겨놓은 것과 같았다. 따라서 계통농회의 목적도 제국 농회법에 명시된 것과 똑같이 농업의 개량발달

을 도모하는 것이었다. 또한 농회를 법인으로 하여 영리사업을 할 수 없도록 했고, 농회에 정부보조금을 교부할 수 있도록 규정했다. 이는 농회가 농업의 개량발달을 도모하는 공공법인으로 정부의 보조금을 받는 준행정기관적 단체임을 의미하며, 구성원인 조합원의 경제적·사회적·문화적 편익보다는 농업 일반의 발달을 목적으로 했다.

둘째, 계통농회는 부·군·도농회는 부·군·도, 도농회는 도, 조선농회는 조선을 구역으로 하는 3단계 조직이었다. 부·군·도농회는 지주, 농업인, 토지소유자 또는 그에 준하는 자를, 도농회는 그 지역 내의 부·군·도농회를, 조선농회는 도농회를 회원으로 했다. 특히 군·도농회(부농회는 조직되지 않음)의 회원은 그 지역 내에 거주하면서 경지·목장·원야를 소유하는 자, 또는 그 지역 내에 거주하지 않아도 그 지역 내에 경지·목장·원야를 소유하는 자, 또는 그 지역 내에 거주하면서 농업을 영위하는 자, 또는 그 지역 내에 거주하지 않아도 그 지역 내에서 농업을 영위하는 자로 하여 강제가입토록 했다. 그리고 군·도농회 회원은 지주(부재 지주와 일본인 농장, 회사도 포함), 자작농, 자소작농, 소작농(단 3단보 이상의 경종 소작농)으로 했다.

그런데 농회는 3단보 미만의 경종 소작농, 연간 잠종 1매 미만 또는 이에 상당하는 잠종을 소립하는 양잠농, 또는 앞의 2가지를 겸영하는 농가는 회원에서 제외했다. 이 소작농들은 소작권의 잦은 이동으로 회원자격이 유동적이라는 이유로, 다수였음에도 회원가입대상에서 제외된 것이다. 따라서 농회는 주로 자작농이나 소작농보다 생활이 안정되고 회원의 자격을 상비한 지주계급 중심으로 구성되었고, 지주계급의 이익단체적 성격이 강했다.

셋째, 계통농회의 사업은 제국 농회법에 명시된 대로 농업의 지도장려에 관한 시설, 농업에 종사하는 자의 복리증진에 관한 시설, 농업에 관한 연구 및 조사, 농업에 관한 논의의 조정 및 중재, 그 밖에 농업의 개량발달을 도모하는 데 필요한 사업으로 규정되었다. 이는 농회가 농민에 대한 생산지도와 농업에 대한 조사연구사업을 수행하는 전형적인 농사지도기관임을 명시한 것이다. 그리고 나중에는 대농민지도사업을 원활히 수행하기 위해서는 생산 및 판매의 일괄지도지원이 필요하다는 논리를 내세워 구매·판매·이용 사업을 본격화했는데, 이는 법령에 '기타 필요한 사업'을 명시했다 하더라도 명백히 법령을 초월한 것이었다.

넷째, 농회는 총회를 두고서 회장, 부회장과 임기 4년의 통상의원, 특별의원으로 총회를 구성했다. 통상의원은 부·군·도농회는 회원 중에서 선출하되 그 정수는 지역 내 면의 수 2배 이하로 했고, 도농회와 조선농회는 회원농회의 총회를 구성하는 자(회장 부회장 등) 중에 선출해 행정기관이 임명하되 그 정수는 회원농회의 수로 정했다. 그리고 특별회원은 농업에 관한 학식과 경험이 있는 자 중 행정관청이 임명한 자로서 통상의원 정수의 1/3 이내로 했는데, 이들은 농회의 회원이 아닌 농업 분야의 전문가들이었다.

다섯째, 계통농회에는 농회를 대표하며 회무를 통리하는 회장 1인, 회칙에 따라 회장의 직무를 일부 분장하는 부회장 1인, 회장의 자문에 응하고 회무 행 및 재산의 상황을 감독하는 평의원 수 인의 임원을 두었다. 회장과 부회장은 행정관청이 임명했고, 평의원은 총회에서 통상의원과 특별의원 중에 선출했다. 또한 임원 외에 이사, 주사, 기사, 기수, 서기 등의 직원을 둘 수 있었는데, 이들의 임면은 행정관청에 신고해야 했다.

임명제였던 회장, 부회장의 임명상황을 보면 조선농회 초대 회장은 당시 정무총감이, 부회장은 한인 유력자가, 도농회장은 모두 일본인 지사가, 도농회 부회장은 한인 유력자가 임명되었다. 부·군·도농회도 회장은 군수·도사가, 부회장은 민간인 유력자가, 이사와 감사, 일부 평의원은 모두 행정관청의 담당자가 임명되었다. 이를 볼 때 농회는 하나의 자치기구가 아닌 행정기관의 보조적·수단적 기구였음을 알 수 있다.

여섯째, 계통농회는 회칙에 따라 회원에게 경비를 부과하거나 과태금을 징수하고, 시설의 사용료와 사업수수료를 징구했다. 경비부과나 과태금징수를 강제적으로 행사할 수 있었던 것이다. 회원에 대해 경비나 과태금을 징수할 때는 납입고지서를 발행하여 세금을 징수하듯이 했고, 이때 농회가 부과한 경비는 회원할로 1인 30전 이내, 회원의 자격요건인 지세부담할은 지세부담액의 7/100(나중에 8/100에서 25/100까지 확대) 이내로 했다.

일곱째, 행정관청은 농회의 결의 또는 임원의 행위가 법령 등에 위반되거나 공익을 해할 우려가 있을 때는 결의를 취소하고, 임원·통상의원·특별의원을 해임하며, 사업을 정리하거나 해산을 명할 수 있도록 엄격히 관리감독했다.

이상에서 알 수 있듯이 계통농회는 협동조합과는 거리가 먼 농사의 개량발달을 목적으로 하는 공공단체였다. 지주 중심의 이익단체 성격을 가졌고, 회원의 강제가입권과 회비의 부과·징수권을 가진 하나의 권력단체였다. 따라서 회원의 생산자재구입 및 생산품판매 등에 관해서는 당사자의 알선에 그쳤고, 농회 스스로 당사자가 되어 구매 및 판매사업을 할 수 없도록 규정했다.

3) 계통농회의 조직과 활동

(1) 제1차 산업단체 정리와 농회의 전반기 활동

1926년 1월 조선농회령 공포에 이어 3월 1일부터 법령이 시행되자 각 도는 군·도농회와 도농회 설립에 착수하여 그해 6월 17일 212개의 군·도농회가 설립되었다. 도농회도 그해 5월 31일 경상북도 농회를 시작으로 10월 12일 13개가 설립되었고, 조선농회는 이보다 앞서 3월 14일 설립되었다.

이로써 군·도농회, 도농회, 조선농회로 이어지는 3단계의 계통농회가 완성되었다.

이렇게 단시간 내에 계통조직을 만들 수 있었던 것은 이미 임의단체로 존재하던 다수의 농회를 새로 제정된 '농회령'에 따라 흡수했기 때문이다. 아울러 군 단위에 존재하던 기존의 각종 산업단체와 각 도 산업단체들의 연합회와 조선농회를 해산하고 그 사업과 재산, 직원들을 새로 조직한 계통농회에서 인수했다. 즉 그동안 농촌에 난립해 있던 보통농사·면작·양잠·승입조합 등의 산업단체들을 일거에 농회로 통합한 것이다.

다만 우리나라 농업의 4대 부문 중 하나였던 축산과 관련된 축산동업조합은 통합에서 제외되었다. 이는 축산동업조합이 이미 조선중요물산동업조합령에 의해 법인격을 부여받았고, 축우의 매매중개수수료 등을 사업수익으로 경비를 충당하고 있었으며, 회비로서의 부과금징수는 미미하지만 재정의 기초가 견고해 다른 단체에 비해 사업실적이 우수했기 때문이다. 또한 군·도단위에 설치되어 있던 삼림조합은 4대 부문 이외의 것으로 제외되었다.

이렇게 정리된 군 단위 산업단체는 보통농사 계통의 임의단체였던 군·도농회를 포함해 169개, 양잠조합 108개, 면작조합 52개, 동업조합이 아닌 임의조합으로 머물러 있던 축산조합 14개, 승입조합 34개 등 모두 377개였고, 회원만 2,273,990명이었다. 또한 도 단위로는 도농회를 포함해 16개가 통합되었고, 전국 단위로는 임의단체인 조선농회가 새로운 조선농회에 통합되었다.

이처럼 산업단체 정리와 함께 조직을 완료한 계통농회는 1926년 설립 이후 전반기인 1932년까지 공공단체로서의 본질을 지키며 그 영역 내에서 주로 회비의 부과, 징수권 확립과 그 행사, 예산 제도 완비, 규정제정과 예규 정비 등 체제정비업무와 농사지도장려에 주력했다.

여기서 잠깐 농사지도 및 장려사업을 살펴보면 첫째, 지도기술원의 설치, 채종포 전담과 모범전답 설치, 보조금 교부, 품평회, 공진회, 강습회 개최, 기타 관청의 시책에 따른 일부 농업행정사무 대행 등 행정관청의 시책에 따라 사업을 시행했다. 둘째, 비료, 농기구 및 기타 생산물품 공동구입 알선, 부업장려, 소작관행 개선, 지주·마름·소작인의 지도고양 등 농업종사자의 복리증진에 관한 업무를 수행했다. 셋째, 농업에 관한 조사 및 연구사업으로 농가경제, 소작상황, 농작상황, 기타 농업에 관한 사항을 연구·조사했다. 넷째, 농업에 관한 분쟁조정 및 중재업무로 특히 소작쟁의에 관해 제1차 조정자의 역할을 담당했다. 다섯째, 농업에 관한 사항에 대하여 행정관청에 건의하고 행정관청의 자문에 답신하는 역할을 수행했다.

계통농회는 통폐합 전에 산업단체가 취급하던 구매 및 판매사업 중 취급이 가장 용이하면서도 위험부담이 거의 없는 면화와 잠견의 공동판매사업은 계승했으나 위험성이 있는 판매사업은 점차 제외시켰다. 그러나 구매 및 판매사업을 배제하는 가운데서도 일부 계통농회는 개별적으로 구판사업과 금융사업을 하기도 했다. 우선 쌀 판매사업은 1922년부터 행정기관이 리·동 단위에 설치해 지도했던 산미개량조합 조성과 그 사업의 지원이라는 이름으로 간접 관여했고, 비료의 공동구입은 군·도농회에서 지주계급이나 중농 이상인 자에 대해 비료의 구입알선사업을 제한적으로 수행했다. 또한 1925년 조선총독부가 제2차 산미증식계획을 수립한 뒤 이를 효과적으로 달성하기 위해 비료의 증시와 농사의 개량발달을 도모할 필요가 있다고 판단하여 저리자금융자 계획을 시행하면서 비료자금의 융통알선 및 그 회수 업무를 군·도농회가 수행하며 금융알선업무도 담당했다.

1931년 조선총독부는 '조선농업창고령'을 공포하고 농업창고의 경영자를 농회와 산업조합으로 한정했다. 그리고 미곡 당국이 주로 농회를 농업창고의 설치 및 운영주체로 지정하고 농업창고 설치비와 경영비의 일부를 보조하여 농회는 농업창고업무까지 보게 되었다. 이후 농회는 1933년 도농회 135동, 군농회 24동의 농업창고를 보유했고, 조선총독부의 지시에 따라 양곡보관 및 이출업무를 담당하며 이를 더욱 확대해 나갔다.

이상에서 살펴본 것처럼 농회의 전반기 활동은 농사의 지도장려를 중심으로 하는 공공단체의 위치를 지키고 있었다. 만일 이처럼 계속 유지되었더라면 오늘의 농협과는 아무런 관련이 없는 농사지도기관으로 남았을 것이다.

(2) 제2차 산업단체 정리와 농회의 후반기 활동

제1차 산업단체 정리 당시 제외되었던 축산동업조합과 삼림조합은 군·도농회와 동일하게 군·도를 구역으로 하여 군·도청에 사무소를 두었고, 군수·도사를 장으로 했다. 따라서 이들 단체와 농회는 활동과정에서 점차 대립하게 되었고, 단체 간 상호연락 부재, 사업수행상의 경합과 마찰, 동일 농민에 대한 갖가지 회비징수 등의 폐해가 속출하여 1930년경부터 이들 세 단체의 정리·통합이 심각하게 대두되었다.

이 과정에서 축산동업조합과 삼림조합은 그 특수성을 이유로 정리·통합에 반대했다. 그러나 조선총독부는 제1차 세계대전 이후 농업공황이 닥치면서 농가부채 누증, 토지투매, 미곡의 궁박판매 등 농가의 곤핍한 상황을 타개하기 위해 1932년부터 시작된 농촌진흥운동을 계기로 그해 말 삼림조합을 해산하고 축산동업조합도 농회에 통합하는 '제2차 산업단체 정리'를 단행했다. 이로써 경종농업을 위주로 하는 농회와 축산업을 담당하는 축산동업조합은 하나가 되었다. 이때 농회에 통합된 축산동업조합은 206개, 축산동업조합연합회는 12개였다.

'제2차 산업단체 정리'를 통해 계통농회는 우리나라 농업의 4대 부문에서 유일한 단체가 되었다. 축산동업조합을 흡수합병함으로써 사업량과 예산액도 획기적으로 팽창하여 농회발전의 확고한 기초를 확립할 수 있었다. 그동안 계통농회는 농촌에 자본주의가 진전되면 그에 따라 농촌단체의 구매 및 판매사업도 신장되어야 함에도 공공단체임을 이유로 구판사업을 축소 또는 폐지했다. 또한 농촌경제가 자급경제에서 상품경제로 전환하면서 농민의 무지를 이용해 악덕 상인들이 발호해도 자주적인 구판사업을 통해 농가교환경제를 합리화해야 한다는 요구를 외면한 채 극히 제한적인 경제사업에 머물고 있었다. 그로 인해 시대역행적이라는 비판도 받았다.

또한 농회는 농사의 지도장려를 철저히 하기 위해서는 생산에서 판매에 이르는 일관된 기술지도가 필요하다는 이념이 힘을 얻고 전시통제경제의 진전과 농업생산의 계획화에 따른 영농자재의 배급 및 농산물공급에 농회가 가장 적합하다는 이유 등으로 1933년 이래 구매 및 판매사업에 적극적으로 진출했다. 즉 공공단체의 성격을 탈각하고 미곡 등 곡류의 공동판매, 면작·양잠·축산 판매사업, 비료의 공동구입 및 배급, 농사개량 및 비료 저리자금의 융자알선, 농업창고사업 등을 영위하여 거대한 구매·판매·이용사업 단체가 된 것이다. 계통농회가 구매·판매·이용사업의 거대단체가 되었다는 것은 농회가 수행한 구매 및 판매사업행위가 단순히 중개나 알선 정도에 그치지 않고 점차 상행위로 나아가 수탁판매·수탁구매 등의 도매는 물론 매취판매·매취구매 등의 재판매까지 영위하고, 심지어 비료가공사업까지 영위하여 사업범위와 취급량에서 산업조합과 같은 경제사업단체가 되었다는 것을 의미한다.

이런 과정을 거쳐 계통농회는 첫째, 축산동업조합을 흡수합병한 1933년에 1천만 원이었던 예산규모가 1940년에는 그 30배인 3억 원으로 늘어났다. 이는 회비징수가 아닌 대부분 구매 및 판매사업 발전의 결과였다. 둘째,

사용료와 수수료 수입은 1933년 214만 1천 원에서 1940년 782만 7천 원으로 3배 이상 늘어났다. 셋째, 회계 면에서는 후반기에도 감독기관은 계통농회를 여전히 공공단체로 취급하여 농회의 모든 회계는 공공단체에 준하여 처리하면서 실제로는 농회의 사업 중 특히 기업적 성질이나 위험성이 농후한 것은 일반회계가 아닌 특별회계로 처리했다. 그래서 1940년 특별회계는 26종에 예산총액이 2억 6,139만 5천 원에 달했다. 넷째, 구매 및 판매사업고 면에서 군·도농회는 1933년 구매사업 351만 5천 원, 판매사업 7,175만 1천 원 등 합계 7,526만 6천 원이었는데 불과 5년 뒤인 1938년에는 구매사업 2,822만 3천 원, 판매사업 2억 6,211만 8천 원 등 합계 2억 9,034만 1천 원으로 늘어났다. 특히 1938년의 구매 및 판매사업량은 면작 7%, 양잠 13%, 축산 42%, 보통농사 48% 비중이었는데, 이 중 보통농사는 1933년 6%에서 48%로 대폭 늘어나 축산의 비중이 줄어든 반면, 보통농사 부문의 구매 및 판매사업량은 비약적으로 늘어났다.

참고로 후반기 계통농회의 계통기관별 사업 내용을 보면, 우선 조선농회는 일반회계사업으로 회보발행, 농가경제조사서 발행 등의 업무를 보았다. 그리고 구판사업은 농기구 구입알선, 대 만주 수출소의 매수예탁과 소 질병 검사업무를, 특별회계사업은 군·도농회가 수행하는 축우공제사업의 제공제 업무와 비료배급사업을 담당했다. 여기서 비료배급사업은 조선총독부의 비료배급계획에 따라 비료원료와 포장재료를 구입해 16개소의 배합소에서 비료를 가공배합하여 조선농회의 계통기관인 도농회와 군·도농회를 경유, 일반 농가에 배급하거나 산업조합과 금융조합에 판매하여 그 단체 회원에 배급하는 사업을 말한다. 1940년에는 약 1천만 포의 배합비료를 생산공급하여 3,640만 3천 원의 판매고를 올렸다.

다음으로 도농회는 일반회계사업으로 비료의 공동구입알선, 면화 및 잠견의 공동판매, 계란 및 돈육의 판매알선, 농기구의 구입알선, 곡류·가마니·대마의 공판업무를 담당했다. 특별회계사업으로는 농업창고사업으로 50개 소에 약 2만 평의 창고를 보유하여 90만 석을 수용할 수 있었다. 그리고 계통농회 중 가장 왕성하게 사업을 수행한 군·도농회는 일반 농사의 지도장려사업과 일반회계에서 행하는 저리자금의 융통알선 및 구판사업을 했다. 특별회계 사업으로는 18개에 달하는 특별회계를 통해 축우공제인 보험조합적 사업, 소 및 식량의 구입·판매와 같은 구매조합적 사업, 우량종모우 대여 및 농업창고경영과 같은 일반 이용조합적 사업, 토지 및 임야의 구입·판매와 같은 토지이용적 사업 등을 광범위하게 수행했다. 좀 더 자세히 살펴보면, 농사의 지도장려사업은 전반기의 사업을 이어받아 더욱 강화했고, 저리자금의 융통알선사업은 농사개량을 위한 비료구입 저리자금 및 미곡 저리자금의 융통알선 등 두 가지가 주를 이루었다. 그리고 일반회계의 구판사업으로는 면화, 잠견, 소와 기타 축산품, 곡류, 가마니, 대마, 아마, 기타 특수농산물을 대상으로 판매사업을, 비료, 농기구, 종묘, 기타 생산용 자재를 대상으로 구매사업을 했다.

군·도농회의 특별회계사업은 일부 도농회에서 위임받은 농업창고사업, 벼보관사업, 축우공제사업, 기타 자작농 창정사업 등 행정기관의 시책사업으로서 다양하게 이루어졌다. 그리고 1939년 이후 제2차 세계대전과 함께 농업생산 및 생산자재를 국가가 관리함으로써 군·도농회의 사업이 크게 성장했다. 1940년 7,337명의 직원(그중 4,392명은 기술담당직원)을 보유하고 구매사업고 3,550만 7천 원, 판매사업고 5억 3,752만 2천 원에 이르렀다. 또한 그 이후에도 전쟁이 진행되면서 농가경제에 대한 국가관리가 더욱 강화되어 사업은 비약적으로 늘어났다.

(3) 재편 이후 계통농회의 역할

1933년 '제2차 산업단체 정리'로 재편된 계통농회는 1938년에 이미 농업단체별 공동구판매액 비중에서 공동구매액은 전체의 70%를, 공동판매액은 76%를 차지할 정도로 압도적 우위를 점하고 있었다. 이런 농회가 경제사업을 통해 식민지 경제체제에서 어떤 역할을 수행했는지 살펴보면 당시 농회를 이해하는 데 도움이 될 것이다.

계통농회는 농사지도장려사업과 함께 우리나라 농업의 4대 부문을 아우르는 거대한 구매 및 판매, 이용사업단체로서 재편 후에도 농사지도장려사업에서 행정관청의 요구에 따라 생산독려에 주력했다. 그리고 주력 이용사업인 농업창고사업에서는 조선총독부의 지원하에 가장 방대한 시설과 사업량을 보유하며 당국의 지시에 따라 양곡의 수집·보관·이출업무를 수행했다. 또한 축산사업에서는 축산시장의 독점과 더불어 중개규약에 의거해 독점적 지위를 갖고 있었으나, 주된 사업인 축우의 매매중개사업의 경우 매매자에게 중개수수료를 부과징수하는 정도에 그치고 거래에는 전혀 관여하지 않았다. 따라서 여기서는 보통농사 부문의 공동구입, 공동판매사업과 면화와 잠견 공판사업을 중심으로 살펴본다.

군·도농회의 구매사업 중 보통농사 부문은 1938년 91%를 차지하고 있었다. 그중 88%가 비료의 공동구입 알선사업이었는데, 그만큼 비료공동구입은 크고 중요한 사업이었다. 비료공동구입사업은 1926년 제2차 산미증식계획에서 농사개량(비료) 저리자금이 책정되면서 저리자금의 알선공급과 함께 시행되었다. 이 저리자금은 동양척식주식회사와 식산은행이 각각 35%씩 70%를 공급하고 나머지 30%는 금융조합이 공급했는데, 이 중 80~90%가 비료자금이고 나머지 10~20%는 농기구, 농약, 산미개량조합 설비자금, 창고자금 등이었다. 그런데 동양척식주식회사와 식산은행이 공급하는 자금은 반드시 농회의 알선을 경유하도록 되어 있었다. 그래서 1935년 이후 전체 비료자금의 60% 이상을 농회가 알선하게 되었고, 그에 따라 농회에 의한 금비의 공동구입 알선도 크게 증가했다. 즉 1936년 우리나라 전체 판매비료 중 농회의 금비 알선액이 25.4%를 점유했는데, 농회의 비료공동구입사업은 조선농회가 판매비료 배합 5개년 계획을 수립하면서 더욱 커져갔다.

 이렇게 볼 때 농회의 비료공동구입사업은 곧 농회에 의한 비료 저리자금 알선사업이었다. 비료자금의 대부과정을 살펴보면, 우선 저리자금의 차입자는 지주, 자작농 또는 지주와 자작농으로 조직된 단체와 농회로 한정하고, 차입기한은 1년, 차입금은 1구좌당 300원 이상으로 하는 담보대출 원칙(다만 10인 이상 연대보증 시 무담보대출)이었다. 차입신청을 받으면 농회는 자금 회수가 확실한 자에 한해 차입신청을 심사한 뒤 동양척식주식회사 또는 식산은행에 전달했고, 두 기관이 재심한 뒤 적당한 자에게 농회 또는 군을 경유해 자금대부를 승인 통보했다. 그러면 통보를 받은 차입자는 비료판매점에서 현물을 취득한 뒤 농회 또는 군의 수취증명서를 첨부한 차용증서를 동양척식주식회사 또는 식산은행에 제출하여 대부를 받았다. 이 과정에서 농회는 저리자금 대부에 적절한 자를 선정하는 일부터 자금알선, 공동구입, 자금사용, 상환에 이르는 전 과정을 지도감독했다.

 이 과정에서 저리자금의 차입자는 지주, 자작농 또는 지주와 자작농이 조직한 단체로 규정되었고, 자금대부는 유담보 원칙이었다. 그리고 비료 시비지의 관개시설 완비가 차입요건이었으며, 최저차입 한도를 1구좌당 300원 이상으로 했다. 최저차입 한도를 300원 이상으로 규정함으로써 자작농은 물론 중소 지주조차 사실상 자금대부 혜택을 받을 수 없었다. 당시 비료소비 상황은 답 1단보당 비료소비액이 1원 13전에 불과해 1구좌당 300원의 저리자금은 약 25정보 이상을 소유한 대지주에게만 공급될 수밖에 없었다. 따라서 관개시설을 갖춘 수리조합구역 내의 대지주가 비료자금대부의 가장 적절한 차입자가 되었고, 중소 지주와 자작농은 상호연대 또는 수리조합 등의 단체를 통해 겨우 비료자금을 이용할 수 있었을 뿐이다. 특히 당시에는 수리조합구역 내의 토지가 대부분 일본인에게 집중되어 있어 일본인 대지주가 비료자금을 독점하다시피 했고, 1구좌당 300원 이하 소액 단위의 저리자금만이 금융조합을 통해 일부 자작농과 중소 지주에게 공급되었다.

그런데 비료 저리자금 알선에 의한 비료공동구입은 일본인 대지주에 집중되는 데만 문제성이 있었던 것이 아니었다. 일본인 대지주가 공동구입한 금비를 다시 한국인 대지주의 소작인에게 연 13% 내외(심할 때는 20~40%)의 고율로 대여하여 결과적으로 소작료의 고율화를 초래한 것이다. 결국 농회에 의한 비료자금 알선은 저리자금을 일본인 대지주에게 편중하여 대부함으로써 일반 자작·자소작·소작농민들은 혜택을 받지 못해 농업생산의 증가를 저해했을 뿐만 아니라, 대지주에 의지하던 소작농민의 고율소작료에 기여한 꼴이 되고 말았다.

다음으로 보통농사 부문의 공동판매 중 가장 비중이 컸던 벼 판매사업을 살펴보면, 전반기 농회는 산미개량조합의 조성과 그 사업상 지원을 통해 간접적으로 미곡판매사업에 관여했다. 즉 산미의 개량증식 및 건조, 조제개량, 현미의 조제 및 유리한 판매를 목적으로 행정관청이 리·동 단위에 설치한 산미개량조합을 군·도농회가 지원 육성하여 하청단체로 활용하는 방식으로 현미의 자가조제를 위한 시설의 지원과 현미의 조제 및 판매사업지도를 지원했다. 다시 말해 산미개량조합을 지원함으로써 현미의 농가 단위 자가조제와 자유로운 판매를 지원한 것이다.

농회의 후반기에 들어서는 정미공장과 정미자본의 농촌침투가 가속화되면서 현미거래가 벼거래로 바뀌어갔다. 그러자 당국은 정미공장 발달에 순응하여 벼의 국영검사를 실시하는 '벼 검사규칙'을 만들고, 이어 '조선곡물 검사령 시행규칙'을 개정하여 강제검사를 실시했다. 이때 농회는 현미의 자가조제 및 시설설치를 포기하고 정미업자와 생산자 농민들의 중간에서 벼 공동판매에 적극 나섰다. 그러나 이 과정에서 농회는 생산자인 농민의 입장보다는 일본인 정미업자와 정미자본의 입장에서 농민에게 불리한 등급과 가격으로 사업을 수행하여 일제의 우리나라 쌀 저가구매에 일조했다.

다음으로 면작과 양잠 부문의 공판사업을 살펴보면, 농회는 조선농회령 발포 이전에 면작조합과 양잠조합이 수행하던 공판사업을 이어받아 1926년 농회 설립을 계기로 더욱 강화했다. 1926년 이전까지 면작조합은 소작료와 자가소비용 면화를 제외한 조합원의 모든 육지면을 조합을 통해 공동판매 했다. 공판은 도지사가 면작조합으로부터 매매에 관한 전권을 위임받아서 도내에 조면공장을 소유한 업자를 지정하여 이들 지정매수인에게 매수구역을 각각 할당하는 '매수인 지정 판매제'였다. 공판가격도 우리 농민의 면화 생산비와는 무관하게 일본에서의 미국 면화 시세를 기준으로 결정하여 강제적으로 시행했다. 이는 면작조합(이후 군·도농회)에 의한 공동판매, 조면공장에 의한 육지면 매수, 일본으로의 조면이출 등 식민지 공업원료 반출의 일환으로 이루어졌다. 그런데 이런 방식은 농회의 면화 공판사업으로 그대로 계승되었다.

이러한 공판사업은 첫째, 일제의 방직공업원료인 육지면만을 공판대상으로 하고 육지면을 생산하는 농민은 도지사가 지정하는 공판 외에는 자유로이 판매할 수 없도록 제한했다. 뿐만 아니라 조선총독부는 면화 공판량을 증대시키기 위해 육지면을 강제로 재배하게 했고, 자가소비를 억제하기 위해 전통적인 재래식 조면기의 압수와 파괴를 자행했다. 그 과정에서 농회는 재래식 수직기의 몰수는 물론 면화의 자가소비 제한에까지 앞장섰다.

둘째, 면화의 공판가격을 부당하게 낮게 책정했다. 당시 면화의 기준가격은 매년 각 도 면작기술관회의에서 결정했다. 기준가격은 일본 오사카의 3대 회사와 3대 면화상의 실제 매매거래치의 평균으로 했는데, 이에 대한 조사와 통보는 조선은행 오사카지점이 맡았다. 이 가격수준이 우리나라 면화 공판가격 결정의 기준이 됨으로써 국내의 면화생산과 소비상황에 따라 독자적으로 가격이 결정되지 못하고 일본의 원면(특히 미국산 육지면) 수입조건에 의해 결정되었다. 당시 우리나라에 진출해 있던 일본의 방직회사는 오사카에서 수입한 원면의 가격수준에서 운임을 비롯한 제비용을 공제한 저가격으로 다량의 면화를 구입할 수 있었고, 이를 통해 많은 초과이윤을 획득했다.

이와 같은 낮은 공판가격은 매수인 지정 제도, 매수구역 할당 제도와 함께 조선총독부의 조면업 통제로 사실상 조면업과 방직업의 경쟁배제와 독점 강화를 통해 확고히 자리 잡았다. 그리고 이렇게 결정된 기준가격으로 농회는 매수인인 조면업자와의 협상에서 그들에게 유리한 공판가격을 제공함으로써 면화생산농민의 어려움을 가중시켰다.

다음으로 잠견 공판사업을 살펴보면, 이전까지 잠견 공판사업은 양잠조합에 의해 현물거래나 예약거래방식으로 이루어졌다. 계통농회가 설립된 뒤에는 도농회가 잠견의 출하 전에 제사업자와 수의계약을 체결하는 방식으로 바뀌었다. 가격결정은 일본의 요코하마시장 거래가격을 기준으로 일제 제사자본의 이윤과 수송에 따른 제비용까지 보장하는 수준에서 결정되었다.

이를 구체적으로 살펴보면 첫째, 잠견의 공판은 생견 공판이 원칙이었다. 이는 견직물의 원료인 잠견을 만들기 위해서는 생견을 나방이 나오기 전에 건조시켜야 하지만 일반적으로 양잠농가들이 영세하여 자가건조시설을 갖추고 있지 못했기 때문이다. 따라서 가격이 아무리 폭락해도 양잠농가는 단시간에 생견을 시장에 출하할 수밖에 없었다. 또한 조선총독부는 잠견의 개인판매를 통제했고, 1937년에는 더 나은 가격과 등급판정, 검량을 받을 수 있었던 잠견 자유시장도 완전히 폐쇄해버렸다.

둘째, 면화의 공판과 유사한 부당한 가격 인하가 이루어졌다. 당시 잠견의 직접적인 알선주체는 군·도농회였으나 도농회가 그 위임을 받아 제사업자와 매매계약을 체결했다. 이때 도농회는 구견지역을 각 군으로 할당하여 판매를 제한했다. 또한 공판가격 결정은 요코하마시장의 거래가격을 기준으로 조선총독부가 연 2회 생사생산비(공장생산비)협의회를 개최하여 협정한 뒤 이를 각 도에 시달하면 도농회는 이를 근거로 각 지방의 특수사정에 따라 생사생산비를 정하고 도농회장과 지정매수인인 제사업자 간에 공판계약을 체결했다. 이때 군·도농회장이 지정한 담당자의 잠견 육안감정과 검량에 대하여는 신청과 재검량이 인정되지 않았고, 잠견의 등급판정도 매우 불공정했을 뿐만 아니라 지정매수인들의 담합으로 부당한 가격 인하가 공공연히 이루어졌다.

이상에서 본 것처럼 농회의 잠견 공판은 생견으로 출하하되 개인판매와 자유시장판매가 허용되지 않았고, 공판가격도 일본의 생사 시세를 기준으로 했다. 이는 말할 것도 없이 잠견의 일본반출을 전제로 한 결과물이었다. 그래서 양잠농가의 이윤은커녕 생산비조차 고려대상이 되지 못했고, 공판과정에서 등급판정과 검량에 대한 이의신청마저 인정되지 않았다. 이는 식민지적 원료수탈에 다름없었다.

면화나 잠견 공판 외에도 대맥, 소맥, 대두 등의 곡류와 가마니, 새끼 등의 고공품, 그리고 대마와 저마 등의 공판 또한 유사한 방식으로 이루어졌다. 농회의 공동구입 및 공동판매사업은 일제의 식량 및 원료공급기지, 상품판매시장이나 다름없었고, 그 과정에서 식민지 지주계급의 소작료 고율화에 의한 수탈과 일본 독점자본의 식민지적 초과이윤 형성에 크게 기여했다.

(4) 전시하 계통농회의 역할

전시하의 계통농회는 1937년 7월 중일전쟁과 1941년 12월 태평양전쟁 등으로 인한 국가총동원체제 속에서 생산장려나 기술지도와는 전혀 관련이 없는 전쟁수행을 위한 인적·물적 자원의 동원과 수탈정책에 따른 공출단체로 변모했다. 군·도농회는 평시보다 수 배나 많은 직원을 확보하고서 읍·면 직원, 구장, 통반장 등을 앞세워 미곡과 생우(한우)를 공출했고, 금, 은, 동, 철과 가정의 유기그릇까지 탄피용으로 공출했다. 또한 임산물을 공출하고 송탄유를 채취했고, 심지어 노무자 징용과 위안부 공출에까지 관여했다. 이러한 공출업무는 군, 면, 경찰서, 농회 등이 합작하여 수행했는데, 행정기관의 하청기관 또는 별동대로서 국고보조, 기부금, 수수료, 그 밖의 수입에 의한 비용의 염출과 소요인원의 제공자는 군·도농회였다.

4. 산업조합

1) 산업조합의 설립 경과와 배경

산업조합은 조선총독부 식산국 상공과에 의해 최초로 도입되었다. 식산국 상공과는 4종 겸영의 산업조합 제도를 실시할 목적으로 일본에서 산업조합법이 발효된 지 10여 년이 경과한 1912년 '조선흥산조합령'을 발안했다. 당시 조선총독부 재무국이 관할했던 지방금융조합은 금융사업을 주로 행하고 구매 및 판매사업은 미흡했다. 그리고 구역이 광대하여 유산계급이 주이용자였고, 중소 생산자는 이용하기가 어려웠다. 또한 지방금융조합이 189개에 불과해 보급이 충분치 못했는데, 이를 보완하기 위해 '조선흥산조합령'을 새로 만들어 면을 구역으로 하고 농민 전체를 조합원으로 하여 신용, 경제, 판매·구매, 이용의 4종 사업을 겸영하는 단체를 만들고, 여기에 기존의 금융조합까지 통합하는 안을 만들었다. 그러나 이는 성립되지 못한 채 유야무야되고 말았다.

이런 가운데 1910년부터 토지조사사업이 시작되었다. 이로 인해 농민의 경제적 몰락이 심화되면서, 1913년 평북 의주군 고성면의 면장인 허정(許正)이 최초로 고성면 산업조합을 설립했다. 이 조합의 설립 목적은 사업자금을 조합원에게 대여하고, 위탁판매와 협동구입을 통해 조합원의 경제적 발전을 꾀한다는 것이었다. 그리고 조합원의 연대책임으로 의주 지방금융조합에서 사업자금을 조달하려 했으나 상황이 여의치 않자 독자적으로 면립은행을 설립하여 사업자금을 조달했다. 이 은행은 설립 당시 3원씩 출자금을 받아 기본자본을 마련했다. 이후 산업조합은 전국으로 확대되어 1916년경에는 경기도에만 210개에 달했다.

산업조합을 설립하는 자발적인 지방 단위의 운동과는 별개로 조선총독부 농상공부 식산국은 1916년 '조선산업조합령'을 다시 제정했다. 그러나 산업조합을 소구역의 4종 겸영단체로 하고 지방금융조합을 폐지하자는 논의에도 불구하고 탁지부 재무국의 시기상조론에 막혀 실현되지 못했다. 이후 1918년 금융조합령과는 별개로 산업조합령을 다시 만들어 구매·판매·이용 사업에 중점을 두고 산업조합을 금융조합에 가입시킨다는 안을 내놓았으나 탁지부의 찬성만 이끌어냈을 뿐 사법부와 내무부의 반대에 부딪쳐 이 역시 성립되지 못했다. 사법부는 산업조합과 금융조합을 별개로 설립하지 말고 통일해야 한다고 주장했고, 내무부는 산업조합과 금융조합을 통일하거나 사업 분야를 구분할 필요가 있다고 반대한 것이다. 또한 1922년에도 1918년에 만든 안과 대체로 동일한 내용의 산업조합령을 입안하여 상당한 진척이 있었으나 이 역시 실현되지 못했다.

이처럼 '조선산업조합령'은 '흥산조합령' 발의 이래 10여 년 동안 성립을 보지 못했다. 그러던 중 1924년 일본 농상무성의 시다오카 추지(下岡忠治)가 정무총감으로 부임해 4종 겸영의 산업조합을 설치할 필요성을 역설하면서 새로운 4종 겸영의 산업조합령을 발포하는 동시에 금융조합을 산업조합에 합병하여 폐지하려 했다. 그러나 이 역시 금융조합과 조선총독부 재무국의 강력한 반대에 부딪쳐 실현되지 못했다. 여기서 주목할 점은 한일합병 이후 일본인들이 줄곧 4종 겸영의 조합을 농촌에 만들려고 시도했다는 점이다. 만일 금융조합을 합병한 4종 겸영의 산업조합을 실현시켰다면 일제 시기는 물론 광복 이후 한국 협동조합의 성립과 발전이 어떻게 달라졌을 것인지 충분히 상상할 수 있다.

수차례의 시도에도 불구하고 산업조합령이 무산되자 조선총독부 식산국은 1925년 판매·구매·이용사업만 하는 산업조합령을 다시 입안했다. 그리고 재무국의 반대를 물리치고 1926년 1월 25일 제령 제2호로서 '조선산업조합령'을 발포했다. 이처럼 어렵게 산업조합령을 공포하고 산업조합을 도입한 배경을 살펴보면 다음과 같다.

첫째, 농민경제 안정화가 시급했다. 우리나라는 1876년 강화조약 이후 전혀 준비가 안 된 상태에서 자본주의가 급격하게 밀려들어왔다. 그 영향으로 1910년부터 시작된 토지조사사업을 통해 조선시대 이래 유지되어오던 봉건적 지주제와 토지경작자관계가 자본주의적 지주와 소작인 제도로 바뀌어버렸다. 이로 인해 토지경작자인 농민이 자본제적 소작인으로 전락했는데, 농민들은 고율의 소작료와 조세공과의 전가, 소작료 선납 등 소작료 외의 의무 부담, 고리채에 의한 고통, 생산물의 궁박판매, 비료 등 영농자재의 고가매입, 외상대금의 고리부담, 소금, 직물, 석유 등 생활용품의 고가구입 등으로 지주자본과 상업자본에 의해 철저하게 착취당하는 비참한 지경에 처하고 말았다. 그 결과 농민들은 매년 적자를 메우기 위해 고리대금을 이용할 수밖에 없었고, 고리대자본의 봉사자로 전락하여 결국 채무누적으로 토지를 방매함으로써 대농의 중농화, 중농의 소작농화, 자작농의 소작농화, 소작농의 화전민 내지는 농업노동자화로 빈곤은 더욱 가속화되었다.

이와 같은 농민의 빈곤상은 한일합병 이후 일시적 호황이었던 제1차 세계대전 기간을 제외하고 계속 심화되었는데, 이는 쌀의 기근판매와 춘궁민의 범람으로 나타났다. 구체적으로 살펴보면 1912년 1인당 쌀 소비량이 연 8말 정도에서 1935년경에는 4말 미만으로 감소했고, 1925년경부터 1930년경까지 춘궁민의 숫자가 120만 호에 이르렀다. 이처럼 지속된 농민경제의 악화는 결국 농민들의 저항으로 나타났고, 조선총독부는 이를 방치할 수 없었다.

둘째, 민중의 사상이 크게 변화하고 있었다. 유학을 기저로 한 조선왕조의 왕도정치 속에서 충군애국 정신으로 순응했던 민중은 외세에 의한 다양한 변화와 충격 속에서 대한제국 성립에 따른 신국가 사상과 윌슨의 민족자결주의 사상 등에 관심을 두기 시작했다. 무엇보다도 자본주의가 발달하면서 궁핍화가 심화되고 장기간 지속된 불경기로 인해 경제생활이 암울해지자 사상의 중심이 점차 좌경화로 전환되어갔다. 당시 좌경 사상은 불경기와 생활난에 처한 민중의 통로이자 귀착지였다. 이런 경향은 특히 1919년 3·1운동을 거치면서 민중운동세력의 만세운동에 대한 검토와 새로운 방향설정, 그리고 농민경제 몰락이라는 현실을 타개하기 위한 농민운동 방향설정과정에서 나타났다. 또한 한편에서는 부르주아 민족운동세력이 농민경제 안정화를 모색했고, 새롭게 등장한 사회주의세력이 노동운동과 농민운동을 결합해 사회주의를 지향하는 '조선노농총연맹'을 결성했다. 아울러 1925년 조선공산당이 결성되는 등 사회주의운동이 급속히 확산되었다.

이와 같은 사회 전반의, 특히 농촌의 변화에 대해 일제는 대응하지 않을 수 없었다. 그 방안은 농민경제 안정화 대책을 강구하며 다른 한편 사회운동을 강력하게 탄압하는 양면 전술이었다. 그리고 이 탄압책과 더불어 개량적인 방법으로 제기된 것이 산업조합 설립론이었다. 이는 산업조합을 이용해 농민경제를 안정화시켜 농촌사회의 과격화를 방지함으로써 사회주의세력의 확산을 막는다는, 사회주의에 대한 대응논리에 기반하고 있었다.

셋째, 농촌의 민간 협동조합운동을 사전 차단·흡수하기 위해서였다. 3·1운동 이후 농촌에서는 산발적으로 협동조합운동이 전개되었다. 1925년 기독교계의 협동조합운동, 1926년 도쿄 유학생 중심의 협동조합운동, 1925~1926년의 천도교 중심 협동조합운동이 그것이다. 이 운동들은 조직적으로 확대되어 나갔는데, 이를 경제적 민족운동으로 판단한 일제는 유사한 관제적 조합을 만들어 민간운동의 확대를 막고 흡수하려 했다.

넷째, 중농층 이하 농민들의 유통경제적 제도를 도입해 유통경제 면의 불이익을 해소하기 위해서였다. 당시 우리나라 농업은 대부분 영세 소작농에 의해 영위되고 있었다. 그래서 경제적 기초가 빈곤했을 뿐만 아니라 생산물의 품질과 규격도 일정치 않고 생산물의 유통은 정기적으로 열리는 소규모 지방시장에 의존하고 있었다. 즉 생산과 소비의 연결이 원만하지 못해 농업과 농민경제가 발달하지 못하고 있었던 것이다. 이런 환경에서 농업발달을 촉진하고 특히 중농 이하의 경제적 기초를 확립하기 위해서는 원활한 자금 공급과 함께 생산물 거래조직을 정비해 개선하는 것이 시급한 과제였다.

다섯째, 금융조합이 금융중심주의로 경도되어 농민의 생산경제 부문 활동을 포기했기 때문이다. 금융조합은 조선총독부 초기까지만 해도 농민의 생산 및 유통경제 부문을 주력사업의 하나로 유지해왔다. 그러나 1918년 '금융조합령'이 개정되면서 생산 부문인 대농민지도사업이 폐지되고 구판사업이 겸영사업으로 격하되어 경제사업 또한 제한되었다. 1929년에는 '금융조합령'이 다시 개정되어 금융업무와 관련된 창고업무를 제외하고는 구판사업이 완전히 폐지되어버렸다. 즉 1918년 이후 일부분을 제외하고 농민의 생산 및 유통경제 부문에서 사실상 손을 떼고 만 것이다. 이는 금융조합을 비롯한 농촌조직들이 수행하던 주요 농산물 상품화사업이 일제에 의한 농업구조 개편에 따라 일본 공업자본에 종속되어 농민적 상품생산과 가격형성이 불가능해짐으로써 농민들에게 불이익을 주면서 금융조합 경영을 취약하게 만들었기 때문이다. 다시 말하면, 금융조합이 농민경제를 상품화경제에 깊숙이 끌어들일수록 농민경제는 구조적으로 더욱 취약해지고, 이로 인해 조합경영도 악화되자 경영안정화를 위해 유통경제 부문을 중단하고 만 것이다. 이로써 농촌에는 농민의 유통경제적 불이익을 제도적으로 지원해줄 기관이 사실상 사라졌다.

2) 산업조합령의 개요

(1) 산업조합령의 내용

산업조합령 공포에 즈음하여 당국자가 발표한 발표문의 주된 요지를 보면 다음과 같다. 첫째, "조선에서는 고래로 계의 제도와 향약의 유풍이 있어 이러한 종류의 인보상조운동에 대하여는 어느 정도 훈련과 소지를 가지고 있으므로 산업조합 제도도 적당한 지도감독을 실시하면 충분히 그 고유의 효과를 발휘하여 산업경제 내지는 사회정책상에 기여할 바 지대할 것"이라 하여 산업조합도 인보상조의 정신을 기본으로 한 우리나라 고유의 각종 계와 향약 제도가 큰 바탕을 이루고 있다는 점을 표명했다.

둘째, 금융조합 제도가 특수한 발달을 하고 있어 금융조합과 동일한 내용의 신용조합 제도를 인정할 필요가 없으므로 신용사업을 제외한 판매·구매·이용사업만 수행하는 산업조합을 만들게 되었다고 밝혔다.

셋째, 산업조합은 판매대금의 전도, 외상대금의 연납 등으로 어느 정도까지는 산업자금의 융통이 가능하고, 산업조합원은 금융조합에 가입하여 다른 자금도 조달받을 수 있으므로 신용사업이 없어도 큰 문제가 안 된다고 했다. 이런 취지에서 일본의 산업조합법을 모범으로 제정된 산업조합령의 내용은 다음과 같았다.

- 목적은 조합원의 산업 또는 그 경제의 발달을 도모함으로 한다.
- 업무
  · 조합원이 생산한 물건에 가공을 하거나 가공하여 매각하는 것
  · 산업 또는 경제에 필요한 물건을 매입해 이를 가공하거나, 가공하여 조합원에 매각하거나, 필요한 물건을 생산하여 매각하는 것
  · 조합원이 산업 또는 경제에 필요한 설비를 이용하게 하는 것
- 조합원은 조합의 구역 내에 거주하는 자로 제한한다.
- 산업조합의 명칭에는 '산업조합'이라는 문자를 사용해야 한다.
- 산업조합은 상법 및 상법 시행법 중 상인에 관한 규정을 준용한다.
- 산업조합을 설립하려면 정관을 작성하여 조선총독의 허가를 얻어야 한다.
- 조합원의 수는 한정하지 않으며, 조합원은 출자 1좌 이상을 가져야 한다. 좌수 제한은 없다.
- 출자 1좌의 금액은 균일하게 하고, 출자 1좌 금액의 최고한도는 조선총독이 정한다. 조합원은 출자액을 한도로 책임을 진다.

- 조합장, 이사 1인 또는 수 인, 감사 2인 이상의 임원을 두며, 이들은 총회를 통해 조합원 중에서 선임한다.
- 조합장은 조합을 대표하고 총회의 의장이 되며, 이사와 같이 업무를 집행한다.
- 총회 외에 평의원회를 두어 정관규정사항을 결의한다.
- 산업조합은 조선총독 및 도지사가 감독하며, 언제든지 업무 및 재산의 상황을 보고하게 하거나 이를 검사할 수 있고, 감독상 필요한 명령을 행할 수 있다. 도지사는 부윤, 군수 또는 도사로 하여금 감독권의 일부를 행사하게 할 수 있다.
- 도의 구역에 따라 산업조합연합회를 설치할 수 있다. 그러나 전국연합회는 인정하지 않는다.
- 산업조합연합회는 사단법인으로 한다.
- 연합회에 이사장, 이사 1인 또는 수 인, 감사 2인 이상을 둘 수 있다.
- 산업조합연합회는 조선총독이 감독하며, 필요할 때는 도지사가 감독권의 일부를 행사할 수 있다.

이상의 내용을 좀 더 자세히 살펴보면 다음과 같다. 첫째, 산업조합은 조합원의 산업 또는 그 경제의 발달을 도모함을 목적으로 했다. 조합원 경제의 발달을 통해 조합원의 필요와 욕구를 더 충족시키는 데 목적이 있음을 분명히 했다.

둘째, 업무 범위는 판매사업(가공 포함), 구매사업(가공 포함), 이용사업의 3종으로 한정했고, 이 사업은 하나의 조합이 겸영하도록 했다. 이는 일본의 산업조합법이 3종 사업 외에 예금 및 자금의 대출 등 신용사업을 인정한 것과는 달랐다.

셋째, 산업조합의 구역은 행정구역과 일치시키지 않았다. 그러나 일본의 산업조합법은 신용조합의 구역을 시정촌[17]구역과 일치하도록 했다.

넷째, 조합원은 반드시 조합의 구역에 거주하며 독립 생계를 영위하는 자로 제한했으나 특정 산업, 예컨대 농업자로 하지는 않았다. 조합업무구역 내에 주소나 거소 또는 사업장을 가진 자는 모두 조합원이 될 수 있는 오늘날의 규정과는 달랐으며, 산업조합은 조합원의 수를 제한하지 않고 출자 1좌 이상을 가지도록 했다.

다섯째, 명칭으로 일본에서 협동조합을 지칭하는 '산업조합' 명칭을 단일하게 사용하도록 했다. 당시 일본의 산업조합은 통칭은 산업조합으로 하되 조합의 명칭은 업종에 따라 신용조합, 판매조합, 구매조합, 이용조합 등으로 칭하고 조합에 따라 어떤 것이든 겸영할 수 있었는데, 이와는 달랐다.

여섯째, 경제사업과 관련된 사업행위는 상법과 상법 시행법 중 상인에 관한 규정을 그대로 따르게 하여 협동조합의 특수성을 전혀 고려하지 않았다.

일곱째, 설립자의 최소인원을 정하지 않았다. 그러나 일본의 산업조합법은 설립자의 수를 7인으로 정하고 있었다.

여덟째, 1조합원당 출자 좌수의 최고한도를 설정하지 않았다. 이 역시 1조합원 30구좌로 제한했던 일본의 산업조합법과 다른 점이었다. 또한 출자 1좌의 금액은 50원(정관례는 10원)을 초과할 수 없도록 했고, 조합원이 출자액을 한도로 책임을 지는 유한책임제를 택했다. 그러나 일본의 산업조합법은 유한책임, 무한책임, 보증책임의 3종류 중에서 택하도록 했다.

아홉째, 조합은 관리기관으로서 조합장 1인, 이사 1인 내지 수 인, 감사 2인 이상을 두었고(정관례는 조합장, 이사 각 1인, 감사 3인), 임원은 총회를

---

17) 시정촌(市町村): 일본 지방자치 제도의 기초자치단체인 시·정·촌을 통틀어 말한다.

통해 조합원 중에 선출하도록 하여 금융조합과 비교할 때 진일보한 민주적 제도를 도입했다. 그러나 실제로는 조합장과 이사의 선임에 도지사의 인가를 받도록 하여 법령에만 민주적 절차가 명시되었을 뿐 관청이 조합장과 이사의 인사를 좌지우지했다. 이에 반해 일본의 산업조합법은 이사와 감사 수 인을 두고 조합장은 이사 중에서 호선하며 조합장과 이사의 선임은 당국의 허가를 받지 않았다. 또한 산업조합은 조합장이 단독으로 조합을 대표하고 조합장이 이사와 함께 업무를 집행하도록 했으나 일본은 조합장이 조합을 대표하되 조합업무는 이사회의 결의에 따라 공동책임을 지고 집행하도록 했다.

한편, 조합장과 이사의 임기는 3년, 감사와 평의원의 임기는 2년으로 하고, 조합장과 감사, 평의원은 명예직, 이사는 유급으로 했다. 그리고 결의기관으로 총회 외에 평의원회를 두고 정관에 정한 특정사항을 의결하도록 했으나 일본은 결의기관으로 총회와 이사회를 두되 조합원이 500인 이상인 경우에는 총회에 대할 총대회를 설치하도록 했다.

열째, 조합원의 가입·탈퇴·제명은 평의원회의 결의로 결정하고, 임의탈퇴의 경우 3개월의 예고기간을 두었다. 즉 가입 및 탈퇴에 별도의 제한을 두지 않은 것이다. 그러나 일본은 가입 및 탈퇴를 유한 또는 보증책임조합은 이사회의 결의로, 무한책임조합은 조합원 전원의 동의를 얻도록 했고, 조합원 제명 또한 총회의 결의를 얻도록 했다.

열한째, 총회는 임원 선임, 해임, 정관변경, 사업보고의 승인, 해산, 합병, 기타 정관에 정한 사항을 의결했다. 임원 선임, 해임, 정관변경, 해산 및 합병의 결의는 총 조합원의 반수 이상 출석에 3/4 이상으로 결의하고, 기타의 경우에는 출석 조합원의 과반수로 결정하도록 했다. 이는 일본과 같았다.

열두째, 산업조합의 설립 및 해산에 대해서는 허가주의를 채택하고 조선총독의 허가를 받도록 했다. 그러나 일본은 허가주의는 같았지만 권한은 지방장관이 가지고 있었다. 또한 조합이 사업자금을 차입할 때는 물론 업무, 급여, 징계에 관한 규정을 제정 혹은 변경할 때, 매 사업연도의 업무계획, 경비예산의 책정 및 변경, 준비금 및 그 밖의 적립금을 사용하려 할 경우, 업무상 토지 및 건물을 취득하거나 업무용 건물을 신축·개축·이축할 경우, 국채증권이나 지방채증권을 매입 또는 매각할 때, 모두 도지사의 인가를 받도록 했다. 심지어 임원의 이동, 총회 개최 계획까지 사전에 신고하도록 했고, 매월 실제 보고표를 작성해 익월 5일까지 도지사에 제출하게 하는 등 지나치게 상세한 감독을 했다. 뿐만 아니라 각 도지사로 하여금 산업조합 지도감독규정을 만들어 정기 또는 비정기적으로 문서상의 지도감독과 실시 (현장)감독을 하고, 산업조합 지도감독부에 처리사항을 기록해 비치하도록 했다. 이는 일본의 산업조합법에는 없는 규정이었다.

열셋째, 도를 구역으로 하는 도연합회를 설치할 수 있는 길을 열어놓았다. 그러나 전국적 연합조직을 설치하는 것은 인정하지 않았다. 도연합회에 관한 주요 사항은 다음과 같았다.

- 사업의 범위
  - 소속 조합에 대한 판매·구매·이용사업
  - 소속 조합에 대한 업무상 지도
  - 소속 조합 상호 간의 연락 및 업무상 알선
- 조직 및 명칭
  - 도를 구역으로 도내의 산업조합으로 조직하는 유한책임 사단법인
  - 도연합회는 사업별 단영을 인정치 않고 판매·구매·이용의 3종 사업의 종합경영체로 함

· 명칭은 일률적으로 산업조합연합회로 함

· 출자 1좌의 금액은 500원을 초과할 수 없음

● 관리기관: 연합회에 이사장, 이사, 감사를 두되 이사장과 이사는 조선총독이 임명하고 감사는 총회에서 선임

● 감독: 연합회 감독은 조선총독이 담당하고, 필요에 따라 지방장관에게 권한 위임

열넷째, 산업조합이 취급할 수 있는 대상품목과 이용설비는, 먼저 판매품은 견포, 마포, 저포, 면포, 생사 등 특산품과 쌀, 보리, 콩, 누에고치, 달걀, 기타 총회가 의결한 것으로 하고, 가공은 이들 품목과 관련된 가공에 한했다. 구매품은 산업(농업)용 기계기구, 누에고치, 생사, 대마, 저마, 비료, 사료 등과 쌀, 보리, 콩, 밤, 석유, 기타 총회가 의결한 것으로 하고, 가공은 비료의 배합, 잠종의 최청, 가금의 사육 등이었다. 그리고 이용사업으로 조합이 설치할 수 있는 것은 창고, 목욕탕, 이발소, 산업용 기계기구, 관혼상제 용구, 기타 총회가 결의한 것 등이었다. 즉 산업조합은 농민이 생산하는 거의 대부분의 농산물과 특산물, 농민이 필요로 하는 농업용 자재와 생활자재를 판매 및 구매사업의 대상으로 했다.

열다섯째, 판매사업에서 생산물 판매는 원칙적으로 수탁주의로 하고, 이를 행할 수 없는 사유로 인해 매취주의로 할 경우 그것을 명시하도록 했다.

열여섯째, 조합원이 조합에서 판매하는 물건을 다른 자에게 판매하거나 조합에서 구매하는 물건을 조합 외에서 구매할 때는 조합장 또는 이사의 승낙을 받도록 했다. 이는 조합 이용을 강제한 것으로 오늘날에는 볼 수 없는 제도인데, 영세한 농민들이 받아들이기에는 어려운 것이었다.

열일곱째, 판매사업에서 조합원으로부터 생산물을 수취할 때는 조합원의

청구에 의해 대금의 선도를 하도록 했고, 선도금은 시가의 8/10 이내에서 조합장이 정하되 선도금이 1조합원당 100원을 넘지 못하도록 했다. 구매사업에서도 조합원이 구매품을 인수할 때 조합장이 부득이한 사유가 있다고 인정할 때는 산업(농업)용 기계의 경우 5년 내의 할부지급, 그 밖의 물건은 1년 내의 연납(외상구매)을 할 수 있도록 했다. 연납금은 1조합원당 산업용 기계는 총액 100원, 그 밖의 물건은 총액 50원을 넘지 못하도록 했다. 이는 산업조합이 선도금의 지급과 외상구매를 통해 조합원에 대한 신용공여(여신)를 할 수 있도록 한 것이다.

열여덟째, 산업조합은 매 사업연도의 잉여금 1/4 이상을 준비금으로 적립하고, 잉여금 중에서 특별적립금을 적립하도록 했다. 조합원에 대한 잉여금 배당은 잉여금이 발생한 연도 말에 불입을 완료한 조합원의 출자액에 따라 이루어졌고, 특별배당금은 잉여금이 발생한 사업연도에 조합원이 조합에 위탁하여 판매된 물건의 가액, 조합에서 구매한 물건의 가격, 조합에 지급한 이용료를 합산한 금액에 상응하도록 하되 배당률은 품목별로 달리할 수 있도록 했다. 이는 오늘날의 출자배당 제도나 이용고배당 제도와 거의 같다.

(2) 산업조합령 제정의 의의와 산업조합의 성격

4종 겸영의 종합협동조합으로 성립되지 못한 채 신용사업을 제외한 기형적인 형태로 만들어진 산업조합은 그 제도 자체만으로 몇 가지 중요한 의의를 가진다.

첫째, 산업조합은 자본주의가 본격적으로 들어오기 전에 만들어진 금융조합과는 달리, 자본주의의 발달에 따라 사회·경제적으로 야기된 각종 폐해를 시정하거나 결함을 보정하려는 근대적 협동조합 정신에 입각해 만들어졌다. 당시 우리나라는 앞서 기술한 대로 자본주의의 급격한 유입으로 춘궁민이

120만 호에 달하는 등 경제가 총체적인 나락에 빠져 있었다. 이런 상황에서 공포된 산업조합령은 비록 관제적이었으나 근대 자본주의 경제기구를 통해 중산층 이하의 민중이 협동으로 스스로의 산업경제 발전을 도모하고 대자본의 조직에 수반하여 일어나는 폐해와 불리를 극복하려는 협동조합 시설과 그 궤를 같이하고 있었다고 볼 수 있다.

둘째, 산업조합은 당시 민간에서 활발하게 전개되기 시작한 자발적 협동조합운동을 포섭하여 통합하려 한 관영 협동조합 시설이었다. 핍박한 경제로 인해 많은 식자층과 청년층이 좌경 사상으로 물들어가던 당시 정치, 사상, 종교, 기타 각 방면과 관련한 민간 협동조합운동이 왕성하게 일어나며 전국적으로 번져 나가자, 조선총독부는 정치적·사상적 색채를 지닌 협동조합운동의 확대를 막아야 했다. 그러나 당시의 사회정세와 제도 일반에 따라 잉태된 사회운동을 탄압만으로 근절할 수는 없었다. 따라서 제도권 내에 그와 유사한 시설을 만들어 일련의 사회운동을 포섭, 통합할 필요가 있었다. 그 결과는 1925년경부터 산업조합령 실시와 더불어 행정지도와 단속이 강력하게 병행되자 민간 협동조합운동 관계자 일부가 전향하여 산업조합의 임직원으로서 두각을 드러내는 것으로 나타났다. 이는 당국이 의도한 바가 부분적으로 성취되었음을 의미한다.

셋째, 산업조합 제도가 도입되면서 농촌의 협동조합적 기관이 금융조합과 산업조합으로 이원화되었다. 즉 4종 겸영의 협동조합을 만들려고 했던 산업조합의 시도가 금융조합에 의해 무산되면서 금융조합을 협동조합의 신용사업을 담당하는 기관으로 인정한 것이다.

넷째, 산업조합령과 동시에 공포된 조선농회령에 따라 계통농회는 전적으로 농사의 개량발달에 관한 기술적 지도를 행하는 공공단체이며, 산업조합은 농촌의 판매·구매·이용사업을 행하는 경제단체라는 것을 분명하게 했다.

다섯째, 산업조합령은 법령상으로는 협동조합을 표방했지만 행정기관이 자회사와 같은 거래기관을 만들어 기업을 하려는 것처럼 세세한 지도감독을 하는 모순을 안고 있었다. 일제 식민통치시대에 만들어진 모든 관제적 조합이 그렇듯 산업조합도 자발적 조직이 아니었다. 그러나 일본의 산업조합법을 모태로 조합원의 가입탈퇴의 자유, 1인 1표의 평등권, 조합원 권리·의무의 명확화, 조합장과 임원의 총회 선출, 총회와 평의원회 운영, 준비금 및 특별적립금 적립, 출자 및 이용고배당 실시 등과 더불어 이윤배제의 원칙을 도입함으로써 비록 법령과는 무관하게 임원 선임의 자율성이 훼손되고 사업계획부터 직원채용에 이르기까지 일일이 도지사의 인가를 받아야 하는 등 민주적 운영은 크게 제약받았지만 일제가 만든 관련 기관 및 단체 중 가장 협동조합적이었다.

논자에 따라서는 산업조합은 일제가 우리 농민의 자율적 협동조합에 대응하여 설립한 상품판매 및 원료수탈기구에 불과하다고 규정하기도 한다. 그러나 적어도 법령 그 자체만 놓고 본다면 협동조합을 지향하고 있었음은 부인할 수 없다.

3) 산업조합의 전개과정

(1) 초기의 산업조합 설치 추진 방침

광범위하고 다면적인 목적으로 출발한 산업조합 제도는 빈곤과 착취에 허덕이는 농촌 전반에 폭넓게 보급되어야 할 당위성을 갖고 있었다. 그러나 조선총독부는 산업조합령 제정 공포와 함께 다음과 같은 산업조합 설치 추진 방침을 정함으로써 산업조합이 사실상 제 기능을 발휘할 수 없도록 했다.

첫째, 산업조합은 특산품 취급을 주요사업으로 했다. 산업조합은 본질적으로 농업 전반에 설치되어야 함에도 지방특산품의 조장장려에 국한된 사업만 하는 조합에 한해 설치토록 했다. 이는 당시 산업조합을 발의하고 그 업무를 주관한 부서가 농업과 무관한 상공업무를 담당하는 식산국 상공과 였기 때문이다. 1925~1926년경의 우리나라 산업행정 일반의 중점은 산미 증식, 양잠장려, 면작 작부면적 확대 등 생산장려에 있었다. 그래서 농림 당국은 농가생산품의 판매 및 생산자재의 구입 등 농가 교환경제의 합리화 에 전혀 관심을 가질 여유가 없었다. 뿐만 아니라 기계공업제품이 증가하면 서 직물과 한지 등 가내수공업제품의 가격 하락과 수요감퇴가 초래되어 큰 타격을 주었다. 또한 제품의 소량출하, 품질규격 불비, 제조자금 부족 등 수공업의 열악한 조건과 생산자의 무지에 편승한 상인들의 농간이 극심하 여 가내공업이 점차 사라질 위기에 처해 있었다.

둘째, 가내수공업제품을 지도장려하여 공장에 의한 공업제품이 되도록 했 다. 당시 우리나라의 특산품 대부분은 원시수공업의 형태를 벗어나지 못해 생산능률이 극히 저조했다. 그래서 식산국 상공과는 특산품의 생산양식을 바꾸기 위해 주요 생산지에 기술지도원을 배치하고 관계 업자들로 하여금 조합을 결성하도록 지도했다. 아울러 이들이 만든 조합에 국고 또는 지방보 조로 공동작업장 설치를 비롯해 기계기구의 설비, 생산기술지도제품의 규격 통일, 제품의 원료구매와 판매알선 등을 지원했다. 산업조합령은 이러한 행 정지도의 연장선상에서 제정 공포되었고, 그동안 육성하던 임의조합을 산업 조합으로 흡수하여 산업조합을 통해 종래의 가내수공업생산을 근대적 공장 공업으로 전환시키려 했던 것이다.

셋째, 경영본위의 모범조합주의를 채택했다. 조선총독부는 산업조합의 성 과 여하가 당국의 위신과 관련된다고 판단하고 다수의 조합을 육성하는 정 책 대신 완전한 경영주의에 입각한 모범조합주의를 채택했다. 그 내용을 보면, 먼저 조합 설립은 업적이 우수하고 기초가 확실한 임의조합을 대상으로 경영과 사업 종류가 산업조합을 조직하는 데 적합한 조합을 엄선했다. 조합의 구성원이 단체의 성질을 잘 이해하고 구성원이 다수일 뿐 아니라 총 조합원의 1년간 총생산액이 자가소비분을 제하고 10만 원 정도는 되어야 한다고 규정했다. 또한 임의조합이 없는 지역은 모범조합이 될 수 있는 지역만 선정해 추진하여 산업조합 설립을 극히 제한했다. 그리고 이렇게 설립된 산업조합은 판매·구매·이용의 3종 사업을 겸영하도록 했고, 특수한 사유가 있을 때는 구매 또는 이용사업만 목적으로 하는 산업조합도 인정했다. 한편, 법령 또는 정관에 명시되지 않은 조합의 구역은 부·군·도(섬)의 행정구역에 따르도록 했고, 특별한 사유가 있을 때는 예외로 했다. 이처럼 모범조합주의를 채택하고 조합경영을 실질적으로 담당할 이사를 퇴직 관리나 기타 당국이 적당하다고 인정하는 자를 선임토록 명시함으로써 향후 조합경영에 큰 문제를 야기할 소지를 만들어놓았다.

넷째, 신용사업을 제외한 결함은 금융조합과의 조화에 의해 보완했다. 조선총독부는 신용사업을 제외한 산업조합의 제도상 결함을 알고 있었다. 따라서 사업자금을 조달하기 위해 산업조합을 금융조합연합회에 가입하도록 했고, 조합원에 대한 생산자금 공급은 연합회의 차입금을 재원으로 조합원의 판매품에 대한 선도금 지급과 구매품의 외상구매를 인정함으로써 보완했다. 또한 산업조합 설립허가신청서에는 각 도 금융조합연합회 이사장의 의견을 첨부하는 방법으로 금융조합의 원만한 협조를 기도했다.

다섯째, 산업조합에 대해 일체의 보조금을 교부하지 않았다. 조선산업조합령 제정 당시 조선총독부 재무국과 식산국 사이에는 의견 대립이 있었다. 식산국은 산업조합 설립에 보조금 예산을 교부할 필요가 없다고 보았다. 이런 이유로 조선총독부는 산업조합에 일체의 보조금을 교부하지 않는다는 방침을 세웠다. 이는 금융조합에 끊임없이 보조금을 지급한 것과는 상반된

정책으로, 이후 산업조합 발전에 치명타가 되었다.

여섯째, 가내수공업 생산을 진흥시켜 농촌의 잉여노동력을 최대한 흡수하려 했다. 산업조합은 계와 향약 등의 협동조합 정신과 그 훈련된 바탕을 적극 활용했다. 따라서 조선총독부의 산업조합 추진 방침은 농민 전반의 농업발달과 유통경제의 합리화보다는 특산품을 중심으로 한 가내수공업 진흥과 농촌지역 실업자 구제라는 정책 목적에 초점을 맞추고 있었다. 이는 처음부터 본래의 목적에서 벗어난 것이었다.

(2) 특산품 취급 시대의 산업조합

산업조합은 원칙적으로 특산품을 주요사업으로 하는 조합을 위주로 설치하는 것이 방침이었다. 따라서 조선총독부는 이전부터 지방특산품의 생산장려에 관한 시설로 육성하던 임의단체를 산업조합으로 개편했다. 아울러 농민의 자금차입 편의를 목적으로 하고 농업발달을 도모하며 농가 교환경제 합리화를 도모하는 경우, 즉 산업조합이 지향하는 목적으로 조합을 설치하려는 경우에는 설립을 인가해주었다. 그 결과 소수였지만 곡물취급조합, 과수조합, 어업산업조합, 자작농창정조합, 소비조합 등 다양한 조합들이 등장했다. 이때 설립된 조합 중 특산품 조합들은 정책방향에 맞추어 도 또는 군 당국의 장려에 따라 설치되었고, 곡물취급조합은 농민의 참상을 구제하려는 지방 유력자들에 의해 설립되었다. 그리고 과수, 어업, 소비, 기타 조합은 관계자의 자각과 요망에 의해 설립되었다.

이처럼 산업조합령이 제정 공포된 1926년부터 농촌진흥운동이 시작된 1932년까지 7년 동안 특산품 중심의 산업조합이 설립되었다. 1926년 한 해에만 13개 조합이 설립되었고, 1927년에도 10개가 설립되었다. 1928년 이후에는 다소 저조하여 1928년 7개, 1929년 4개, 1930년 4개, 1931년

5개, 1932년 8개 등 모두 51개 조합이 설립되었다. 그런데 51개 조합 중 임의조합에서 전환한 조합이 40개로 대다수였고, 나머지 11개만이 새로 설립된 조합이었다.

조합의 구역을 살펴보면, 군 이상을 구역으로 하는 조합이 29개, 1개 읍·면 또는 수 개 읍·면을 구역으로 하는 조합이 22개였다. 도별로는 황해도와 함경북도, 충북에는 하나도 없었고, 전북 5개, 전남 8개, 경북 9개, 경남 8개 등 주로 남쪽 지방에 설립되었다. 주요품목별로 보면 한지조합 8개, 저포·마포·견포 등 직물류조합 17개, 곡류조합 6개, 어업조합 1개, 인삼조합 1개, 죽세공품조합 3개, 산탄조합 7개, 자작농 창정조합 2개, 소비조합 2개였다.

이 시기에 설립된 조합 중에는 특이한 조합이 두 종류 있었다. 바로 자작농 창정조합과 소비조합이다. 자작농 창정조합은 불이농촌산업조합과 평강산업조합 등 2개였는데, 이들 조합은 우리나라 개간지에 농지가 없는 일본인을 이주시켜 자작농을 만들어주고 이들을 통해 선진적인 농업을 전개했다. 즉 일본인들을 동원하여 우리나라 농업개발에 기여하고, 여기서 생산된 식량을 일본으로 들여가 일본의 식량문제를 해결하려는 목적으로 만들어진 조합이었다. 이들 조합의 조합원은 1930년 불이산업조합이 238농가, 평강산업조합이 79농가였다. 호당 출자금액은 불이산업조합이 50엔, 평강산업조합이 25엔이었다.

자작농 창정조합은 조합원에게 구매사업으로 균등하게 토지와 건물을 구매공급해주고 생산된 쌀을 판매하여 이를 상환해 나가도록 하는 방식으로 사업했다. 이들 조합의 특수성으로는 첫째, 일본인 이민을 위한 개간지 조성에 관여하는 사업비 조달을 목적으로 설립되었고, 둘째, 운영주체가 소생산자계급인 조합원 농민이 아니라 그에 대항하는 지주의 민간자본이었으며,

셋째, 구매사업 중심으로 사업을 전개했고, 넷째, 식민지 경제발전이 목적이 아니라 일본의 식량문제 해결을 위해 산업조합을 이용한 것이었다.

소비조합은 경성제일구매회와 군산산업조합 등 2개가 있었다. 경성제일 구매회는 1922년 조선식산은행 사원들 중심으로 만들어진 행우구매조합에서 시작되었다. 이후 유력 은행은 물론 회사, 학교, 조선총독부 직원들까지 받아들여 조합원이 880명에 이르렀고, 봉급생활자의 생활권 옹호 차원에서 회원생활의 합리화를 도모하다가 1931년 조선산업조합령에 따라 경성제일 구매회로 탈바꿈했다. 군산산업조합은 1930년 군산부 공무원들을 중심으로 경찰서, 학교, 은행 등의 봉급생활자 200여 명을 망라하여 조직된 소비조합 이었다.

특산품 취급 시대의 산업조합은 모범조합주의를 택해 임의조합 중에서 정상적으로 경영이 가능한 조합을 엄선했음에도 적자조합이 나타나면서 해가 갈수록 적자금액이 늘어났다. 매년 설립된 조합의 반수 이상이 적자를 보았는데, 1932년 51개 조합 중 31개 조합이 총 49만 6,659원의 적자를 봄으로써 실패론과 함께 정리문제까지 제기되었다.

이처럼 경영상태가 좋지 않았던 이유는 크게 6가지로 볼 수 있다. 첫째, 대부분의 특산품조합은 상인으로부터 받아온 상인금융을 배제하기 위해 노력한 결과 조합원이 상인의 전대자금으로 인한 착취를 면할 수 있었으나, 산업조합은 상인의 전대자금을 구축하기 위해 상인자금에 대신할 생계비 일부를 포함한 원료를 외상으로 판매하여 다액의 외상대금이 발생했다. 이 외상대금은 대부분 의제자금이 되어 훗날 공황이 심화되면서 농민들을 더욱 빈궁에 빠뜨렸고, 반 이상을 회수할 수 없게 되었다. 즉 농민의 어려움을 극복시켜주는 대신에 산업조합이 어려움에 빠지고 만 것이다. 또한 조합원의 생산물은 판매수량이 소량이었고, 생산자들의 급매, 위탁계산의 번잡 등으로 인해 조합에 판매위탁하는 자가 적었으며, 조합은 상인과 대항하기 위해 자금여유가 있어야 하는 매취판매를 하여 판매난과 더불어 가격 하락으로 큰 손실을 보았다.

둘째, 낙하산 인사로 선임된 퇴직 관료 중심의 이사들은 조합경험이 전혀 없어 사업에 대한 자신감이 없었다. 그래서 조합 설립 이후에도 사업을 즉시 시작하지 않고 장시간 조사 및 연구에 시간을 소모하여 경비증가는 물론 차입금이자만 늘어나며 적자를 키웠다. 또한 경제사정에 대한 몰이해와 경영에 대한 인식 부족은 외상대금을 발생시켰고, 상인에 대한 신용조사를 소홀히 하는 등 시행착오를 반복하여 막대한 자금을 회수불능상태에 빠뜨렸다. 뿐만 아니라 사업계획을 높게 세워 사업물량은 계획에 미치지 못하는데도 경비예산은 원래의 사업계획대로 집행되어 적자액이 증가했다.

셋째, 금융조합연합회는 산업조합을 회원조합으로 받아들여 지도육성해야 하는데, 오히려 산업조합을 경계하며 가입을 기피했다. 이는 산업조합의 적자가 갈수록 늘어나고 산업조합의 선도금 및 외상매출 등의 금융업무와 금융조합의 사업이 마찰을 빚었기 때문이었다. 금융조합연합회는 산업조합 설립 이후 3~4년경부터 태도를 바꾸어 산업조합을 경계하며 가입까지 기피했다. 그리고 자금대출을 주저하여 산업조합은 개점휴업과 같은 상태에 처하거나 사업자금 부족으로 예정된 사업을 집행하지 못하는 등의 문제가 야기되었다.

넷째, 산업조합령 공포 당시에는 관민 공히 산업조합을 깊이 이해하는 자가 없었다. 조합 설립은 도의 지시를 받아 그대로 행해졌고, 조합원은 조합에 가입하면 돈을 차입하기가 쉬우리라는 것 이상의 인식이 없었다. 또한 특산물 취급규칙을 만들어 조합원의 제품을 조합에 판매하도록 강요하는 등 반강제적으로 사업을 수행함으로써 조합원들이 점차 조합을 멀리하게 되었고, 원료는 조합에서 외상으로 공급받고 제품판매는 몰래 상인과 하는 등 조합원의 의식이 거의 없어 총회 출석률도 극히 저조했다. 그리고 감독관청도 경영에 관한 경륜과 기술이 전혀 없어 조합을 적극 육성하기보다는 소극적인 감독에 그쳐 산업조합의 활동과 사업을 저해했다.

다섯째, 조합의 구역이 넓어 상호 의사소통이 어려웠다. 또한 주요 취급품목인 한지와 직물 등은 불황의 심화와 기계공업품의 진출로 위축되어 부진에 빠졌다. 그 결과 사업고가 현저히 감소했다.

여섯째, 특산품의 주요 생산지에는 1932년까지 모두 산업조합이 설치되어 있었다. 따라서 특산품 취급 산업조합 설치는 여지를 찾을 수 없었다. 이상과 같은 이유로 산업조합은 초기 단계부터 부진에 빠진 채 미래를 예측할 수 없는 상황이었다.

(3) 농산품 취급 시대의 산업조합

산업조합은 1932년 농촌진흥운동의 시작으로 큰 변화를 겪는다. 농촌진흥운동은 당시 일본에서 일어난 농촌갱생운동에 호응하여 나락에 빠진 한국 농촌과 농민을 살리기 위한 운동이었다. 이 운동은 정신적으로는 국민에게 삶의 희망을 주고, 물질적으로는 식량의 충실, 부채근절, 현금수지 균형 등을 3대 목표로 농가와 갱생부락을 선정하여 추진되었다. 그러나 이 운동은 자포자기 상태에서 일어나야 한다는 정신적 각성 면에서는 어느 정도 성과를 거두었으나 자본주의 경제체제와 시장상황 속에 무너져가는 농민의 현실을 교정해줄 수 있는 제도나 대책을 갖지 못했다.

반면 일본의 농촌갱생운동은 성공적이었다. 일본은 농산물의 유리한 판매, 생산자재의 염가구매 등을 중심으로 하는 교환경제 합리화에 주안점을 두고 운동을 전개하여, 신용사업에 중점을 두었던 산업조합이 판매 및 구매사업에 적극 진출하는 한편, 중요한 농업정책을 정부가 적극 지원함으로써 농촌부흥에 큰 성과를 거두었던 것이다.

이 성과에 크게 영향 받은 우리 농촌 지식인들과 지도자급 인사들은 농촌에 산업조합을 설치하여 농민의 교환경제 합리화를 도모하지 않고서는 농촌진흥운동이 성공할 수 없다고 인식하게 되었다. 그 결과 농촌진흥운동의 방향을 판매·구매 등 농가경제 합리화 방향으로 전환해야 한다는 주장과 함께 산업조합을 설립하기에 이르렀다. 그에 따라 특산품 취급을 주로 하던 산업조합도 방향을 틀고 일반 농산물과 그 생산자재를 취급하게 되었고, 당국도 특산품조합 설치 방침을 변경하여 일반 농산물 취급 산업조합 설치를 장려하면서 농산품 취급 시대가 열리게 되었다. 이런 방향 전환은 농촌진흥운동의 자극, 농업공황으로 인한 농촌경제의 파국적 악화, 그리고 이 상태를 면하려는 농민들의 본능적인 움직임, 지도자급 인사들의 관심증대에서 비롯되었다.

농산품 취급 시대 산업조합 설립은 특산품 시대와는 달리 특별한 방침 없이 도청별로 설립지도가 이루어진 것으로 보인다. 그러나 경남의 경우 일정한 방침을 가지고 있었다. 첫째, 조합 설치는 농산품이 풍부하여 출하가 많고 지역민이 산업조합 취지에 적극적으로 찬성하며 중심인물이 있는 지역에 우선적으로 했다. 둘째, 조합의 구역은 시장을 중심으로 시장권역에 속하는 인근 3~4개면으로 했다. 사무소는 시장소재지에 두었다. 셋째, 조합의 취급품목은 판매사업의 경우 벼, 보리, 대두, 옥수수, 기타 곡류 및 가마니, 새끼 등으로 했고, 구매사업은 비료, 농기구, 식염, 석유, 직물, 기타 경제용품으로 했다. 넷째, 벼를 취급하는 조합은 소규모 정미작업장 설치를 목표로 했다. 다섯째, 조합사무소는 간이 또는 질박한 점포식으로 했고, 50~100평 정도의 창고를 설치했다. 총 부지면적은 1,000~1,500평 정도로 했다. 여섯째, 판매사업은 위탁주의를 원칙으로 했고 부득이한 경우 총 취급고의 2할 정도 내에서 매취로 했다. 일곱째, 산업조합 설립에 관하여 금융조합연합회 이사장의 의견을 구하지 않았다. 여덟째, 조합 이사는 가급적 지역 유력자를 기용했다. 지역에 적임자가 없을 때는 물색 범위를 넓혀 금융조합이나 관청의 현직 직원 중에서 구했다. 아홉째, 종래의 특산품조합도 가급적 농산품 취급조합으로 전환하고, 이것이 곤란할 경우 벼나 비료를 반드시 취급하도록 했다.

이런 내용으로 볼 때 농산품 취급 시대의 산업조합은 설립지를 특산품 주산지로 한정하지 않았다. 일반 농산물이 풍부하게 생산되면서 주민의 열의가 있으면 어디든지 설립할 수 있었던 것이다. 또한 조합은 소규모였고, 경제권 중심으로 하되 사업취급품목도 일반 농산물로 크게 넓혔다. 뿐만 아니라 설립 때 금융조합연합회 이사장의 의견을 듣지 않음으로써 설립에 대한 제한을 줄였고, 조합 이사도 퇴직 관료가 아닌 경영능력이나 조합에 대한 열정을 가진 지역 유력자를 선택하도록 했다. 이는 산업조합 본연의 취지로 돌아간 것이었다.

산업조합은 농촌진흥운동과 더불어 농가경제 합리화운동이 널리 퍼져 나가면서 농가경제 합리화 역할을 할 기관으로 주목 받았다. 조선총독부와 도의 엄선주의에도 불구하고 다수의 조합이 새로 설립되었고, 특산품조합도 약 반수가 일반 농산물조합으로 바뀌었다. 1933년부터 1938년까지 산업조합의 신규 조직상황을 보면 1933년 4개, 1934년 17개, 1935년 20개, 1936년 16개, 1937년 10개로 6년간 모두 67개 조합이 신설되었다. 이로써 산업조합은 118개로 확대되었다.

신설조합은 주요품목별로 한지조합 5개, 직물조합 2개, 일반 농산물인 곡물조합 44개, 곡류와 특산품 겸영조합 9개, 목재, 과실, 채소, 신탄, 기타 조합 5개로, 곡물취급조합이 겸영을 포함해 53개로 압도적 다수를 차지했다. 또한 이들 조합 중 임의조합에서 전환한 조합이 25개, 새로 설립된 조합이 42개로 특산품 취급 조합 시대와 달리 신설조합이 우위를 차지했다.

신설조합의 관할구역을 살펴보면 1군 이상을 구역으로 하는 조합은 3개에 불과했고, 1개 읍·면 또는 수 개 읍·면을 관할구역으로 하는 조합이 64개였다. 이 시대에는 소구역주의를 채택한 결과 구역이 현저하게 세분화되었음을 알 수 있다. 이상과 같이 신설된 67개 조합을 포함한 1937년 현재 118개 조합의 도별 분포는 경기 5개, 충남 5개, 전북 17개, 전남 8개, 경북 12개, 경남 43개, 평남 7개, 평북 9개로 경남북과 전남북 등 남한 지방에 더 많이 설립되었다. 그리고 이들 도는 주로 일반 농산물을 주된 취급품목으로 했고, 여타의 도는 신탄, 저포, 직물, 과물 등 특산품을 주된 품목으로 했다.

그런데 이 시기에는 경상남도에 다른 지방보다 현저히 많은 조합이 설립되었을 뿐만 아니라 세력 또한 강했다. 1939년 3월 현재 경상남도의 산업조합은 전체 118개 조합 중 43개로 36%를, 조합원은 전체의 40%, 출자 총액은 29%, 판매사업은 38%, 구매사업은 33%를 차지하여 다른 도와 비교했을 때 조직과 사업에서 압도적인 우위를 보였다. 뿐만 아니라 당시 경상남도는 다른 도에서 볼 수 없는 특징을 가지고 있었다. 그것은 첫째, 원래 어업조합인 부산제일산업조합을 제외하고 전부 농산품 취급 조합이었다. 둘째, 조합이 시장을 중심으로 3~4개 면 구역에서 지역 내 주민 다수를 포용했다. 셋째, 지방민의 열렬한 희망과 더불어 어느 정도 자주성을 가지고 있었다. 넷째, 조합의 중심인물이 도내의 지도적인 한국인이었고, 산업조합운동을 사명으로 하여 전력투구하며 조합원을 인간적으로 결합했다. 다섯째, 산업조합 연락조직으로 경상남도 산업조합협회를 만들어 이 협회가 사실상 연합회의 기능을 담당했다.

이 시기에 가장 활발했던 경상남도의 산업조합의 조직과 활동을 살펴보면 식민통치시대의 산업조합을 제대로 이해할 수 있다. 이처럼 다른 도에 비해 경상남도에서 산업조합이 현저히 발달할 수 있었던 이유로는 크게 네 가지가 있다. 첫째, 경상남도는 일본과 가까워서 일찍부터 자본주의의 유입으로 인한 폐해를 어느 곳보다 절실히 알고 있었다. 둘째, 경상남도 도청은 농업 공황기에 농촌의 궁핍을 구제하고 농촌진흥운동의 효과를 높이기 위해서는 산업조합 제도를 활용하여 농가경제 합리화를 기하는 길밖에 없음을 인식하고 어느 도보다 이에 매진했다. 뿐만 아니라 일본인 도지사가 앞장서서 이를 적극 지원했다. 셋째, 일본인과 한국인을 불문하고 산업조합운동에 헌신적인 선각자들이 많았다. 넷째, 산업조합 연합조직인 산업조합협회를 만들어 조합 단위가 아닌 도 단위로 사업에 대응했다. 그러나 경상남도 산업조합은 그들의 연합조직인 산업조합협회 활동을 바탕으로 산업조합령에 명시된 산업조합연합회 설립허가를 신청했으나 조선총독부는 끝내 인가하지 않았다. 이로써 최초로 시도된 산업조합의 도연합회 설립은 좌절되고 말았다.

1940년 3월 말까지 전국에는 117개 조합과 183,735명의 조합원이 있었다. 조합원은 농업자가 93.5%로 도시의 소비조합과 가공조합을 제외하면 대부분 농촌조합이었다. 조합원 1,000명 미만의 조합이 37개로 32%였고 나머지는 1,000명 이상이었는데 5,000명을 넘어선 조합도 있었다.

이 시기 조직과 사업에는 다음과 같은 특징이 있다. 첫째, 조합경영을 실질적으로 담당하는 이사를 유능한 민간 인사로 기용하도록 하여, 지역민의 신망을 얻어 추천을 받은 자가 다수 이사가 되었다. 즉 특산품 취급 조합 시대에는 관청이 퇴직 관리들을 지명하여 선임했으나 이런 '낙하산 인사'가 실패함으로써 당국은 조합의 자주성을 존중한다는 의미에서 지역의 신망이 높은 민간 인사를 기용하도록 했다.

둘째, 농산품 취급 시대에 신설된 조합들은 과거와 달리 대부분 사업자금을 동양척식주식회사나 식산은행, 도비, 기타로부터 차입하여 금융조합연합회에 가입하지 않았다. 그 결과 산업조합은 금융조합연합회 가입조합(64개)과 비가입 조합(53개)으로 양분되었다.

셋째, 농산품 취급 시대의 산업조합은 위탁주의를 채택하도록 했으나 실제로는 매취사업방식을 택했다. 이는 보조금 등 재정지원이 전무한 조합은 위탁수수료만으로 수익을 확보하기 곤란했기 때문이다. 또한 대부분의 농민은 긴급한 현금수요로 인해 소량의 벼를 궁박판매하곤 했는데, 미곡판매를 주도한 미곡상과 대형 정미업자들이 현금주의로 대일본 이출미의 원료곡을 확보하고 있었기 때문에 위탁방식으로는 대응하기가 곤란하여 매취사업방식을 택하지 않을 수 없었다.

넷째, 재래시장의 폐해와 폭리를 제거하고 조합경영을 다각화한다는 이유로 조합원의 경제용품, 즉 생산자재와 생활용품 등의 구매사업 신장에 노력하여 1938년 구매사업은 총사업액 중 28%를, 총수입액의 33%를 차지했다. 이 같은 구매사업 확대는 금융조합연합회로부터 시기상조라는 비난을 받았다.

다섯째, 판매사업은 1938년 곡류가 가장 많아 총취급고의 59.4%를 차지했고, 직물, 가마니, 새끼, 과물, 한지 등이 그 뒤를 이었다. 구매사업은 생산자재가 67.7%, 생활용품이 32%로, 비료가 가장 많고 직물원료, 직물, 기계기구, 석유, 제지원료, 소금 등이 그 다음을 차지했다. 또한 이용 및 가공사업은 창고 35개 조합, 한지 및 직물 공동작업장 33개 조합, 화물자동차 17개 조합, 정미 및 정맥시설 18개 조합 등 다양한 이용·가공시설을 보유하고 수입을 올렸다.

여섯째, 산업조합에 소속된 식산계는 조직의 수나 사업 면에서 금융조합 소속 식산계와 비교할 수 없을 정도로 미미했다. 이는 산업조합이 금융조합과 달리 식산계에 큰 관심이 없었기 때문이다. 1935년 '식산계령' 공포 이후 산업조합에 소속된 식산계는 1941년 1,836개에 67,133명의 계원을 두고 있었다. 그런데 이들 계원 중 산업조합의 조합원이 아닌 자, 즉 비조합원이 43,009명으로 64%나 되었다. 식산계의 사업량은 판매액 59만 천 원, 구매액 89만 5천 원, 차입금이 13만 4천 원이었다.

1933년 이래 농산품 취급 조합으로 변모하여 꾸준히 성장한 산업조합은 1940년 총 117개 조합에 조합원은 183,735명(조합당 1,370명), 총출자액은 284만 4천 원(조합당 24,313원), 자기자금은 144만 4천 원(조합당 12,343원)이었다. 그중 불입출자금은 64만 2천 원(조합당 5,536원), 준비금과 적립금이 79만 6천 원(조합당 6,806원)이고, 차입금은 1,639만 6천 원(조합당 140,145원)이었다. 또한 사업고는 판매품 판매고가 2,571만 2천 원(조합당 219,763원), 구매품 구매고 1,229만 1천 원(조합당 105,058원), 이용·가공료 수입이 32만 2천 원(조합당 2,751원)으로 총사업고는 3,832만 6천 원(조합당 327,000원)이었다.

그러나 농산품 취급 시대에 들어서도 손익문제는 호전되지 않았다. 국고보조 등이 거의 없고 위탁수수료도 크지 않았기 때문이다. 산업조합의 수익구조를 보면, 수입은 주로 매취판매 이익금, 구매사업 이익금, 선도금, 외상대금의 이자수입이 전체 수입의 61%를 차지했고, 매취판매 이익금이 순사업수익의 약 36%를 차지하여 매취판매사업의 성과가 손익에 큰 영향을 미쳤다. 그런데 농산품 취급 시대 초기에는 매취판매 이익금을 조합원에게 환원한다는 명분으로 사업이 가능했으나, 금융조합과 농회의 경제사업이 본격화되면서 단체 간의 경쟁이 격화되자 이익을 내기 위해서는 조합원의 농산물을 시가보다 낮게 매취할 수밖에 없었다. 그로 인한 매취판매 이익금의 과대시현은 산업조합의 영리기관화 문제를 야기해 그마저 원활히 할 수 없었다.

한편, 산업조합의 지출은 경비를 제외한 지불이자가 전체 지출의 약 27%를 차지했다. 이는 자금조달 계통을 확립하지 못한 데다 융자도 원활하지 못했기 때문인데, 자금 성수기에는 고이율의 자금을 차입하고 사업 휴한기에는 차입자금을 사장시킴으로써 금리부담을 가중시키는 결과를 낳았다.

이런 손익구조에서 산업조합의 불입출자금, 준비금, 적립금은 열악할 수밖에 없었다. 그리고 지역에서 신망이 높은 자, 금융조합 계통 근무자와 관리들 중에서 이사를 충원했지만 상거래 지식과 경험이 거의 없어 농산물 매취가격 오판, 농산물 구매자에 대한 신용조사 불철저 등 시행착오를 거듭하며 큰 손실을 보았다. 또한 종사원의 자질마저 낮아져 기장의 부정확, 현물취급 소홀로 인한 재고부족 등이 손익을 악화시켰다. 이런 가운데 농회와 금융조합이 판매 및 구매사업에 진출하며 식산계까지 설치해 경쟁이 더욱 치열해졌고, 산업조합만이 유일하게 중앙조직은 물론 법률로 인정된 도 단위 연합조직마저 불허됨으로써 사업의 규모화와 효율적 자금조달 등의 장점을 전혀 누릴 수 없었다. 그 결과 대량해산에 이르기 직전까지 전체 조합의 46% 가량이 적자조합이었다.

그러나 농산품 취급 시대 산업조합의 성장과 발전은 중간상인의 부정과 폭리를 방지하는 결과를 가져왔다. 우선 벼는 산업조합이 정확한 저울을 사용함으로써 근량을 속이던 지방상인들을 폭로·견제했고, 지방 미곡상조합의 협정가도 깨뜨렸다. 또한 지방상인에게 비료 표준가격을 제시하는 한편, 상인들의 비료 외상대금에 대한 고리이자의 징구나 벼의 대납 등을 배제했다. 대맥은 봄에 싼 값으로 보리를 팔고 단경기에 비싸게 사들이는 관행을 바꾸는 데 일조했고, 가마니는 생산자의 매당 수취가격을 높였다. 그리고 산업조합이 취급하는 직물, 석유, 소금 등의 생활용품은 상인의 판매가격보다 훨씬 쌌을 뿐만 아니라 산업조합의 가격이 시장의 표준이 되어 상인의 폭리를 견제할 수 있었다.

이처럼 산업조합은 공정한 가격에 근량을 속이지 않는 기관으로 자리매김해 나갔다. 그래서 지역민들은 물건매매에 앞서 산업조합에 가격과 근량을 알아보고 나서 상인과 거래했다. 또한 산업조합은 판매품 취급에서의 선도금 지급, 구매품 취급에서 외상대금 등에 대한 자금융통을 금융조합의 대부금에 비해 쉽게 처리하여 호평을 받았다. 그러나 이러한 자금융통은 금융조합의 대부사업과 마찰을 빚어 갈등을 심화시켰고, 금융조합은 산업조합을 더욱 배척하게 되었다.

산업조합의 활동과 역할은 농민 조합원들에게 크게 환영받았다. 특히 산업조합이 융성한 남한 지방에서는 농촌을 다시 일으킬 원동력으로 평가 받을 정도였다. 하지만 일면으로는 산업조합으로 인해 상인들이 심한 타격을 받으면서 산업조합 반대운동이 맹렬하게 일어나는 계기가 되었다.

산업조합 반대운동의 효시는 1931년 경성제일구매회 설립에 즈음하여 경성식품조합과 연료상조합이 상권 옹호 차원에서 반대한 것이다. 농산품 취급 시대로 들어서면서 농촌에 산업조합이 확대되자 반대운동도 더욱 확산되었다. 특히 1933년 일본에서는 일본상공회의소가 전국의 비료상을 모아 구매 및 판매조합 상설대책위원회와 전일본상권옹호연맹을 조직하여 상권 옹호의 목소리를 높였는데, 우리나라에서도 그런 움직임에 호응하여 산업조합 소재지는 말할 것도 없고 산업조합이 설립되지 않은 지방에서도 일부 상인들이 반산업조합활동을 벌였다. 산업조합의 사업성과가 큰 지방에서는 상인들과 산업조합 간에 상당히 격한 알력이 일어나기도 했다.

그 예를 몇 가지 살펴보면 먼저 소비조합이었던 경성제일구매회에 대한 지속적인 반대운동을 들 수 있다. 이때 상인들은 경성제일구매회와 절충 끝에 타협점을 찾기도 했으나 경성상공회의소의 일부 소매상이 상권침해를 이유로 반대운동을 멈추지 않았다. 그리고 소비조합이었던 군산산업조합도 반대운동에 시달렸다. 군산산업조합은 개항지의 특성상 형성된 고물가에 대응해 군산부의 공무원들이 경찰서와 학교, 은행 등의 직원들과 함께 봉급자의 생활합리화를 위해 만들었다. 그런데 상인들이 지속적으로 조합붕괴를 시도한 데다 경영기술 미흡까지 겹쳐 한때 전북도의 명령으로 업무를 정지하기도 했다. 산업조합의 업무정지는 상인들의 폭리에 의한 물가앙등을 다시 불러왔다. 그러자 산업조합은 업무를 재개했는데, 상품을 상인들에게서 매입하게 하는 등 상인들이 조합에 물건을 공급하는 일본 및 국내 도매상에 압력을 행사해 조합원의 이익을 지킬 수 없게 되어 또다시 업무정지되고 말았다.

반대운동은 도시 외에 농촌에서도 일어났다. 대표적으로 경상남도의 반산업조합운동을 들 수 있다. 농산품 취급 시대 초기 경상남도 일대에서는 산업조합운동이 크게 일어났다. 이에 대해 상인들은 피폐한 농촌을 살리는 자구책으로 불가피한 일이라고 인식했다. 일부 상인은 산업조합의 취지에 찬동하여 임원으로 참여하기까지 했다. 그런데 산업조합운동이 갈수록 확대되자 일본의 반대운동에 자극받은 상인들은 1934년부터 산업조합 반대운동을 전개했다. 그 내용은 산업조합 업무의 확대반대를 위시해 미곡상들의 미곡거래주식회사 설립에 의한 산업조합 대항, 산업조합에 대한 비방, 중상, 모함, 더 나아가 산업조합 거래은행에 대한 금융거래중지 요청, 산업조합의 거래선 도매상에 대한 압력행사, 도의회에서 도시출신 의원들을 동원한 반산업조합 연설 등이었다. 이와 같은 경상남도의 반산업조합운동은 그 강도에 차이는 있었지만 경북 등 다른 도에까지 파급되었다.

(4) 산업조합의 수난과 해산

산업조합은 후기로 갈수록 더욱 큰 수난을 겪었다. 첫째, 조선총독부는 산업조합을 주관하는 부서를 변경하고 산업조합 신설을 불허했다. 농촌진흥 운동에 편승하여 진출한 농회와 금융조합은 판매 및 구매사업에서 산업조 합과 큰 마찰을 일으켰다. 산업조합은 특산품 취급 시대에는 특산품의 조장 및 장려업무를 담당한 식산국이 주관했다. 그러나 농산품 취급 시대로 들어 오면서 농업정책을 담당하는 농림국이 농회와 금융조합과의 경쟁에 용이하 다고 판단하여 농림국 주관으로 변경되기를 원했다. 특히 경남도 산업조합 협회는 1937년 주관부서를 농림국으로 변경해달라는 진정서를 제출했다. 이에 조선총독부는 1937년 6월 사무분장규정을 변경하여 농회, 산업조합, 금융조합연합회 사업부 및 식산계 지도감독에 관한 업무를 일괄 농림국 농 촌진흥과에 이관했는데, 산업조합은 조합의 특질을 감안하여 2국 3과로 업 무를 분할했다. 즉 일반 농산물 취급 산업조합 100개는 농림국 농촌진흥과 로, 도시소비조합 및 특산품조합으로서 장래 공업조합으로 전환할 예정인 조합은 식산국 상공과에 잔존시키고 어업 관련 조합 1개는 식산국 수산과로 조정한 것이다. 이렇게 산업조합, 농회, 금융조합연합회 사업부의 감독을 맡은 농림국 농촌진흥과는 곧바로 세 단체의 기구 및 사업 분야 조정에 착 수하고, 이를 핑계로 산업조합의 신규설립을 일체 불허했다.

둘째, 격화된 3단체의 경쟁에서 산업조합이 패배했다. 농회, 산업조합, 금 융조합연합회 사업부의 감독권이 농림국으로 넘어가면서 경제사업에 대한 경쟁은 더욱 격화되었다. 이는 취급실적에 따라 농촌진흥과가 기구 및 사업 분야를 조정했기 때문에 각자 유리하게 국면을 조성할 필요가 있었기 때문이다. 3단체의 경제사업에서 중심적인 판매사업은 벼, 소맥 등의 곡류였고, 구매사업은 비료였다. 농회는 조선총독부와 도·군의 기술관 지도하에 시장에 곡류 공동판매소를 설치하고 농민이면 누구나 농회원이 되어 공동판매소를 이용해 경쟁입찰로 판매할 수 있도록 했다. 금융조합도 농회처럼 공동판매소를 설치하고 자금을 대부할 때 담보로 징구한 벼와 조합원의 벼를 수집해 지방과 개항지 정미업자 등에게 판매했다. 그러나 산업조합은 사무소에서 조합원의 벼를 매취하거나 수탁판매했다.

농회는 관청과 곡물검사소의 강력한 지원에 힘입어, 금융조합은 농촌에 대부한 막대한 자금력을 바탕으로 사업을 추진했으나, 산업조합은 그런 배경도 지원도 전무했다. 따라서 곡류를 중심으로 한 경쟁은 초기에는 3단체 모두 백중세였으나 점차 농회와 금융조합이 압도적 우세를 보이며 산업조합은 참패하고 말았다. 결국 곡류에 대한 경제사업에서는 농회와 금융조합이 양대세력을 형성하게 되었고, 이들의 대립 속에 산업조합의 존재는 희미하게 사라지고 말았다.

구매사업에서도 경쟁은 산업조합의 패배로 끝났다. 농회와 금융조합은 비료 중에서 가장 중요한 유안(硫安)을 조선질소비료주식회사에서 주로 매입했고, 산업조합은 이 회사나 시장에서 구입했다. 1935년경까지 산업조합은 시장자유화에 따라 농회와 금융조합보다 유리한 위치를 점하고 있었다. 그런데 이후 조선총독부 비료 관계 당국이 판매비료의 통제계획을 수립하면서 그 계획에 따라 유안 구매단체를 조선농회와 금융조합으로 한정해버렸다. 그 결과 산업조합은 종래의 지위를 상실한 채 농회와 금융조합의 예속기관으로 전락하고 말았다.

또한 그 과정에서 산업조합의 본질을 이해하지 못한 도청의 산업부장과 군수(도농회장이나 군농회장 겸임) 등은 곡류 취급에 대해 조합원의 자유의사와 무관하게 기관별 매수구역을 정하여 매수토록 하거나 3단체 공동사업 이후 수수료를 할당하는 등 조합원 중심의 사업을 할 수 없도록 강요했다. 이로 인해 산업조합은 자주성을 상실한 채 영리회사와 같다는 인식을 주기에 이르렀다. 아울러 산업조합은 벼와 소맥 등의 공판사업에서도 지극히 적은 수수료로 수입이 격감하여 막대한 차입금이자와 경영비를 감당할 수 없게 되었다.

셋째, 산업조합의 의의가 퇴색하고 경영난이 가중되었다. 1937년 중일전쟁 이래 점차 강화된 전시통제경제하에서 자유주의경제의 소산인 산업조합은 조합원 가입탈퇴의 자유, 자유로운 거래를 통한 판매, 염가구입을 추구하는 이념 등을 구현하기 어려워졌다. 존재 이유가 퇴색되어 기능을 제대로 발휘할 수 없었고, 그 어떤 희망도 보이지 않았다. 그러자 유능한 직원들은 대거 산업조합을 떠났고, 경영난은 한층 더 악화되었다.

넷째, 어업조합과 공업조합, 상업조합이 진출했다. 1930년 어업조합령 발효와 함께 어업조합과 수산조합이 등장하여 바다의 산업조합적 기능을 담당하기 시작했다. 그에 따라 그동안 탄탄한 입지를 구축하고 있던 부산제일 산업조합이 1939년 수산조합으로 전환했다. 또한 공업조합령이 공포되면서 종이와 직물 등 가정공업품을 만드는 특산품 취급 산업조합이 공업조합으로 재편되었다. 그리고 상업조합과 상업조합연합회가 설립되어 특유의 통제권과 길드적 동업금지의식으로 반산업조합 태도를 강력히 취했다. 이는 산업조합에 심대한 타격을 주었다.

다섯째, 금융조합연합회가 산업조합의 해산을 요구했다. 중일전쟁 이후 산업조합이 악화되면서 민중의 지지는 더욱 땅에 떨어졌다. 그러자 조선금융조합연합회는 자금조작 등 갖가지 방법으로 산업조합 해산 분위기를 조성했다. 또한 조선총독부는 적자누적으로 산업조합을 살리기 어렵다고 보고

손실금을 2만 원 이상 보유한 조합은 물론 2만 원 이하라고 해도 장래 적극적인 활동을 기대할 수 없는 조합에 대하여는 국고보조 70%, 금융업자 부담 30%(여의치 않을 때는 도비 보조로 손실금 보전)를 해준다는 방침을 세우고 총 손실금 150만 원에 대해 1940년부터 예산을 투입해 48개 조합을 해산시켰다.

산업조합의 해산은 이에 그치지 않았다. 1941년 태평양전쟁 발발 이후 국내정세의 변화와 통제경제의 강화는 이미 붕괴된 산업조합에 더욱 강한 영향을 주었다. 그동안 미곡을 취급하던 일반 농산품조합은 각 도의 양정회사 설치에 의해, 한지와 직물 등을 취급하던 특산품조합은 직물공업조합 설치에 의해, 또 기타 조합은 상공업조합의 진출 및 품목별 취급 상공업기구의 정비 등에 의한 경영난 때문에, 해산조합은 계속 늘어났다. 그 결과 1942년 6월까지 전체 117개 조합 중 80개 조합이 해산하고 37개 조합만이 잔존했는데, 자작농 창정조합을 제외하고 미곡 등 곡류를 취급하는 조합은 다 해산되고 일부 특산품조합, 소비조합, 채소, 과일, 인삼조합 등만 남게 되었다. 이후에도 해산이 진행되어 1942년 말까지 잔존했던 37개 조합마저 완전히 해산하고 말았다.

(5) 산업조합의 부진과 해산 이유

산업조합은 비록 관제적이기는 했지만 자본주의의 폐해가 만연하던 시대에 태어나 법령 그 자체로는 가장 협동조합적인 조직이었다. 그러나 운영을 제대로 못한 채 부진의 늪에 빠져 결국 대다수가 해산되고 말았다. 그 이유는 여러 가지로 설명할 수 있다.

1933년 농촌단체 기구조정문제의 자문을 위해 초빙된 당시 최고의 협동조합 학자였던 도쿄제국대학 본위전 박사는 2주간 국내 산업조합과 금융조합 등을 둘러보고 산업조합의 부진요인을 살폈다. 그는 첫 번째 요인을 산업조합 조합원의 협동의식 결여에서 찾았다. 협동의 이익을 향유하겠다는 조합원 농민의 자각이 부족하고, 무교육으로 인해 협동조합을 통한 장기간의 이익보다는 단기 이익에 집착하며, 조합구역의 광역화로 조합원 간의 동료의식이 전혀 없다는 것이었다.

둘째, 산업조합이 취급하는 대상물이 부적절하다고 지적했다. 초기에 조합이 취급하는 대상물을 특산품에 한정함으로써 취급수량이 제한되어 경비와 균형을 이룰 수 없었고, 이를 피하기 위해 조합을 광역화한 결과 조합원의 협동의식 부족으로 사업이 더욱 악화되었다. 또한 특산품은 대부분 농가 부업으로 이루어져 취급수량과 경비의 균형이 맞을 수가 없었다. 따라서 특산품 외에 벼 등 일반 농산물 판매를 확대하고 비료 등 공동구입사업을 적극 확대할 것을 제안했다.

셋째, 사업분열로 인한 사업량의 과소를 들었다. 산업조합의 공동판매·구매사업과 똑같이 농회, 금융조합, 어업조합의 판매사업을 허용, 방치함으로써 산업조합에 대한 농민의 이용기회가 줄어들어 사업량이 대폭 축소되었다는 것이다.

넷째, 자금의 결핍이다. 산업조합은 사업수행에 많은 자금이 필요하다. 특히 창고와 가공설비 등에는 금융조합과는 비할 바 없이 다액의 고정자본이 들어간다. 이 고정자본은 자기자본에 의해 충당되어야 하는데 산업조합의 자기자금은 극히 빈약했다. 예컨대 1931년 총 자본금은 238만 원이었는데 불입출자금은 16만 원, 적립금은 3만 5천 원에 불과하고 차입금이 194만 원에 달했다. 즉 사업의 재정적 기초가 전혀 갖추어지지 못했던 것이다. 산업조합은 제도상 금융조합연합회의 회원이 되어 자금을 융통할 수 있었다. 그러나 금융조합연합회는 산업조합이 투기적 사업으로 경영이 불안하고 감사를 제대로 받지 않는다는 이유로 제대로 융자를 해주지 않았다. 이로 인해 산업조합은 자금조달이 원활하지 못했다.

다섯째, 임원의 부적당이다. 산업조합의 이사는 공동구매 및 판매사업을 해야 하기 때문에 공동의 이상을 추구하고 조합원 농민에 봉사하는 자라는 성격 외에 상업적 재능도 필요했다. 그럼에도 관변의 추천이나 정치적 관심을 가진 자의 선거에 의한 선임 등으로 제 기능을 발휘하지 못했다. 따라서 금융조합의 이사양성 제도를 참고하여 이사의 전문지식을 함양할 필요가 있다고 제안했다.

본위전 박사의 지적과 더불어 문정창(文定昌)은[18] 1942년 그의 저서를 통해 산업조합의 부진 및 해산 이유로 여섯 가지를 꼽았다. 첫째, 산업조합은 금융조합의 희생적 산물이었다. 둘째, 조선총독부의 지도·지원이 불충분했다. 셋째, 감독관청의 경륜과 기술이 부족했다. 넷째, 이사의 부적임자가 많았다. 다섯째, 자금의 융통이 원활하지 못했다. 여섯째, 농회와 금융조합의 구·판사업이 산업조합에 치명적 상처를 주었다고 지적했다.

이상 두 사람의 지적을 요약해보면, 우선 본위전 박사는 근원적 요인으로 농민조합원의 협동의식 결여를 들었다. 반면 문정창은 산업조합이 금융조합으로 인해 잘못 만들어졌고, 만든 이후에는 조선총독부 당국의 지도·지원이 절대적으로 부족했다고 했다. 그리고 운영상으로는 두 사람 모두 이사의 부적격, 자금부족, 사업경합을 지적했다. 이 내용을 바탕으로 산업조합의 부진 및 대량해산에 이르게 된 근본원인을 규명해보면 다음과 같다.

첫째, 산업조합은 근본적으로 금융조합과 분리하여 설립할 수 없는데도 분리해서 설립했다. 산업조합은 우리나라 농민과 농촌의 현실을 볼 때 마땅

---

18) 문정창(文定昌): 일본식 이름은 文山定昌, 일제강점기 관료로 대한민국의 재야 역사학자이다. 한때 조선농회 총무부장으로 있었고, 1947년 퇴직 후 저술활동을 했다.

히 4종 겸영의 협동조합으로 만들어야 했다. 그러나 금융조합의 기득권을 인정하여 협동조합의 신용사업을 담당하는 기관으로 만들어, 산업조합은 구매·판매·이용사업만을 담당하는 절름발이 협동조합이 되고 말았다. 산업조합은 금융조합을 완전히 흡수하거나, 아니면 산업조합이라는 이름하에 신용사업만을 담당하는 조합, 구·판사업을 담당하는 조합, 또는 그 전부나 일부를 겸영하는 조합 등으로 다원화하여 한 울타리 안에 있도록 만들어야 했다. 그런데 금융조합의 신용조합적 역할을 인정함으로써 이 두 조직의 상호관계가 문제의 핵심이 되었고, 이것이 원만히 이루어지지 않음으로써 갈등과 대립이 증폭되었다. 그 결과 산업조합은 자금융통 곤란과 수익원 제한으로 부진에 빠질 수밖에 없었다.

둘째, 산업조합령을 제정한 뒤 지도감독을 담당한 최초의 기관이 조선총독부 식산국이었다는 점이다. 산업조합은 상공행정을 담당하는 식산국이 아닌 농업·농촌·농민문제를 담당하는 농림국이 담당하여 극도로 곤경에 처한 농촌에 광범위하게 조합을 조직하여 농민의 유통경제를 획기적으로 향상시켜야 했다. 그러나 식산국은 지엽적인 가내수공업적 특산품을 생산하는 자만을 대상으로 조합을 만들어 특산품의 생산증대와 고용확대 도모에만 그치고 말았다. 뿐만 아니라 특산품조합이라고 할지라도 기존의 임의조합 중에서 모범조합만을 취사선택해 설립을 허용하여 산업조합 설립을 극도로 제한했다. 이처럼 산업조합은 출발부터 첫 단추를 잘못 끼워 본래의 설립목적을 달성할 수 없었다.

셋째, 조선총독부 당국자들은 산업조합을 일본의 산업조합처럼 협동조합으로 육성할 의도가 전혀 없었다. 우리나라 산업조합은 농촌경제 악화에 따른 한국민의 사상 변화와 3·1운동 이후 나타난 민족세력의 경제운동으로서 민간 협동조합운동이 확대되는 데 대응하기 위해 일본의 산업조합을 모델로 만들어졌다. 그런데 조선총독부는 산업조합 본래의 정신과는 관계없이 산업조합령시행규칙, 지도감독규정, 조선총독부 통첩에 의해 이사의 선임은 물론 사업계획, 경비예산, 자금차입, 토지·건물의 취득, 유가증권 매입, 업무 규정 제정, 직원채용에 이르기까지 모두 승인을 받지 않고는 업무를 수행할 수 없도록 규제했다. 이는 관청이 직접 할 수 없는 일을 기업을 만들어 뒤에서 일일이 지시하고 업무를 수행하게 하는 꼭두각시나 진배없다. 이런 상태로는 물동을 다루는 경제사업을 능동적으로 수행하기가 지극히 곤란할 수밖에 없었다.

또한 조선총독부는 식산·재무 양국의 협의에 따라 산업조합에 대해 일체의 보조금을 교부하지 않았다. 그래서 초기 특산품조합 시대에는 일체의 보조를 받지 못했고, 이후 농촌진흥운동의 영향으로 1934년부터 신설조합에 이사급여와 경비 일부가 보조되었다. 그러나 이 보조금도 5년에 걸쳐 20만 5천 원에 그쳐, 설립 이후 1,224만 4천 원에 달하는 막대한 보조금을 받은 금융조합과 큰 차별이 있었다.

1926년 조선총독부는 농회는 농사지도장려에 전념하고 금융조합은 금융사업을 행하며 산업조합은 판매·구매사업을 행한다는 방침으로 농촌단체의 설치를 추진했다. 그런데 농회와 금융조합은 각각의 명분(생산·판매 일관지도, 지도금융)과 경영상 이유를 들며 판매 및 구매사업에 진출하여 사업을 적극 확대해 나갔다. 그럼에도 담당 주무국은 이를 저지하지 않고 방치했고, 3단체의 경합과 알력이 노골화되어도 신속히 조정하지 않았다. 그 결과 조직과 기반이 취약한 산업조합은 결정적인 타격을 입고 말았다. 당국이 이런 상황을 방치한 것은 우리나라에서 생산하는 쌀 등의 곡류를 일본에 이출하고, 유치공업에 대한 원료를 공급하는 면에서 조직이 취약한 산업조합 하나보다는 3단체가 제각기 약진하는 것이 더 유리하다고 판단했기 때문으로 추정된다. 이들 3단체 문제는 관련 업무를 이관 받은 농림국이 조정을 시도했다. 즉 농림국이 전문가의 자문과 더불어 조사연구를 수행한 뒤 1940년 1월 조정안을 발표한 것이다. 그러나 이는 전시체제에 들어서면서 실행되지 못했고, 산업조합은 해산되고 말았다.

한편, 조선총독부와 각급 행정기관은 산업조합의 지도감독에 책임 있는 전담자를 배치하여 산업조합의 본질을 이해하는 바탕에서 지도해야 함에도 불구하고 소양이 전혀 없는 행정직원들이 수시 변경되는 가운데 형식적인 서면지도에 그쳤을 뿐만 아니라 회계장부 등을 이해하지 못해 오판하는 경우도 비일비재했다.

넷째, 산업조합과 금융조합의 업무연계가 금융조합의 태도로 인해 원활하게 이루어지지 않았다. 산업조합은 당초 신용사업을 배제하면서 금융조합이 산업조합의 신용업무 부재에 따른 어려움을 보완, 해소해줄 것으로 기대했다. 이를 위해 산업조합원은 금융조합에 가입하여 자금조달을 받을 수 있도록 했고, 판매 및 구매사업에서 발생하는 선도금 지급과 외상대금을 인정함으로써 어느 정도 조합원에 대한 신용공여가 가능하게 했다. 뿐만 아니라 산업조합은 금융조합연합회의 회원으로 가입하여 연합회의 조력을 받을 수 있는 관계를 만들어놓았다. 만일 이런 관계에서 20여 년 동안 확립한 기반을 바탕으로 압도적 우위에 있던 금융조합이 산업조합을 진정한 파트너로 보고 협력을 아끼지 않았다면 산업조합의 미래는 달라졌을 것이다. 그러나 금융조합은 그러지 않았다.

금융조합은 산업조합의 조합원에 대한 판매 선도금 지급과 구매품에 대한 외상대금을 금융조합 대부금과 경쟁관계로 인식했다. 그리고 조선금융조합연합회는 식산계 제도가 도입되자 사업부를 만들어 판매 및 구매사업을 본격적으로 수행하여 산업조합의 주력사업과 경합했다. 이런 관계 속에서 일선의 산업조합을 직접 지도·지원해야 할 금융조합 도연합회는 산업조합의 금융조합 가입을 기피했고, 회원조합이 원하는 도움도 제공하지 않았다. 또한 비회원조합에는 전혀 자금 등을 지원하지 않았다.

1940년 금융조합연합회 조사자료에 따르면 총 115개 산업조합 중 금융조합연합회 가입조합은 63개로 나머지 52개 조합은 미가입 조합이었고, 미가입 조합이 가장 많은 도는 당시 산업조합이 가장 활발했던 경상남도였다. 미가입 조합은 연합회의 자금지원과 지도를 전혀 받을 수 없었다. 1940년 산업조합의 총 차입금은 1,639만 6천 원이었는데, 연합회가 회원으로 가입한 산업조합에 지원한 자금은 총 672만 원으로 약 42%였고, 나머지 58%는 산업조합이 금융조합 도연합회 이외의 다른 금융기관, 심지어 고리대금업자나 상인으로부터 상대적으로 높은 금리로 차입했다. 그러나 금융조합연합회에 회원으로 가입한 63개 산업조합은 차입금 총 781만 6천 원 중 672만 원으로 86%를 연합회에서 차입하여 차입금의 대부분을 연합회에 의존했다.

한편 금융조합연합회는 회원조합에 대해 연 1회 감사를 하며 지도했다. 그러나 이는 회계감사에 그쳤고, 사업의 부실과 부정 등을 충실히 지도하지 않았다. 심지어 금융조합연합회의 비회원 산업조합은 경상남도를 제외하고는 지도를 받지도 못했다. 그리고 결국 금융조합연합회는 산업조합의 해산을 요구하기에 이르렀다. 이를 볼 때 금융조합은 산업조합 창립 초기를 제외하고는 철저히 산업조합을 배제하는 정책으로 일관해 산업조합의 성장발전을 저해했다.

다섯째, 산업조합의 연합조직을 인가해주지 않았다. 조선총독부는 '조선산업조합령'에 도연합회를 설립할 수 있도록 명백히 규정하고도 산업조합이 가장 활발하게 전개되었던 경상남도의 도연합회 설립인가요청을 끝내 들어주지 않았다. 그래서 산업조합은 도 단위 연합회를 단 하나도 보유하지 못했고, 그 결과 조합 간 정보교환, 직원양성, 공동사업 추진, 회원조합 지도 및 감사, 자금의 효율적 융통 등 연합조직의 여러 장점을 전혀 누리지 못했다. 뿐만 아니라 도 단위(도청), 중앙 단위(조선총독부)와 의사소통 채널을 갖지 못해 산업조합을 대변할 기구가 없었고, 이로 인해 사안별로 개별 조합 단위로 대응하거나 금융조합연합회에 종속되어 생존할 수밖에 없었다. 이는 한마디로 산업조합 확대를 극도로 제한하려 했던 조선총독부의 정책과 금융조합·농회중심주의를 여실히 드러낸 것이었다.

마지막으로, 통제경제체제에서는 협동조합적 운영방식이 결코 성공할 수 없었다. 산업조합은 조합원의 가입탈퇴가 자유롭고 구매 및 판매사업 이용을 조합원이 자유롭게 해야 한다. 조합원에게서 위탁 또는 매입한 농산물의 판매와 조합원 공급용 생산자재나 생활자재의 구입을 자유로운 상태에서 해야 하는 것이다. 그러나 통제경제체제에서는 행정력에 의존하는 농회와 대부금과 예수금 등 금융 관련 사업을 하는 금융조합과 경쟁할 수 없는 한계를 가지고 있었다. 결론적으로 당대에 가장 협동조합적이던 산업조합은 식민통치체제에 적응할 수 없었다.

5. 광복 후 농협 관련 단체의 계승

광복 후 농협 성립에 직접적으로 관련된 단체로는 '조선금융조합연합회령'과 '금융조합령'에 의한 조선금융조합연합회와 금융조합, '조선중요물산동업조합령'에 의한 동업조합, '조선농회령'에 의한 조선농회, '조선산업조합령'에 의한 산업조합, '식산계령'에 의한 식산계를 들 수 있다. 이들 식민통치시대의 단체들은 식민지 정책수행을 위한 도구로 만들어졌기 때문에 당연히 해산되어야 했다. 그러나 이들 기관은 1957년 최초의 '농협법'과 '농은법'이 제정될 때까지 그대로 존속 계승되다가 '통합농협법'에 의해 한데 모아져 오늘날 농협의 모태가 되었다.

이렇게 된 것은 먼저 해방과 더불어 실시된 미군정이 식민통치시대의 단체를 그대로 유지시켰기 때문이다. 미군정은 1945년 11월 군정법령 제21호 제1조에 "모든 법률 또한 조선 구정부가 발포하고 법률적인 효력을 유한 규칙, 명령, 고시, 기타 문서로서 1945년 8월 9일 실행 중인 것은 그간 이의 폐지된 것을 제외하고 조선군정부의 특수명령으로 폐지될 때까지 전 효력으로 차는 존속함. 지방의 제반 법규와 관례는 당해 관청에서 폐지될 때까지 그 효력을 계속함"이라고 명시했다. 그에 따라 3년의 군정 기간 동안 일제 시기의 농협 관련 단체가 그대로 유지되었다. 다만 1947년 군정법령 제144호로 금융조합감독권을 종전의 도지사로부터 금융조합연합회로 이관했고, 1947년 7월에는 금융조합을 시·군 단위로 통합했다. 아울러 1948년 1월 31일 군정법령 제165호로 도지사, 도 농무부장, 동 차장, 군수, 읍장, 면장, 기타 도·군·읍·면의 관공리로서 농회의 임원을 겸무하고 있는 자는 후임자가 임명되면 농회의 임원직무를 면제하고 모든 업무와 재산을 후임자에 인계하며, 금후로는 조선농회는 도농회장을 임명하고, 도농회장은 조선농회의 사전승인을 받아 군·읍·면농회의 농무담당자를 임명하고, 농회의 사무 계통을 조선농회로부터 도농회, 도농회로부터 군·읍·면농회로 직접 농회 계통만을 경유하도록 하는 조선농회기구의 행정적 기구개혁을 단행했을 뿐이다.

미군정 기간 중 과도기적으로 유지되었던 농협 관련 단체에 관한 법령은 대한민국 정부 수립과 함께 전면 폐지되고 새롭게 모색되어야 했다. 그러나 대한민국 정부 수립 이후에는 1948년 7월 17일 제정된 제헌헌법 부칙 제100조 "현행 법령은 이 헌법에 저촉되지 아니하는 한 효력을 가진다"에 의해 군정법령으로 인정된 식민통치시대의 농협 관련 단체에 관한 법률이 그대로 유지되었다. 이런 법률적 근거에 의해 광복 후에도 존속되었던 농협 관련 단체들 중 농회는 1951년 법률은 그대로 존속된 채 정부의 명령에 의해 해산되어 그 이후 청산될 때까지 재산만 정부가 관리했다. 그리고 광복 전부터 농회의 사업으로 취급했던 축산 관계 사업은 농회가 해산된 뒤 1954년 1월 법률 제306호로 가축보호법이 제정 공포됨에 따라 시군축산동업조합, 각 도연합회 및 대한축산동업조합연합회로 재탄생했다.

한편 1956년 임시국무회의 의결에 따라 '주식회사 농업은행 설립요강'이 확정되었다. 그에 따라 금융조합 및 대한금융조합연합회의 금융업무 일체가 주식회사 농업은행에 인계되었고, 대한금융조합연합회와 금융조합은 금융조합연합회령 및 금융조합령의 규정 중 "사업의 계속이 곤란할 때는 해산을 명할 수 있다"는 규정을 적용하여 대통령령으로 해산시켰다. 이후 1957년 2월 14일 법률 제436호로 제정된(1958년 3월 7일 개정) 최초의 농업협동조합법 부칙 제143조에 의해 '조선농회령', '식산계령', '조선산업조합령'이 폐지되었다. 아울러 부칙 제144조에 의해 '식산계령'에 의한 식산계는 리·동조합이, '조선농회령'에 의한 대한농회와 특별시 및 도농회는 중앙회가, 시·군농회 중 일반업무와 재산은 시·군·구 조합이, 축산과 원예 관계는 당해 시·군·구의 축산조합과 원예조합이, '산업조합령'에 의한 산업조합은 그 업종에 해당하는 각 특수조합이, '조선중요물산동업조합령'에 의한 동업조합으로서 축산, 원예, 특수조합에 해당하는 조합은 각기 해당 축산조합, 원예조합, 특수조합이 그 업무와 재산 일체를 인수하여 청산했다. 이로써 식민통치시대의 농협 관련 단체인 중요물산동업조합, 산업조합, 농회, 식산계는 새로 제정된 농업협동조합법에 완전히 흡수, 청산되었다.

또한 1957년 2월 14일 법률 제437호로 제정된 농업은행법 부칙 제64조에 의해 '조선금융조합연합회령'과 '조선금융조합령'이 폐지되었고, 아울러 부칙 제66조에 의해 대한금융조합연합회와 금융조합의 재산은 농업은행이 인수, 청산했다. 이로써 조선금융조합연합회, 금융조합, 그리고 그 이후 설립된 주식회사 농업은행도 새로 제정된 '농업은행법'에 의해 완전히 흡수, 청산되었다.

이렇게 1957년을 기해 '농업협동조합법'과 '농업은행법'에 의해 각각 흡수, 청산된 농협 관련 단체들은 1961년 '농업협동조합법'과 '농업은행법'을 통합한 새로운 '농업협동조합법'이 제정 공포되어 구 농업협동조합과 농업은행이 승계한 농협 관련 단체들의 업무, 재산과 부채, 임직원은 새로운 농업협동조합에 승계되었다. 이때 법률 제436호 '농업협동조합법'과 법률 제437호 '농업은행법'은 폐지되었다. 아울러 새로 제정된 농업협동조합법 부칙 제10조에 의해 종전의 농협중앙회와 군조합이 인수·청산 중이던 재산과 업무는 새로운 중앙회와 군조합이 인수·청산했고, 부칙 제11호에 의해 금융조합연합회와 금융조합의 재산은 중앙회가 인수·청산했으며, 부칙 제12조에 의해 농업은행 재산과 업무는 중앙회에 인계되었다. 그에 따라 식민통치 시대에 만들어져 광복 이후까지 유지되었던 농협 관련 단체의 조직, 인원, 재산, 업무 등은 현재 농협의 모태가 된 통합 농업협동조합법(1961년 8월 15일 제정)에 의해 농업협동조합과 농협중앙회에 완전하게 계승되었다.

요약 및 결어

대한제국과 일제 식민통치시대 농협의 전신들을 살펴보면, 우선 1907년 농공은행의 보조기관으로 만들어진 '지방금융조합'은 협동조합적 측면에서 볼 때 조합원들로 구성된 인적 조직이었다. 조합원이 조합장과 평의원을 직접 선출했고, 잉여금을 적립하고 묵시적으로 이윤을 배제하는 등 일부나마 협동조합적 요소를 가지고 있었다. 그러나 설립 자체를 정부가 주도했고, 조합원 가입탈퇴의 비개방성, 조합 의사결정에 조합원 참여 봉쇄, 조합원의 자본조달 및 관리, 경제적 참여가 없는 잉여금 배분, 그리고 실질적인 조합 운영권을 이사에 두고서 그 이사를 정부가 추천하는 자로 하여 조합원에 의한 민주적 관리와 독립성을 보장하지 않음으로써 부분적으로 협동조합의 형식을 빌린 사회정책적 농업금융기관이었다. 대한제국시대의 지방금융조합은 다음과 같은 점에서 특별한 의미를 부여할 수 있다.

첫째, 지방금융조합은 자본주의의 진전에 따른 모순을 극복하기 위해 만들어진 것이 아니라 자본주의를 본격적으로 도입하기 시작한 초기에 정부 주도로 협동조합적 요소를 가미하여 만든 기관이었다. 둘째, 지방금융조합은 일제가 일방적으로 만든 기관이 아니라 대한제국 정부와 긴밀한 협조하여 그 필요성에 따라 대한제국 정부 명의로 만든 기관이었다. 셋째, 농업·농민을 대상으로 하는 기관이었지만 농업 부문의 정부기관이나 전문가에 의해 만들어진 것이 아니라 통감부의 재정고문과 대한제국 탁지부(오늘날의 재무부)에 의해 만들어져, 농업·농민보다는 재정 및 금융정책적 입장이 더 고려되어 이후 금융조합이 금융기관의 성격을 강화하는 단초가 되었다. 마지막으로, 예수금 수입을 제외하면 금융·지도·판매·구매의 4종 겸영기관으로 만들어졌다.

대한제국 시대의 지방금융조합은 한일합병 이후 아무런 변화 없이 식민통치시대의 지방금융조합으로 승계되었다. 조선총독부는 1914년 금융조합 제도에 획기적인 변화를 가져온 '지방금융조합령'을 제정해 가입탈퇴 자유화, 출자 제도, 예수금 제도, 조합원 평등권인 1인 1표 제도, 조합원의 총회소집청구권, 조합결의취소청구권, 의결권, 임원 선거권 및 피선거권, 출자 제도와 지분권, 잉여금배당청구권, 조합원 감사 제도, 이윤배제 원칙 등을 도입·확립함으로써 농민의 협동조합으로서 손색없는 모습을 갖추었다.

그러나 조합장 인가제를 그대로 두고 조합업무를 실제로 통괄집행하는 이사를 정부 추천에서 조선총독 임명제로 바꿈으로써 조합장과 평의원회를 무력화시켰다. 그리고 지방금융조합 감독규정을 두고 업무의 세세한 부분까지 지도감독하여 조합의 민주성을 현저히 훼손했고, 조합의 자율성과 독립성을 보장하지 않았다. 뿐만 아니라 상대적으로 경제적 약자인 영세 소농계층의 가입을 사실상 제약하고 비조합원 예금 제도를 도입하여 향후 조합의 성격을 변화시키며 조합원 편익을 우선 제공해야 할 조합의 본질에 큰 문제를 안고 있었다.

1918년 지방금융조합은 '금융조합'으로 전환되면서 큰 변화를 맞았다. 그에 따라 농민으로 한정되었던 조합원 자격이 확대되어 구역 내 주소를 가진 자는 누구나 가입할 수 있게 되었고, 특히 도시조합을 설립하는 한편 금융조합의 상위기관으로 도 단위에 '금융조합연합회'를 설치했다. 또한 조합장의 업무집행권을 인정했고, 이사 선임도 촌락조합은 종전대로 조선총독부가 임면했으나 도시조합은 조합원 중에서 선임하도록 했으며, 설립도 자유롭게 하는 등 진일보한 조치를 취했다. 그러나 대농민 지도사업을 폐지하고 구매·판매·이용사업을 겸영사업으로 하여 사업을 실시할 때 조선총독의 인가를 받게 하는 등 사실상 경제사업을 제한했고, 금융 일변도로 나아감으로써 협동조합의 형식을 빌린 서민금융기관이나 다름없었다.

이런 과정에서 1929년 금융조합은 원외 예금 확대 및 경제사업 실시에 따라 은행과 산업조합 등 다른 기관과의 업무조정이 필요해져 비조합원의 예금 거래 종류 제한, 구매 및 판매사업 폐지, 부이사 제도, 지소 제도, 총대회 제도를 신설했다. 아울러 조합의 일상업무는 이사 단독 대표권으로 복귀시켰고, 도시조합의 이사 민선 제도를 폐지하여 다시 임명제로 환원하는 역행조치도 단행했다. 이로써 금융조합은 협동조합 형식을 빌린 금융단영의 서민금융기관이 되고 말았다. 이후 금융조합연합회는 1933년 조선금융조합연합회 설립, 1935년 식산계 제도 도입으로 다시 구매·판매·이용사업을 재개하며 전시체제 국가동원기관의 하나로서 역할을 했다.

이처럼 여러 차례 체질 변화를 겪으면서 성장한 금융조합을 어떻게 규정할 것인가는 그리 간단한 문제가 아니다. 식민통치시대의 금융조합 당사자들은 끊임없이 독일의 라이파이젠계와 같은 협동조합이라고 주장했다. 이는 금융조합이 인적 조직이며, 의결권의 1인 1표주의, 이윤배제 원칙 등을 채용하고 있다는 데서 비롯된다. 그러나 정부에 의한 이사 임명과 70% 이상의 비조합원 예금보유 등 협동조합의 본질인 민주적 관리, 자율성과 독립성, 사업의 상호성을 상실하여 협동조합이라 할 수 없는 치명적인 결함을 가지고 있었다. 협동조합이라는 정체성은 협동조합이 갖추어야 할 한두 가지속성에 의해서만 판단할 수 없고 전체 원칙에 얼마나 충실했는가에 의해 판단되어야 하기 때문이다.

그렇다면 식민통치시대의 금융조합을 어떻게 정의할 수 있을까? 전 국민을 대상으로 하는 예금, 대출, 어음할인, 환업무 취급 등은 서민은행의 성격을, 명칭 및 조직은 협동조합적 성격을, 운영 및 업무집행은 철저히 정부기관적 성격을 동시에 보유한, 일제 식민통치시대가 만들어낸 독특한 조직이었다고 말할 수밖에 없다.

신용사업을 담당했던 금융조합과는 별개로 경제사업을 담당한 기관들은 1915년 '조선중요물산동업조합령'에 따라 그동안 임의단체였던 일부 산업단체에 법적 근거를 부여하여 만든 '동업조합'이 그 최초이다. 동업조합은 자본주의 초기에 각종 산물의 생산 및 판매상 부정을 막고 품질을 향상시킬 목적으로 만들어졌다. 그리고 동업자들의 강제가입, 제품의 강제통제 등을 행했다는 점에서 근대적 협동조합과는 본질적으로 달랐다. 그러나 동업조합 중 가장 활발했던 축산동업조합은 나중에 농회에 흡수되었고 일부 동업조합이 광복 후에도 남아 농협으로 전환되었다.

그 다음으로는 1926년 '조선농회령'에 의해 '계통농회'가 만들어졌다. 농회는 그동안 난립해 있던 수많은 산업단체들을 통합·흡수하여 만든 공공단체였다. 초기에는 농사지도장려와 함께 위험부담이 없는 면화 및 잠견의 공판사업을 이전의 산업단체로부터 계승하여 수행했다. 그러나 1932년 조선총독부가 농촌진흥운동과 더불어 축산동업조합을 합병한 이후에는 공공단체의 성격을 버리고 농업공황 아래서 농산물 가격 하락과 판로경색을 타개한다는 명목으로 경제사업에 본격 진출하여 거대한 경제사업단체로 탈바꿈했고, 경제사업 면에서는 금융조합과 산업조합을 압도했다.

그런데 농회는 조선총독부의 기본방침에 따라 농사의 지도장려에 주력해야 함에도 협동조합운동의 미숙, 중일전쟁 이후 통제경제의 진전, 농업생산의 계획화와 그에 따른 자재배급 및 생산물공출 제도, 유치공장에 대한 원료공급 등에서 농업정책 하청기관으로 적합하다 판단되어 경제사업에 적극 진출하게 되었고, 일제는 이를 적극장려했다. 그리고 행정기관의 비호하에 전시통제경제 아래서 각종 농산물의 공출 등 행정기관을 능가하는 역할을 수행하다가 광복을 맞았고, 광복 이후에도 그대로 존속되다가 1951년 해산과 함께 사업과 재산을 농협에 인계했다.

또한 1926년 '조선산업조합령'에 의해 만들어진 '산업조합'은 일제 치하에서 유일하게 자본주의의 발달로 인한 각종 폐해를 일부 시정하거나 결함을 보정하려는 근대 협동조합 정신에 입각하여 설립되었다. 행정기관의 세밀한 지도감독으로 조합원의 민주적 관리와 자율성, 독립성이 크게 훼손되었음에도, 산업조합은 관제적 농협 관련 단체 중 가장 협동조합에 가까운 조직이었다. 여기서 우리는 금융조합은 당초 협동조합으로 만들지 않았으나 협동조합의 모양새를 갖추려 했고, 산업조합은 협동조합의 일종으로 만들었으나 운영상 많은 문제점이 있었다는 점에 유의할 필요가 있다.

산업조합은 농촌경제에서 악폐가 되었던 상인들의 고리전대에 의한 착취를 해소하고 유통경제 면의 효익(效益)을 증대시키는 데 기여했다. 그러나 신용사업의 결여와 초기의 사업대상 축소, 정부지원과 협조의 과소, 금융조합 계통의 비협조, 도연합회 등의 상부조직 불비, 이사를 비롯한 임직원의 자질부족 등으로 자금경색과 경영난을 겪다가 1942년 대부분 해산되고 말았다. 이는 산업조합과 같은 협동조합적 기관은 금융조합 등의 비협동조합 기관과는 달리 통제경제체제에서는 견디기가 결코 쉽지 않음을 보여준 것이다. 그리하여 잔존한 일부 조합만 광복 후까지 남아 있다가 농협으로 전환되었다. 따라서 산업조합은 농협에 합류했을 뿐 조직적으로 농협을 만드는

데 기여한 바가 없다.

이상과 같이 식민통치시대 농협의 전신들은 자발적으로 태어나거나 민주적으로 운영된 조직이 없었다. 광복 후 1957년에 최초로 설립된 농협은 계통농회의 업무와 재산을 물려받고, 축산동업조합과 일부 동업조합, 산업조합이 농협으로 전환한 것과 더불어 식산계를 리·동 조합으로 흡수하여 이루어졌다. 또한 같은 해 설립된 농업은행도 금융조합의 조직, 재산, 사업, 인원을 그대로 인수하여 이루어졌다. 이후 농협과 농업은행이 1961년에 통합되어 종합농협이 탄생했다. 이로써 식민통치시대 농협의 전신들은 하나의 조직 안에 모두 흡수되었다. 종합농협은 광복 후 조직과 사업, 인적 자원을 유지해온 금융조합을 뼈대로 하여 경제사업을 수행했던 계통농회의 잔존 업무와 재산을 흡수해 만들어졌다고 해도 과언이 아니다. 그 결과 농협은 이미 확고히 자리매김한 금융을 중심으로 발전할 수밖에 없었고, 경제사업은 잔존사업을 재건하거나 새로운 사업을 개발하며 성장해야 했다.

이상의 사실들로 미루어볼 때 현재의 농협은 법령적으로나 실체적으로 대한제국과 식민통치시대의 금융조합, 계통농회, 산업조합, 동업조합, 식산계에 뿌리를 두고 있다. 그런 의미에서 1907년 대한제국시대의 지방금융조합은 현 농협의 출발점이라 할 수 있다.

제2부

광복 후 종합농협의 성립과정

서언

　광복 후 한국의 종합농협은 정치적·경제적 격변 속에서 태어났다. 일제 36년간의 질곡에서 해방된 우리나라는 1945년부터 1948년까지 미 점령군의 군정과 과도정부를 거쳐 1948년 대한민국 정부가 출범하면서 새로운 제도가 뿌리를 내리는 듯했다. 그러나 1950년 6·25전쟁이 발발하여 강토와 산업시설이 초토화되었다. 이 기간 동안 정치적으로는 남북분단에 따른 좌·우익의 대립을 수습하여 체제를 안정시키고, 경제적으로는 해방 후 혼란과 6·25전쟁으로 야기된 높은 인플레이션과 민생고를 해소하지 않으면 안 될 어려움에 처해 있었다. 또 외국의 경제원조로 경제를 재건하는 과정에서는 4·19혁명과 5·16군사정변 등 정치적 격랑을 맞았다. 그런 와중에도 1949년 농업문제의 핵심적 과제였던 농지개혁이 이루어졌고, 농업협동조합 설립문제가 주요한 관심사로 대두되었다.

　농업협동조합의 설립은 대한민국 정부 수립 이후 일반은 물론 정치권에서도 주요한 관심사였다. 그러나 정치·경제적 혼란으로 일관되게 추진되지 못했는데, 무엇보다 농협 설립을 둘러싼 관계자들의 이해와 의견일치가 이루어지지 않았다. 첫째로는 이승만 대통령의 농협에 대한 시각이 중요한 변수였고, 둘째로는 농림부와 국회 농림위원회, 재무부와 국회 재무위원회 등

양자의 농협 감독권과 새로운 농협의 신용·경제사업 분리 또는 통합문제를 둘러싼 주도권 다툼, 셋째로는 새로운 농협 설립에서 식민 치하의 농협 관련 단체였던 금융조합과 농회 등의 주도적 역할을 둘러싼 경쟁, 넷째로는 광복 후 설립된 농민운동단체들의 농협 설립에 대한 시각차를 비롯한 학자와 전문가, 실무자들의 백가쟁명식 의견족출 등으로 농협 설립이 지연된 것이다.

이런 움직임과 쟁점들은 농협법 입법과정에서 첫째, 농협을 농민들이 자발적으로 만들게 하고 정부는 보조적·지원적 입장에 설 것인지, 아니면 정부가 주도적으로 농협 설립을 유도할 것인지의 문제, 둘째, 신설농협의 신용사업과 경제사업을 분리할 것인지 양 사업을 겸영하는 종합농협을 만들 것인지의 문제, 셋째, 해방 후까지 잔존해 있던 금융조합 등 농협 관련 단체들의 재산처리문제 등으로 나타났다. 이 가운데 농협 설립은 정부중심의 입법으로 주도하고, 신용사업과 경제사업은 분리하며, 잔존한 농협 관련 단체들은 새로운 농협과 농업은행으로 흡수하는 것으로 결론이 났다.

이 과정에서 간과하지 말아야 할 것은 이런 결론이 우리 스스로 논의하여 얻은 것이 아니라 미국과 ICA(국제협동조합연맹) 전문가들의 건의를 발단으로 내려져 농협 관련법의 입법화까지 이르렀다는 점이다. 이는 일제 치하의 경험을 토대로 우리나라 실정에 맞는 독자적인 종합농협을 만들지 못하고 외국 전문가들의 견해를 이해관계자들이 저마다 유리한 논거로 활용해 만들어버린 타협의 산물이었다. 그런데 이렇게 정부 주도의 입법에 의한 신경분리형 농협체제는 오래가지 못했다. 불과 수년 만에 농협과 농업은행을 강제적으로 통합하여 종합농협을 만든 것이다. 제2부에서는 이와 같은 종합농협의 성립과정을 다음과 같은 관점에서 살펴볼 것이다.

첫째, 광복 후 농민단체와 자발적인 농협 조직운동은 어떠했고, 이들은 종합농협 성립에 어떤 영향을 주었는가, 둘째, 일제 치하의 농협 관련 단체들의 광복 후 재편과정은 어떠했고, 이들의 움직임은 종합농협 성립과 어떤 연관을 가지고 있는가, 셋째, 농협 설립의 결정적 요인인 농협 관련법의 입법과정은 어떠했나, 넷째, 광복 후 최초로 제정된 농협법과 농업은행법의 성격은 어떠했고, 종합농협으로 통합되기 전까지 어떤 활동을 했는가, 마지막으로 종합농협의 탄생과정과 성격은 어떠했나 하는 것이다.

물론 단순히 각 과정의 내용만 나열하지는 않을 것이다. 제1부 '한국 농협의 뿌리'에서 견지한 협동조합적 관점을 지렛대로 비교 평가하는 것도 잊지 않을 것이다.

제1장
광복 후 협동조합 조직운동

1. 농민단체에 의한 협동조합 조직운동

1) 전국농민조합총연맹의 협동조합운동

광복 후 농업협동조합에 관심을 가진 최초의 농민단체는 '전국농민조합총연맹'(약칭 '전농')이었다. 전농은 일제 치하에서 활동하던 농민운동세력들이 8·15 광복과 함께 결성한 전국 단일의 농민조직체로, 1945년 11월 전국의 239개 농민조직을 바탕으로 준비위원회를 거쳐 그해 12월에 결성되었다. 전농은 결성대회에서 "모든 반동세력을 노동자, 농민의 손으로 배제해야만 진정한 해방이 있을 수 있다"고 천명하여 좌익적 성향을 명확히 했다. 아울러 일제하 좌익농민운동을 계승한다고 분명하게 밝혔다.

전농의 협동조합 관련 사항은 결성대회에서 발표한 '당면 운동방침에 관한 건, 제1항, 경제적 요구 제7호, 협동조합 조직에 관한 건'을 보면 알 수 있다. 전농은 협동조합을 신속히 조직하여 전국적 규모로 조합운동을 할 것을 표방했는데, 그 이유와 요강은 다음과 같았다.

협동조합을 신속히 조직해야 하는 이유는, 북조선은 인민위원회가 행정권을 장악하여 공업과 농업, 도시와 농촌 간에 새롭고 긴밀한 경제적 유기관계를 결성할 필요가 있으며, 남조선은 전시통제경제기구의 전면적 폐기로 경제적 무질서상태가 되어 공업과 농업, 도시와 농촌 간에 무수한 악덕 부정 중간상인이 대두하여 농민생활이 극도로 위협받고 있어 판매·구매 등 가격 규정이 긴급한 과제가 되었다. 협동조합은 농산물의 공동판매와 농민 생활 필수품의 공동구입을 행하며 소비자와 소생산자의 이익을 옹호하는 기본조직이므로 일보 더 나아가 농업신용 제도를 보편화함으로써 농업기술의 향상과 경영의 합리화를 실현할 수 있을 것이다. 북조선은 이미 금융조합이 인민은행으로 개편되어 협동조합운동의 자금조달기관으로 운용할 수 있는 곳도 있으나 남조선은 아직 실현되지 못하고 있다. 중앙에 농업은행을 신설해 그 재정적 원조를 기반으로 금융조합, 농회, 산업조합 등을 일괄하여 통일적 체계의 협동조합을 발족해야 할 것이다. 이에 가능한 한도로 농촌자금을 흡수하여 그 급속한 조직적 출발이 요청된다.

이상과 같은 협동조합 조기요강으로 다음과 같이 정했다.

- 협동조합도 농민조합(전농의 하부조직)처럼 농민의 이익이라는 목적은 같으나 그 기관의 사업 분야와 구성분자를 달리하므로 별개의 조직으로 한다.
- 협동조합은 반봉건적 고리대금적 착취로부터 농업을 해방하고 농민과 도시 근로대중을 위해 중간상인의 부당한 이득을 배제함으로써 노농제휴의 기초를 만들고, 소비조합과 유기적 연락, 나아가 국민 생활필수품 수급의 기본조직이 될 수 있도록 한다(뿐만 아니라 '당면 운동방침의 건, 제2항 제3호 계몽운동방침'에는 협동조합 부속 의료기관 시설의 설치도 규정하고 있다).

이 같은 '당면 운동방침에 관한 건' 외에 '당면 요구조건 제13호'에서는 금융조합, 농회, 산업조합 등을 즉시 협동조합으로 전환시키고 참가 농민이 관리하라고 주장했다. 이 '당면 요구조건'은 1946년 5월 전농 집행위원회에서 '당면 운동방침'으로 재확인되었다.

이상과 같은 전농의 주장을 살펴보면 다음과 같다. 첫째, 협동조합의 역할은 농산물의 공동판매와 농민의 필수품 공동구매를 통한 중간상인의 이득 배제를 우선으로 하고, 농업신용기구를 만들어 고리대금의 착취로부터 농민을 해방하며, 농업기술과 경영합리화를 도모해야 한다고 규정했다. 이는 농업협동조합이 지향해야 할 목적을 분명히 한 것이다.

둘째, 협동조합은 농민뿐만 아니라 도시근로자, 소비자들의 이익을 위해 노력해야 하며, 이를 위해 소비조합(노동조합)과 유기적으로 협조하고, 국민 생활필수품의 기본조직으로서 기능해야 한다고 강조했다. 이는 협동조합이 농민의 권익만을 위한 조직이 아니라 국민 모두의 기본생활조직이어야 함을 천명한 것이다. 아울러 전농은 협동조합 산하에 의료기관을 두어야 한다는 매우 선진적인 주장도 했다.

셋째, 협동조합의 설립방법에 대해서는 명확히 주장하지 않았으나 선구자(지도자)들의 지도하에 농민 스스로 만들어야 한다는 생각을 유추할 수 있다. 다만 일제 치하의 농협 관련 단체 등을 해산하지 않고 협동조합으로 개편하도록 함으로써 조직과 자원을 효율적으로 이용하고자 했던 발상은 좌익단체로서는 특이하다 하겠다.

넷째, 협동조합을 전국적으로 조속히 설립하도록 촉구하여 협동조합 설립의 긴급성을 강력히 촉구했다. 협동조합운동에 대해 이런 태도를 견지한 전농은 조직 결성 후 처음에는 소작료운동, 양곡수집 반대운동, 농지개혁운동 등 경제문제를 중심으로 농민권익 신장운동을 전개했다. 그러나 나중에는 정치투쟁, 민족해방투쟁, 자주독립국가 수립을 위한 투쟁 등에 몰입하여 협동조합운동에 관심을 쏟을 여유가 없었다. 그리고 1948년 남한 단독정부 수립, 1949년 농지개혁법 통과, 1950년 한국전쟁 등 정치경제적 격변 속에 사라지고 말았다. 이로써 전농은 광복 후 협동조합에 관한 선구적 주장을 펼치며 협동조합 설립의 기본 구상을 제시하고 설립을 촉구하는 데 기여한 것으로 그 역할을 마쳤다.

2) 대한농민총연맹의 협동조합운동

'대한농민총연맹'(약칭 '농총')은 좌익세력을 타도하기 위해 결성된 농민운동단체였다. 이 단체는 대한노동총연맹의 농민국이 분리되어 결성되었고, 채규항(蔡奎恒)을 중심으로 1947년 8월 출범했다. 농총은 좌익계열의 전농에 맞서 자유민주주의적 농민운동단체를 표방했다. 즉 처음 출발할 때부터 전농을 파괴하는 데 목적이 있었던 것이다.

농총은 결성대회에서 농촌경제문제에 대해 "농산물은 공정가격으로 수집하는 데 반해 공산품(생필품)은 생산가격으로 공급하지 않으니 후생조합을 조직하고 증산을 도모하자"고 주장했다. 이는 농업협동조합인지 소비협동조합인지 그 성격은 불분명하나 협동조합적 조직의 필요성을 인정한 것이다. 아울러 농총은 행동강령에 농구, 농약, 비료, 기타 생필품은 생산원가로 농총 산하 후생조합을 통해 분배하고, 농민경제를 위한 금융기관을 설치하자는 진일보한 주장을 펼쳤다. 그러나 초기의 농총은 전농에 비해 협동조합 설립과 활동목표의 이행 및 구체성이 매우 약했다.

농총은 1947년 12월 월간 『새농민』을 창간하고 자유당 산하조직의 성격을 보이며 소작료문제와 토지대책 등 부분적으로 농민권익운동을 벌이면서 주로 정치운동과 대공산당 투쟁활동에 주력했다. 협동조합 측면에서는 한국

전쟁 이전에는 농촌에 농민후생조합을 조직해 생산공장에서 고무신, 비누 등 생필품을 구입하여 실비로 배부하는 소비조합적 활동에 관심을 가졌다. 그러나 협동조합운동보다는 전농과의 투쟁, 농촌 계몽운동과 자체 조직확장에 주력하여, 농지개혁 이후 전농이 없어지자 주요한 투쟁목표가 소멸되면서 존재의의가 유명무실해지고 말았다.

농총은 1948년 정부 수립 이후 제헌국회에서 협동조합법안이 논의되자 1949년 협동조합법안을 만들어 제출했다. 그러나 이는 진전을 보지 못했다. 이후 1951년 7월 30일 각급 연맹에 '농업협동조합설립추진위원회'를, 중앙에는 '대한농업협동조합추진위원회'를 설치하고 농업협동조합 결성에 집중했다. 또한 1951년 읍·면 단위에 1,000여 농업협동조합을 설립하고 서울 및 각 도연합회까지 조직한 뒤 '전국농업협동조합대표자대회'를 열어 1952년 12월 '대한농업협동조합중앙연합회'를 결성했다. 이승만 대통령은 1952년 11월 농총을 중심으로 기존의 모든 농민단체를 포괄하는 새로운 농민단체를 조직하라는 지시를 내렸다. 이에 농총은 1952년 12월 '대한농민회'로 개편을 시도했으나 실패했고, 1953년 5월 통합농민대회를 열어 '대한농민회'로 재탄생했다.

대한농민회는 농총의 협동조합을 흡수하여 협동조합운동을 전개하는 한편, 1953년 10월 '농업협동조합추진위원회'를 구성하여 농민협동조합법(안)을, 1954년에는 농업협동조합법(안)을 제출했다. 그러나 이는 성과 없이 끝나고 말았다. 이후 이승만 정권은 농민회와 농업협동조합 문제를 분리하여 농협조직에 대한 농민회의 영향력을 배제하고 별개의 관제조직을 만들려고 했고, 이는 정권의 비호 아래 있던 대한농민회에 큰 타격을 주었다. 즉 농림부장관(신중목)의 주도로 실행협동조합운동이 본격적으로 추진되면서 대한농민회의 협동조합운동이 무력화되고 만 것이다. 결국 정부의 제약을 받으며 대한농민회의 간부진 대부분이 이탈하고 말았고, 1955년 이후부터는 명목상으로만 유지되었다.

농총은 초기에는 대전농 투쟁활동을 하면서도 부분적으로는 협동조합에 관심을 가지고 있었다. 그러나 구체적인 실행은 하지 못했다. 그리고 전농이 해체되고 1948년 제헌국회의 농업협동조합 입법활동이 본격화된 뒤부터는 농업협동조합 결성에 관심을 갖고 농협의 조직과 농협법 추진활동에 구체적인 목소리를 내기 시작했다.

2. 민간의 협동조합운동

광복 직후 경제적 난국에 대처하기 위한 일환으로 민간인에 의한 자연발생적 협동조합 조직운동이 전국적으로 전개되었다. 크게 구분해보면, 하나는 서울을 비롯한 도시지역 중심의 소비자협동조합운동, 다른 하나는 농촌지역의 생산자협동조합운동이었다. 그리고 주류를 이룬 것은 생산자협동조합의 성격을 지닌 농촌협동조합운동이었다.

당시 농촌협동조합운동의 구체적인 활동상황은 알 수 없다. 하지만 농촌협동조합들은 해방 직후의 혼란 속에서도 부분적으로나마 기존의 금융조합과 농회를 대신했고, 농민경제의 어려움을 해소하는 데 일조했다. 그런데 미군정은 농촌협동조합이 대부분 좌익성향을 지니고 있다고 보면서도 이를 일시에 제거하기는 곤란하다고 판단했다. 이처럼 민간에 의한 협동조합조직운동은 우후죽순 다양하게 나타났다. 여기서는 대표적으로 두 가지 경우만 설명하겠다.

1) 박경수의 협동조합운동

협동조합운동은 광복 직후 각지에서 분산적으로 진행되다가 박경수에 의해 전국적으로 체계화·활성화되었다. 박경수는 함경남도 출신의 사회주의자로, 일제시기에 농민운동에 뛰어들어 광복 후에는 좌익계열인 전농의 중앙상임위원으로 활동하며 협동조합운동을 주도했다. 그는 1945년 11월 30일 송을수 등과 함께 협동조합 조직문제를 주제로 한 사회단체 회합을 열고 연합조직체를 결성하자는 합의를 끌어냈다. 그리고 연합회의 취지와 조직방침에 대한 회합을 거쳐 그해 12월 9일 '전국협동조합연합기성위원회'를 결성했다.

협동조합운동은 이 기구를 통해 전국적으로 활발하게 전개되었다. 1946년 3월까지 38선 이남에서만 군 단위 협동조합이 약 40% 정도 조직된 것이다. 이를 기반으로 1946년 3월 15일과 16일 이틀에 걸쳐 서울 YMCA강당에서 100여 단체의 대표 250여 명이 참석한 가운데 '전국협동조합중앙연맹 결성대회'가 열렸다. 이 대회에서 "협동조합은 첫째, 자주적 배급기구의 확립으로 일상생활의 편익을 기하고, 둘째, 농업경제기구의 개혁에 의해 농업의 획기적 발전을 도모하며, 셋째, 산업경제건설에 노력하여 사회경제의 건전한 발전을 기한다"는 강령을 채택한 뒤 박경수를 이사장으로 하여 상임이사 11명과 각 지역이사 345명을 선출했다. 이 같은 협동조합 연합조직 결성은 해방 직후 협동조합운동이 전국적인 체제를 갖추는 과정이었다. 아울러 농촌의 자연발생적 협동조합운동이 중앙의 지도적 운동세력과 결합하는 과정이었다. 그 과정에서 해방 직후 농촌에서 자생적으로 전개된 농촌협동조합운동은 중앙 단위의 좌익적 성향의 지도자들로부터 조직적·이념적 영향을 받았다.

협동조합운동을 주도한 박경수는 농촌협동조합은 토지문제의 평민적 해

결과 농촌 제단체의 전면적 개혁을 전제로 전개되며, 농촌의 사회화·대경영화·협동화·집단화 등이 거대한 역할을 한다고 주장했다. 토지문제의 평민적 해결이 곧 토지개혁을 의미한다면, 대경영화·집단화는 토지개혁 이후 생산수단의 통합과 협동적 소유를 통해 소농생산을 대규모 농업생산으로 전환시킨다는 구상이었다. 이런 구상은 전국협동조합연합기성위원회의 사업방침에 구체화되었다. 즉 협동조합 사업 부문에 구매·판매·이용사업 외에 '집단경영의 공동농장사업'을 명시한 것이다.

전국협동조합중앙연맹이 결성된 뒤 38선 이남의 중앙연맹 산하 협동조합 조직동향을 보면, 1946년 6월까지 전국에 122개 조합 573,527명의 조합원이 가입했다. 그러나 1946년 중반 이후에는 실질적인 활동을 전개하지 못했다. 미군정이 금융조합과 그 밖의 일제 농촌조직의 기능을 군정기관으로서 유지시켜 활동에 제약을 받았기 때문이다. 박경수의 농촌협동조합과 전농의 농민조합은 밀접하게 연관되어 있었다. 따라서 농촌협동조합운동의 독자성을 견지할 수 없는 어려움이 있었는데, 당시 농민운동이 농민조합을 중심으로 미군정과 지주에 대한 정치투쟁에 집중되어 농촌협동조합의 활동영역은 유지될 수 없었다. 결국 농민조합에 대한 미군정의 탄압이 가중되어 1946년 10월 대부분의 농민조합은 파괴되었고, 농촌협동조합 역시 1946년 말 대부분 파괴되거나 활동이 정지되었다.

2) 전진한의 협동조합운동

전진한은 일제치하에 '협동조합운동사(協同組合運動社)'를 조직해 자발적 협동조합운동을 선도한 인물로, 식민통치 후반기에는 일제의 탄압을 피해 은둔생활을 하다가 해방 후 상경하여 협동조합운동사를 재건했다. 이후 선전과 조직구성에 노력했으나 극심한 자금난과 물자난 등 경제적 조건도 불리했고 협동조합에 대한 민중의 각성과 당국의 인식결여로 소기의 성과를 보지 못했다. 그러나 해방 후에는 민족진영에 서서 한민당 발기 때 노동부 위원으로 선임되어 농민의 조직화를 주장하며 협동조합운동을 적극 전개했고, 이후에는 청년운동과 함께 대한노총 위원장으로서 노농운동에 전념하다가 1952년 협동조합운동사 위원장 자격으로 '협동조합운동의 신구상'을 발표했다.

그는 이 구상에서 민족흥망을 좌우하는 정치적·경제적 위기를 극복하는 유일한 방법으로서 협동조합운동을 재검토·재추진해야 한다고 주장했다. 도시에는 노동자와 소시민을 중심으로 전 시민을 포섭하는 광범위한 소비조합을 조직해 도시 소비생활을 합리화하는 한편, 중소 생산업자 중심으로 생산협동조합을 조직해 융자, 원료구입, 판매 등 협동력을 발휘하여 생산의 급속한 발전을 도모하고, 농촌에는 농촌협동조합을 조직해 생산, 구매, 판매, 이용, 신용 등 농민경제활동의 자치화·자주화를 기함으로써 도시경제와 농촌경제의 교류를 도모하여 국민경제가 일부 독점재벌과 간상모리배, 탐관오리에게 농단되지 않도록 국민경제의 민주화를 실현해야 한다고 강조했다. 그는 압박과 착취, 대립이 없는 민족협동국가 건설을 이상으로 삼았다.

전진한은 이런 이상을 구체화하고 당면한 자금난과 물자난, 민중의 무자각 등을 극복하기 위한 대책으로 구국자조(안)이라는 협동조합운동의 기초공작(안)을 제시했다. 그리고 이 운동의 법적 보증을 위해 협동조합조성법(안)과 협동조합법(안), 협동조합 정관(안)을 창안해 발표했다.

이 중 구국자조(안)은 구체적 실천방안을 제안하고 있다. 첫째, 전국 시·읍·면 단위로 각계각층을 망라한 협동조합설립준비회를 조직하여 협동조합 설립을 주도하되, 별도로 정한 협동조합설립준비회 저축규정에 따라 구성원이 일정 금액씩 저축을 하고, 그 저축액이 10억 환 이상에 도달하면 즉시 협동조합을 설립하여 준비회를 해산하고, 신설된 협동조합의 출자금은 그 저축액에서 충당하도록 했다. 둘째, 이 실천방법을 법률 또는 대통령령으로 만들어 전국에서 일제히 실시할 것을 주장했다. 그리고 실천방안에서 언급한 협동조합설립준비회 저축규정에는 설립준비회에 저축부를 둔다는 내용과 함께 구성원의 저축방법, 저축부의 임원, 업무, 제재사항 등을 세밀하게 규정해놓았다. 또 이런 사항을 강제력을 가지고 실천해 나가기 위해 협동조합조성법(안)에 그 내용을 포함시켰다.

전진한은 경제사정이 어려운 국민들이 협동조합을 즉각 설립하는 것은 어렵다고 보고, 법률적인 강제력을 행사해 우선 각 시·읍·면에 협동조합설립준비회를 조직한 뒤 그 구성원이 일정액씩 저축하게 한 다음 설립자금이 모아지면 협동조합을 설립하는 점진적인 방법을 택했다. 그리고 자신의 구상을 협동조합법(안)의 형태로 제안했다. 협동조합법(안)의 내용을 구체적으로 정리하면 다음과 같다.

첫째, 협동조합은 사단법인으로 한다. 조합·연합회·총연합회의 3단계 비영리조직을 구성하며, 조합원과 회원의 경제적·사회적 지위향상을 위해 최대의 봉사를 함으로써 산업의 개량발전과 국민경제 발전을 목적으로 한다.

둘째, 조합의 조직 단위는 시·읍·면으로 한다. 조합원은 읍·면 구역 내에서 농업·상업·광업·공업 등에 종사하는 자나 그들이 조직한 단체로 한다. 이는 농업인만을 위한 협동조합법이 아니라 모든 업종에 종사하는 자들이 업종별로 협동조합을 설립할 수 있도록 하는 협동조합 기본법적 성격을 갖고 있었다.

셋째, 조합의 사업범위, 조합원 자격, 출자의무, 조합원의 책임, 1인1표주의, 대의원회 규정, 이사 및 감사의 총회 선출, 지분환급청구권, 결의취소청구권 인정, 이사장(조합장)의 이사 중 호선, 조합원의 이용액에 한하는 잉여금 배당 등을 규정하여 협동조합의 기본원리에 충실했다.

넷째, 연합회는 둘 이상의 같은 업종조합이 발기인이 되어 설립하고, 구역은 전국으로, 회원은 같은 업종조합으로 한정했다. 총연합회는 5개 이상의 연합회가 발기인이 되어 설립하되 각종 연합회가 회원이 되도록 했다.

전진한의 구상은 비록 현실에서 실현되지는 못했지만, 전진한의 협동조합 신구상을 통해 농업·상업·광업·공업 등 모든 업종에 걸쳐 협동조합을 조직하여 국민경제 발전을 꾀하고자 하는 협동조합 경제체제의 확립과 협동조합 보편주의가 제시됨으로써 협동조합 기본법의 한국적 원형이 되었다.

3. 농림부의 실행협동조합운동

농협법 제정은 정부 수립 이후에도 진척되지 못했다. 그런 가운데 농림부는 농민들이 자조정신을 바탕으로 실질적인 협동조합운동을 일으킬 수 있도록 협동조합교육을 실시했다. 아울러 자조사업을 하려면 지도사업을 선행할 필요가 있다는 인식을 하게 되었다. 1952년 신중목 농림부장관은 이를 구체화했다. 먼저 지도요원에 대한 교육을 실시하고, 그들로 하여금 협동조합을 결성하도록 지도하여 후에 사단법인을 부여하자는 방침을 정한 것이다. 그리고 전후 농촌재건을 위해 농촌지도자(농업요원)를 양성하는 안을 만들어 내무부와 국방부의 협조를 받아 1952년 10월부터 시행했다.

농업요원교육은 1주일 과정으로 실시되었다. 리·동 단위마다 2명씩 선정해 부락 지도요원으로 임명하여 도에서 교육을 실시했고, 읍·면 단위 지도요원을 읍·면당 1명씩 선발하여 동래 원예시험장에서 교육을 실시했다. 이렇게 교육받은 인원은 부락 지도요원 37,228명, 읍·면 지도요원 1,538명이었다. 이들이 교육을 수료할 즈음 농업협동조합 지도요강을 만들어 농민이 조합원인 리·동 단위 실행협동조합을 조직했고, 조직이 완료되면 시장 및 군수가 사단법인으로 인가했다.

농업협동조합 조직요강은 리·동 단위 실행협동조합을 구성원으로 하는 시·군 농업협동조합과 전국조직인 농업협동조합중앙회의 3단계 조직이었다. 이는 1957년 제정된 최초의 농협법 조직체계와 같다. 특이한 점은 실행협동조합의 출자는 조합원 소유의 농지를 표준으로 한 등급에 따라 좌수를 정했고, 시·군 조합에 대한 출자 좌수는 각 리·동 단위 실행협동조합의 조합원 수에 따랐다는 것이다.

이렇게 시작된 실행협동조합은 1953년 말까지 13,626개가 조직되었고, 시·군 조합도 146개나 조직되어 각각 조직대상의 32%와 52%의 조직률을 보였다. 그러나 이처럼 순조롭게 진행된 실행협동조합은 법적인 근거가 없었다. 따라서 신중목 농림부장관의 경질로 한때 급격히 위축되었다가 이후 농협법에 의한 농업협동조합으로 전환되었다.

여기서 눈여겨볼 것은 농업요원들이 협동조합을 조직하는 업무뿐만 아니라 농업기술보급은 물론 전화로 소실된 농가주택 재건까지 맡았다는 것이다. 이들은 농촌에서 직접 농사를 지으면서 솔선수범의 자세로 농사개량, 농촌생활개선, 민주협동조합 조직을 완수하자는 기치 아래 1953년 3월 농림부장관의 허가를 얻어 사단법인 '농사보급회'를 발족하고 활동했다. 1955년 5월에는 사단법인 '농사교도사업연구회'를 재발족하여 실행협동조합 조직과 시·군 조합 조직운동을 적극 펼쳤다. 이후 농사교도사업연구회는 농협이 발족되면서 농협으로 흡수되었다.

4. 광복 후 협동조합 조직운동과 농업협동조합의 관련성

앞서 살펴본 것처럼 박경수와 전진한 등의 광복 후 협동조합 조직운동은 농업협동조합 성립과는 직접적인 연관성이 없었다. 다만 경제적으로 극도의 어려움에 처한 농민을 구제하기 위해서는 협동조합을 만들어야 한다는 강력한 문제제기와 함께 자극을 주었다. 그리고 농총은 전농이 소멸된 뒤 농업협동조합을 조직하기도 하고 제헌국회 이후 전개된 농협법 제정과정에서 구체적인 대안을 제시하는 등 활발한 움직임을 보였다. 또한 농총(후에 대한농민회)을 주도했던 채규항은 대한금융조합연합회 부회장으로 영입되기도 했다.

이와 달리 실행협동조합운동은 농림부장관이 주도적으로 전개한 관 주도의 협동조합운동이었다. 농림부는 1957년 제정된 농협법을 주관했는데, 잔존한 상당수의 실행협동조합이 이후 농업협동조합으로 전환되었다. 따라서 그 연관성을 부인할 수 없다.

제2장
일제 치하 농협 관련 단체의 광복 후 재편

1. 금융조합의 재편

1) 광복 직후 군정 초기의 금융조합

1945년 8월 15일 정오 일제의 무조건 항복으로 해방된 우리나라는 그날부터 미군정이 시작되기까지 약 1개월 동안 정치·경제·사회·문화 등 각 부문에 걸쳐 진공상태로 있었다. 이때 일어난 상황을 대강 살펴보면 8월 30일 맥아더 원수를 사령관으로 하는 미 극동사령부가 도쿄에 설치되었고, 9월 2일 일제의 항복조인식이 있었다. 이어 얄타회담과 포츠담협정에 따라 북위 38도선을 경계로 미·소 양군이 분할점령한다는 발표가 있었고, 9월 7일 남한에 미군정 포고, 9월 8일 미군의 인천상륙, 9월 9일 서울에서 항복조인식이 있었다. 미군정은 이런 절차를 거쳐 본격적으로 시작되었다.

미군정은 일본인들을 즉시 퇴출시키지 않았다. 일본인 관리는 물론 각 기관의 주요 임직원들을 당분간 그대로 둔 채 사무인계를 지연시켰고, 일제시기의 법령을 그대로 둔 채 업무를 수행하도록 했다. 그러던 중 1945년 10월 3일에야 금융에 관한 조치로 "조선 내의 각 은행은 종전대로 영업을 계속하라"는 지시(미군정청 재무부장 명의)를 내림으로써 금융조합의 업무를 이전처럼 허용했다. 아울러 한 달 뒤인 11월 2일에는 군정법령 제21호로 "모든 법률 또는 조선 구정부가 발포하고 법률적인 효력을 유한 규칙, 명령, 고시, 기타 문서로써 1945년 8월 9일 실행 중인 것은 그간 이의 폐지된 것을 제외하고 조선 정부의 특수명령이 폐지될 때까지 전 효력으로 차는 존속함. 지방의 제반 법규와 관례는 당해 관청에서 폐지될 때까지 그 효력을 계속한다"고 하여 금융조합의 존립근거인 금융조합령과 조선금융조합연합회령, 그 하위 법령까지 그대로 두었다.

이러한 미군정의 움직임과는 별도로, 금융조합은 해방과 함께 정치적·경제적 공백상태에서 막대한 예금을 일시적으로 환불하기 시작했다. 그에 따라 1945년 7월 말 해방 직전 남한에 있던 610개 금융조합 사무소의 총예금은 13억 6,600만 원이었는데, 8월 말 9억 8,200만 원으로 한 달 만에 3억 8,400만 원이 인출되었고, 9월 말에는 2억 3,000만 원이 인출되어 잔액은 7억 5,200만 원만 남았다. 이러한 인출사태는 11월 말까지 계속되었다.

당시 금융조합연합회의 간부와 직원들은 약 200여 명으로, 대다수가 일본인이었고 한국인은 하급직원 30~40명뿐이었다. 이는 각 도지부 역시 마찬가지였다. 일부 금융조합에 한국인 이사가 있긴 했지만 조합이 지방에 산재해 있고 교통과 통신이 극히 부자유한 상태여서 한국인 중심으로 업무를 수행하기는 현실적으로 불가능했다. 그런 가운데 일본인 직원들에게는 모두 퇴직위로금과 신원보증금 등을 지급하여 귀국여비로 쓰게 했고, 별도의 지시가 있을 때까지 종전대로 근무하도록 하여 1945년 8월 말까지 출근했다. 그리고 8월 31일 연합회 본부와 각 도지부의 참사 이하 직원과 고용원은 물론 각 도의 이사와 직원들을 모두 파면 처분하여 일본인 직원들은 그제야 한국을 떠날 수 있었다.

그러나 일본인 회장과 각 중역, 즉 본부 이사와 각 도지부장은 모든 책임이 규명될 때까지 출근을 계속했다. 뿐만 아니라 미군정 실시와 함께 중역진은 연합회에 정식 책임자로 임명되어 사무인계가 끝날 때까지 업무를 보았다. 이후 연합회 본부에 근무하던 중역은 일본인 직원에 대한 제급여금 무단지급의 책임을 지고 일시 연금되었으나 연합회장만 서울형무소에 수감되었다가 일본으로 이송되었고, 도지부 이사와 도지부장들은 일본으로 도주하여 금융조합과 연합회는 사실상 임직원 공백상태가 되었다.

그런 가운데 한국인으로는 유일하게 연합회에 근무했던 하상용 참사가 9월 25일 각 도대표 15명이 참여한 '금융조합대표자회의'를 열었다. 이들은 조속한 시일 내에 민주적 협동조직을 만들 것을 결의하고, 이를 미군정에 건의했다. 또한 본격적으로 업무를 추진하기 위해 '금융조합대책중앙위원회'를 조직하고 사회 저명인사를 고문으로 위촉했으며, 금융조합 운영방침을 연구하면서 군정 당국과의 교섭에도 특별한 노력을 기울였다.

금융조합대책중앙위원회는 업무공백상태를 해소하기 위해서는 조속한 사무인계와 더불어 중앙기관인 연합회의 인사배치가 시급하다고 군정 당국에 누차 건의했다. 아울러 새로운 금융조합 제도에 관한 여러 가지 연구 결과, 민주적 협동조직으로 과감하게 출발해야 한다는 의견을 제시했다. 이런 노력 끝에 금융조합 제도에 대해 무지했던 군정 당국은 사무체계가 어느 정도 잡혀가자 금융조합에 대하여 다음과 같은 입장을 정리했다.

- 금융조합은 그 출자의 95%가 한국인에 의해 성립되었으므로 적산이 아니라 한국인의 기관이다.
- 금융조합은 당분간 과거의 법령과 제규정에 따라 금융기관으로서의 업무를 계속해 나간다.

이런 결정에 따라 금융조합연합회는 1945년 11월 9일 연합회 간부후보자 명단을 작성하여 당국에 제출해 참고자료로 삼게 했다.

2) 미군정 및 과도정부기의 금융조합

(1) 체제정비

금융조합에 대한 입장을 정리한 미군정은 1945년 11월 14일 군정청 재무국 재무관 랜드리(육군대위)를 금융조합연합회 회장 겸무로 임명했다. 이어 11월 18일과 24일 금융조합본부와 각 도지부 간부를 임명하고, 비록 형식적이었지만 사무인계를 받은 뒤 12월 22일 일본인 회장과 38선 이남의 연합회 본·지부 근무이사 11명 전원을 파면 처리하고 본부 중역으로 3명의 이사를 임명하여 금융조합연합회 본·지부의 간부 인사를 마쳤다. 이어 1946년 4월 15일에는 각 도지부장 인사를 마무리했다.

새로운 회장이 임명되면서 군정청과의 연락과 교섭은 더욱 원만해졌다. 그리고 중앙은 간부직원을, 지방은 각 조합 책임자를 보충하여 업무도 점차 안정을 찾았다. 1946년 1월 19일 연합회는 제1회 각 도지부장 회의를 개최하여 종전의 금융조합대책회의 업무를 종료했다. 이어 1946년 4월 20일에는 해방 후 최초로 북한을 제외한 남한의 의원으로만 의원총회를 열고 감사를 보선했다. 1946년 6월 20일에는 38선 이남만의 제1회 금융조합이사협의회를 개최하여 금융조합 감독 일원화에 관한 건 등 5건의 긴급결의사항을 의결하고 금융조합 선언문을 만들어 군정 당국에 건의했다.

이후 미군정은 랜드리 회장의 귀국으로 1946년 7월 군정청 재무부의 한국인 배의환을 연합회장 겸무로 임명했다. 이는 연합회장으로 한국인이 임명되는 계기가 되었다.

(2) 사업 추진

① 신용사업(기본업무): 해방 직후 급격히 예수금이 인출된 결과, 1945년 7월 현재 13억 6,600만 원이 남아 있었다. 이는 그해 11월에 최저선인 6억 2,500만 원까지 떨어졌다. 환불 가능한 예금은 거의 인출된 것이다. 이후 인출자제 호소와 더불어 무제한 환불중지, 외근담당자 배치, 광복 1주년 기념 저축운동, 추수저축운동 등을 전개한 결과 1945년 12월 6억 3,500만 원에서 1946년 3월에는 7억 7,700만 원으로 올랐고, 1946년 11월에는 1945년 7월을 능가하는 15억 2,300만 원을 기록했다. 이 성과는 광복 후 처음으로 실시한 애국저축운동이 크게 작용한 결과였다.

대출금 상황을 살피면, 먼저 농업자금 대출은 자금의 대부분을 정부자금 또는 식산은행과 동양척식주식회사 등 특수금융기관에 의존해왔기 때문에 사실상 마비되었다. 일반 대출금은 급격한 인플레이션으로 화폐가치가 속락하면서 채무자들이 조기에 상환했고, 1인 대출 한도가 소액이어서 신규대출이 이루어지지 않았다. 그 결과 남한의 대출잔고는 1945년 7월 5억 4,900만 원에서 11월에 3억 1,900만 원으로 줄었다가 서민들의 대출수요 증가 및 대출한도 확장에 따라 점차 증가해 12월에는 3억 2,500만 원으로 늘어났고, 1946년 3월에는 4억 4,300만 원, 8월에는 5억 6,300만 원을 기록하며 원상태를 회복했다.

이 시기 특기할 사항은 1946년 10월 25일 민족자본 조성과 국민생활 안정을 명목으로 연합회가 자회사인 협동생명보험주식회사(자본금 천만 원)를 창설한 것이다. 이는 1965년 종합농협이 생명보험을 시작하기 전에 실시한 생명보험사업이다. 이 회사는 금융조합의 협조로 많은 발전을 보았으나 한국전쟁과 인플레이션 심화로 인해 사업을 중지하고 말았다.

② 경제사업: 미군정기의 경제사업은 세 가지로 나누어볼 수 있다. 첫째,

금융조합이 경제사업으로 취급할 만한 일반 구매사업품목은 모두 정부의 통제품이어서 사실상 취급이 불가능했고, 일반 사무용품과 연합회가 지정한 것(식료품, 농기구)에 한해 자주적 구매사업을 실시했지만 실적은 미미했다.

둘째는 주로 군정청 관련 부서와의 협조사업으로, 농무부 지시에 따라 생활필수품영단과 협조하여 미곡판매(취급량 3억 톤, 지불액 20억 원)에 참가하거나 군정청과의 협정으로 서울 시내 연료확보 배급사업, 국산품 생산 확충계획에 의한 직물·지류·수산물 등의 공판, 각종 농기구 및 우량채소종자 알선사업 등을 실시했다.

셋째는 군정청 통제물자 취급사업이었다. 정부대행업무 취급사업의 시초라 할 수 있는 이 사업은 이후 금융조합에 중대한 변화를 가져왔다. 이 사업은 금융조합의 위축된 사업을 확장하여 경영합리화를 기하고, 방대한 조직을 활용해 소비물자의 생산과 소비를 직결하여 소비대중의 이익에 기여하는 것이 협동조합의 존립이유라는 인식하에 시작되었다.

금융조합은 1946년 2월부터 군정청 불하물자를 연합회를 통해 소비자에게 직접 배급할 수 있도록 당국에 적극 요청하는 한편, 생활필수품도 계통기관을 통해 생산공장과 소비자를 직결해야 한다고 적극 건의했다. 그 결과 군정청 상무부는 1946년 4월 19일 9종목의 국내생산물자에 대한 통제를 실시한 뒤 그해 7월 9일 금융조합연합회와 계약을 체결했다. 이로써 금융조합연합회는 군정청 통제물자 취급대행기관이 되었고, 1946년 11월부터 사무용품을 제외한 일체의 일반구매품을 취급하지 않는 대신, 기구를 확대해 통제물자 대행업무에 전념했다. 통제물자 취급실적은 1946년 7월부터 49년 10월까지 3년 4개월간 면포 외 16품종에 걸쳐 63억 500만 원이었다.

③ 교육·문화·조사사업: 광복 직후부터 전혀 손을 대지 못하던 상황에서, 중앙 단위 직원교육은 여전히 실시하지 못했지만 회원조합 사무소 단위의

강습회와 연구회를 실시하기 시작했다. 조사사업으로는 1945년 12월부터 농촌경제사정과 민심동향 조사, 지방물가 조사를 실시했고, 1946년 5월부터는 부락농가 조사사업을 부활시킨 데 이어 금융조합 통계월보와 연보 등을 발간했다. 보급사업으로는 각종 자료 발간, 『조금연보』 간행, 단행본 발간 등을 실시했다.

특기할 사항은 38선 이남 금융조합이사협의회 개최를 계기로 전국 특산품 전람회를 1946년 6월 15일부터 11일간 개최한 것이다. 이는 금융조합을 단순한 금융기관으로 인식하고 있는 국민들에게 금융조합이 농촌기관임을 알리고 금융조합 계통기관의 조직력을 과시하기 위한 것이었다.

④ 지도감독권 일원화와 금융조합의 통합정리: 금융조합에 대한 지도감독은 일제시대부터 지나치게 관 중심적이어서 자율성과 독립성이 현저히 저해되어 있었다. 그런데 군정 당국도 이를 그대로 답습하여 변화가 전혀 없었다. 이에 금융조합은 지속적으로 시정을 요구했고, 군정 당국이 이를 받아들여 군정장관과 도지사로 이원화되어 있던 지도감독권을 금융조합연합회에 부여했다. 이로써 군정 당국은 연합회만 감독하고 연합회는 금융조합을 지도감독하게 되었다.

이 제도는 1946년 11월 29일 군정당국의 공한(公翰)으로 확정되었으나 법령 공포는 1947년 6월 21일 남조선 과도정부 법령 제144호로 이루어졌다. 금융조합에 대한 도지사의 감독권이 금융조합연합회로 이관된 것은 일제시대 이래 관권 만능에서 벗어나 처음으로 자율성을 얻은 획기적인 조치였다. 이로 인해 인재 등용을 비롯한 금융조합의 모든 업무가 민주적으로 전개되는 계기가 되었다.

해방 이전까지 금융조합은 전국적으로 613개 조합과 299개 지소 등 모두 912개의 사무소를 두고 있었다. 이후 국토분단으로 북한의 사무소가 분리되고 나서도 1947년 9월까지 401개 조합과 200개 지소 등 모두 601개(촌락 조합 356개, 지소 198개, 도시조합 45개, 지소 2개) 사무소를 유지했다. 이런 현황은 조합 수가 시·군 수의 3배에 이르고 대략 2개 면당 1개 조합에 달하는 것이었다. 그래서 행정기관과 업무협조가 곤란했고, 과도한 사무소 운영에 따라 수지경영상 어려움이 발생했을 뿐만 아니라 금융조합 전체 계통으로 볼 때 사무소가 과도하여 업무능률 향상과 통제가 곤란했다. 이에 금융조합연합회는 과도정부와 협의를 거쳐 1947년 5월 30일 군정청 재무부의 금융조합 정리통합방침하에 금융조합을 정리통합했다.

우선 서울을 제외한 시·군 단위마다 1조합씩 통합하고, 도시 및 촌락조합의 구분을 없앴다. 그 결과 금융조합은 남한만 142개가 되었고, 종래의 시·군 소재지 외의 조합은 지소로 격하되었다. 아울러 경영이 나쁘거나 근거리 소재 조합 등은 합병 또는 폐쇄함으로써 지소 수가 409개로 증가하여 총사무소는 551개가 되었다. 또한 서울시가 1946년 8월 특별시로 승격되면서 경성광화문조합을 본소로, 관내 모든 조합을 지소로 변경했고, 관할권도 경기도지부에서 연합회 본부직할로 변경하여 1개 조합으로 만들었다.

이와 같은 전격적인 통합조치는 행정명령에 따라 총대회의 결의 또는 간단한 절차만으로 수행되었다. 그래서 통폐합 조치로 인한 과잉인원을 재배치하는 등의 문제를 낳았다. 이 조치는 무엇보다 조합경영이나 행정기관과의 연락편의 면에서 이점이 많았다. 그러나 소조합주의에서 일거에 대조합주의로 전환하여 조합원과의 거리감이 확대되는 등, 소조합주의가 지닌 협동조합적 장점을 상실하는 결과를 낳기도 했다.

(3) 정부 수립 이전의 금융조합 동향과 군정·과정기의 금융조합 평가

① 동향: 금융조합의 정리·통합과 금융조합연합회의 회원조합에 대한 지

도감독권 일원화가 진행되면서 업무체계가 잡혀가는 동안, 1946년 9월 미군정은 우리나라에 행정권 이양을 표명했다. 이어 10월 12일 남조선 입법기관 설치에 관한 법령을 발포하고 12월 12일 과도입법의원회를 개회했고, 1947년 2월 5일 한국인이 초대 민정장관으로 취임했다. 또한 그해 6월 3일에는 미군정청 한국인기관을 남한 과도정부로 개칭했다.[19] 그에 따라 금융조합연합회 2대 회장이 군정 위양과 함께 퇴임하고 한국인인 과도정부 물자행정처장이 2대 회장으로 임명되었다. 2대 회장은 겸임이 아닌 전임 회장이었고, 동시에 부회장제가 신설되었다.

과도정부에서 회장단 변경과 함께 조직을 일신한 금융조합연합회는 저축운동과 출자증자운동을 통해 자기자금 조성에 매진했다. 그 결과 정부 수립 직전까지 금융조합 예수금은 1946년 3월 7억 7,700만 원에서 1948년 6월 54억 9,800만 원으로 7배가 증가했고, 대출금은 1946년 3월 4억 4,300만 원에서 1948년 6월 36억 7,200만 원으로 8배 이상 늘어났다. 또 출자금도 1946년 3월 당시 2,500만 원에서 1948년 6월에는 1억 6,800만 원으로 1억 4,300만 원이나 순증했다. 이런 실적을 바탕으로 금융조합은 계통조직을 총동원하여 기본업무 외에 정부대행 생필품 배급사업을 전개하며 안정적인 기반을 구축했다.

② 미군정 및 과도정부하의 금융조합 평가: 금융조합은 해방 직후의 정치적 혼란과 일본인들의 대거 이탈로 사실상 운영주체가 없는 기관으로 전락했음에도, 불과 3년 만에 자생력을 회복하여 비록 남한에 한정되었지만 일제 치하에 못지않은 조직과 업무체계를 갖추었다. 그러나 미군정기에 체제를 개혁하여 협동조합 이념을 추구하는 민주적·자주적 조직으로 거듭날 수

---

19) 그러나 1948년 8월 15일 군정 폐지를 발표할 때까지는 미국의 딘 소장이 제3대 주한 군정장관으로 재임했다.

있는 기회를 놓치고 근본적인 변화 없이 일제시대의 법령 아래 존속되었다. 이는 금융조합과 금융조합대책위원회, 전국금융조합이사협의회, 금융조합 연합회 총회 등이 수차례 건의를 통해 밝힌 협동조합 이념에 맞는 조합을 만들고자 하는 열망을 군정 당국이 받아들이지 않아서였다.

미군정이 금융조합 개혁을 받아들이지 않았던 이유는 첫째, 미국과 미군 정은 애초부터 한국의 모든 제도를 근본적으로 재검토하여 새롭게 정비할 의사가 없었다. 즉 한국에서의 정책수행 기본방침을 현상유지(일제 제도의 연장주의)로 정하고 금융조합의 변혁을 받아들이지 않았다. 둘째, 금융조합 제도와 협동조합에 대한 미군정의 무지를 들 수 있다. 주한미군사령관, 군정 청장, 군정청 재무 당국자들은 대부분 군인이어서 전문지식과 경험이 전무 했고, 금융조합 제도가 한국의 농업·농촌에 미칠 영향에 대해 깊은 인식을 갖지 못했다. 셋째, 금융조합의 적극적인 노력이 부족했다. 앞서 기술한 대 로 금융조합이 어느 정도 노력을 한 것은 사실이다. 그러나 관련 전문가들은 물론 직접적인 당사자인 조합원들의 힘을 결집해서라도 최소한 조선금융조 합령과 연합회령의 개정을 추진하며 협동조합의 틀을 마련했어야 한다. 만 일 그랬다면 이후 농협법 개정을 둘러싼 오랜 지체와 혼란을 최소화할 수 있었을 것이다. 하지만 금융조합은 관제적·보수적 체질에 길들어 있었고, 이는 더 이상 전진할 수 없는 이유이자 한계였다.

3) 대한민국 정부 수립 이후의 금융조합

(1) 정부 수립 후 금융조합의 존립 근거

미군정과 과도정부 시기에 과도기적으로 유지되었던 금융조합 관련 법령 은 전면 폐지되고 새로운 제도로 변경되었어야 했다. 그러나 대한민국 정부 수립 후인 1948년 7월 17일 제정된 제헌헌법은 부칙 제100호에 "현행 법령

은 이 헌법에 저촉되지 아니하는 한 효력을 가진다"라고 명시하여 금융조합
령과 조선금융조합연합회령을 그대로 유지했다. 따라서 조선금융조합연합
회와 그 회원인 금융조합은 새로운 법과 제도가 만들어질 때까지 그대로
존속되었다.

(2) 정부 수립 후 금융조합의 협동조합운동

금융조합은 정부 수립과 함께 협동조합으로 새 출발을 다짐했다. 일부 도
지부는 일선 조합에 협동조합 간판을 내걸도록 했다. 금융조합연합회도 이
에 호응해 1948년 12월 15일 협동조합전국대표자회의를 열고 정부에 금융
조합의 명칭변경과 함께 민주적인 새 출발을 조속히 실현해달라고 건의했
다. 그리고 당국의 조치가 있을 때까지 금융조합연합회에 협동조합추진위원
회를 두고 전국 계통기관에 각급 단위 추진위원회 간판을 걸도록 했다. 정부
는 1949년 4월 협동조합법안을 최초로 입법 추진했다. 그러나 실질적인 조
치는 없었고, 법안 입법을 추진한 그해 협동조합추진위원회라는 간판마저
철거되었다.

(3) 정부 수립 후의 금융조합연합회 기구개편과 명칭변경

금융조합의 정부대행업무는 1949년부터 급격히 늘어나기 시작했다. 이에
금융조합연합회는 경제 부문의 기구를 대폭 확충했다. 사업부에 비료사무를
전담하는 비료과를 신설하고 산업부의 판매과를 강화해 고공품업무를 담당
하도록 했고, 양곡부를 신설해 양곡과와 가공과를 두었다. 또한 서무부에는
운수과를 두고 물자의 운송업무를 담당하게 했다. 이렇게 금융조합은 고유
의 업무보다 대행업무 중심으로 체제를 갖추어 나갔으며, 1949년 11월에는
조선금융조합연합회 명칭을 '대한금융조합연합회'로 개칭했다. 이로써 일

제시기에 만들어진 명칭은 사라졌고, 1957년 3월까지 대한금융조합연합회 명칭으로 활동했다.

(4) 한국전쟁 전까지 금융조합의 사업

① 자기자금 조성: 금융조합은 미군정이 끝난 뒤에도 조직망과 인력을 총동원하여 금융업 재건에 노력하는 한편, 자기자금 조성책으로 국민저축운동과 출자금 증액운동을 활발히 전개했다. 국민저축운동을 통해 예수금은 1948년 6월 54억 9,800만 원, 1948년 12월 75억 1,400만 원, 1949년 3월 92억 5,300만 원으로 늘어났고, 한국전쟁이 발발한 1950년 3월에는 129억 7,400만 원을 기록해 매년 획기적으로 증가했다. 정치·경제·사회의 혼란과 인플레이션으로 저축심리가 위축된 환물심리 속에서도 기한부(저축성)예금 비중은 줄었으나 물가지수에 하회하지 않는 예금액을 유지해 나간 것이다.

1947년 6월 금융조합 출자금은 개인조합원 1,970,654명에 2,389만 7천 원으로 1인당 평균 1.2좌에 불과했다. 그나마 실제 불입된 출자금은 1,443만 7천 원으로 1인당 평균 7원에 그쳤다. 당시 금융조합의 출자금은 1좌당 10원, 1좌 이상 100좌까지 출자할 수 있었다. 그러나 출자금 증액운동을 적극 추진하여 1947년 12월 1억 5,223만 1천 원(1인당 68원), 1948년 12월 2억 1,981만 5천 원, 1949년 12월 3억 7,193만 4천 원(1인당 175원)으로 늘었고, 1950년 3월까지 이를 유지했다.

예수금과 납입출자금의 증가는 조합원의 열악한 경제력과 인플레이션 상황을 고려하면 대단한 성과였다. 이런 성과는 금융조합 안정화에 크게 기여했지만 조합원들의 경제에는 좋지 않은 영향을 미쳤을 것으로 짐작된다.

② 대출업무와 손익상황: 광복 직후에는 국가의 혼란과 재정의 빈곤으로 농민이 갈망하는 농사자금을 거의 공급할 수 없었다. 그러나 자기자금(예수

금과 출자금)이 꾸준히 늘어나고 정책자금(1949년 25억 원, 1950년 25억 원)이 공여되어 대출업무도 활기를 띠었다. 대출금은 1948년 6월 36억 7,200만 원에서 1949년 3월 45억 5,200만 원, 1950년 3월 87억 4,200만 원(영농자금 25억 원 포함)으로 크게 증가하여 총예수금 증가율을 초과했다. 대출금은 거의 정부의 지원자금이 아닌 자기자금 조성에서 나온 것이었다.

손익은 1946년 3월 금융조합 전체결산에 의한 순손실금이 1,100만 원이었다. 그러나 1947년 3월에는 1,000만 원의 순익을 시현했다. 이는 대다수 조합이 손실을 면하기 위하여 재산재평가 결과를 반영했기 때문이다. 이후 1948년 3월에는 2,800만 원의 순손실금을 시현했고, 1949년 3월에는 1억 1,200만 원, 1950년 3월에는 1억 1,100만 원의 순이익을 시현했다.

③ 정부대행업무의 본격화: 미군정기인 1947년 7월 통제물자 대행업무를 실시하며 시작된 정부대행업무는 과도정부와 대한민국 정부 수립 후 담당 기관의 변경은 있었으나 1949년 10월 정부에 의해 종료될 때까지 3년 4개월 동안 실시되었다. 통제물자 대행업무가 끝나가던 무렵인 1949년 금융조합은 농촌경제와 밀접한 3가지 정부대행업무를 맡게 되었다. 그것은 정부 비료조작업무와 정부관리 양곡조작업무, 정부 고공품조작업무였다.

정부 비료조작업무는 수차례에 걸친 대통령 유시에 따라 대한농회로부터 이관 받았다. 농회는 1927년부터 조선총독부의 협력과 적극적인 재정지원에 힘입어 비료업무를 수행해왔었다. 그러나 대한민국 정부 수립 이후 지원이 끊기면서 운영자금 결핍, 조직체계 해이, 불건전 운영, 비료취급 소홀 등으로 저렴한 비료가격 실현과 적기 시비를 위한 신속한 비료공급을 하지 못했다. 이는 정부의 불신을 받았고, 결국 금융조합으로 업무가 이관되고 말았다.

정부 비료조작업무는 1949년 4월 21일 농림부의 행정절차를 거쳐 1949

년 7월 말 농회로부터 비료인수를 완료함으로써 시작되었다. 인수 당시 비료는 농회에서 생산하던 소량의 배합비료를 제외하고는 거의 대부분 군정 당시 GARIOA(미군의 점령지역 행정구호원조) 원조로 도입된 비료와 정부 수립 후 ECA(미국의 대외원조기구) 원조로 도입된 것이었다. 그래서 취급량도 거의 대부분이 도입비료였다.

정부 비료조작업무를 통해 금융조합은 1949년 7월 농회로부터 비료를 인수한 뒤 1950년 5월까지 646,160톤을 배급했다. 그 후 한국전쟁으로 업무를 제대로 수행하지 못하다가 1951년 8월부터 1952년 7월까지 282,619톤을, 1952년 8월부터 1953년 7월 정전 시가지 475,007톤을, 1953년 8월부터 54년 7월까지 541,767톤을, 1954년 8월부터 55년 7월까지 650,304톤을 배급했다. 1955년 8월부터 56년 7월까지는 308,395톤을 배급했는데, 1956년 2월 말 비료취급을 종료할 예정이었으나 그때까지 인수보관하고 있던 물량은 계속 배급하여 사실상 물 조작을 계속 수행했다.

정부 비료조작업무는 1956년 2월에 종료되었다. 그 전에 양곡비료업무가 종료되었는데, 이는 경비절약과 사고방지를 이유로 관에서 업무를 직영한다는 정부방침에 따라 1955년 10월 말 종료되었다. 정부 비료조작업무가 종료된 1955년 1월 말 현재 금융조합연합회 본·지부와 항만사무소에는 211명이 근무하고 있었다. 그리고 금융조합에 1,973명(비료업무 외 고공품업무도 취급) 등 모두 2,184명이 종사했는데, 이 인원으로 보아 업무의 복잡성과 방대성이 어떠했는지 알 수 있다.

정부관리 양곡조작업무는 1949년 2월 대통령의 식량정책에 관한 성명서를 통해 그동안 업무를 담당한 식량공사를 해산하고 금융조합연합회에 이관함으로써 이루어졌다. 대통령의 성명서와 유시('식량공사 해산의 건')에 이어 금융조합연합회에 사무인계에 관한 요령을 시달함으로써 1949년 8월부터 정부업무를 담당하게 된 것이다. 당시 담당한 정부양곡은, 국산양곡으로는 토지수득세로 수납되는 양곡, 분배농지의 지가상환양곡, 귀속농지의 지가상환양곡, 일반매상양곡, 비료와의 교환양곡이 있었고, 수입양곡으로는 KFX 및 중석불양곡, ECA 및 CRIK양곡, UNKRA양곡, FOA양곡 등이 있었다.

정부 양곡조작업무 실적을 보면, 1950미곡연도의 취급량 427만 9천 석을 100%로 했을 때 1951미곡연도에는 1950년의 134%, 1952미곡연도에는 135%, 1953미곡연도에는 200%까지 증가했다. 그러나 1954미곡연도에는 133%, 양곡업무 이관연도인 1955미곡연도에는 74%로 급격히 감소했다. 이는 가장 큰 비중을 차지하던 CRIK양곡이 감소하고, 그 밖의 수입양곡이 도입되지 않았기 때문이다.

정부 양곡조작업무는 1955년 10월 말 농림부가 양곡관리업무 대행계약을 일방적으로 해제통고함으로써 종료되었다. 해제 이유는 비료조작업무처럼 경비절감과 부정사고 예방을 위해 관 직영으로 한다는 것이었다. 이에 금융조합연합회는 보유양곡과 부산물, 기타 양곡업무에 수반하는 재산을 관련 법규에 따라 양곡관리 특별회계에 이관했다.

정부 고공품조작업무는 정부를 대행해 대한농회가 1947년부터 취급하던 것을 금융조합연합회가 정부양곡 및 비료업무를 대행하면서 1949년 12월 7일 대통령 유시에 따라 농회로부터 인수했다. 해방 이후 고공품 수요는 수집양곡의 포장, 도입 양곡 및 비료의 포장 재료 등 정부수요가 대부분이었다. 그러나 연합회가 비료와 양곡대행업무를 취급하면서 고공품 수요량의 80%를 사용하게 되었다. 따라서 이를 농회에서 구입해 사용하면 수속절차의 불편함과 더불어 수송지연, 중간경비 증가 등이 야기될 수 있어 포장재료도 금융조합연합회가 담당하는 것이 옳았다.

정부 고공품업무는 농가의 고공품 매상, 판매 및 조작업무로 이루어졌다. 당시 취급하던 고공품은 양곡용·비료용·소금용 가마니와 새끼였고, 1950년 신고공품을 매상한 이래 1953년 가마니는 매상계획량의 95.6%, 새끼는 81.7%까지 매상했다. 이후 고공품은 1953년부터 매상 및 판매가격이 자유시장가격을 상회하여 손실이 발생하는 등 혼란이 있었고, 1955년 농림부가 연합회는 자가 수요량만을 매상하고 일반 수요는 별도의 회사를 지정하도록 하여 6년 동안의 국내수집양곡은 물론 도입양곡, 비료의 포장재료 취급까지 종료되었다.

1949년부터 취급한 정부대행업무는 8년 동안 수행되었다. 이 기간 동안 3년간의 전쟁이 있었고, 그 이후에는 전쟁을 복구하는 등 실로 어렵고 힘든 여정이었다. 예컨대 양곡대행업무는 전쟁 중에 농민을 상대로 한 국산양곡의 매상·수집·교환·대여·회수, 전란에 시달리는 피난민을 위한 도입양곡의 수송·보관·배급·판매 등이었기 때문에, 모든 업무를 수행하기가 상상할 수 없을 정도로 어려웠을 것이다. 금융조합처럼 강력한 조직력과 네트워크, 인적 능력을 가진 민간조직이 없었다면 이 업무는 온전히 수행될 수 없었을지도 모른다.

그러나 금융조합은 정부대행업무에 대부분의 역량을 쏟아 부어 상대적으로 기본업무인 신용사업을 소홀히 할 수밖에 없었다. 복잡다기한 사업을 통해 질적으로 다양한 인적 구성과 더불어 방대한 사업을 차질 없이 추진하며 금융조합에 대한 사회적 인식을 끌어올리고 수지경영 면에서 다소간 유리한 점은 있었다고 할 수 있지만, 금융조합의 본질에서 벗어난 정부대행기관적 성격을 고착화하고 이후 정부의 주시대상기관이 되어 부정적인 면도 컸다고 할 수 있다.

④ 교육·문화·조사업무: 협동조합이 그 이념을 구현하고 발전시키기 위해

서는 무엇보다 임직원 및 조합원에 대한 교육과 일반인을 대상으로 한 협동조합 계몽활동이 중요하다. 그러나 이러한 교육활동은 정부 수립 이후 상당기간 중단되었다. 직원교육은 해방 당시 이미 필요한 인원이 확보되어 있어 신규직원교육이 필요 없었다. 재교육 역시 장소문제와 수지경영의 어려움 등으로 중지되다시피 했고, 외부강사를 초청해 한글강습과 역사교육 등을 실시하는 정도에 그쳤다. 금융조합연합회는 이런 강습으로는 교육을 제대로 할 수 없다는 판단 아래 출판 및 보급활동을 통해 교육 및 계몽활동을 전개했다.

1946년 8월 금융조합연합회는 『협동』을 창간했다. 이는 기관지이면서도 직원교양 성격을 가진 정기간행물이었다. 『협동』은 1946년 2월부터 간행된 『조금연보』가 『금융조합』, 이어 『협동』으로 제호를 바꾸어 발행된 것이었다. 1952년 10월에는 농민잡지인 『새농민』이 창간되었고, 대중계몽과 직원교양을 위해 학술, 고전, 계몽, 학예에 걸친 15종의 협동문고가 1947년부터 1952년까지 발행되었다. 또한 협동상식총서, 협동농업총서, 교양총서들과 함께 단행본으로 『조선역사』, 『한글강좌』 등을 발간 보급했다. 아울러 『금융조합 개황』이라는 선전 팸플릿을 발행하여 금융조합을 알리기 위해 노력하는 등, 새로운 시대에 적용될 수 있는 자료들을 어느 때보다 활발하게 만들어 보급하며 출판·보급사업을 전개했다.

조사사업은 종전에 실시하던 '농촌경제사정과 민심동향'을 '지방사정 조사'로 바꾸어 계속 실시했다. 그리고 새로이 지방특산물 조사, 각 도 금융경제사정 조사, 농업노임 조사, 농가부채 조사 등을 시작했고, 정부 수립 전부터 해온 조사사업을 지속적으로 수행하며 『통계월보』, 『연보』 등의 간행물도 계속 간행했다.

(5) 금융조합운영위원회 설치

1950년 5월 27일 정부는 대한금융조합연합회 운영위원회 규칙을 발표했다. 이와 동시에 당시 국무총리서리를 위원장으로 하고 금융조합연합회가 취급하는 각종 정부대행업무와 관련이 깊은 국방·재무·농림·상공장관과 한국은행총재, 금융조합연합회장, 그리고 학식과 경험이 풍부한 외부인사로 운영위원회를 구성했다. 이 위원회는 대통령 직속으로 정부대행업무 운영에 관한 기본정책과 계획을 수립 실시하고, 금융조합연합회에 대한 대통령의 자문에 응하며, 필요할 경우 금융조합연합회의 업무상황보고와 서류제출까지 요구할 수 있었다.

운영위원회 설치는 어떠한 관계 법령에도 규정된 것이 없었고, 사전에 관계 기관이 논의하지도 않은 것으로 보인다. 이렇게 위원회를 급조한 것은 금융조합연합회가 정부의 막대한 업무를 대행하고 있으므로 불안감을 해소하고 국가시책에 맞게 추진하기 위해 지도감독하려는 의도였을 것이다. 그러나 어떤 의도로 이 기구를 만들었는지는 확인할 길이 없다. 다만 이 위원회는 정식 회의는 한 번도 개최하지 않은 채 한국전쟁 발발과 함께 유야무야되고 말았다. 그렇지만 이 기구는 이후 특별법에 의해 설립되는 농업은행과 농협에 유사한 제도가 만들어지는 단초가 되었다.

4) 한국전쟁과 금융조합

한국전쟁 당시 금융조합의 활동을 보다 잘 이해하기 위해서는 전쟁과정과 주요 화폐금융정책을 살펴볼 필요가 있다. 1950년 6월 25일 새벽 북한의 남침으로 정부는 수도 서울에서 철수해 부산에 임시수도를 두었다. 인천상륙작전으로 그해 9월 28일 수도 서울을 탈환하고 복귀했으나 중공군이 개입하면서 1951년 1월 4일 서울에서 다시 철수하여 부산으로 내려갔다. 이어 그해 4월에 국군과 유엔군이 북한을 38선 이북으로 몰아냈고, 이후 전투는 38선에서 치열하게 전개되었다. 그리고 1953년 7월 27일 판문점에서 휴전협정을 조인하고 정부의 환도에 이어 모든 금융기관도 광복절까지 서울로 돌아왔다.

한국전쟁 중 주요 화폐금융정책을 살펴보면, 1950년 5월 5일 한국은행법이 공포되어 전쟁 직전인 6월 12일 한국은행이 중앙은행이 되었다. 그리고 통화가치의 안정과 은행신용 조절을 위해 기본적인 신용통제수단으로 지불준비정책, 금리정책, 융자실링제 등을 실시했다. 전쟁 발발 후인 6월 28일에는 대통령 긴급명령 제2호 '금융기관 등 예금 등 지불에 관한 특별조치령'을 공포하고, 재무부령 제1호로 급격한 예금인출을 막기 위해 1세대당 1주 2만 원 이내 누계 7만 원 이내로 예금지불 제한정책을 실시했다. 이어 7월 19일에는 대통령 긴급명령 제4호로 전재지구로부터 피난 나온 예금자 보호를 위한 금융기관 상호 간 예금대불제를 실시했고, 8월 28일에는 적침에 의한 경제교란 및 괴뢰공작자금 유입을 봉쇄하기 위해 대통령 긴급명령 제10호 '조선은행권의 유통 및 교환에 관한 건'을 공포하여 구조선은행권 교환사업인 제1차 통화조치를 시행했다. 또한 1953년 2월 15일에는 전쟁 장기화에 따른 UN군 대여금 누적과 재정적자로 인한 악성 인플레이션을 막기 위해 대통령 긴급명령 제13호와 동 시행령으로 역사적인 통화개혁 조치를 단행했다.

금융기관의 여수신 면을 보면, 우선 여신 면에서는 1950년 6월 22일 한국은행의 융자실링제 실시, 1951년 2월 1일 금융기관 자금운용에 관한 임시조치요강 및 은행융자의 전력증강, 1951년 6월 15일 경제안정을 위한 금융기관 자금운용에 관한 준칙 등이 실시되어 은행융자가 강력히 규제되었다. 수신 면에서는 1950년 6월 14일 금융기관의 지불준비 제도가 실시된 이후 악성 인플레이션을 극복하기 위한 정부의 통화수축정책에 호응하여 재정자금 및 거액의 UN군 자금살포로 인한 부동구매력을 흡수하고 생산자금 대출자원 확보 차원에서 대한금융단이 1951년 1월 1일부터 필승저축운동에 이어 1952년 4월 1일부터는 국민저축운동을 실시하며 신종 예금, 국민저축조합예금, 국채저금 취급 등 인플레이션 수습과 생산증강을 위한 자금조성에 주력했다.

금융조합은 전쟁이 발발할 당시에는 본부를 위시해 대부분의 조합이 소개할 겨를도 없이 적 치하에 들어가고 말았다. 이때 해방 직후와 같은 급격한 예금인출사태로 예금이 격감했다. 그러나 중공군의 개입에 따른 1951년 제2차 소개 시에는 질서정연하게 임시수도인 부산의 연합회 경남도지부에 사무실을 두고 전국 금융조합을 대상으로 정상적인 업무를 추진했다. 다만 적침지인 강원도 등에 소재한 금융조합은 중요 서류 등을 안전하게 운반하여 각지에 대기하다가 전쟁이 호전되면서 복귀했다. 1951년 6월 말 현재 총 550개 사무소 중 재침으로 인한 폐쇄 사무소는 125개였다. 그중 57개 사무소가 업무를 재개했고, 이후 차례로 재개하다가 1951년 12월 19일 서울도 은행업무를 모두 재개했다.

(1) 한국전쟁 중 신용사업

① 수신업무: 금융조합은 전쟁 발발과 함께 급격한 예금인출사태로 예금이 격감하자 한국은행 비상차입금을 들여와 위기를 모면했다. 그러나 1951년부터는 전시경제체제의 전력증강을 위해 필승저축운동을 금융단 공동으로 실시했고, 국민저축운동, 무기명 정기예금, 국민저축조합예금 조성, 국채저금 등 특별저금을 실시하며 금융조합 자체적으로 현물저축운동을 활발하게 전개했다. 그 결과 1950년 3월 127억 9,300만 원이었던 예금은 1951년

3월 175억 4,700만 원, 1952년 3월 482억 5,100만 원으로 늘어났고, 1953년 3월에는 15억 800만 환(통화개혁으로 1/100로 줄어든 수치)으로 크게 증가했다. 이는 전쟁 기간 중 악성 인플레이션에도 불구하고 이룬 놀라운 실적이었다.

② 여신업무: 전란 중에도 금융조합은 자기자금에 의한 생산자금을 최대한 공급하고, 한국은행 차입에 의한 농업생산자금 방출에 심혈을 기울였다. 영농자금은 1950년 25억 원, 1951년 100억 원, 1952년 385억 원을 방출했고, 1951년에는 전란으로 격감한 축우를 보완하기 위해 농경우자금 25억 원, 전재민의 주택복구를 위해 국민후생 주택자금 7억 8,750만 원을 지원했다. 그리고 1952년에는 풍수해 등으로 어려운 농민을 돕기 위해 입도선매대책 융자금 300억 원, 국민후생 주택자금 13억 370만 원을 공급했다. 그러나 이러한 정책자금 외에 서민을 위한 일반자금대출은 한국은행의 은행여신 통제강화 등의 제약을 받아 제대로 실행할 수 없었다.

③ 지가보상업무 개시: 1949년 공포된 농지개혁법에 따라 1950년부터 착수하려던 농지개혁사업은 전쟁으로 일시 중단되었다가 1951년 4월 완료되었다. 대상토지는 농가에 분배되었고, 지가증권으로 보상받은 지주는 5년 동안 매년 정부의 지정가격으로 분할보상을 받게 되었다. 보상지불사무는 처음에는 식산은행이 취급했으나 식산은행의 지방점포 정리에 따라 정부는 이를 1952년 12월 금융조합에 이관하기로 결정했다. 금융조합은 1953년 1월 업무를 인수하여 1953년 5억 5,000만 환, 1954년 5억 900만 환, 1955년 18억 1,000만 환 등 모두 28억 7,000만 환의 지가보상금 지불사무를 수행했다.

④ 출자금 증강운동: 전쟁 전부터 꾸준히 이어진 출자금 증액운동은 전쟁 중에도 계속 전개되었다. 전체 금융조합 출자금은 1950년 3월 3억 7,020만

4천 원에서 1951년 3월 4억 747만 6천 원, 1952년 3월 10억 2,643만 원으로 늘어났고, 1953년 3월에는 1,654만 6천 환(화폐개혁으로 1/100 절하)까지 늘어났다.

⑤ 정부대행업무: 정부대행업무는 1949년에 개시되어 1950년부터 본격적으로 착수되었는데, 전쟁이 발발하면서 막대한 피해를 입었다. 전쟁으로 인한 비료피해는 2,206,936포대(45kg)에 59억 1,202만 5천 원에 달했고, 양곡업무는 1·4후퇴 이후 군과 협조하여 후퇴지구 잔류양곡 인출, 군량미의 안전지대 보급, 전재민에 대한 구호양곡 수송배급 등의 노력을 했으나 재고 754만 석 중 141만여 석(18%)의 피해를 입었다. 이런 상황에서도 군량조작을 위한 양곡을 위시해 농업생산 증대를 위한 비료 및 고공품 등 정부대행 사업을 차질 없이 수행했다.

⑥ 전쟁피해 손실처리: 전쟁으로 인한 피해는 주로 전쟁 직전인 1949년에 인수한 정부대행업무에서 크게 발생했다. 수도 서울을 재탈환한 이후 38선을 제외하고 전투가 소강상태였던 1951년 6월의 피해액은 전체 금융조합의 장부가격으로 18억 8,300만 원이었고, 금융조합연합회는 무려 80억 3,000만 원이나 되었다. 대부분 정부대행사업에서 발생한 피해액이었다. 이 금액은 1951년 3월 결산 때 전란으로 인한 제반손실 및 경비는 미결산계정에 편입한 뒤 수 년에 걸쳐 장기 분할소각하기로 결정되어 전재자산계정에 계상했고, 1951년 6월 이후에는 재무부장관의 승인을 얻어 편이했다. 그리고 매년 분할소각하여 1954년에 소각을 완료했다.

⑦ 전란 중의 금융조합 수지상황: 한국전쟁 3년간 금융조합의 수지상황을 보면, 1950년에는 전쟁피해로 10억 2,100만 원의 손실을 보았고 1951년에는 전쟁의 소강상태로 3억 8,600만 원의 잉여금을, 1952년에는 1,100만 원의 잉여금을 기록했다. 잉여의 발생은 억제되어 있던 신용사업에서는 나

올 수 없었고, 대부분 정부대행업무를 병행하여 얻은 것이었다. 대행업무는 이익 부분에서 1950년 60%, 1951년 61%, 1952년 44% 등 큰 비중을 차지했다. 그러나 근본적으로는 물동조작업무의 물품수집, 가공, 보관, 수송, 배급 등에 무려 5,500여 명의 인원이 동원되고 전시상황에서 비용이 속출하는 등 앞을 예측할 수 없는 긴장된 업무였기 때문에 수지상 기여를 떠나 금융조합의 기본업무를 크게 위축시키는 결과를 가져왔다.

5) 한국전쟁 이후의 금융조합

한국전쟁 이후 경제부흥기에 들어선 우리나라의 경제정책은 외국원조와 경제부흥계획, 초긴축정책 등 세 가지를 중심으로 이루어졌다. 외국원조는 미국의 경제원조와 유엔의 경제원조로 나눌 수 있다. 광복 후 군정 및 전쟁 기간 동안 미국의 원조로는 GARIOA(미군정 원조), OCA(경제협조처 원조), SEC(경제협조처 원조)가, 유엔 원조로는 CRIK(구호원조), UNKRA(한국재건원조)가 있었다. 전후복구원조로는 미국 원조로 ICA(국제협조처 원조), PL480호(미잉여농산물원조)가, 유엔 원조로는 CRIK와 UNKRA가 주종을 이루었다. 이 원조들은 1956년까지 17억 6,100만 달러(실제 도입액 13.4억 달러)가 도입되었고, 그 반 이상이 전후복구자금으로 지원되었다.

대외원조를 위해 한국과 미국은 정부 수립 이후 1948년 12월 '한미경제원조협정'을, 전쟁 기간 중인 1952년 5월에는 '한미경제조정협정'을, 그리고 전후인 1953년 12월에는 '경제재건과 재정안정계획에 관한 합동경제위원회 협약'을 체결했다. 그에 따라 정부 수립 후 우리에게 넘어왔던 경제정책의 주도권은 절대적인 원조로 인해 미국 등으로 넘어간 감이 없지 않다. 그러나 정부는 대외원조를 기반으로 1953년 9월에 1952년을 기점으로 하는 5개년 부흥계획을 발표했고, 1956년 2월에는 1957년을 기점으로 하는 신5개년 부흥계획을 책정 시행했다.

외국원조와 부흥계획 추진에 따라 국민총생산고는 꾸준히 증가했다. 1956년에는 1인당 국민소득이 약 86달러로 전쟁 전 평가액 약 87달러에 육박하는 수준까지 이르렀다. 광복 이래 최대 문제였던 인플레이션도 1955년 8월 1/500의 단일환율 책정으로 거의 억제되다시피 하여 비로소 전쟁의 피해를 복구하고 성장을 이룰 수 있는 기반을 갖추었다. 그러나 한편으로는 달러화 경매에 따라 시중자금이 고갈된 데다 재정 및 금융의 초긴축정책으로 몇몇 예외를 제외하면 일반융자, 특히 중소기업에 대한 융자가 지난했고, 시중금리의 고등, 예금의 부진, 오바론의 격증 등 금융이 핍박상태에 빠져 도시 상공업자의 도산이 속출했으며 농가부채도 누진되었다. 이런 상황에서도 초긴축정책은 지속되었는데, 한국은행은 종전의 은행별 실링제를 폐지하고 매 사반기별 최고한도제를 실시함과 동시에 일정 한도 이상의 대출에 직접허가제를 병행 실시했다. 예금지불준비금까지 인상되어 금융핍박은 매우 극심했다. 이런 경제정세 속에서 금융조합은 1956년 5월 1일 주식회사 농업은행이 발족할 때까지 궁색한 자금으로 신용사업을 영위하며 식산계 부활 및 교육사업 등을 전개했다.

(1) 전란 이후의 신용사업

① 수신업무: 전란 후 수신업무의 가장 큰 특징 중 하나는 금융조합이 농촌부흥을 위한 현물저축운동을 대대적으로 전개한 것이다. 현물저축운동은 1952년 북한이 38선 이북으로 물러나며 전쟁이 소강상태에 들어갈 즈음 국책업무인 정부대행사업에 편중되어 있던 금융조합이 본래 업무인 신용업무를 재건하기 위해 전개했는데, 농촌경제의 향상을 위한 농업금융의 원활화가 절실한 상황에서 이루어졌다.

당시 농업금융을 원활화하기 위해서는 정부자금 방출만이 근본적인 해결책이었다. 그러나 전시체제의 핍박한 정부재정으로는 정책자금을 제공할 여유가 없었고, 한편으로는 인플레이션 억제를 위한 강력한 신용통제로 한국은행 차입금에 의한 농촌자금방출도 여의치 않았다. 이에 금융조합은 농업금융의 활로를 자주적으로 개척할 수밖에 없었는데, 이는 불안정한 사회정세와 농촌경제의 악조건 속에서는 무모한 시도였다. 그럼에도 금융조합은 1951년 충남도지부가 실시하여 성공한 사례를 전국적인 운동으로 승화시켜 자금을 조성하려 했다.

이 운동은 매년 전국 대상 농가에 대해 하곡 때는 호당 보리 5되, 추곡 때에는 호당 정조 1말씩(1954년에는 맥류 5되, 정조 3말)을 모으는 것을 목표로 현물로 저축을 받았다. 수집된 현물은 부락창고나 금융조합창고에 보관했다가 하곡은 9~10월경에, 추곡은 3~4월경에 부락 대표자 입회하에 판매한 뒤 농가계좌에 입금하여 통장을 발행 교부하고, 현물저축이 곤란한 농가는 현금 또는 기타 부업생산물로 받았다.

이렇게 실시된 현물저축은 금액으로 환산하여 1952년 3억 8,500만 환, 1953년 7억 3,000만 환, 1954년 18억 9,200만 환, 합계 30억 700만 환에 달했다. 이는 1954년 기준 금융조합 총예금의 36%였고, 통상 금융조합 총예금의 50%가 도시에 소재한 조합의 예금임을 감안하면 농촌조합 예금의 태반이 현물저축으로 이루어졌음을 알 수 있다. 현물저축으로 조성된 자금은 한국은행 차입금과 일부 일반자금까지 포함해 매년 조금씩이나마 농사자금으로 방출할 수 있었는데, 1955년의 경우 60억 환(현물저축 30억 700만 환)의 농사자금을 방출했다. 그러나 현물저축은 가뜩이나 어려운 농가를 대상으로 강제추진되어 농가경제를 더욱 어렵게 한다는 여론을 불렀고, 국회까지 이 운동의 중지를 요구하여 1952년부터 1954년까지 3년 동안 실시된 뒤 중지되었다.

현물저축은 농촌금융의 원활화를 위한 불가피한 선택이었다. 그러나 당시의 농촌경제사정으로는 아무리 농가에 대한 이해와 설득을 통한 자발적 저축의 형식을 취했다 해도 문제를 야기할 수밖에 없었다. 그럼에도 현물저축의 영향 등에 힘입어 전란 후 금융조합 예수금 실적은 크게 늘어났다. 1953년 3월 15억 800만 환, 1954년 3월 36억 6,800만 환, 1955년 3월 83억 7,400만 환, 1956년 3월 122억 4,200만 환에 달하는 실적을 달성해 1953년도 3월과 비교해 8배의 성장을 기록했다.

② 여신업무: 전란 후 여신업무는 강력한 신용통제 속에서도 정책금융으로 1953년 10억 500만 환, 1954년 29억 5,100만 환, 1955년 60억 9,100만 환의 농사자금을 융자할 수 있었다. 이는 현물저축에 의한 금융조합 자기자금 조성에 힘입은 바가 컸다. 또한 1953년에는 추수 직전의 입도선매를 방지하기 위해 정부의 입도선매 대책자금을 긴급방출하기도 했다.

민간사업 부문에 대출하는 일반자금대출은 수신 내 여신을 원칙으로 하는 '금융기관 자금운용에 관한 준칙'이 전시금융체제에서 부흥재건금융체제로 바뀌어 이로 인해 융자순위제와 한도배정에 의한 융자제가 계속 실시됨으로써 큰 확대를 보지 못했다. 부동자금 흡수에 의한 한도확장과 배정된 한도 내에서의 융자 실시가 전부였다. 이런 환경에서도 대출금은 1953년 3월 7억 9,400만 환, 1954년 3월 15억 4,100만 환, 1955년 3월 47억 6,000만 환, 1956년 3월 67억 6,200만 환으로 늘어나 1953년 3월 대비 8배 이상 신장되었다.

(2) 대행업무의 종결

1949년부터 시작된 정부대행업무는 전란 후에도 금융조합의 전 계통기관을 총동원해 실시되었다. 이로 인해 기본업무인 신용사업보다 대행업무와 같은 국가적 요청이나 명령 또는 위탁업무에 매몰되어 기본업무가 악화되었을 뿐만 아니라 금융조합의 존재 이유가 사업기관으로서 더욱 부각되었다. 이처럼 금융조합의 존립에 심대한 영향을 미쳤던 대행업무는 비료 및 양곡업무가 정부직영체제로 전환됨에 따라 종료되었다. 구체적으로 정부 양곡조작업무는 1955년 10월 말에, 정부 비료조작업무는 그 4개월 뒤인 1956년 2월 말에 종료되었다. 그러나 연합회가 인수한 보관량은 계속 취급했기 때문에 1955비료연도 말인 1956년 7월까지 업무를 보다가 완전히 종료되었다. 고공품조작업무도 1955년에 종결되었다.

(3) 식산계 부활과 교육사업 활성화

식산계는 해방과 더불어 법령은 그대로 존치했으나 사실상 방치되어 있었다. 그런데 대한민국 정부 수립 이후 농업협동조합 설립에 관한 법제화가 활발하게 논의되면서 1953년 11월 금융조합이라는 명칭을 농촌산업조합으로, 금융조합연합회는 대한산업조합연합회로 변경하라는 이승만 대통령의 유시가 내려왔다. 그에 따라 정부는 산업조합법 기초를 서두르게 되었는데, 주요내용은 다음과 같았다.

- 금융조합을 해산하고 그 조직을 산업조합으로 개편한다.
- 산업조합은 민주적 협동조합으로서 시·군 단위의 대구역주의를 취하고, 조합에 세포조직인 식산계를 존치한다.
- 조합원의 훈련은 개개인을 대상으로 하지 않고 그 세포조직인 식산계를 통하도록 한다.

이에 금융조합은 산업조합법 제정을 기정사실화하고 정부방침에 호응하여 식산계를 중점적으로 육성하고, 이를 구체화하기 위해 본격적인 교육사업계획을 수립했다.

1954년부터 실시한다는 목표로 수립된 교육사업계획은 첫째, 대학 졸업 정도 이상의 청년을 대상으로 농촌지도에 헌신할 인재를 선발하여 강습 훈련을 시킨 후 농촌지도사업의 중추적 역할을 담당케 한다, 둘째, 조합의 임직원을 재교육해 농촌지도자의 자격을 갖추게 하고, 실제로 농촌에 투입해 농촌사업에 치중하도록 한다. 셋째, 농촌 자체에 중심인물을 양성하여 조합의 활동과 유기적 연계를 기한다는 3단계 계획이었다.

1954년 4월 금융조합연합회 교육부는 농촌지도자 61명을 선발하여 제1회 농촌지도자강습회를 실시하고 교육사업을 확대했다. 농촌교육 전문가를 상임으로 초빙하여 지도자 양성에 힘을 쏟았다. 이후에는 농민을 대상으로 하는 농촌 중심인물 강습, 식산계 간부 양성교육, 임직원대상 농촌지도 전임직원 양성교육, 임직원 재교육, 기술지도요원교육 등으로 확대했다.

농촌부흥과 식산계 활성화를 목표로 한 교육사업 외에도 1954년 6월에는 식산계 부흥사업계획이 수립되었다. 이 계획은 금융조합의 부락조직인 식산계를 부흥시켜 농촌의 자조 및 공동의 요소를 적극 개발해 농업경영의 개선과 향상을 기하고, 조합과 식산계의 교육과 업무연계를 강화하여 협동조합의 본질을 구현하는 것이 목적이었다. 그리고 구체적인 사업으로 식산계 지도방침 수립, 영농자금 효율화 지도, 지도 식산계 설치 확충, 직원 및 부락 지도자 강습, 부락 중심인물 강습 등을 책정했다.

이 중 특히 지도 식산계 육성은 금융조합 사무소당 3개의 계를 선정하고 익년에 다시 2개씩을 추가한다는 계획을 세웠다. 지도 식산계에 대하여는 기본조사를 철저히 하여 부락의 경제적 조건과 농업의 경영내용을 완전히 파악한 뒤 부락건설계획을 수립하고 실천을 지도하며, 필요자금을 융자하고 조직적인 활동을 촉구하는 등 중점적인 지도를 했다. 이는 일반 식산계를 자극해 자발적인 활동을 전개하도록 하여 지도 식산계로 선발하기 위함이었다.

지도 식산계의 사업은 구체적으로 농지조성, 수리시설 등의 생산시설사업, 특수작물재배, 공동경작, 축산, 과수, 원예 및 농가부업제품 등의 생산사업, 정미소, 농기구 등의 이용사업과 구판사업 등이었다. 이런 사업들은 농민들의 자조·자립정신을 앙양하는 데 다소 성과가 있었으나 식산계의 부락건설계획 등에 대한 자금지원이 원활히 이루어지지 않아서 급격한 신장은 보지 못했다. 그러나 1955년 3월까지 식산계 34,775개, 계원 220만 명, 공동경작지로 답 86만 평, 전 81만 평, 대지 4,300여 평을 소유했고 곡물조제기구, 발동기, 양수기 등 공동시설을 다수 보유했다. 이는 1957년 상당수가 리·동 조합으로 흡수되었다.

교육사업과 더불어 광범위하게 전개되었던 식산계 부활운동은 1955년 10월 산업조합법이 좌절되고 각종 대행업무가 폐지되자 경영 난관에 봉착하여 1년여 만에 각종 교육이 중지되면서 멈추고 말았다.

(4) 전란 후 금융조합의 수지상황

전란 후 3년간의 수지상황을 보면, 1953년도 결산(1954년 3월 31일) 때는 5,500만 환의 손실을 보았다. 그러나 1954년도 결산(1955년 3월 31일) 때는 1,200만 환의 이익을 보았고, 1955년도 결산(1956년 3월 31일) 때는 다시 5억 300만 환의 손실(25개 조합 900만 환 이익, 113개 조합 5억 1,200만 환 손실)을 보았다. 손실을 본 것은 1953년은 물가앙등에 따른 경비 증가, 1955년은 정부대행업무 종결의 영향 때문이었다.

6) 주식회사 농업은행으로의 개편

(1) 개편 경위

농협법은 정부 수립 이후 꾸준히 추진되었지만 제정되지 못하고 있었다. 그러던 중 미국의 농업신용 제도 및 농업협동조합 전문가인 존슨(Johnson) 일행과 ICA 직원인 쿠퍼(Cooper)가 내한하여 각각 건의서를 제출하여 재무부와 농림부가 각각의 법안을 작성했다. 그러나 부처 간 의견조율이 이루어지지 않으면서 농협법 입법은 더욱 지연되었다. 그 무렵 재무부는 머지않아 새로운 기관이 발족할 것으로 예상하고 그때까지 농업금융을 담당했던 금융조합을 해산한다는 방침을 세웠다. 그런데 당시는 춘궁기를 앞두고 있어 농사자금과 비료자금 방출을 어느 기관을 통해 할 것이냐는 문제가 있었다. 금융조합 해산방침을 확정한 정부 입장에서는 금융조합을 통해 이를 수행한다면 기관의 존속성을 인정하는 것이어서 간단한 문제가 아니었다. 이런 상황에서 재무국은 정상적인 입법절차를 거칠 겨를이 없다고 판단하고 당면한 자금을 공급할 수 있는 은행을 설립할 것을 전제로 1956년 3월 12일 주식회사 농업은행 설립요강을 임시국무회의에 상정, 통과시켰다. 그 설립요강의 주요내용은 다음과 같았다.

- 은행법에 의한 농업신용을 담당하는 보통은행을 설립한다.
- 농업신용에 관한 업무사항은 동 은행 정관에 규정한다.
- 농업은행은 주식회사로 한다.
- 농업은행은 자본금을 5억 환으로 한다.
- 설립은 발기인 설립으로 한다.
- 발기인이 인수한 주식은 1년 이내에 농업에 관계있는 대한민국 국민과 그들로서 구성된 농업단체 및 농업 관계 법인에게 그 불입 액면가격으

로 양도한다.

● 농업은행은 설립과 동시에 금융조합 및 금융조합연합회의 금융업무 일체를 승계한다.

● 발기인은 7인으로 하고, 재무·농림 양 장관이 공동추천한다.

● 금융조합 및 금융조합연합회는 금융조합 및 금융조합연합회 규정 중 "사업이 곤란한 때는 해산을 명할 수 있다"의 규정을 적용하고, 대통령령으로 해산을 명한다.

이 같은 정부방침에 대해 국회 재정경제위원회는 농업은행은 공공성에 비추어 민간 사유의 영리회사인 보통은행으로의 개편은 불가하며, 특수법으로써 공공적 농업은행이 설립될 때까지 지금의 금융조합 및 금융조합연합회를 이용할 것 등을 주장하며 강력히 반대하고 나섰고 대정부 건의문까지 채택했다. 그러나 정부는 재경위의 반대에도 불구하고 영농자금의 조속한 방출과 비료자금의 공급 등에 시기를 놓쳐서는 안 된다는 이유로 금융조합과 동 연합회의 해산방침을 변경할 수 없다는 뜻을 확고히 했다. 다만 농업은행 설립안 중 정부 추천으로 하기로 한 발기인은 금융조합연합회 및 금융조합 대표자 중에서 선출하기로 하고 대통령의 일방적 해산명령 대신 금융조합 조합원의 임의해산 결의에 의해 해산하도록 하는 것으로 내용을 수정하여 국무회의 의결대로 추진했다. 그에 따라 금융조합은 주식회사 농업은행으로 개편되었다.

(2) 개편과정

1956년 3월 30일 금융조합연합회는 임시총회를 소집하여 금융조합연합회가 주식회사 농업은행 발기인의 일인으로 참여해 농업은행의 300만 주(총주 수) 중 299만9,700주를 인수하고, 동시에 금융업무 일체를 농업은행에 이양하며, 농업은행 설립일로부터 60일 이내에 연합회를 해산한다고 결의했다. 그러나 금융조합연합회는 특수법에 의한 농업은행 발족이 조만간 실현될 조짐을 보이자 1956년 6월 28일 임시총회를 다시 소집하고 "특수법에 의한 농업은행 및 농업조합(가칭)의 발족과 동시에 동 연합회를 해산한다"라고 번안 결의하여 이전의 해산결의를 취소했다. 따라서 농업은행이 설립되더라도 법적으로는 금융조합 및 금융조합연합회가 해산하지 않고 존치하게 되었다.

이후 금융조합연합회는 1956년 4월 30일 전국금융조합조합장회의를 개최하고 농업은행 설립 발기인으로 제주도를 제외한 각 도에서 1명씩을 선출하고, 대표 발기인으로 당시 회장이던 김진형을 선임했다. 그리고 이들 발기인이 농업은행 정관을 작성하여 금융통화위원회에 제출함으로써 주식회사 농업은행 설립절차를 마쳤다. 아울러 각 금융조합별로 임시총대회를 소집하여 당국의 지시대로 업무이양에 관한 결의를 했다. 그런데 이는 법령과 정관에 따라 각 조합마다 조합원의 총회결의가 있어야 하는 중대한 사안이었다. 이를 생략하고 당국의 방침을 따른 것은 명백히 위법이었다.

이와 같은 모든 절차가 끝나자 대한금융조합연합회장과 주식회사 농업은행장은 자산부채 인수에 관한 기본협약서와 각서를 체결했다. 그리고 1956년 5월 1일 현재의 금융조합 및 동 연합회의 금융업무 일체와 재산의 일부(자산부채 인계는 4월 30일 현재)를 주식회사 농업은행에 인계했다. 농업은행이 1956년 5월 1일과 7월 15일 2차에 걸쳐 금융조합과 금융조합연합회로부터 인수한 내용은 다음과 같다.

● 자산부채: 예치금 16억 2,502만 6천 환, 대출금 69억 2,133만 3천 환,

양수미결자산 24억 3,044만 1천 환, 예수금 130억 2,039만 3천 환, 차
입금 4억 2,900만 환

● 은행점포: 본점 1, 도지부 9, 군지점 153, 출장소 551개소

한편, 금융조합 단위에서도 조합을 대표하는 조합장 전무이사와 주식회사
농업은행 간의 사무인계인수에 관한 기본협정을 체결하고 금융업무에 대하
여 점포별 인수를 마쳤다. 이렇게 하여 주식회사 농업은행이 발족되었다.

(3) 재편 후 변경내용과 특징

새로 발족한 농업은행은 종전의 금융조합연합회를 본점으로, 금융조합 사
무소를 지점 또는 출장소로 하고 총인원 4,865명(간부직원 984명 포함)을 인
수해 1956년 5월 1일 영업을 개시했다. 당시 농업은행은 자본금 30억 환에
300만 주(1주당 1,000환)를 발행했다. 금융통화위원회의 인가를 얻어 설립되
었고, 재무부와 한국은행 감독부의 감독을 받았다. 운영기관으로는 주주총
회와 취체역회를 두었고, 임원은 주주총회에서 선임하는 취체역 7인 이내,
감사역 3인 이내를 두었다. 그리고 은행장, 전무취체역 각 1명과 상무취체
역 약간 명은 취체역회의에서 호선했다.

업무체계는 본점과 지점, 출장소 또는 대리점을 두는 본·지점 제도를 채택
했다. 업무는 농업·농가·농촌에 관련된 모든 단기대출과 장기저리대출, 내
국환, 추심, 보호예수, 예·적금 수입, 정부와 한국은행으로부터의 자금차입,
사채발행 등이었다.

농업은행의 설립방법, 업무체계, 업무내용, 운영기관, 임원, 회계 등 모든
것은 일반은행과 동일했다. 다만 과거의 금융조합과 비교할 때 장기성 자금
을 취급하는 제도를 뒷받침하기 위해 정부로부터의 자금차입과 사채발행,

어음할인에 의한 대출 등을 채택하여 농업금융 면에서 진일보한 제도를 받아들였다.

농업은행은 대농민 신용기관을 지향했다. 그러나 농업금융의 공공성에 앞서 민간 주주의 의사가 경영에 반영될 수 있었고, 농업협동조합과 같은 단체와의 유기적인 유대 및 연결고리가 없어 상업성에 따른 영리추구에 편중됨으로써 대농민 지도금융을 제대로 실현할 수 없다는 한계를 갖고 있었다. 그럼에도 농업은행은 그동안 분산되었던 농업금융을 일원화하고, 장기저리자금을 취급하는 토대를 마련했으며, 정부자금에 의한 제도금융을 가능하게 했고, 생산금융뿐만 아니라 유통금융, 시설금융 등의 다양한 목적의 농업금융을 실현할 수 있게 했으며, 환·수신·적금·보호예수·어음할인·한국은행 차입 등의 업무도 가능하게 했다는 점에서 농업금융기관으로서 기능을 확장하고 제도정비 차원에서 진일보한 형태였다. 이는 이후 만들어진 특수법인 농업은행과 종합농협법에 그대로 반영되는 선례가 되었다.

2. 농회의 재편

일제시대 농업생산지도를 담당하는 국가정책기관으로 활동한 농회는 광복 당시 남한에만 5,000여 명의 직원을 두고 있었다. 이처럼 세력이 컸던 농회는 광복과 함께 일시 허탈감에 빠졌다. 그러나 미군정이 농회령을 그대로 유지하여 조직은 존속할 수 있었다. 미군정은 농회를 육성할 목적으로 해군중령 파젤을 회장으로 임명하고, 서울 회현동에 소재한 일본인 은급금고 건물에 사무소를 두고 일본의 물자영단을 접수하여 생활필수품을 농촌에 배급했다. 아울러 미국에서 초산암모니아를 수입하는 등 농회의 재흥을 기도했다. 그리고 육군중령 제닝스로 회장이 교체되면서 비료판매대금으로 고공품 생산장려, 농약취급, 농기구알선 등에 크게 힘을 쓰며 계통농회에 활기를 불어넣었다.

그러던 중 1948년 1월 31일 군정법령 제165호에 의거해 기구개혁이 단행되었다. 그 내용은 첫째, 도지사, 도 농무국장, 동 차장, 군수, 읍장, 면장 기타 도·군·읍·면의 관공리로서 농회의 임원을 겸임하고 있는 자는 후임자 임명 때 농회 임원의 직무를 면제토록 한다, 둘째, 조선농회는 각 도농회장을 임명하고 도농회장은 조선농회의 사전승인을 받아 군·읍·면농회의 업무 담당자를 임명하며, 조선농회는 산하 하급농회의 임직원을 해임할 수 있다, 셋째, 농회사무 계통은 조선농회로부터 도농회, 도농회로부터 군·읍농회로 직접 농회 계통만을 경유한다, 넷째, 도 농무국 및 그 직원은 도 농무국과 농회 간의 저촉되는 시책과 행동을 피하기 위해 도 및 그 하위농회의 임원 및 직원과 상호 긴밀한 연락을 유지한다, 다섯째, 현재 소속으로 농회 업무에 종사하고 있는 도·군·읍·면의 직원은 봉급 출처의 여하를 불문하고 그 직책의 수행을 계속하며, 그 농회장에 대하여 그 직무를 신속히 능률 있게 수행할 책임을 가진다는 것이었다.

이를 보면 일제시기의 농회와는 성격이 다른 독립적 농촌단체로 거듭나는 것처럼 보인다. 그러나 실제로는 일제시기의 조직과 인원을 그대로 계승·유지했을 뿐만 아니라 집행기관도 구제도를 답습하여 군정 및 과도정부 때는 회장은 임명하고 도 단위 이하의 장은 각급 행정기관장이 담당했고, 대한민국 정부 수립 이후에는 시·군농회장은 시장과 군수가, 도농회장은 도지사가 겸임하고 중앙농회장은 별도로 임명하지 않고 농림부장관이 겸임했다.

농회는 광복 후 주력사업인 생산기술지도사업을 사실상 수행하지 못했다. 일제시기에 농민에 대해 업무를 수행하며 강권을 행사하고 무리한 요구를 한 결과 광복 후 농민의 호응을 전혀 받지 못해 업무수행이 불가능했던 것이다. 따라서 원료비료의 알선배급업무, 비료배합공장 운영, 고공품 매입판매, 잠업 관계 업무 등을 주로 수행하며 간신히 연명할 수밖에 없었다.

이처럼 농회의 활동이 위축된 원인은 첫째, 주력사업인 농민에 대한 생산기술지도는 농민의 반발과 비호응으로 수행할 수 없었다는 것, 둘째, 농민과 농회의 괴리로 인해 조직력이 약화되고 중앙농회와 지방농회의 연관성마저 희미해졌다는 것, 셋째, 과거 일제시기처럼 정부와 행정기관의 막대한 자금보조를 받을 수 없었고 회비징수에도 강제력을 행사할 수 없어 심각한 재정난에 봉착했다는 것, 넷째, 직원의 수뢰 횡령과 같은 대형사고가 터져 농회의 신용이 급격히 하락했다는 것 등이었다.

이런 가운데 농회는 정부 수립 이듬해인 1949년 3월 잠사 관계 업무를 잠사협회로 이관했다. 그해 8월에는 비료취급업무가, 12월에는 고공품취급업무가 각각 금융조합연합회에 이관되었다. 그로 인해 미곡·잡곡 생산기술지도, 퇴비증산장려지도, 비료배합공장 운영, 면화·양잠·축산에 관한 기술지도, 농기구 구입알선, 수의약품 공급, 종우사양장려, 가축매매알선 등 대부분 휴면상태에 놓여 있던 기술지도업무만 남게 되었다.

농회는 경영난으로 인해 대농민 경제사업마저 이관하여 새로운 조직체로 전환하지 않으면 안 되었다. 그러던 중 1949년 12월 2일 이승만 대통령의 유시로 농회와 농민총연맹의 합병지시가 내려왔고, 1950년 3월까지 군·면 농민회 조직이 완료된 데 이어 4월에는 중앙농민회 조직이 완료되어 대한농민회로 개편되면서 대한농회는 사실상 청산단계에 들어갔다. 그런데 이런 상황에서 한국전쟁이 발발하여 재산상 막대한 손실을 입었다. 주요건물과 창고시설, 공장 등 대부분이 파괴되었는데, 특히 농업창고는 1,107동 가운데 306동이 파괴되었다가 후에 복구되었다. 그 결과 전쟁이 끝난 뒤 농회의 재산은 약 2억 환으로 추산되었는데, 주요재산은 농업창고, 종우, 가축, 건물 및 사무실, 비료배합공장, 운반기구, 토지 등이었다.

1951년 4월 피난지 부산에서 농회는 단체를 해산하고 농림부장관을 청산인으로 하여 재산과 업무를 청산한 뒤 나머지 재산은 향후 탄생할 농민단체에 인계하라는 유시가 내려왔다. 이에 농림부는 청산위원회와 청산사무국을 두고 각 도·군에 청산사무국을 설치해 계통농회로부터 재산과 업무를 인수했다. 그리고 농회령에 의거해 나머지 재산을 관리하는 기구로 중앙에는 농림부장관의 감독하에 대한농회재산관리소를, 도와 군에는 도지사와 군수가 관리하는 재산관리소를 발족하여 재산만 유지관리했다.

이처럼 농회가 대통령의 명령으로 해산되자 간부와 일부 인사들이 직원들을 소집해 농민회의를 개최하기도 했다. 그러나 이는 유야무야되었고, 결국 일제 농정을 수행하는 행정의 별동대로서, 우리나라 농정을 실현하는 농업단체로서 많은 공과를 남긴 채 계통농회는 사라지고 말았다.

3. 산업조합, 축산조합, 기타의 재편

산업조합은 1942년 말까지 남아 있던 32개 조합마저 완전히 해산된 채 광복을 맞이했다. 군정법령과 제헌헌법에 따라 산업조합령이 존속되면서 경기강화조합, 충남부여조합, 논산산업조합, 전남의 영산포·담양·장흥산업조합, 경북 동촌산업조합 등 특산품 중심의 산업조합이 신설되었으나 사업은 활발하지 못했다. 1956년에는 논산·동촌·강화·부여산업조합이 금융조합연합회로부터 지방특산장려 대출금을 받아 지방특산품장려에 노력하기도 했다.

일제시기에 축산동업조합에서 농회의 사업으로 이관되었던 축산 관계 사업은 광복 후 농회와 함께 존속되다가 농회 해산 이후인 1954년 1월 23일 법률 제306호로 가축보호법이 제정되면서 시·군 축산동업조합, 각 도 축산동업조합연합회, 대한축산동업조합연합회가 설립되어 이를 통해 사업을 진행했다. 1955년 7월부터는 가축매매중개업무를 담당하면서 여기서 벌어들인 자원으로 가축개량·방역 등의 사업을 하며 양축농민 조합원의 복지증진에 기여했다. 축산동업조합은 1955년 8월까지 159개 시·군 조합과 617,000명의 양축조합원을 두고 있었다. 이후 1956년 11월부터는 양축농가의 불의의 손실을 보전하기 위해 농림부령 제47호로 공포된 가축공제규정에 의거해 가축공제사업을 실시했다.

원예 관계 업무는 새로 발족한 대한원예협회가 수행했다. 농림부는 1949년 새롭게 발족할 농업협동조합에 대비해 일제시기부터 있었던 조선과실협회와 조선종묘중앙회를 통합해 대한원예협회를 발족했다. 이 협회는 원예작물 재배의 개량발전과 생산자의 복리증진을 목적으로 했고, 전국의 과실·채소·종자·종묘 생산업자를 망라한 중앙기관이었다. 대한원예협회는 원예작물의 생산장려와 기술·경영지도, 필요한 자재의 공동구입, 생산물 공동판매, 저장, 가공, 수출입의 알선과 생산판매에 관한 조사연구사업을 담당했다. 1956년 11월까지 178개 조합을 두고 비료, 농약, 농기구, 기타 자재 등의 공동구입업무를 활발하게 전개했다.

제3장
농업협동조합법과 농업은행법의 입법

　대한민국 건국 후 농정의 최대 현안 중 하나는 농업협동조합법(이하 '농협법') 제정 추진이었다. 농협법은 소농의 농업생산력 향상과 농가소득 증대를 목적으로 하는 협동조합을 설립할 수 있는 근거였다.

　1948년 9월 이승만 대통령은 제헌국회에서 행한 시정연설에서 "농업단체에 관하여는 종래의 난립과 이윤추구 지상주의의 욕구를 지양하고, 국가 산업정책에 솔선할 것을 요청하는 바이며, 정부로서는 협동적 조직체를 고찰하여 정부 협력기관의 육성발전에 관심을 가질 것"이라고 밝혔다. 그에 따라 조봉암 초대 농림부장관은 농지개혁사업과 농업협동조합 설립을 당면한 주요정책으로 농지개혁법과 농협법을 추진했다. 이로써 농협법 입법이 본격화되었다. 농협법과 농업은행법은 이후 근 10여 년에 걸쳐 여러 기관에서 수많은 법안을 만들고 정부와 국회가 아홉 차례나 입법화과정을 거치는 등 천신만고 끝에 만들어졌다.

　정부와 국회의 입법화과정은 크게 두 시기로 나눌 수 있다. 첫 번째 시기는 1948년부터 1956년까지이다. 이 시기에는 전쟁과 복구과정에서 기존의 금융조합체제를 그대로 유지하면서 금융조합을 비롯한 각종 농협 관련 단체들을 재편하고, 농협법과 일반협동조합법, 농협의 신용사업 겸영 여부와 신용사업 감독기구 문제, 농림 계통의 중앙금고안과 재무 계통의 농업은행 안 등이 대립하면서 입법화가 지연되었다. 이후 두 번째 시기에는 OEC(주한 경제조정관실)의 제안을 계기로 금융조합의 재편과 함께 농업금융 및 농협조 직에 대한 기본적인 골격을 정하고 그것을 입법화했다. 정부 수립 이후 농업 협동조합법안의 입법화과정은 〈표 1〉과 같았다. 아래에서는 이 입법과정 을 내용, 과정, 쟁점들을 중심으로 자세히 살펴보겠다.

〈표 1〉 정부 수립 이후 농업협동조합법안 입법화과정

시기	입안주체	주요내용
1948년 10월	농림부	· 4종(신용·구매·판매·이용) 겸영의 농업협동조합 · 국무회의 상정, 경제위를 거쳤으나 보류
1949년 3월	기획처	· 일반협동조합법안 · 제헌국회 회기종료로 폐기
1950년 11월	농림부	· 법제처 회부 · 농림부와 재무부 대립 · 신임 장관에 의해 입법 추진 중지
1951년 말	국회 농림위	· 진전을 보지 못하고 폐지
1954년 1월	농림부	· 자유당 전당대회에서 협동조합법 조속 추진 결의 · 국회 농림위 통과, 재경위 회부 · 국회 임기만료로 폐기
1954년 6월	법무부	· 산업조합법안 입안 · 국무회의 통과, 폐기
1955년 초	국회	· 농림위원회 농협법안 입안 · 재정경제위원회 농업은행법안을 부수한 농협법안 입안 · 각각 법사위 회부
1955년 9월	OEC	· 존슨 안(案)
1956년 2월	OEC	· 쿠퍼 안(案)
1957년 1월	국회	· 국회 농림위원회 농협법안 입안 · 국회 재정경제위원회 농업은행법안 입안 · 양 법안 2월 1일과 2일 각각 국회통과
1958년 3월	재무부	· 농은법 개정안 국회통과 · 농협법 개정안 국회통과

1. 최초의 농업협동조합법안

최초의 농협법안은 앞서 기술한 대로 조봉암 농림부장관 당시 대통령의 시정연설 후인 1948년 10월 27일 농림부에서 농업협동조합 조직요강을 작성하고, 그해 10월 3일 4종 겸영, 읍·면 단위농협을 기초로 하는 농협법안을 만들어 11월 24일 국무회의에 상정했다. 국무회의는 농협법안이 농촌경제에 변혁을 가져올 중대 법안임을 감안, 기획처에서 심사 후 보고하도록 했다. 이는 재무부장관이 제안한 것으로, 이때부터 농림부와 재무부는 의견차를 보였다. 기획처는 이 법안을 장기간 연구하며 1949년 2월 중앙경제위원회에 자문을 구했고, 중앙경제위원회는 농업협동조합뿐만 아니라 일반적인 협동조합법을 기초하여 농업은 물론 상업, 광업, 수산업, 산림업 등을 광범위하게 포함하는 협동조합법안을 입법할 것을 권유했다. 그 결과 농림부가 만든 최초의 농협법안은 보류되고 말았다.

2. 일반협동조합법안

농림부의 농협법안이 보류되자 기획처는 이 법안을 기초로 농업뿐만 아니라 모든 지역에서 조직할 수 있는 일반협동조합법안을 만들었다. 이 법안은 1949년 3월 9일 중앙경제위원회를 통과했고, 법제처의 법문심사를 거쳐 그해 4월 26일 국무회의에 상정되어 통과되었다. 그러자 정부는 5월 28일 정식으로 국회에 회부했다.

국회에 회부된 일반협동조합법안은 한두 부처와 관련된 것이 아니라 산업을 관장하는 여러 부처에 관련되어 있었고, 협동조합에 관한 일반적인 사항만 규정한 것이었다. 즉 이해관계가 걸린 단체들의 정비는 따로 법률로 정한 다고 되어 있어 일사천리로 국무회의까지 의결을 볼 수 있었다. 우리나라 최초의 일반협동조합법안인 이 법안의 주요내용은 다음과 같다.

- 협동조합은 공익 사단법인으로 한다.
- 협동조합은 협동정신을 바탕으로 조합원 및 회원의 경제적·사회적 지위 향상을 위하여 최대 봉사를 함으로써 산업의 발달과 국민경제의 발전을 도모한다.
- 단위조합은 일정한 지역 내에서 같은 산업인을 조합원으로 하여 조합을 조직하고, 농업협동조합은 원칙적으로 읍·면 단위로, 기타 광업협동조 합 또는 상업협동조합은 지역 및 직연관계 등을 감안하여 적당한 구역 을 조합의 구역으로 한다.
- 연합회는 같은 산업단위조합을 회원으로 하여 조직하고 그 구역은 전국 으로 하여 각 도에 연합회 지부를 둘 수 있다.
- 조합 및 연합회의 사업은 판매, 구매, 신용, 이용, 복지, 재해보험, 물품 또는 설비검사 등의 업무와 주무부장관의 인가를 받은 사업으로 한다.
- 조합 및 연합회는 총회, 대의원회, 이사회를 두고 이사장, 부이사장, 감 사, 상무이사를 두기로 한다.
- 조합 제도에 따르는 각종 관계 단체의 정비에 관하여는 따로 법률로 정한다.

이 내용을 보면 당시 구상했던 일반협동조합은 비영리 공익적 사단법인 형태의 법인격으로, 조합원의 권익향상과 산업의 발달, 국민경제의 발전에 기여함을 목적으로 했다. 단위조합은 농협만 특별히 당초 농림부(안)에 담고 있던 경제사업을 위주로 읍·면 단위를 구역으로 했고, 사업 역시 농림부(안) 대로 4종 겸영의 종합협동조합으로 했다. 만일 이 법안과 부수 법안이 순조 롭게 통과되었다면 우리나라는 오늘날과 같은 특별법과 일반협동조합법의 이원적 체제가 아닌 단일법체제의 협동조합을 가진 나라가 되었을 것이며, 협동조합도 오늘날과 전혀 다른 양상으로 발전되었을 것이다. 그러나 이 법안이 심의되던 당시 좌익계열이 준동하여 국내정세가 지극히 혼란했고, 국회는 법안 통과로 인해 농촌 및 사회 전반에 미칠 변혁과 그에 수반되는 제 제도의 합리화에 신중을 기하는 한편 산적된 다른 법안의 심의로 이 법 안의 심의를 지연하다가 결국 제헌국회 종료와 함께 자연 폐기되고 말았다.

3. 농림부의 제2차 농업협동조합법안

1950년 농림부는 2대 국회가 성립되자 협동조합의 조속한 발족을 위해 다시 법초(안) 작성에 박차를 가했다. 한국전쟁이 발발하여 부득이 중단되었 지만, 1950년 9월 28일 서울수복 이후 법안의 기초를 완료하고 법제처에 회부했다. 그 내용은 다음과 같다.

- 단위조합은 시급한 식량증산을 목적으로 생산협동체의 기능을 발휘할 수 있도록 리·동 단위로 한다.
- 시장을 중심으로 농산물 유통협동체로서 리·동 단위조합을 회원으로 하는 시·군 조합을 조직한다.
- 축산과 원예사업을 발전시켜 농가소득 증대를 위한 축산·원예조합을 시·군 단위로, 기타 특수농업(과수, 양봉, 양토 등)에 지속적인 지원과 지

도를 목적으로 경제구역을 중심으로 조합을 조직한다.

● 도와 중앙에는 이들 조합을 회원으로 하는 도연합회, 중앙연합회를 두어 일반농협과 축산·원예조합은 3단계제로, 특수조합은 2단계제로 한다. 이와는 별도로 중앙금고제를 두되 단일체제로 한다.

이 법안 역시 4종 겸영의 종합농협으로 하되 중앙금고제를 따로 두고 일선 농협이 신용사업의 중앙금고 역할을 하는 내용으로, 이는 1948년 농림부가 만든 최초의 법안과 대동소이하다. 다만 단위조합은 유통경제 부문을 중시하여 읍·면 단위로 했던 것을 생산 부문을 중시하여 리·동 단위조합으로 변경했다.

이 법안은 법제처에 회부되어 심의를 받았다. 신용업무 겸영과 분리 및 행정감독권의 소관에 대해 농림부와 재무부가 의견차를 보여 심의가 지연되었는데, 법제처는 독자적인 입장에서 농림부(안)을 수정하여 국무회의에 상정했다. 그러나 농업금융 제도를 위한 조합신용 제도 확립을 목적으로 사업과 금융을 일원화하자는 농림부와, 금융의 기술적 문제로 사업과 금융을 중앙 단위에서 말단 단위조합까지 완전 분리하여 2원화하자는 재무부의 의견대립은 회의를 거듭해도 좁혀지지 않았다. 이로 인해 농림부장관이 경질되고 새로운 장관이 법제처의 협동조합법 추진을 중지시켰고, 농림부가 적극 추진한 제2차 농업협동조합법안은 좌절되고 말았다.

4. 국회 농림위원회의 농업협동조합법안

농협법 입안은 농림부와 재무부의 의견대립으로 정부 입법이 곤란해지면서 국회로 넘어갔다. 그 무렵 국회 민의원 농림분과위원장을 중심으로 농협 법안을 촉진하려는 기운이 조성되어, 전문가들로 하여금 농업협동조합 이론 의 해설, 법안요강 및 법안을 기초하게 했다. 그리고 이와 별도로 국회의원 120명의 서명을 얻어 단독으로 농업협동조합법을 제출하려 했다. 그러자 농림부는 국회의 움직임에 자극을 받아 농림부안을 새로이 준비할 태세를 갖추었고, 재무부도 성문으로 된 농업협동조합법 요강을 처음으로 책정하는 등 농협법 제정이 정계와 재계의 큰 관심거리가 되었다.

1951년 10월 2일 재무부는 국회의원들이 제출하려는 농협법안에 대비해 금융통화위원회에 4개 조문의 자문서를 보냈다. 그 하나는 전시하 농업협동 조합의 필요성과 그 실시의 시기문제였다. 이에 대해 금융통화위원회는 협 동조합 설립이 우리나라의 기본적인 과제 중 하나라 할지라도 지금까지 협 동조합의 역사가 없었던 만큼 전시에 급속하게 입법하여 설립하는 것은 신 중을 기해야 한다고 지적하고, 협동조합법 입법은 시기상조라는 재무부 입 장에 동조했다.

그러나 국회는 금융통화위원회의 입장과는 관계없이 농림위원장을 중심 으로 하는 안과 국회의원 120명이 서명한 법안, 농림분과위원회가 기초하 는 별개의 법안 등 3개 법안을 활발히 추진했다. 아울러 1951년 말에는 이 3개 법안을 합동심사를 통해 검토한 뒤 농림분과위원회(안)을 국회에 상 정하기로 합의했다. 따라서 나머지 2개 안은 사실상 폐기되었다. 당시 농림 분과위원회의 농협법안은 다음과 같았다.

- 농업협동조합이라 함은 리·동 농업협동조합, 시·군 농업협동조합, 시·군 축산협동조합, 시·군 원예협동조합 또는 농업의 특수협동조합을 말한 다.

- 조합의 영업구역은 리·동 조합은 리·동의 구역에, 시·군 조합은 시·군의 구역에 의한다.
- 조합은 목적을 달성하기 위해 신용업무, 이용업무, 구매공급업무, 판매업무, 농업용지 조성업무, 작업의 공동화시설 등 기타 필요한 업무의 전부 또는 일부를 행한다.
- 연합회라 함은 농업협동조합 각 도·특별시연합회, 축산협동조합 각 도·특별시연합회, 원예협동조합 각 도·특별시연합회를 말한다.
- 중앙회라 함은 농업협동조합중앙회를, 중앙금고라 함은 농업협동조합금고를 말한다.
- 조합, 연합회, 중앙회 또는 중앙금고는 조합원, 회원, 구성원을 위해 차별 없이 최대의 업무를 수행하고, 일부 구성원의 이익에 편중되는 업무를 행하지 못하며, 모든 정치적 간섭과 그에 이용되는 업무 및 정치에 관여하는 일체의 행위를 금지한다.
- 중앙회를 설립할 때는 3개 이상의 연합회가 발기인이 되어 정관을 작성하고, 창립총회의 의결을 얻어 주무장관의 인가를 받는다.
- 중앙금고는 중앙회의 직속기관으로서 농업협동조합의 발전을 도모하기 위해 그 구성원을 상대로 자금융통업무와 정부의 금융정책상 필요한 업무를 영위함을 목적으로 한다.

이상의 안은 농림부의 제2차 안과 거의 대동소이하다. 4종 겸영의 종합농협과 단위조합으로 리·동 조합을 채택하고 있으며, 중앙 단위에 중앙회 외에 회원조합을 상대로 한 금융과 정책금융을 담당할 중앙금고제를 채택했다. 이 안에 대해 국회 농림위원회와 농림부는 도연합회 존치문제를 놓고 토론했다. 그 결과 농림부 주장대로 도연합회를 두지 않기로 합의하고 국회 재경위의 합의를 구했다. 그러나 경제사업에 관한 조합의 각 조항은 농림위 안대로 인정하되 중앙금고 설치조항은 삭제하자는 주장으로 인해 합의를 보지 못하고 결국 자연폐기되고 말았다.

이처럼 입법이 지지부진하자 1952년부터 농림부는 농협법 제정 공포를 마냥 기다릴 것이 아니라 농민에게 농업협동조합 지식을 보급하여 농민이 스스로 조합을 조직해 운영하게 하자는 취지에서 실행협동조합운동을 전개했다. 1953년 단위조합을 리·동 단위로 하는 법안이 나오고 산업조합법 입법과 관련하여 식산계가 언급되자, 금융조합연합회는 그동안 휴면상태에 있던 식산계를 부활시켜 실행협동조합과 대결했다. 그 결과 한 동리에 두 개의 협동조합이 생기는 기현상이 발생했고, 영농자금을 어디로 배정해야 하는지 혼선이 빚어지기도 했다.

5. 농림부의 제3차 농업협동조합법안

한동안 침체되어 있던 농협법 추진은 1953년 11월 11일 이승만 대통령이 금융조합을 대한산업조합으로 개칭하고 종전처럼 농촌금융을 위해 힘쓰라는 유시를 내림으로써 다시 활기를 띠었다. 그 결과는 두 갈래의 입법화 작업으로 나타났다. 하나는 농림부의 농업협동조합법안 추진이었고, 다른 하나는 법무부의 산업조합법 추진이었다.

1954년 1월 28일 농림부는 농림부장관 주최로 농림부, 국회, 금융조합연합회, 대한농민회의 4개 기관 관계자 연석회의를 열고 농협법 통일안을 모색했다. 그런데 조합의 명칭을 농업협동조합으로 결정하자고 합의했을 뿐 별다른 성과를 거두지 못한 채 농림부 본위의 농협법안을 기초했다. 이와 때를 같이하여 1954년 3월 자유당은 전당대회에서 협동조합법의 조속 추진을 결의했다. 그러나 법안은 국회 농림위원회를 통과해 재정경제위원회에 회부되었으나 일부 반대에 부딪쳐 합의를 보지 못하다가 국회의원의 임기 만료와 함께 자연폐기되었다.

6. 산업조합법안

금융조합을 산업조합으로 개편하라는 대통령의 유시에도 불구하고 그 조치는 즉시 이루어지지 않았다. 그러자 이승만 대통령은 금융조합을 염두에 두고서 법무부장관에게 민간에 기성 단체가 있음에도 불구하고 따로 불필요한 것을 만들면 파당의 우려가 있으니 이를 피하라고 지시하고, 협동조합 문제에 대한 법률적 해결책을 물었다. 이에 법무부장관은 기성 단체인 금융조합을 국민경제생활에 필요하도록 개정할 것을 건의했고, 1954년 6월에는 재무부장관과 농림부장관 등 관계 장관과 금융조합연합회장이 공동으로 법무부와 같은 취지의 건의를 했다.

이런 과정을 거쳐 법무부는 산업조합법안을 만들어 법제처에 심의와 함께 국무회의 부의를 의뢰했다. 법제처는 관계 장관과 산업조합법 입법방침을 협의한 뒤 금융조합을 실정에 맞도록 입법화할 것을 확정하고 법무부(안)을 수정한 산업조합법(안)을 국무회의에 부의했다. 이렇게 성안된 산업조합법(안)은 금융조합을 계승 발전시킨다는 본래의 취지를 살리면서도 단지 농업뿐만 아니라 모든 산업에 걸쳐 협동조합을 조직할 수 있는 4종 겸영의 일반협동조합법으로 입안되었다. 이는 1949년 기획처가 입안한 일반협동조합법에 이어 두 번째 일반협동조합법이었다. 이 법의 주요내용을 2012년 제정 공포된 일반협동조합법과 비교하기 위해 보다 상세히 살펴보겠다.

- 이 법의 목적은 조합원의 상호협동정신에 기하여 자주적인 협동경제조 직을 형성시킴으로써 그 경제적 지위향상을 도모함으로 한다.
- 이 법에 의해 설립되는 산업조합과 대한산업조합연합회는 조합원 또는 회원의 공동이익을 위한 법인으로 한다.
- 조합과 연합회는 재무부장관이 감독한다. 단 농림에 관한 사항은 농림 부장관, 상공에 관한 사항은 상공부장관이 각각 감독한다.
- 산업조합은 조합원의 산업, 금융, 기타 경제발전을 촉진함을 목적으로 한다.
- 산업조합의 업무구역은 시·군의 행정구역으로 한다. 단 특별한 사유가 있을 때는 예외 취급한다.
- 산업조합의 업무는 다음과 같다.
  · 조합원을 위한 금융업무
  · 조합원이 아닌 자의 예금 또는 적금의 수입과 이를 담보로 하는 자금 대부
  · 조합원을 위한 공동판매의 알선
  · 조합원을 위한 공동구매의 알선
  · 조합원을 위한 공동시설
  · 조합원을 위한 화물보관과 이에 대한 창고증권 발행
  · 전 각호의 부대업무와 정부와 약정한 업무
- 산업조합의 조합원은 조합구역 내에 주소나 거소를 가진 자연인 또는 대통령령으로 정하는 산업에 관한 법인으로 한다.
- 산업조합에는 조합장, 상무이사, 이사, 참사 및 감사를 두고, 조합장,

이사, 감사는 총회에서 조합원 중에서 선출하며 명예직으로 한다.

● 산업조합의 상무이사와 참사는 연합회 회장이 임명한다.

● 산업조합의 조합장은 총회(총대회) 및 이사회의 의장이 되고, 상무이사와 공동으로 조합을 대표하며, 상무에 관하여는 상무이사가 조합을 대표한다.

● 산업조합의 잉여금배당에 관한 제한은 연합회 회장이 정하는 바에 의한다.

● 산업조합은 금융과 관련된 업무와 사업과 관련된 업무의 회계를 독립시킨다.

● 주무부장관은 조합장, 상무이사 또는 청산인에게 조합의 업무, 재산, 청산사무, 기타 필요한 사항에 관하여 보고를 시키며, 그 상황을 검사할 수 있다.

● 산업조합연합회는 회원의 공동이익 증진을 도모하며, 그 업무상의 지도와 감독을 목적으로 한다.

● 산업조합연합회는 조합 및 주무장관이 지정하는 법인을 회원으로 한다.

● 산업조합연합회는 다음의 업무를 수행한다.
  · 회원을 위한 금융업무
  · 회원을 위한 공동구매의 알선
  · 회원을 위한 공동판매의 알선
  · 회원과 그 조합원을 위한 생산 및 공동이용시설
  · 회원과 그 조합원의 지도감독
  · 전 각호의 부대업무와 정부와 약정한 업무

● 산업조합연합회는 한국은행, 정부특별회계로부터 자금을 차입할 수 있으며, 산업채권을 발행할 수 있다.

● 산업조합연합회에는 회장 1인, 부회장 1인, 이사 5인, 상임감사 1인, 감사 1인을 둔다. 회장은 총회가 추천하는 후보 2인 중에서 주무부장관의 제청에 의해 대통령이 임명하고, 부회장과 이사는 총회가 추천하는 후보자 배수 중에서 주무부장관이 임명하며, 상임감사는 주무부장관, 감사는 총회에서 회원 중에서 선임한다.

● 이 법 시행과 동시에 금융조합령, 대한금융조합연합회령, 산업조합령은 폐지하고, 이 법 시행 당시의 금융조합, 산업조합, 대한금융조합연합회는 이 법에 의한 산업조합과 대한산업조합연합회가 된다. 아울러 이 법 시행 당시의 금융조합과 산업조합의 조합원 또는 대한금융조합연합회 회원은 이 법에 의한 산업조합의 조합원 또는 대한산업조합연합회의 회원이 된다.

이 법안에 대해 전 농협대학교 이환규 교수는 다음과 같이 논평했다.

① 산업조합법의 기본성격: 산업조합법(안)에 의하면, 산업조합은 조합원의 경제적 지위향상을 기하는 자주적 경제단체라고 그 기본성격을 천명하여 정치적·사회적 제단체와 차이를 명확히 규정하고 있다. 그리하여 조합원은 임의가입과 임의탈퇴를 할 수 있고, 출자 이외에 경비 및 기타 비용을 부담하지 않으며, 국가는 방임하지 않을뿐더러 공과금의 면제조차 없이 했다. 그러므로 조합은 본질상 영리단체가 아니며, 그 공익성과 공공성에 비추어 정부의 특별감독을 받도록 되어 있다. 그리고 산업조합에 대하여 타국의 입법 예에서 볼 수 있는 면세의 특권조차 없고, 사업운영상 소요되는 자금조달에 대하여도 산은법과 은행법의 미비를 보충할 수 있는 배려가 없음은 이 법안의 특색 중 하나일 것이다.

② 조합경영 책임자 선임에 관한 기본방침: 산업조합법(안)은 농림부에서 지도 조직한 실행협동조합 또는 대한농총이 시도한 바 있는 18세기 유럽의 협동조합 모방, 혹은 농협을 수평사적 이념으로 사회단체화하려 했던 것과 달리 역사적 경험과 현실적 기반의 토대에서 운영 가능한 경제단체로 발족하도록 시도했다. 즉 연합회 이사기관은 총회에서 후보자를 배수 선거 추천하여 관선하도록 되어 있는데, 이는 미국의 예를 참고한 것 같다. 미국에서는 각종 협동조합중앙은행, 연방중간신용은행, 생산신용조합, 협동조합지역은행, 연방농장저당은행 등 농업에 관계된 각종 금융조합기관의 최고이사기관은 창설 초기에는 전원을 정부에서 임명했고, 임기만료 때는 7인 중 3인을 정부에서 계속 임명하되 4인은 총회의 보선자 중에서 정부가 임명하도록 되어 있다. 그리고 단위조합 상무이사를 연합회 임명제로 했는데, 이는 금융업무의 기술적인 면과 공익성을 보장하기 위한 대책으로 보인다.

③ 조합원 자격: 조합구역 내에 거주하는 자연인 또는 산업법인은 직업 여하를 불문하고 조합원이 될 수 있도록 했다. 이는 농촌의 자금문제를 완화 또는 해결하는 방도로 채택한 것 같다. 농민만의 조합으로서는 금융업무의 원활을 기대하기 어려울 것이며, 도시조합에서 자금을 흡수하여 농촌조합에 전환시키는 것이 농촌자금 원천 확보상 중요 안건으로 되어 있는 것 같다.

④ 조직체계: 이 법안은 산업조합의 체계를 연합회와 단위조합의 2단계제로 규정하여 과거 국회 농림위원회에서 시도한 4단계제와 다원제를 피하고 있다. 전체 산업 부문이 고도로 발전하지 못한 현 단계에서 각 산업별로 조합을 분리 독립시키고, 그에 따라 연합조직을 다원제로 할 만한 객관적 경제여건이 성숙하지 못한 데서 오는 책정이라 볼 수 있을 것이다.

⑤ 업무범위와 경영규모: 이 법안은 조합 업무의 단영주의를 버리고 신용·구매·판매·이용 등 4종 업무겸영주의를 채택했다. 구매 및 판매업무는 매취

행위의 위험성을 피하기 위해 알선에 그치도록 했는데, 이는 단영업무만으로는 경영이 불가능한 현실을 직시하고 경영코스트의 저하와 지도금융의 철저를 기하고자 한 취지인 듯하다. 그런데 4종 업무를 규정하면서도 각종 업무의 회계를 독립시켜 업무의 종합적 운영에 곤란한 면이 있을 것이다.

조합의 경영규모에 대하여는, 이 법안은 금융조합의 경영 경험에 입각하여 시·군 및 경제적 시장중심주의로 하되, 구역을 일률적·형식적으로 고정하기를 회피하고 경제여건의 변경에 따라 확대 또는 축소할 수 있도록 한 것은 현실적 고려에서 나온 것으로 보인다.

⑥ 부칙 제2조: 이 법안은 부칙 제2조로 금융조합, 산업조합, 금융조합연합회를 신법에 의한 산업조합과 산업조합연합회가 되도록 하고, 모든 권리의무를 포괄적으로 승계하도록 일체의 청산절차를 배제하려고 했다. 그런 까닭에 새로 발족하는 산업조합은 금융조합이 간판을 바꾼 것 같은 인상을 준다. 그러나 산업조합과 금융조합은 별개의 법인이며, 다만 금융조합 경영기반의 효과적 이양이 법안의 주안인 듯하다.

금융조합은 사법인이고 217만 조합원의 사유재산에 속하는 것이므로 조합에 대하여 갖는 조합원의 지분권은 헌법 제15조에 의해 보장되고 있으며, 조합원의 결의가 없이는 금융조합의 해체나 청산이 실제로 곤란하다. 더구나 가령 금융조합을 해산한다고 하더라도 청산에 수반하는 막대한 경비와 노력이 허비되고 귀중한 민족자본인 축적재산이 이산 탕진되어 금융조합 개편이라는 당초의 목적이 소멸될 우려도 있다. 법안은 이러한 실제적·법적 난관을 극복하기 위해, 또는 국가 대행사무상 혼란과 영향을 고려한 데서 오는 현실적 방안을 제시한 것으로 보인다.

이상 법안내용과 논평을 살펴본 대로 산업협동조합법(안)은 그동안 확고하게 자리 잡은 금융조합을 현실적으로 개편한다는 당초 취지를 살리면서 농민뿐만 아니라 모든 산업인과 일반 서민들의 복리증진까지 고려한 일반 협동조합법안으로 성안되었다. 따라서 과거 금융조합 관계 법령을 답습하거나 협동조합 본질에서 벗어나 민주성과 자율성을 훼손한 점이 적지 않음에도, 당시 여건에서 최선은 아니지만 차선의 법안이었다고 평가할 수 있다.

금융조합 계통은 재무부 감독하에 금융조합의 경영기반을 그대로 계승한 이 법안을 전적으로 지지했다. 그러나 대한농민회는 이 법안이 금융조합의 개편 확대에 불과하다는 이유로 반대성명을 발표하고 농민회의 농협법안을 국회에 제출했다. 그런데 농림부는 금융조합의 재산이 농민과 농촌에 의해 이루어지고 농민의 이해관계와 직결되어 있는데도 감독권을 재무부에 양보했다. 정부는 농민회의 반대에도 불구하고 산업협동조합법(안)을 국회에 회부하기 위해 대통령 재가를 청했다. 그러나 결재는 보류되었고, 관계 장관의 경질로 그 이상 진전을 보지 못했다.

7. 국회 농림·재경위의 농협법안

제3대 국회가 성립된 이듬해 1955년 초 국회는 정준 의원 외 70여 명이 발의한 협동조합법안 특별위원회 구성에 관한 결의안을 통과시켰다. 이에 농림·재정경제 양 위원회는 법안을 조속히 기초해야 했다. 따라서 양 위원회에서 각 4명을 선출해 '농협법기초위원회'라는 특별위원회를 구성했고, 1955년 4월 기초위원회가 작성한 농협법안을 농림·재경위의 연석회의에서 심의했다. 그런데 기초위원회는 과거와 마찬가지로 의견차이를 보여 합의를 보지 못했다. 농림위원회는 중앙금고제를 포함한 농협법을 만들어 법사위에 회부했고, 재경위원회는 농업은행법(안)을 부수한 농협법안을 만들어 법사위에 회부했다. 이렇게 된 가장 큰 이유는 재경위원회가 근본적으로 은행업무를 같이하는 농업협동조합과 재무부의 신용업무 감독권 부재를 결코 받아들일 수 없었기 때문이다. 결국 이 두 가지 안은 성립되지 못했다.

8. 존슨 안

농업금융이 크게 위축되어 농촌경제에 어려움을 가중시킴으로써 농업금융에 새로운 활력을 불어넣을 제도의 정비가 시급했을 때 OEC(주한미국경제조정관실)의 초청으로 에드윈 존슨 박사(미국 농업신용행정처 농지은행국 부국장 겸 연방토지저당공사 부총재)와 모리스 위이팅 박사(미국 오하이오 농업복지연합회 부회장 겸 정보교육국장), 조지 부레이(루이지아나주 레이크찰스시 미국미곡생산자협동조합 총지배인 겸 재무부장)로 구성된 농업신용조사단이 1955년 8월 내한했다. 이들은 한국의 농업신용 제도와 농업협동조합 조직을 개선할 목적으로 약 한 달 동안 한국 농촌을 답사한 뒤 그 자료에 입각하여 「한국의 농업신용 발전을 위한 제의」라는 보고서를 작성해 1955년 9월 9일 주한미국경제조정관 타일러 우드에게 제출했다.

이 보고서는 2부로 구성되었다. 제1부에는 한국 사정에 미숙한 사람들이 보고서에 기술된 건의사항을 이해할 수 있도록 한국 농업에 대한 정보를 담았고, 제2부에는 한국 농업신용 제도의 개선방안을 제시했다. 그리고 서론에서는 농업과 한국경제, 한국의 농업생산, 농업신용의 과거와 현상 등 농업신용 제도 개선의 당위성에 관해 기술했고, 본론에는 농업신용 제도를 위한 제안을 담았다. 이 제안을 보면, 군 소재 금융조합을 농업조합이라는 명칭으로 지방협동조합으로 개편하고, 도 단위 이상의 금융조합연합회는 '한국농업은행'으로 개편하되, 개편에 따른 농업은행법과 농업조합법의 입법조치가 필요하다고 결론짓고 있다. 존슨 일행이 제안한 주요내용은 다음과 같았다.

- 주무행정청과 감독권: 대한민국의 은행검사관이 검사한다.
- 조합의 종류와 체계
  - 농업은행을 신설해 금융조합연합회의 자산부채를 이양 받아 농업조합에 대한 신용업무를 담당하게 한다.
  - 농업조합을 신설해 금융조합과 농회의 재산을 이양 받아 조합원에게 농산물 및 축산자금을 융자하며, 공동구판업무를 담당하게 한다.
  - 농업조합 도연합회를 신설해 지방농업조합의 판매·구매업무를 연결한다.
  - 농업조합 중앙판매구매기구를 설치해 농업조합을 원조한다.
- 설립조건
  - 142개소의 금융조합과 112개소의 지소를 농업협동신용·판매·구매법에 의거 농업조합으로 개편한다.
  - 도 농업조합연합회 설립요건은 도내 농업조합이 조직하고 주무부장관의 인가를 받는다.
  - 농업조합중앙회의 설립요건은 도연합회가 조직하고 주무부장관의 인가를 받는다.
  - 한국농업은행의 설립요건은 금융조합연합회를 농업협동신용·판매·구매법에 의하여 은행으로 개편한다.
- 구성원: 농업조합은 농민을, 농업조합 도연합회는 농업조합을, 농업조합

중앙회는 농업조합연합회를 구성원으로 한다.

- 출자책임
  - 농업조합은 농업조합 도연합회와 농업은행에 출자하며, 출자한도액에 한하여 책임을 진다.
  - 농업조합 도연합회는 농업조합 재력에 의한다.
  - 농업조합중앙회는 구체적 제안 없음.
- 은행자본금: 250억 환, 대충자금 40억 환, 잉여농산물판매대금, 농업조합 출자 등으로 충당한다.
- 임원임명
  - 농업조합은 농민과 같이 일하고 농민을 도울 수 있는 사람을 간부로 선출하며, 조합원이 이사를 선임하고 이사는 이사회를 구성하며, 임기는 1/3씩 개선하여 유능하고 경험 있는 자가 일시에 개선되지 않도록 한다.
  - 농업조합 도연합회의 임원은 회원농업조합의 대표자를 투표로써 선출한 이사 약간 명을 두고 상무이사 1명을 채용한다.
  - 농업조합중앙회는 회원 각 도연합회 대표자의 선거로 이사 약간 명을 두고, 상무이사 약간 명을 채용한다.
  - 농업은행의 임원은 설립 당초에는 재무부장관, 농림부장관, 한국은행 총재의 3명 직권위원과 각 도 1명씩 선출된 9명의 의결위원을 대통령이 임명하고, 설립 1년 후에는 3명의 직권이사, 9명의 의결이사를 둔다. 의결이사는 각 도 농업조합이 추천한 18명의 이사 후보자 중에서 9명을 대통령이 임명하며, 총재, 부총재, 총무부장, 재무부장 및 기타 간부직원은 이사회가 임명한다.
- 운영기관: 농업조합, 농업조합 도연합회, 농업조합중앙회에 모두 이사회

를 둔다.

● 업무종류

· 농업조합: 농산물을 담보로 하는 농촌금융, 비료, 종자, 농약, 농업용 품 및 곡물판매업무, 가축생산융자.

· 농업조합 도연합회: 회원농업조합의 조합원이 생산한 농산물의 판매, 제반 자재구입 등을 위한 시설.

· 농업조합중앙회: 농산물의 판매, 농업시설자재의 구입에 중앙원조.

· 농업은행: 자금조달업무는 정부자원 수입, 농업협동조합 출자수입, 한국은행 차입, 예금수입, 채권발행을 하고, 융자업무는 농업조합을 통해 개별 농민에게 융자하며, 종곡, 비료, 농약, 소농기구 구입자금 은 1년 이내, 대농기구, 농우, 기타 가축구입 소요자금은 3년 기한으로 구입 농기구의 공동소유 및 소 수리시설 개선용 자금대출, 농업협 동조합 시설자금 및 운영자금의 대출.

존슨 일행이 건의한 내용은 농업신용을 농업은행과 농업조합의 2원제로 한다는 것이었다. 농업은행은 도 단위 이상에서 농업금융을 전담하도록 하고, 농업조합은 군 단위 이하에서 신용사업을 포함한 구판사업과 지도사업을 총괄한 조합금융체제로 한다는 구상이었다. 금융조합을 현실적으로 인정하는 선상에서 군 단위 이하는 종합농협체제를, 도 단위 이상은 전문농협체제를 추구했던 것으로 보인다.

존슨 일행이 제출한 건의서를 기초로 정부는 1955년 10월 17일부터 한미 합동으로 농업은행법안 기초위원회를 구성해 법안 기초에 착수했다. 그리고 미국 측 위원이 '협동적 농업신용·판매·구매에 관한 법(안)'을 제1호안으로 작성해 OEC에 제출했으나 한국의 제반 여건에 적합하지 않다는 결론이

나오면서 다시 검토하기로 했다.

9. 쿠퍼 안

존슨 안은 외국의 경우에는 적합하지만 당시 우리의 경제여건이나 농촌사
정에는 적합하지 않다는 의견이 지배적이었다. 그래서 OEC는 ICA 본부에
협동조합 전문가의 파견을 요청하여 극동지역 사정에 정통한 쿠퍼를 초청
했다. ICA 직원이던 쿠퍼는 이미 일본의 농업협동조합법 입법에 참여한 경
험이 있었는데, 1956년 2월 3일 쿠퍼는 「한국의 협동조합금융 입법에 관한
건」이라는 보고서를 OEC에 제출했다.

쿠퍼 안은 한국농업은행법－신용조합법과 농업조합법으로 구분 입법하여
농업신용 및 협동조직을 다원화시킨 점이 특징이었다. 이 안은 조합금융의
이념을 구현하고자 한다는 점에서는 존슨 안과 차이가 없었다. 그러나 처음
부터 촌락 단위조합－시·군 농업조합－농업조합중앙회라는 경제사업체계와
함께 신용사업만 전담하는 농업은행 및 신용조합을 시·군 단위에 병치하여
신용사업체계를 양립한 점에서 존슨 안과 달랐다. 쿠퍼가 제안한 내용은
다음과 같았다.

- 주무행정청과 감독권: 농업협동조합, 특수농업협동조합, 시·군농업조합
  연합회, 농업협동조합중앙회는 농림부장관이 감독하고, 신용조합은 농
  업은행이 감독하며, 농업은행은 심계원과 한국은행 감독부장의 검사를
  받는다.
- 조합의 종류와 체계

- 농업조합조직법에 따라 설립되는 협동조직은 농업협동조합, 특수협동조합, 시·군농업조합연합회의 3종류로 한다. 농업협동조합은 부락조합, 농업협동조합, 시·군농업협동조합연합회, 중앙회의 4단제로 한다.
- 신용조합은 금융조합의 자산부채를 인수해 농업조합 및 특수조합에 융자하여 농업은행의 주주가 된다.
- 농업은행은 금융조합연합회의 자산부채를 인수해 전국의 신용조합에 융자한다.

● 설립요건
  - 부락협동조합은 15인 이상 농민의 발기와 감독기관 인가.
  - 농업협동조합은 15개 이상 부락협동조합의 발기와 감독기관 인가.
  - 특수조합은 15인 이상 특수농업자의 발기와 인가.
  - 시·군농업협동조합연합회는 2개 이상의 조합 또는 특수조합의 발기와 인가.
  - 농협중앙회는 15개 이상 조합의 발기와 인가.
  - 신용조합은 15인 이상 독립생계자의 발기와 농업은행 이사회 인가.
  - 농업은행은 한국농업은행법 공포 후 설립일과 업무개시일은 대통령령으로 정한다.

● 구성원: 부락조합은 농민과 조합시설 이용자, 농업조합은 부락조합, 농업조합 시·군연합회는 농업조합, 중앙회는 농업조합 시·군연합회를 구성원으로 하고, 신용조합은 구역 내 독립생계자와 금융조합원을 구성원으로 계승한다.

● 출자책임
  - 부락조합원의 출자액 한도는 1좌 이상 100좌 이내이며 경비 부담.

- 농업조합은 1좌 이상 100좌 이내를 출자한도(유한)로 하며 경비 부담. 특수조합도 농업조합과 동일.
- 농업조합연합회도 출자액을 한도로 하며 1좌에서 100좌 이내로 하고 경비 부담.
- 중앙회도 출자액 한도(유한)와 경비 부담.
- 신용조합은 출자액 한도(유한).
- 농업은행은 자본금 250억 환을 신용조합과 정부에서 출자하여 자본금의 20배 이내의 농업금융채권 발행.

● 임원임명
- 부락조합 이사와 감사는 조합원 중에서 총회에서 선임하고, 조합장과 부조합장은 이사 중에서 호선하며, 참사는 이사회에서 선임하되 비조합원도 가하다.
- 농업조합은 회원조합원 중에서 선임하는 것을 제외한다면 부락조합과 같다.
- 특수조합도 부락조합과 같다.
- 시·군농업조합연합회 및 중앙회는 미상.
- 신용조합은 조합장, 부조합장, 감사, 평의원은 투표로 총회에서 선임하고, 이사와 부이사는 평의회가 임면한다.
- 농업은행의 초대 총재는 농림부·재무부장관의 공동추천자 중에서 대통령이 임명하고, 제2대 총재는 재무부·농림부장관과 이사회 선출이사 3인의 공동추천자 중에서 대통령이 임명한다. 부총재는 총재의 제청에 의해 이사회에서 임명하고, 감사도 이사회에서 임명한다. 고급간부는 이사회 승인을 얻어 총재가 임명하며, 이사회는 재무부·농림부의 차관과 한국은행 부총재 1인, 농업은행 총재와 지역별 경험자

3인 등 7인으로 구성한다.

● 운영기관

· 부락조합은 총회와 이사회.

· 농업조합과 특수조합은 부락조합과 같다.

· 시·군농업조합연합회는 미상.

· 중앙회는 부락조합과 같다.

· 신용조합은 총회, 대의원회, 평의원회, 감사회.

· 농업은행은 이사회.

● 업무종류

· 부락조합: 신용, 판매, 구매, 이용, 기술, 농지조성, 후생, 문화, 사업수
행을 위한 자금차입.

· 농업조합: 신용, 판매, 구매, 이용, 교육, 집단거래, 자금차입, 부대사
업.

· 특수조합: 특수농업생산의 기술원조, 신용, 판매, 구매, 공보, 자금차
입, 부대사업.

· 시·군농업조합연합회: 신용업무를 제외한 농업조합 업무의 공동수행.

· 중앙회: 농산물 가공, 운반, 저장, 판매, 농업용 자재 구매, 정부물자의
취급 등.

· 신용조합: 자금조달업무와 융자업무.

· 농업은행: 자금조달업무와 융자업무.

쿠퍼가 제안한 협동조합체계는 존슨 건의를 광범위하게 수정하여 한국
여건에 부합하도록 입안한 것이었다. 그러나 쿠퍼가 제시한 법이념과 현실
적인 사업체계는 업무상의 모순과 경합, 중복이 나타나 오히려 복잡한 감이

없지 않았다. 즉 신용전담의 농업은행, 신용조합과 경제사업전담의 농업조합이 중앙에서 군 단위에 이르기까지 병립하는 것은 물론 업무상으로도 중복과 경합이 있어 사업체계의 일원화 또는 업무추진의 통일을 기하는 데 적지 않은 난점을 지니고 있었다.

10. 농림위의 농협법(안)과 재경위의 농은법(안)

여러 난점에도 불구하고 정부는 쿠퍼 안을 기초로 협동조합법을 입안했다. 재무부는 농업은행법 및 신용조합법(안)을 쿠퍼 안을 약간 수정해 만들었고, 농림부는 쿠퍼 안을 비교적 광범위하게 수정해 농업조합법(안)을 만들어 국무회의에 상정했다. 농림부와 재무부가 작성한 농업조합법(안)과 신용조합법(안)은 합의 없이 입법화되어 업무와 기구상 모순과 경합을 초래했다. 그럼에도 양 부처는 끝내 이견을 좁히지 못한 채 재무부는 주식회사 농업은행을 발족시키고 농림부는 농협법 초안을 국회 농림위에 제출했다.

그러나 재무부와 국회 재경위는 농업협동조합과 농업은행의 유기적인 관련성 문제를 지적하며 특수농업은행법이 초안될 때까지 농협법(안)의 심의를 보류하고 후일 양 법안을 동시에 일괄심의하기로 했다. 그 후 재무부에서 농업은행법(안)을 만들었으나 역시 농림부의 농협법(안)과 이견을 해소하지 못했다. 결국 농은법과 농협법은 국회 재경위와 농림위에서 작성했다.

그런데 여기서는 농업협동조합에 신용업무를 겸임하게 할 것인지 아닌지, 신용업무의 일부만을 겸하게 할 것인지, 또는 신용업무를 전부 별도기관에 이관시킬 것인지 하는 문제와 농업은행의 점포문제, 금융조합연합회 재산처리 문제 등이 논란이 되었다. 농림위원회는 농촌사업의 일원화를 위해 농협이 신용업무를 겸해야 한다고 주장했고, 재경위는 농업금융의 특이성을 고려할 때 농협의 신용업무 겸영은 시기상조라 주장했다. 결국 협동조합에서 신용업무를 제외하고 특수농업은행을 창설하고, 특수농업은행을 농업협동조합의 자금조달기관으로 할 것을 쌍방이 합의하여 농림위는 중앙금고제(안)를 포기했다. 그러나 농업은행의 신용업무구역과 관련하여 시·군 지점과 함께 필요한 곳에 출장소와 대리점을 설치한다는 재경위안과 신용업무구역을 도 지점까지 하고 시·군에 대리점을 두되 이 대리점은 시·군 농협이 행한다는 농림위안은 합의되지 않았다. 또 금융조합연합회의 재산처리에 대해서도 완전한 합의를 보지 못했다. 결국 농협법안은 이 상태로 본회의에 제출되어 1957년 1월 24일 의사일정에 상정되어 우선 심의되었다.

이때 제출된 농협법안에 대해서, 재경위는 금융조합연합회의 재산처리문제와 시·군 조합의 신용업무 취급에 따른 농업은행의 점포문제 등과 관련된 수정안을 제출했다. 재경위는 시·군 소재지부터는 농업협동조합이 신용업무를 담당하고 금융조합연합회 재산은 농협중앙회가 인수 청산한다는 농협법에 대해, 농협은 사업 부분만 담당하고 신용업무는 농업은행이 전담해야 금융질서를 유지할 수 있으므로 시·군 소재지까지 농업은행의 지점을 두어야 하며, 금융조합과 금융조합연합회 재산은 조합원에 환원되어야 한다고 했다.

농림위와 재경위의 대립은 자유당 정책위원회의 조정으로 해소되었다. 농업은행의 지점을 시·군까지 두되 시·군 지점에 융자위원회를 설치해 농업은행의 운영권을 실질적으로 농협이 장악하도록 하고, 금융조합과 금융조합연합회의 재산은 농협중앙회가 인수 청산하는 것으로 조정된 것이다. 그동안 오랜 시간을 끌었던 협동조합법(안)은 이때부터 전광석화처럼 성립되었다. 농업협동조합법(안)은 1957년 1월 24일 제10차 본회의에 상정되어 불과 6

일 만인 2월 1일에, 농업은행법(안)은 2월 2일에 통과되었다. 2월 7일에 정부에 이송되어 2월 12일 국무회의를 거쳐 대통령의 재가를 받았고, 2월 14일 법률 제436호로 농협법이, 법률 제437호로 농은법이 제정되어 1957년 3월 1일부터 시행하게 되었다.

그런데 농은법은 자본금 300억 환의 정부출자, 금융조합연합회 및 금융조합의 재산처리, 농민의 협동조합을 거친 융자 제도에 대해 대통령이 이의를 제기해 재수정을 조건으로 공포되었다. 대통령의 이의 제기는 농협법과 농은법 공포에 대한 담화형식으로 발표되었는데, 그 내용에 대해 전 농협대학교 진흥복 학장은 이해할 수 없는 점 몇 가지를 지적했다.

첫째, 정책금융기관으로서 특수법인 농업은행을 설립하기 위해 농은법을 제정 공포하는 마당에 정부재정에 의존하지 말고 농민출자만으로 농민이 운영하는 기관이 되게 하라는 점, 둘째, 농회와 금융조합의 재산을 그렇게 간단히 처분할 수도 없거니와, 또 처분해서 얻은 80억 환을 자본금으로 농업은행을 설립한다 해도 왕성한 자금수요를 메우기에는 더 많은 자본금 마련이 불가결하다는 점, 셋째, 당시의 농촌경제 및 농가경제 실정은 농민 스스로의 추가 신규증자를 기대하기 어려웠다는 점, 넷째, 대통령이 농업은행을 농민이 주인이 되는 농업신용협동조합으로 생각하고 있었고, 그래서 농협이 독자적으로 신용사업을 할 수 있는 길마저 봉쇄해버렸다는 점, 다섯째, 그럼으로써 농민은 출자도, 예금도, 대출도 농업은행과 직접 관계할 것이니 농협을 거쳐서는 안 된다고 강조하고, 농협을 거치면 폐단이 생긴다고 할 정도로 농협을 불신했다는 점, 여섯째, 두 법률을 재가 공포는 하되 조건부로 했다는 점 등이다.

이상의 과정을 거쳐 공포된 농협법과 농은법의 골자와 그 의의를 살펴보면 다음과 같다.

1) 최초의 농업협동조합법

(1) 주요내용

1957년 2월 14일에 제정된 농협법의 주요내용은 다음과 같다.

- 이 법은 농민의 자주적인 협동조직을 촉진하여 농업생산력 증진과 농민의 경제적·사회적 지위향상을 도모함으로써 국민경제의 균형 있는 발전을 기함을 목적으로 한다.
- 이 법에서는 농업협동조합으로 리·동 농업협동조합, 시·군·구 농업협동조합, 원예협동조합, 축산협동조합, 특수농업협동조합, 농업협동조합중앙회를 둔다.
- 농업협동조합과 중앙회는 이 법에 의한 법인으로 한다.
- 조합과 중앙회의 업무는 조합원 또는 회원을 위한 차별 없는 최대의 원조를 목적으로 하고, 영리적·투기적 업무 또는 일부 구성원의 이익에 편중하는 업무를 하지 못하며, 정치에 관여하는 일체의 행위를 불허하고, 공무원이 조합 또는 중앙회의 임원이나 직원이 될 수 없도록 한다.
- 조합과 중앙회에는 소득세, 법인세, 영업세, 인지세, 등록세와 그 부가세를 부과하지 않는다.
- 조합과 중앙회는 농림부장관이 감독한다. 단 신용업무는 주무부장관이 재무부장관과 합의하여 감독한다.
- 리·동 조합은 조합원의 농업생산력 증진과 경제적·사회적 지위향상을 도모함을 목적으로 한다.
- 리·동 조합의 업무는 생산사업, 구매사업, 판매사업, 이용사업, 공제사업, 신용사업(예금수집과 농업자금 대부 및 매개대부), 정부보조사업, 기타로 한다.

- 리·동 조합은 조합원의 이용에 지장이 없는 한 정관에 따라 조합원이 아닌 자에게 그 시설을 이용하게 할 수 있다. 단 비조합원의 사업이용분량은 전체 사업량의 1/5을 초과할 수 없다.
- 리·동 조합은 20인 이상의 농민이 발기인이 되어야 설립 가능하다.
- 리·동 조합원의 자격은 업무구역 내에 주소나 거소 또는 사업장을 가진 농민으로 한다.
- 리·동 조합은 정관에 따라 조합원에게 경비와 과태금을 부과할 수 있다.
- 리·동 조합의 조합원 가입은 총회의 동의를 얻어야 한다. 단 정당한 사유가 없는 한 조합원 자격을 가진 자의 가입을 거절할 수 없다.
- 리·동 조합의 조합원이 300인을 초과한 조합은 정관에 따라 총회를 대신할 총대회를 둘 수 있다.
- 리·동 조합에는 조합장, 이사, 상무이사, 감사를 두며, 조합장, 이사, 감사는 명예직으로 총회에서 선출하며, 상무이사는 총회의 동의를 얻어 조합장이 임명한다. 조합장, 상무이사, 이사의 임기는 2년으로 하고, 감사의 임기는 1년으로 한다.
- 리·동 조합의 조합원은 결의취소청구권, 총회소집요구권, 임원해임권, 검사청구권을 가진다.
- 리·동 조합의 잉여금 처분은 손실액을 보전한 후가 아니면 하지 못하며, 잉여금배당에 대한 제한은 주무부장관이 정하는 바에 따른다.
- 리·동 조합은 리·동조합 사업의 신용사업규정에 따라 예금으로 수집한 돈을 농업은행에 개인별로 예치해야 하며, 업무상 여유자금은 업무자금으로 소요될 때까지 농업은행에 예입하거나 우체국, 국채증권 등에 운용해야 한다.
- 주무부장관은 리·동 조합장과 상무이사 또는 청산인에게 조합의 업무,

재산, 청산사무, 기타 필요한 사항에 관해 보고를 시키며, 그 상황을 검사할 수 있고, 중앙회장과 시·군·구 조합장도 수시로 조합의 상황을 검사하며 필요한 사항은 보고시킬 수 있다.

● 시·군·구 조합은 리·동 조합 업무의 원활한 운영을 도모하며, 그 건전한 발전을 기함을 목적으로 한다.

● 시·군·구 조합의 조합원은 시·군·구 업무 구역 내에 주소를 가진 리·동 조합으로 한다.

● 시·군·구 조합의 업무는 생산지도사업, 구매사업, 판매사업, 이용사업, 공제사업, 농촌공업시설 문화사업, 단체협약의 체결, 축산조합, 원예조합 및 특수조합과의 공동사업 또는 그의 대리업무, 전 각호의 부대업무, 정부위촉사업, 조합원의 업무에 관한 지도감독, 감사의 조정, 기타로 한다.

● 시·군·구 조합은 사업목적을 달성하기 위해 필요한 자금을 차입할 수 있다.

● 시·군·구 조합은 사업을 영위하기 위해 농업은행에 조합 능력에 상응한 출자를 하여야 한다.

● 시·군·구 조합은 조합장, 이사, 감사, 상무이사를 두며, 조합장과 감사는 총회에서 리·동 조합의 조합원 중에서 선임하고, 이사는 총회에서 조합원의 이사 중에서 선임하며, 상무이사는 대통령령으로 정한 자격을 구비한 자 중에서 총회의 승인을 얻어 조합장이 임명한다.

● 시·군·구 조합은 농업은행법의 규정에 따라 여신관리를 위한 사무검사를 받아야 한다.

● 원예협동조합, 축산협동조합은 원예 또는 축산업의 발전을 기함을 목적으로 한다.

- 원예조합과 축산조합의 업무구역은 시·군·구 구역에 의하고, 필요에 따라 인접 시·군·구 구역으로 할 수 있다.
- 원예조합과 축산조합의 조합원은 업무구역 내에 주소, 거소 또는 사업장을 가지고 원예 또는 축산업을 경영하는 자로 한다.
- 원예조합 또는 축산조합은 업무구역 내에 조합원이 될 자 50인 이상이 발기인이 되어야 설립 가능하다.
- 원예조합원과 축산조합원의 책임은 보증책임으로 한다.
- 원예조합과 축산조합의 업무는 생산지도사업, 구매사업, 판매사업, 이용사업, 신용사업(조합원에 대한 원예 또는 축산 관계 자금의 대부업무), 공제사업, 기타로 한다.
- 특수농업협동조합은 특수농업의 발전을 기함을 목적으로 한다.
- 특수조합의 업무구역은 정관으로 정한다.
- 특수조합의 조합원은 특수농업을 주업으로 하는 자를 말한다.
- 특수조합은 조합원 20인 이상이 발기인이 되어야 설립 가능하다.
- 특수조합의 업무는 생산지도사업, 구매사업, 판매사업, 이용사업, 신용사업(조합원에 대한 특수농업자금 대출), 공제사업, 기타로 한다.
- 농업협동조합중앙회는 각종 농업협동조합의 업무를 지도하고, 그 공동이익의 증진을 목적으로 한다.
- 중앙회는 시·군·구 조합, 원예조합, 축산조합, 특수조합을 회원으로 한다.
- 중앙회는 50개 이상의 시·군·구 조합, 원예조합, 축산조합과 특수조합이 발기인이 되어 설립하여야 한다.
- 중앙회의 업무는 회원의 업무에 관한 지도, 감독, 감사와 조정 이외에 12개 업무로 하며, 특히 회원이 필요로 하는 사업자금의 종합적 계획

수립과 이를 조정하기 위한 농업은행과의 연락교섭업무를 포함한다.

● 중앙회에는 총회, 중앙위원회와 이사회를 둔다.

● 중앙회의 총회는 회장, 부회장, 이사와 회원으로 구성한다.

● 중앙위원회는 회장, 부회장, 이사와 중앙위원으로 구성하며, 법령과 정관, 총회 위임사항과 기타 주요안건을 의결한다.

● 중앙위원의 정수는 원칙적으로 시·군·구 조합이 도별로 선출하는 3인, 축산조합이 특별시와 도별로 선출하는 1인, 원예조합이 특별시와 도별로 선출하는 1인, 특수조합이 업종별로 전국을 통해 선출하는 1인을 기준으로 하고, 시·군·구 조합과 축산조합은 도당 15개 조합 이상일 경우 증선 가능하다.

● 중앙회에는 회장, 부회장, 중앙위원, 이사, 감사를 두며, 회장과 부회장은 총회에서 선임해 주무부장관의 승인을 득한다.

● 중앙회의 이사는 5인 이내로 하며, 중앙위원회에서 선임한다.

● 중앙회의 이사회는 회장, 부회장, 이사로 구성하며, 법령, 정관, 총회와 중앙위원회의 위임사항을 처리한다.

● 중앙회는 사업에 소요되는 자금에 한하여 주무부장관의 인가를 얻어 차입할 수 있다.

● 리·동 조합의 규정 중 관련 사항은 시·군·구 조합, 원예조합과 축산조합, 특수조합, 중앙회에서 준용한다.

● 부칙

· 조선농회령, 식산계령, 조선산업조합령은 폐지한다.

· 식산계령에 의한 식산계는 리·동 조합이, 금융조합령에 의한 금융조합은 시·군·구 조합이, 조선금융조합연합회령에 의한 대한금융조합연합회는 중앙회가, 조선농회령에 의한 대한농회와 특별시 도농회는 중앙회가, 시·군

농회 중 일반업무와 재산은 시·군·구 조합이, 축산과 원예 관계는 당해 시·군·구의 축산조합과 원예조합이, 산업조합령에 의한 산업조합은 각 특수조합이, 조선주요물산동업조합령에 의한 동업조합으로서 이 법에 의한 축산, 원예, 특수조합에 해당하는 조합령에 의한 동업조합은 각기 해당 축산조합, 원예조합, 특수조합에 그 업무와 재산 일체를 인수 청산한다.

(2) 내용과 의의

이상의 내용을 좀 더 자세히 살펴보면 다음과 같다. 첫째, 농협법은 이후 농협법 목적의 전범이 되고 있는 농민의 경제적·사회적 지위향상과 국민경제의 균형 있는 발전을 목적으로 하고 있다. 여기서 '조합원'이 아닌 '농민'으로 표현한 점과 국민경제의 균형 있는 발전을 목적으로 한 점은 협동조합이 지향하는 조합원의 편익보다는 농업생산력 증진을 통한 농민 일반의 경제향상과 국가경제 발전에 대한 기여에 더 역점을 둔 국가지향적인 발상에서 나왔다.

둘째, 각급 조합 중 리·동 조합은 조합원의 생산력 증진과 경제적·사회적 지위향상 및 조합원의 편익증진에 목표를 두고 있으나 시·군·구 조합은 리·동 조합 업무의 원활한 운영을 도모하고 그 건전한 발전을 이루기 위한 리·동 조합의 지원·지도·감독에 목표를 두었다. 그리고 원예조합과 축산조합, 특수조합은 각각 원예, 축산업, 특수농업의 발전을 목적으로 하여 각 조합 조합원의 편익보다는 해당 업종의 발전에 역점을 두고 있어 협동조합적 관점보다는 어디까지나 국민경제적 관점에서 목적을 규정했음을 알 수 있다.

셋째, 농협의 종류와 구조 면에서 지역농협은 리·동 조합-시·군·구 조합-농협중앙회의 3단계 조직으로, 전문농협은 원예조합, 축산조합, 특수조합-농협중앙회의 2단계로 구성되었다.

넷째, 조합과 중앙회는 비영리적 특성에 맞게 정부의 각종 세금이나 부과금을 면제받았다.

다섯째, 조합과 중앙회는 농림부장관이 감독하되 신용사업은 재무부장관과 합의하여 감독하도록 했다. 그런데 시·군·구 조합이 리·동 조합을, 중앙회가 시·군·구 조합, 원예조합, 축산조합, 특수조합을 자체적으로 지도감독할 수 있도록 규정했음에도 주무부장관인 농림부장관이 리·동 조합을 비롯한 각급 협동조합에 대해 각종 보고와 업무상황을 직접 검사토록 규정함으로써 협동조합의 자율성을 침해하는 과잉감독이 이루어진 듯하다.

여섯째, 조합은 조합원의 이용에 지장이 없는 한 전체 사업량의 1/5을 초과하지 않는 범위 내에서 비조합원의 이용을 허용했다. 이는 신용사업을 위주로 하는 경우 지역민의 예금 등을 흡수하기 위해 불가피한 일이었다고 할 수 있지만, 신용사업은 제한적이고 경제사업 위주인 농협에 비조합원 이용을 명시한 것은 미래를 예견한다 하더라도 이 규정으로 비조합원 이용이 급증할 가능성이 있으므로 사전에 충분한 검토가 있어야 했다.

일곱째, 조합 및 중앙회의 업무를 리·동 조합, 원예조합, 축산조합, 특수조합은 생산, 구매, 판매, 이용공제, 신용사업(리·동 조합은 예금수집과 농업자금 대부, 매개대부로, 원예조합, 축산조합, 특수조합은 관련 자금 대부로 한정) 등 4종 겸영의 종합농협으로 했고, 시·군·구 조합과 중앙회는 신용사업을 배제하여 지도·경제사업만 수행하도록 했다. 다만 시·군·구 조합은 기본업무 외에 문화사업, 단체협약 체결과 원예조합, 축산조합, 특수조합과의 공동사업 또는 그 대리업무라는 전문농협과의 협력사업을 특별히 규정했고, 중앙회는 기본업무 외에 회원이 필요로 하는 사업자금의 종합적 계획 수립과 이를 조정하기 위한 농업은행과의 연락교섭업무를 포함해 농업은행과의 업무협조의 중요성을 특별히 강조했다.

여덟째, 각급 조합은 정관에 따라 조합원(회원)에게 경비와 과태금을 부과할 수 있도록 하여 사업수익 외에 특별히 필요한 실비적 경비와 조합원에 대한 과태금의 부과근거를 마련했다.

아홉째, 각급 조합의 경우 조합원 또는 회원의 가입이 오늘날처럼 이사회 결의가 아닌 총회의 동의를 받게 하여 조합원(회원) 가입을 보다 엄격하게 관리했다. 그러나 정당한 사유가 없는 한 자격을 가진 자를 거절할 수 없다고 규정하여 사실상 가입을 개방했다.

열째, 조합원 또는 회원의 책임에서 리·동 조합, 시·군·구 조합, 중앙회는 조합원 또는 회원의 책임을 출자액을 한도로 하는 유한책임제였으나 원예조합, 축산조합, 특수조합은 출자액 외에 일정한 금액까지 책임을 더 부담하는 보증책임제로 했다.

열한째, 조합의 조합원과 중앙회의 회원에게는 결의취소청구권, 총회소집 요구권, 임원해임권, 검사청구권 등 거의 완전한 조합원권을 보장했다.

열두째, 조합과 중앙회의 임원은 리·동 조합, 원예조합, 축산조합, 특수조합의 경우 조합장, 이사, 상무이사, 감사를 두어 조합장, 이사, 감사는 명예직으로 총회에서 조합원 중에서 선출하게 했고, 상무이사는 총회의 동의를 얻어 조합장이 임명하도록 했다. 상무이사는 오늘날과 달리 임원이자 전문경영인이어서 총회의 동의를 받도록 한 것으로 보인다. 그리고 시·군·구 조합에는 리·동 조합과 같은 임원을 두되 조합장과 감사는 총회에서 조합원인 리·동 조합장 중에 선출하지 않고 리·동 조합의 조합원 중에 선임하고, 이사는 총회에서 조합원인 리·동 조합의 이사 중 선임하도록 하여 제한된 범위가 아닌 보다 넓은 범위에서 임원을 선출하도록 했다. 또한 상무이사는 전문성을 감안해 대통령령으로 자격을 제한하여 적격자를 총회의 동의를 얻어 조합장이 임명하도록 했다.

한편 중앙회의 임원은 회장, 부회장, 중앙위원, 이사와 감사를 두되 회장과 부회장은 총회에서 선임해 주무부장관의 승인을 받도록 하여 정부가 적당하다고 인정하지 않은 경우에는 승인하지 않음으로써 선출의 자율권은 주었으나 사실상 임의의 선출은 하지 못하도록 제한했다. 그리고 감사는 총회에서 선임하고 이사는 중앙위원회에서 선임하며, 중앙위원은 특별한 규정에 따라 조합장 중에서 선출하도록 했다. 여기서 특히 눈길을 끄는 점은 총회에서 선출되는 회장, 부회장, 감사와 중앙위원회에서 선출되는 이사의 자격이 명시되어 있지 않다는 점이다.

열셋째, 조합 또는 중앙회의 잉여금 처분에서 잉여금배당을 조합 또는 중앙회의 재량에 맡기지 않고 주무부장관이 제한을 가할 수 있도록 한 것은 과다한 간섭으로, 조합 또는 중앙회의 자율성과 독립성을 침해하는 규정이었다.

열넷째, 조합 또는 중앙회와 농업은행의 업무관계는 우선 리·동 조합은 예금으로 수집한 돈을 농업은행에 개인별로 예금하고 업무상 여유자금은 농업은행에 우선적으로 예입하도록 했고, 시·군·구 조합은 사업을 위해 사실상 농업은행에서 자금을 차입할 수 있었다. 중앙회는 회원이 필요로 하는 사업자금의 종합적 계획 수립과 조정을 위해 농업은행과 연락교섭하도록 했다. 한편 시·군·구 조합, 원예조합, 축산조합, 특수조합은 여신업무를 취급하되 농업은행법에 따라 여신관리를 위한 사무검사를 농업은행에서 받도록 했다.

열다섯째, 리·동 조합과 중앙회를 제외한 시·군·구 조합, 원예조합, 축산조합, 특수조합은 사업을 위해 농업은행에 조합 능력에 상응하는 출자를 규정했다. 그리고 만일 모든 조합이 농업은행에 출자를 완료한다면 정부와 함께 농업은행의 실질적인 주인이 될 수 있게 했다.

열여섯째, 중앙회에는 회의체로 가장 중요한 의사결정기관인 총회와 집행사항의 의결기관인 이사회 외에 중앙위원회를 두었다. 이는 총회를 대신하는 기관이 아니라 회원인 조합장 가운데서 별도로 선임하여 구성하는 법령, 정관 및 총회 위임사항과 기타 주요안건을 의결하는 기관으로서 총회와 이사회의 중간적 기관 성격을 지녔다. 이 기관은 중요사항 의결에 신중을 기하는 데는 의의가 있으나 능률적인 의사결정과 업무처리에 바람직한 기관이었다고 말할 수 있을지는 의문이다.

열일곱째, 중앙회는 사업에 필요한 자금에 한하여 주무부장관의 인가를 받아 차입할 수 있도록 했다. 이는 농업은행에서의 차입을 염두에 둔 것으로 보이지만 자금차입을 일일이 주무부장관의 인가를 얻어서 하게 하여 독립적 경영을 곤란하게 했다.

열여덟째, 새로운 농업협동조합과 중앙회의 설립과 동시에 그동안 유지되었던 조선농회령, 식산계령, 조선산업조합령은 폐지하고 그 영에 의해 설립되었거나 그동안 해산되어 관리되고 있던 농회, 식산계, 산업조합, 조선중요물산동업조합 등은 새로 설립되는 리·동 조합, 시·군·구 조합, 원예조합, 축산조합, 특수조합이 그 업무와 재산 일체를 인수 청산하도록 했다. 특히 중요한 점은 이 법에서 금융조합령에 의한 금융조합은 시·군·구 조합이, 조선금융조합연합회령에 의한 대한금융조합연합회는 중앙회가 그 업무와 재산 일체를 인수 청산하도록 했다는 것이다. 주식회사 농업은행 발족 당시 금융조합과 연합회가 농업은행에 금융업무 일체와 재산 일부를 넘겨준 상태였기 때문에 새로운 농협이 이를 인수 청산한다면 출자금 외에 상당한 재산을 인수하도록 되어 있었다.

이상의 내용을 종합해 살펴볼 때 광복 후 최초로 제정된 농협법은 부분적으로 협동조합의 자율적이고 독립적인 운영에 장애요인을 갖고 있었다. 즉 일부 협동조합의 목적을 조합원의 편익보다는 산업발전에 역점을 둔 점, 중앙회장 선거 후 주무부장관의 승인, 조합과 중앙회에 대한 주무부장관의 과도한 지도감독, 잉여금 처분에서 주무부장관의 제한, 중앙회 사업자금 차입에 대한 주무부장관의 인가 등 정부가 새로운 협동조합을 과거 금융조합의 연장선상에서 과도하게 간섭한 것이다.

그러나 최초의 농협법은 민주적 농협으로 나아가는 내용도 담고 있었다. 즉 조합원 가입탈퇴의 자유, 조합원의 결의취소청구권, 총회소집요구권, 임원해임권, 검사청구권 등 조합원권을 완전하게 보장했고, 조합 임원의 총회 선임과 더불어 그동안 숙원이었던 신용경제도 부분적이나마 겸영할 수 있도록 했다. 또한 조직체계도 현실에 맞게 정비했는데, 리·동 조합을 기반으로 하는 지역조합은 3단계, 전문조합은 2단계 조직체계를 갖추었다. 농업은행과의 업무협력체계를 갖추었고, 무엇보다 금융조합과 금융조합연합회의 업무와 재산을 인수 청산하게 하여 정부의 도움이 없더라도 설립과 운영에 도움이 되도록 한 점은 당시 여건에서 민주적 농협으로 나아가는 데 최선의 내용을 담고 있었다고 평가할 수 있다.

2) 특수법인 농업은행법

(1) 주요내용

농업은행법의 주요내용은 다음과 같다.

- 농업은행은 농업신용 제도를 확립함으로써 농업협동조합의 발전, 농촌경제의 부흥과 농민의 경제적 지위향상을 목적으로 한다.
- 농업은행은 이 법에 의한 법인으로 한다.
- 농업은행은 본점, 지점, 출장소, 대리점을 둘 수 있다.

- 농업은행의 자본금은 3백억 환으로 하고 조합이 출자한다. 단 조합의 출자가 자본금에 미달할 때는 정부가 잔여자본금 전액을 인수해야 한다.

- 출자 1좌당 금액은 1만 환으로 하고, 출자조합은 최소 1좌 이상을 가져야 하며, 조합 또는 정부의 출자는 조합 이외에는 양도하지 못한다.

- 출자조합의 책임은 출자액을 한도로 한다.

- 농업은행의 재산과 업무에 대하여는 정부 또는 지방공공단체의 세금과 부과금을 면제한다.

- 농업은행에는 총회와 운영위원회를 두고, 총회는 농업은행 총재와 출자조합으로 구성하되 출자조합은 농협법에 의해 설립된 농업협동조합중앙회의 중앙위원으로 대체한다. 운영위원회는 재무부장관, 농림부장관, 한국은행 총재, 농업은행 총재, 농업협동조합중앙회장, 총회에서 선출한 4인으로 구성하며, 법과 정관의 규정된 범위 내에서 농업은행의 업무, 운영, 관리에 관하여 기본방침을 수립하여 지시와 감독을 한다.

- 농업은행 지점에 시·군·구별로 융자위원회를 둔다. 융자위원회는 농업은행 시·군·구 지점장, 시장과 군수 또는 구청장, 시·군·구 농업협동조합장, 시·군·구 내 농업협동조합에서 선출한 4인(시·군·구 조합 관내 리·동 조합에서 3인, 전문농협에서 1인)으로 구성한다. 융자위원회는 농업은행 시·군·구 지점장이 소집하고 그 의장이 되며, 농업은행 시·군·구 지점장은 융자위원회가 수립한 대출에 관한 방침과 계획에 의하지 아니하고는 대출할 수 없다.

- 농업은행에는 총재, 부총재, 감사 각 1인을 둔다. 총재는 운영위원회의 추천에 의해 대통령이 임명하고, 부총재는 운영위원회의 의결을 얻어 총재가 임명하며, 감사는 총회에서 선임한다. 아울러 정관에 정한 고급 간부는 운영위원회의 승인을 얻어 총재가 임명한다.

- 농업은행의 업무

  · 조합, 농협중앙회와 조합 외에 농업에 관한 법인(농업단체)에 대하여 농업과 관련된 대출, 조합원의 사업과 생활에 관련된 물자나 시설 등에 관한 대출 등. 단 특수한 경우 리·동 조합과 시·군·구 조합의 추천에 의해 농민에 대한 직접대출, 시·군·구 조합의 추천에 의한 리·동 조합에 대한 대출, 조합구역 내에 거주하는 자에 대한 위에 열거한 이외의 사업에 대한 대출, 내국환과 보호예수, 예금의 수입, 정부와 한국은행으로부터의 자금차입.

  · 위 업무의 부대업무.

  · 농업에 대한 자금은 농업은행만 차입 가능.

- 농업은행은 여신업무에서 대출우선순위, 물적 담당 능력보다 농산물 생산 능력을 중시하는 회수가능성 검토, 대출조건 결정 시 유의사항, 농업은행의 이자와 수수료 징수 시 고려사항을 각별히 유의하여 이행한다.

- 농업은행은 금융채권을 발행할 수 있으며, 발행액은 농업은행의 불입자본금의 10배를 초과할 수 없다.

- 농업은행은 조합, 농업단체 또는 농민에 여신한 자금의 효율적 운영과 원활한 목적달성을 위해 여신한 자금에 관련된 조합과 농업단체의 재산 상태를 검사할 수 있다.

- 농업은행은 매 사업연도의 자금수급 계획서와 경비예산안을 작성하여 당해 사업연도 개시 1개월 전까지 운영위원회 의결을 거쳐 재무부장관의 승인을 얻어야 한다. 매 사업연도 경과 후 2개월 내에 당해 사업연도의 결산을 완료하고 재산목록, 대차대조표, 손익계산서와 순이익금 처분안 또는 순손실금 보전안을 작성하여 총회와 운영위원회 승인을 얻은 뒤 재무부장관에 보고한다.

● 농업은행의 결산 순이익금은 적립금 적립 후 운영위원회의 결정에 따라 총회의 승인을 얻어 배당하며, 단 정부 출자에 대하여는 이익금을 배당하지 않고 적립한다.

● 농업은행은 자본금 중 정부출자가 있을 때는 회계에 관하여 심계원의 검사를 받고, 한국은행법에 따라 한국은행 감독부장의 검사를 받는다.

● 부칙

· 조선금융조합연합회령과 금융조합령은 이 법 시행일로부터 폐지한다.

· 이 법 시행 전에 대한금융조합연합회 또는 금융조합이 은행법에 의하여 설립된 이 법 시행 당시의 주식회사 농업은행에 인계한 출자금 이외의 재산과 업무, 주식회사 농업은행에 현존하는 재산과 직무는 이 법에 의해 설립된 농업은행에 다시 인계한다.

· 농업은행은 농업협동조합중앙회가 대한금융조합연합회로부터 인수 청산할 재산 중 이 법에 규정된 농업은행의 목적과 업무에 부합된다고 인정되는 범위 내에서 주무부장관, 농업협동조합중앙회장과 농업은행 총재가 합의하는 재산목록과 가격에 의하여 재산을 그 설립일에 승계한다.

· 주무부장관은 설립위원을 임명하여 은행 설립에 관한 사무를 처리하게 하여야 하며, 설립위원은 정관을 작성하여 주무부장관의 인가를 얻어야 한다.

· 농업은행은 농협법이 규정한 조합이 설립되지 않은 지구에서는 운영위원회의 정하는 바에 따라 농민에게 직접 대부할 수 있다.

(2) 내용과 의의

농업은행법의 주요내용을 좀 더 자세히 살펴보면 다음과 같다. 첫째, 농업은행이라는 새로운 농업금융기관을 만들어 농업협동조합을 지원함으로써 협동조합의 발전을 도모하고 농촌경제의 부흥과 농민의 경제력 향상을 도모하는 농업금융기관으로서의 목적을 제시했다.

둘째, 농업은행은 은행법에 의한 주식회사 농업은행과 달리 이 법에 의해 특수법인으로 했다.

셋째, 농업은행은 별도 법인인 단위조직을 산하에 두지 않고 단일조직으로서 본점과 지점, 출장소, 대리점 등 사무소의 규모에 따라 차등한 지사무소를 운영했다.

넷째, 농업은행의 총자본금은 300억 환으로 했다. 농업협동조합법에 의한 시·군·구 조합, 원예조합, 축산조합, 특수조합이 1좌당 1만 원의 출자금을 1좌 이상 출자하고 300억 환에 미달하는 부분은 정부가 전액 인수하도록 되어 있었으나 실제로 조합이 출자할 수 있는 금액이 대단히 적어서 나머지 대부분은 정부가 인수하지 않으면 안 되었다. 따라서 정부출자문제가 농은법 개정의 주요 쟁점 중 하나가 되었다. 이렇게 인수한 출자금은 조합출자금이든 정부출자금이든 다른 조합에 양도하지 않는 한 양도할 수 없도록 하여 임의의 양도에 의한 성격의 변질을 막고자 했다.

다섯째, 농업은행도 비영리단체인 농업협동조합과 마찬가지로 각종 세금과 부과금을 면제했다. 이는 비영리기관은 아닐지라도 신용업무에 관한 이자와 수수료를 은행의 경비와 적립금에 필요한 최소액으로 하는 등 과도한 영리추구로 인해 대농민·대조합의 실익에 반하는 활동을 하지 않도록 한데 따른 지원책이었다.

여섯째, 농업은행의 최고의사결정기관인 총회는 농업은행 총재를 제외하고는 사실상 전원 농업협동조합의 조합장(농협중앙회의 중앙위원 전원)으로 구성하도록 했다. 그러나 농업은행은 이사회가 없는 대신 주무부장관을 포함한 9명으로 구성된 운영위원회 제도를 도입했다. 이 제도는 과거 대한금융조합연합회 당시 도입했으나 제대로 운영하지 못하고 중지되었다가 다시 도입된 것이었다. 그리고 운영위원회는 법과 정관의 규정된 범위 안에서 농업은행의 전반적인 업무, 운영, 관리에 관해 기본방침을 수립하고 업무지시와 감독까지 할 수 있도록 하여 사실상 총회 이상의 의사결정, 집행 및 업무감독기관이었다. 이 제도는 나중에 농업협동조합과 농업은행 합병 이후에도 그대로 계승되어 협동조합의 자율성과 독립성을 저해했는데, 은행업무의 특수성에 비춰보아도 지나치게 과도한 의사결정 및 집행기구였다.

일곱째, 농업은행 각 지점에 농업은행 지점장을 포함한 7인으로 구성된 시·군·구별 융자위원회를 두고 시·군·구 단위의 농민에 대한 대출의 기본방침과 계획을 수립토록 했다. 농업은행은 특별한 경우를 제외하고는 농민에 대한 직접대출은 할 수 없고 농협에 대한 대출만 가능했다. 농업은행은 융자위원회를 통해 시·군·구의 행정기관과 농협조합장이 함께 지역의 농민·농업 관련 융자방침을 확정하고 이를 농업협동조합이 집행할 수 있도록 했다. 또한 시·군 단위의 농업은행 융자에 대해 행정, 농협, 농은의 연계와 협조를 강화하여 융자의 효율성을 높이려 했다.

여덟째, 농업은행 총재는 운영위원회 추천으로 대통령이 임명하는 임명제였다. 임명제는 다음에 제정되는 농협과 농은 통합법에도 그대로 계승되었다. 부총재는 운영위원회의 의결을 얻어 총재가 임명했다. 사실상 주요 인사는 운영위원회의 의결 또는 승인 없이는 임명될 수 없었고, 다만 감사에 한하여 총회에서 선출했다.

아홉째, 농업은행의 주된 업무는 종전의 주식회사 농업은행처럼 농업·농민·농촌 관련 대출과 일반대출, 내국환과 보호예수, 예금수입 등이었다. 대출은 농협과 농업단체에만, 수신은 일반인 전체를 대상으로 했고, 기타 정부와 한국은행으로부터의 자금차입 등을 담당했다. 그리고 신용업무에 부대하는 업무를 수행했다. 특히 주업무인 여신에서 농민에 필요한 자금, 조합에 필요한 자금, 국민경제상 긴급히 요청되는 농산물 생산자금을 우선 지원한 점, 여신의 회수가능성 검토에서도 물적 담보 능력보다 농산물 생산 능력을 중시한 점, 대출조건을 결정할 때 채무자의 요구에 적합하도록 한 점, 신용업무에 관한 이자와 수수료는 은행의 경비와 적립금 적립에 필요한 최소액으로 한 점 등은 상대적으로 열악한 위치에 있는 농민·농촌·농업에 대한 대출에 고려할 사항으로서 법으로 명기되었다.

열째, 농업은행은 농업자금 조달을 위해 주식회사 농업은행이 사채를 발행하는 것처럼 농업금융채권을 발행할 수 있도록 하여 장기자금 소요에 대비했다.

열한째, 농업은행은 융자위원회에서 결정한 방침에 따라 농업은행 자금으로 농민·조합·농업단체에 대출된 자금의 집행에 대해 관련 조합과 단체를 검사하는 검사권을 가졌다.

열두째, 농업은행은 사업계획과 수지예산(안)을 마련하여 운영위원회의 의결과 재무부장관의 승인을 받아 집행하고, 결산보고서도 총회와 운영위원회의 승인을 받아 재무부장관에 보고하는 등 업무계획과 결산결과에 대해 일일이 주무부장관의 승인을 받았다. 이 역시 다음에 제정되는 통합 농협법에 그대로 계승되어 협동조합의 자율성을 제약하는 도구가 되었다. 아울러 결산 후 배당도 운영위원회의 결정에 따라 총회의 승인을 얻어야 했다.

열셋째, 농업은행은 정부가 농업은행에 출자한 경우에 한해 심계원의 검사를 받았는데, 정부자금 차입에 대해서는 언급이 없었다. 그리고 한국은행법에 따라 금융기관으로서 한국은행 검사를 받았다.

열넷째, 부칙으로 농업은행법 시행과 동시에 그동안 유지되었던 조선금융조합연합회령과 금융조합령은 폐지하여 주식회사 농업은행 출범 때도 폐지되지 않았던 법령을 완전히 폐지했다. 그리고 새로 설립되는 특수법인 농업은행은 과거 주식회사 농업은행이 대한금융조합연합회와 금융조합으로부터 인수한 출자금 이외의 재산과 업무, 주식회사 농업은행에 현존하는 재산과 직무를 그대로 인계받았고, 기타 농업협동조합중앙회가 인수 청산할 대한금융조합연합회 재산 중에서도 필요한 재산을 상호 합의하는 목록과 가격에 따라 승계했다. 이로써 특수법인 농업은행은 사실상 대한금융조합연합회와 금융조합의 금융업무와 관련된 대부분의 재산을 그대로 인수했다. 한편, 재무부장관은 발기 설립이 아닌 설립위원을 임명해 이들이 정관을 작성하여 주무부장관의 인가를 받는 편법으로 새로운 농업은행을 설립할 수 있도록 했다.

이상의 내용을 종합적으로 살펴보면 특수법인 농업은행은 농업협동조합에 대한 지원을 목적으로 했다. 그리고 시·군·구 농업협동조합, 원예협동조합, 축산협동조합, 특수농업협동조합이 출자하는 기관이었음에도 정부가 대부분 출자했고, 실질적으로 주무부장관 등으로 구성된 운영위원회가 운영했다. 또한 농업은행 총재는 출자자에 의한 직접선거 대신 정부 대표인 대통령이 임명했고, 특히 농민·농촌·농업 관련 금융을 농협을 통해 수행해 협동조합이 아닌 정부출자 농업정책금융기관이라고 할 수 있다. 따라서 만일 농업은행이 농협법의 협동조합중앙금고로 만들어졌다면 더 이상적인 협동조합 기구로 작동할 수 있었을 것이다. 그러나 신용업무의 특수성과 감독기관 등의 문제로 결국 별도의 기관으로 분리되었고, 출자관계, 농업자금융자 및 농협의 사업자금 차입, 농업은행의 총회와 운영위원회의 농협조합장 참여 등의 연결고리를 통해 상호 유기적인 관련을 맺고 있었다.

11. 농협법과 농은법의 개정

농업은행법은 1957년 2월 2일 국회를 통과하여 자본금의 정부출자와 대한금융조합연합회 및 금융조합의 재산처리에 대해 대통령이 제기한 이의를 재수정하는 조건으로 공포되었다. 이로 인해 시행령과 부수되는 대통령령도 지연되었다. 농업은행의 업무개시가 지연된 것은 정부출자가 불가능하게 된 데 대한 선후 대책, 융자위원회의 존폐에 관한 문제, 조합 외의 개인 농민에 대한 대출문제, 금융조합과 금융조합연합회의 재산처리가 미해결상태로 남아 있었기 때문이다. 그러던 중 자유당에서 특수법인 농업은행 발족을 위한 법 개정을 추진했고, 1958년 2월 12일 농은법 개정(안)을 정부안으로 국회에 제출해 재정경제위원회의 수정을 거쳐 2월 15일에 상정되었다. 그리고 2월 17일에는 농은법 개정(안)과 관련 조항을 개정한 농협법 개정(안)이 국회를 통과했고, 농은법은 1958년 3월 7일 법률 제473호로, 농협법 개정(안)은 법률 제474호로 각각 개정 공포되었다. 농은법의 주요 개정조항은 다음과 같았다.

- 농은법 제5조(자본금 출자)에서 농업은행에 대한 출자는 원칙적으로 농업협동조합이 하고 조합이 인수한 잔여액을 정부가 인수하도록 한 것을 농민, 농협 및 그 중앙회와 농업단체가 출자하는 것으로 개정하고, 출자 1좌당 금액은 1만 환에서 1천 환으로 인하했다.
- 제6조 제2항 정관 변경은 운영위원회 의결을 거쳐 재무부장관이 승인하도록 되어 있던 것을 총회 의결을 거쳐 재무부장관이 농림부장관과 합의하여 승인하는 것으로 바꾸었다.
- 제28조와 제29조의 융자위원회 조항은 삭제했다.

- 제39조(업무)에서 농업은행의 융자는 농협을 대상으로 하고 농협의 조합원은 조합을 통하거나 조합의 추천을 얻어야 융자를 받을 수 있었던 것을 농민, 농협 및 그 중앙회와 농업단체를 대상으로 직접 융자할 수 있게 했다. 이로써 협동조합과 중앙회는 자체 사업을 위해서만 차입할 수 있게 되었다.
- 제11조 총회의 대의원제와 제30조 이사 제도를 도입했다.
- 부칙에서 대한금융조합연합회와 금융조합의 재산은 농협이 인수 청산하도록 한 것을 농업은행이 대통령령이 정하는 바에 따라 직접 인수 청산하도록 하고, 청산 잔여재산은 대한금융조합연합회는 회원에게, 금융조합은 그 조합원에게 출자액에 비례하여 배당하되 농업은행의 출자금으로 대체하게 했다.

농은법 개정에 따라 농협법의 관련 조항도 모두 개정되었다. 관련 조항은 제15조 제6항(신용사업) 개정, 제15조의 2(차입금과 그 운영) 신설, 제15조의 3(농은에의 출자) 신설, 제34조(대부금, 부채행위에 대한 제한) 삭제, 제104조(차입금과 그 운영) 삭제, 제105조(농은에 대한 출자) 삭제, 제114조 제5항(신용사업) 개정, 제122조 제5항(신용사업) 개정, 제137조(차입금) 삭제, 제144조(종전단체의 인수와 청산) 제1항 개정, 제3항 삭제, 제5항 개정, 제6항 신설 등이었다.

농은법 개정으로 농업협동조합과 농업은행의 관계는 당초 법 제정 때와는 판이하게 형성되었다. 그 내용을 살펴보면 다음과 같다. 첫째, 자본금출자에서 정부와 농업협동조합만이 출자할 수 있던 것을 정부출자를 완전히 배제하고 농협뿐만 아니라 농민 일반, 농민단체까지 출자할 수 있도록 변경하여, 정부출자기관은 아니지만 농협만을 지원하는 기관도 아닌 범농업 관련 금융기관으로 전환되었다.

둘째, 농업은행의 융자는 농협을 대상으로 하고, 농민조합원이 필요한 자금은 농협을 통하거나 농협의 추천을 받아 융자받을 수 있는 제도에서 융자위원회를 폐지하고 농업은행이 모든 융자에서 농민이나 농협, 농업단체에 직접 대출할 수 있도록 변경함으로써, 농업협동조합은 조합원 농민에 대한 대출업무를 할 수 없게 되어 사실상 신용사업은 없어지고 융자업무를 통해 다른 사업과의 연계성, 즉 지도금융을 전혀 발휘할 수 없게 되었다.

셋째, 이상의 두 가지 개정은 농업은행에 대한 농협의 정부 외 단독출자제를 소멸시켰다. 또한 각급 조합장이 군 단위 융자위원회에 참여해 농업자금 융자에 관한 방침과 계획을 수립하던 것을 배제함으로써 농업은행에서의 자금차입이 원활하지 못하게 되고 농협은행의 협동조합 지원이 곤란해지는 등, 사실상 농협과 농업은행의 유기적 연계성이 없어졌다.

넷째, 정부출자를 배제하는 대신 농업은행의 부족한 자본금을 확보해주기 위해 대한금융조합연합회와 금융조합의 인수 청산업무를 농업협동조합에서 농업은행으로 변경함으로써 대한금융조합연합회와 금융조합이 주식회사 농업은행에 인계하고 남은 재산마저 모두 농업은행이 갖게 되어 농업은행은 대한금융조합연합회와 금융조합의 모든 업무와 재산을 인수하여 출발하게 되었다. 그러나 농업협동조합은 해산된 농회의 잔여재산 외에는 이렇다 할 인수재산이나 수익자원도 없는 상태에서 완전히 새로이 출발해야 했다.

다섯째, 농은법과 농협법 개정은 사실상 협동조합이 아닌 농업정책금융기관이 담당하는 신용업무와 농업협동조합이 담당하는 경제업무로 완전히 분리되는 신·경 분리의 결과를 가져와 결국 재무부와 금융조합 계통이 바라는 대로 되고 말았다. 농협법은 기형아가 되어버렸고, 농은법과 농협법이 개정되기 전까지 농협은 재무부의 견제로 발족이 늦어져 법 통과 후 1년 이상을 기다려야 했다. 법 개정의 발단이 되었던 대통령 담화로 볼 때, 이승만 대통령은 농협을 만들고자 하는 생각이나 육성 의지가 전혀 없었고 철두철미하게 농협을 불신하고 있었다.

제4장
농업협동조합과 농업은행의 조직과 운영

1. 농업협동조합의 조직과 운영

1) 각급 협동조합의 신규조직

1957년 2월 14일 법률 제436호로 농협법이 공포되었다. 이어 그해 4월 4일 대통령령 제1268호로 농협법 시행령이, 4월 11일 농림부령 제52호로 시행세칙과 부속, 각급 조합 및 중앙회 정관예가 고시되었다. 이로써 농협이 설립되기 시작했다.

각급 농협의 설립은 조합 설립을 지도할 중앙조직이 없는 상태에서 자발적인 노력과 정부의 지도 장려 등 두 가지 측면에서 이루어졌다. 먼저 자발적인 설립 노력을 보면, 리·동 조합과 시·군·구 조합은 아무런 지도나 지원 없이 설립된 경우도 있었고, 농사교도사업연구회의 노력으로 설립된 조합도 있었다. 실행협동조합을 조직했던 농사교도사업연구회는 임원과 직원들이 법에 따라 시·군·구 조합을 조직할 것을 촉구하며 이미 조직된 리·동 조합과 시·군·구 조합은 설립등기를 하도록 공문을 발송하거나 현지 독려를 하는 등 활발한 활동을 전개했다.

축산협동조합은 농협법에 의해 이미 조직된 각 군 축산동업조합을 인수하여 이를 기반으로 농협법에 맞추어 조직을 개편하며 순조롭게 진행되었다. 원예협동조합은 대한원예협회 산하 각 군지부를 인수하여 개편했고, 특수조합도 이미 조직되어 있던 조합을 개편해 인수했다. 그런데 업무구역이 시·군·구를 넘어서 조직되어 있었던 일부 원예조합은 조직을 분산할 수가 없어 원예조합이 아닌 특수조합으로 설립할 수밖에 없었다. 경북능금조합, 나주와 울산 배조합, 서울우유조합, 한국양봉조합, 한국양토조합 등이 그런 경우였다.

이러한 자발적인 노력 외에 정부는 농민의 자주적인 협동조직을 촉진했다. 우선 등기 및 비치용 리·동 조합 정관을 부락당 2부씩 전국적으로 배부하고 기타 선전계몽 등으로 적극 지도했다. 한미합동경제위원회에서는 농협 발전에 선구적인 역할을 담당할 시범협동조합의 필요성을 인지하고 농림부, 농업은행, OEC의 대표로 '지도협동조합계획추진중앙위원회'를 설치해 대충자금에 의한 농사자금에서 2억 5천만 환을 지도협동조합 육성비로 방출했다. 또한 정부는 농협법 제106조에 규정된 상무이사의 임용을 용이하게 하고 시·군·구 조합의 설립을 촉진하기 위해 1957년 7월 상무이사 전형시험을 발표했다. 이 시험은 사정에 의해 일시 연기되었다가 뒤에 실시되었다.

하지만 정부의 지도 지원 및 자발적인 노력에도 불구하고 협동조합 설립은 만족할 만한 성과를 내지 못했다. 농협법이 공포된 1957년 말까지 리·동 조합 5,537개, 시·군·구 조합 24개, 원예조합 10개, 축산조합 11개, 특수조합 1개에 불과했고, 농협법 공포 후 1년이 경과한 1958년 3월 31일 현재 설립등기를 마친 리·동 조합은 6,626개, 시·군·구 조합 53개, 원예조합 32개, 축산조합 41개, 특수조합 5개에 지나지 않았다. 당시 설립 가능한 리·동 조합은 19,781개였다. 따라서 리·동 조합 설립은 33.5% 정도에 그친 셈이다. 시·군·구 조합도 전국 시·군·구 169개 중 31.3%에 머물렀고, 원예조합은 설립 가능 조합 141개의 22.7%, 축산조합은 설립 가능 조합 165개의 24.8%, 특수조합은 설립 가능 조합 20개의 25%만 조직되었다.

그러나 농협중앙회 창립총회 이후 1958년 6월 현재 리·동 조합 6,972개, 시·군·구 조합 85개, 원예조합 51개, 축산조합 76개, 특수조합 9개에서 1958년 말에 이르면 리·동 조합 7,983개, 시·군·구 조합 104개, 원예조합 56개, 축산조합 99개, 특수조합 11개로 늘어났고, 1959년 말에는 리·동 조합 17,421개, 시·군·구 조합 167개, 원예조합 77개, 축산조합 143개, 특수조합 23개로 급격히 늘어났다. 1960년 말에는 리·동 조합 18,706개로 설립 가능 조합의 94.5%, 시·군·구 조합이 168개로 설립 가능 조합의 99.4%까지 조직되었다. 아울러 원예조합 80개, 축산조합 152개, 특수조합 27개로 원예조합 설립만 다소 부진했을 뿐 조직이 거의 완료되었다.

2) 농업협동조합중앙회의 설립과 업무개시

농협중앙회를 설립하기 위한 최초의 움직임은 1957년 11월경 사단법인 농사교도연구회 사무실에서 전국의 뜻있는 시·군·구 조합장들이 발기인회를 구성하기 위한 모임을 가지면서 시작되었다. 이 모임에서는 회원조합이 될 시·군·구 조합과 업종별 조합의 조직상황을 점검하고, 적어도 이듬해 2~3월경에는 중앙회를 창립하기로 했다.[20] 그리고 그해 12월 제2차 모임을 대한원예협회 사무실에서 갖고 가급적 빠른 시일 내에 중앙회를 설립하기 위해 당일 회의를 발기인회로 정하고 1958년 중에 발기인대회를 하기로 결정했다. 그러나 이런 결정에 대해 농림부는 중앙회 조직은 농협이 자체적으로 결정할 일임에도 불구하고 중앙회를 만들지 말라는 지시를 내리는가

---

20) 실제로 1958년 2월경 시·군·구 조합 50개, 원예조합 21개, 축산조합 33개, 특수조합 3개가 발족했다.

하면, 심지어 신문지상에 중앙회 발족은 시기상조라는 성명을 내고는 중앙회 발족을 지연시키려 했다. 그 배경에는 다분히 당시 여당이던 자유당의 정치적 압력이 있었다.

이런 상황에서 조합장들은 1958년 2월 5일 제1차 농협중앙회 설립발기인 대회를 서울대학교 수의과대학 강당에서 개최하고 설립준비회 개최를 논의했다. 이 대회에서는 농협법이 공포된 지 1년이 넘었을 뿐만 아니라 중앙회를 발족할 수 있는 조합 수도 법정 수를 넘었으므로 중앙회를 하루빨리 조직하지 않으면 각급 조합의 발전이 그만큼 늦어지고 농민조합원들의 사기도 저하되어 농협 발전에 큰 지장을 초래할 우려가 있으므로 중앙회 설립을 더 이상 늦출 수 없다는 데 의견을 모았다. 그리고 1958년 2월 15일 제2차 발기인대회를 개최하고 농림부의 비협조에도 아랑곳하지 않고 설립준비회 업무준비와 설립준비회 개최일자(1958년 2월 26일), 개최장소(농재관리소 사무실 회의실)를 확정했다. 이때도 감독기관인 농림부는 신문지상에 중앙회 설립은 시기상조라는 입장을 발표하고 중앙회 발족을 지연시키려 했다.

농림부의 반대에도 불구하고 전국의 조합장 대표 90여 명은 1958년 2월 26일 서울시 소공동의 국제회관에서 농협중앙회 설립준비회를 개최했다. 이 회의에서는 결의안건으로 준비위원, 정관 작성위원, 사업계획 작성위원, 총회조합 가입위원, 총회소집일자 및 장소, 총회소집 업무의 건 등을 상정하여 결의하고 창립총회 일시는 1958년 5월 7일 오전 10시, 장소는 서울 종로 2가 서울의사회관으로 하여 4월 7일 창립총회 개최를 공고했다.

이와 같은 준비과정에서 가장 큰 문제는 초대 회장을 어떻게 선출할 것이냐는 것이었다. 당연히 법대로 하면 회장은 총회에서 선출하도록 되어 있으므로 조합장 가운데서 선출해 농림부의 승인을 받아 취임하면 될 것이었다. 그러나 조합장 대표들은 당시 정치상황으로 보아 정부와 여당의 동의 없이는 회장을 선출하기 곤란하다고 판단하고 농림부장관에게 요청했다. 그 결과 이승만 대통령과 관련이 있는 사람이 추천되었는데, 그를 회장으로 선출하기 위해 당시 조합이 없었던 김포에 조합을 만들어 그를 조합장에 취임시켰다. 조합장이 아닌 사람을 조합을 만들어 조합장에 앉히고 회장으로 선출하려 했던 것은 자주적인 회장선출이 아니라 정부에 의한 지명이나 다름없었다. 그러나 이는 당시 상황에서 어쩔 수 없는 선택이었다. 이 문제 말고도 곤란했던 것은 총회를 개최하기 위한 비용이 전무한 현실에서 총회 준비를 위해 비용을 염출하는 일이었다. 이 역시 큰 어려움을 겪었다.

그러나 더 큰 어려움은 창립총회 개최 3~4일을 앞두고 터졌다. 농림부에서 갑자기 서울축협 조합장이 회장에 당선되도록 노력해달라는 요청을 해온 것이다. 이 역시 자유당의 정치적 고려가 작용한 것이었다. 이미 회장 후보를 정하고 창립총회를 준비하고 있던 조합장들은 농림부의 입장 변화로 혼란에 빠지지 않을 수 없었다. 그런 가운데 1958년 5월 7일 10시 40분 시·군·구 조합장 82명, 원예조합장 49명, 축산조합장 73명, 특수조합장 7명 등 모두 211명이 참석한 농협중앙회 창립총회가 경기도 수리조합연합회 회의실에서 개최되었다. 창립총회에서는 정관과 사업계획서, 임원선거, 총회 경비지출 승인 및 기타 안건이 상정 처리되었다. 가장 중요한 회장 선거에서는 앞서 언급한 두 사람이 경합하여 2차 투표까지 치른 끝에 서울축협 조합장이 당선되었다. 초대 회장 선출은 조합장들의 자주적인 선출이었다고 볼 수 없다. 그러나 농협 관련 중앙 단위 기관장으로서 역사상 처음으로 선거에 의해, 조합장 중에서 회장이 선출되었다는 데 의의가 있다.

창립총회에서는 회장과 함께 부회장 1명, 상임감사 1명, 이사 3명, 고문관 1명을 임기 1년의 임원으로 선임하고 중앙회 기구도 확정했다. 이때 확정된 중앙회 기구는 본부 1실, 5부, 1수련소였고, 각 도지부에는 관리과와 사업과를 두기로 했다.

이런 과정을 거쳐 농협중앙회 창립총회는 막을 내렸다. 그러나 문제는 당장 다음 날부터 일할 사무실조차 없다는 것이었다. 이 문제는 초대 회장이 서울축협 조합장이었으므로 우선 서울축협 사무실을 임시로 사용하기로 하면서 해결되었다. 농협중앙회는 이후 대한잠사회관 2, 3층을 임대해 사용하다가 1959년 3월 당시 서울 중구경찰서 옆 5층 건물을 매입하여 사무실을 마련하고 본격적인 업무를 보기 시작했다. 그리고 대한농회재산관리소 직원과 축산동업조합중앙회, 대한원예협회의 직원들을 직원으로 충원해 업무를 보았다.

농협중앙회는 업무개시와 동시에 '농회재산청산위원회'를 구성하고 시·군·구 및 중앙농회의 재산조사에 착수하여 인수 청산 결과를 청산위원회에 보고하도록 조치했다. 그러나 얼마의 재산이 어떻게 인수 청산되었는지는 자료를 확보할 수 없어 구체적으로 확인할 수 없다. 다만 가장 큰 인수 재산은 농업창고였다. 1957년 12월 말 현재 1,071동에 74,580평으로 1957년도 미곡담보융자의 전국 총보관량 3,598,116가마니 중 57%를 보관할 수 있는 능력을 갖고 있었다. 이 농업창고가 초창기 농협의 가장 중요한 수입원천이었다.

농협중앙회는 각 부서의 조직과 인원이 어느 정도 확충되자 본격적으로 경제사업을 실시했다. 과거 대한농회재산관리소나 축산동업조합중앙회, 원예협회의 사업을 인수했던 것이다. 지도사업으로는 시·군·구 조합과 업종조합의 조직을 완료하는 일에 전력을 기울였고, 일선 조합의 사무체계를 확립하기 위해 전국 각급 조합 상무이사들을 대상으로 교육을 실시했다. 아울러 1959년 8월 1차로 농협지도요원을 농과대학 졸업자 중에서 선발해 소정의 교육을 실시한 뒤 각 도지부에 배치하고, 그들로 하여금 일선 조합의 내부업무 추진과 더불어 규정에 의한 장부정리 지도는 물론 신규사업 개발에도 박차를 가하게 했다.

3) 조합원과 출자상황

농협법이 공포된 1957년 말 조합원은 리·동 조합 474,209명, 시·군·구 조합 1,706명, 원예조합 8,328명, 축산조합 25,544명, 특수조합 9,300명이었다. 이는 1958년 말 리·동 조합 698,855명, 시·군·구 조합 6,025, 원예조합 40,153명, 축산조합 204,194명, 특수조합 13,010명으로, 1959년 말에는 리·동 조합 1,528,144명, 시·군·구 조합 15,940, 원예조합 64,185명, 축산조합 305,704명, 특수조합 17,702명으로 확대되었고, 조합이 자리를 잡을수록 조합원은 점차 늘어났다.

농협중앙회 회원은 1959년 말 시·군·구 조합 163개, 원예조합 74개, 축산조합 142개, 특수조합 17개 등 모두 396개 조합이었다. 그리고 1960년 말에는 시·군·구 조합 168개, 원예조합 77개, 축산조합 154개, 특수조합 22개 등 모두 421개 조합으로 늘어났다.

조합 및 중앙회의 출자금은 농협법이 공포된 1957년 말 리·동 조합 1억 3,096만 3천 환, 시·군·구 조합 572만 4천 환, 원예조합 455만 8천 환, 축산조합 1,372만 3천 환, 특수조합 488만 4천 환으로 부진했다. 그러나 1958년 말에는 리·동 조합 1억 9,166만 9천 환, 시·군·구 조합 2,103만 6천 환, 원예조합 2,542만 3천 환, 축산조합 1억 507만 환, 특수조합 683만 9천 환으로 늘어났고, 1959년 말에는 리·동 조합 3억 7,437만 8천 환, 시·군·구 조합 4,319만 8천 환, 원예조합 4,933만 1천 환, 축산조합 1억 4,642만 4천 환, 특수조합 2,870만 1천 환을 기록했다. 1960년 리·동 조합의 출자좌수는 1,670,042좌, 출자총액 16억 7,004만 2천 환이었다. 이 중 납입출자금은 4억 2,456만 9천 환으로 출자총액의 25%였다.

중앙회에 대한 회원조합의 출자금은 1960년 말 출자총액이 4,250만 환, 납입출자금은 1,062만 5천 환으로 출자총액의 25%를 불입하고 있었다. 또한 1958년 말 각 농협의 농업은행에 대한 출자불입액(농업은행 발족 때의 출자금으로 보임)은 리·동 조합 11,200좌에 112만 환, 시·군·구 조합 100좌에 1만 환, 축산조합 100좌에 1만 환이었고, 원예조합과 특수조합은 출자가 없어 총 11,500좌에 115만 환의 출자를 하고 있었다. 이는 특수법인 농업은행 납입출자금의 지극히 적은 일부에 불과했다.

4) 각급 협동조합과 중앙회의 사업 추진

(1) 각급 협동조합의 사업 추진

리·동 조합을 비롯한 각급 조합은 법적으로 생산사업, 구매사업, 판매사업, 이용사업, 공제사업, 매개적인 신용사업(금융기관에 예금하기 위한 자금의 수집과 금융기관으로부터의 농업자금융자에 관한 알선, 자기자금에 의한 농업자금 대부, 시·군·구 조합 제외), 정부보조사업, 기타 사업을 실시할 수 있도록 되어 있었다. 그러나 구체적인 사업실적을 확인할 자료가 없어 개황만 살펴보면 다음과 같다.

① 리·동 조합: 리·동 조합은 인적·물적 자원의 불충분, 사업체계 및 경영기술의 전무, 조합원 결속력 부족 등으로 인해, 명목상으로는 조합이었지만 사실상 대부분 사업을 하기 곤란한 상태였다. 다만 실행협동조합이나 식산계였다가 리·동 조합으로 전환된 조합 중에서 그동안 경험을 축적해온 소수의 조합들과, 아니면 중앙회가 특별히 육성하는 시범조합이나 지도조합 등이 비교적 양호한 사업실적을 보였다. 이처럼 열악한 상황은 물적인 시설 측면에서도 살펴볼 수 있다. 1960년 말 18,000여 개에 달하는 리·동 조합

가운데 공동이용시설을 운영하고 있는 조합은 713개에 불과했다. 이를 구체적으로 보면 사무실 겸 구판장 설치 조합이 323개, 도정시설 및 가공시설 조합이 218개, 창고시설 보유조합이 134개, 농기구 공동이용조합이 22개, 양수시설 보유조합이 16개였다.

② 시·군·구 조합: 지역 형편에 따라 업무개시는 차이가 있었지만 농협법 공포 이전부터 사단법인에 의한 조합으로서 군조합사무실을 가지고 있던 조합들은 종전의 단체해산과 동시에 직원을 인수하고 사업에 착수했다. 시·군·구 조합이 가장 먼저 실시한 사업은 사업 확대와 직결되는 리·동 조합 조직강화사업이었다. 즉 조합이 없는 지역에서 리·동 조합을 조직하고, 이미 조직된 조합의 법인등기수속과 사무체계 지도사업 등에 매진한 것이다. 또한 시설을 보유한 조합은 정미소 등의 공동이용사업과 정부 양곡보관사업, 관수용 비료보관사업 및 조작사업에 주력했는데, 이는 조합수익의 약 80% 이상이 이런 사업에서 발생했기 때문이었다. 구매사업은 리·동 조합이 신청한 구매사업으로 민수용 비료, 농기구, 농약을 주로 취급했고, 판매사업은 춘추잠견 공판사업과 함께 지방에 따라 특산물(고추, 마늘, 잡곡) 등을 취급했다.

③ 원예조합: 원예조합은 군 원예협회의 사업인 과수용 비료, 농약 알선사업을 인수받아 수행했다. 도시근교의 조합은 사업이 활발했고, 오지의 원예조합은 사업이 부진했다. 그러나 정부의 과수재배 장려에 힘입어 묘목 알선과 비료공급이 늘어났다.

④ 축산조합: 축산협동조합은 과거 축산동업조합의 가축시장 관리업무가 주종이었는데, 중개수수료의 20%로 소의 공제사업을 실시했다. 기타 사업으로 농회의 도축위생검사업무가 축협에 이관되어 상당한 수입원이 되었고, 1960년부터는 양축농가가 급격히 늘면서 사료구입 알선사업과 더불어 정부

도정공장에서 나오는 부산물인 쌀겨, 보리겨 인수공급업무를 활발히 전개했다.

⑤ 특수협동조합: 특수조합은 이미 해당 지방에서 자리 잡고 있는 업종으로 조직되어 종전의 사업을 인수해 안정적으로 사업을 추진했다. 특히 경북 능금조합, 나주배조합은 사업규모가 초창기 중앙회보다 활발했고, 한국양돈조합이나 서울우유조합도 사업전망이 매우 밝았다.

(2) 중앙회의 사업 추진

① 1958년도 사업: 농협중앙회는 1958년 5월 7일 창립총회 이후 5개월이 지난 10월 21일 설립인가를 받았다. 따라서 1958년에는 기본이념과 운영방침, 11~12월의 사업계획을 세우는 데 그쳤을 뿐 본격적인 사업은 할 수 없었다. 이런 이유로 1958년도의 사업실적에 대해서는 명확한 자료가 없다. 다만 시범조합 설치·운영사업은 계속되었다.

시범조합의 설치목적은 정부가 조합육성 수단으로 시범조합을 설치해 한국의 사회·경제적 여건에서 조합의 설립 및 운영에서 나타나는 제반 문제를 농민과 함께 실천으로 연구검토하여 여기서 얻어지는 좋은 결과를 토대로 여타 조합에 시범이 되도록 하자는 데 있었다. 이 사업은 1957년 7월 12일 한미합동경제위원회의 한미경제조정안에 따라 합의된 ICA 경제원조계획의 한국농업협동조합 및 농업신용 발전을 위한 계획서 제439호와 제482호에 의거하여 실시되었다. 여기서 계획서 제439호는 1957년부터 사업을 개시하여 1959년까지 끝내기로 한 직원의 교육훈련 및 기술원조계획이었고, 제482호는 우수 리·동 조합의 사업자금융자 및 보조사업을 위한 계획이었다. 이 계획에 따라 1957년 말 최초로 화성군이 시범지구로 선정되었고, 15개 조합을 시범조합으로 선정해 지도 지원했다. 이어 1958년에는 양산, 부천,

연기의 3개 지구가 추가되었는데, 연기군은 연말까지 시범조합을 선정하지 못해 화성군, 양산군, 부천군 3개 지구에서만 시범사업이 행해졌다.

3개 지구의 시범조합은 화성군이 15개, 양산군이 10개, 부천군이 원예조합 1개 등 모두 26개였다. 조합원은 화성군 1,169명, 양산군 975명, 부천군 2,082명으로 모두 4,226명이었고, 이는 지역 내 조합원 유자격자 6,876명의 61%에 해당했다. 이들 시범조합에 대한 융자잔액은 4,351만 환, 조합원에 대한 융자는 2,721만 5천 환이었고, 사업은 공동구판사업 외에 공동이용시설 설치사업을 했다. 즉 정미소, 탈곡기, 양수기, 농약살포기, 과일가공공장 등의 사업을 하여 평가액 416만 9천 환을 기록했다.

② 1959년도 사업: 1959년의 사업은 크게 구매, 판매, 이용, 가공, 지도사업과 시범조합 및 지도조합 설치로 나누어 볼 수 있다. 먼저 구매사업과 관련해서는 비료구매, 농약구매, 사료 및 기타 공급 알선사업이 이루어졌다. 비료구매사업의 경우 ICA 자금에 의한 비료구매자금은 1956년 체결된 한미협정에 따라 80%는 농업은행을 실수요자로 인정하고 20%는 일반 공매입찰에 의해 민간구매를 인정하는 2원체제로 되어 있었다. 농협중앙회는 이를 시정해달라고 정부에 수차 요청했는데, 정부는 수용태세가 미비하다는 이유로 받아들이지 않았다. 따라서 민수비료만 취급할 수 있었다. 그리고 1958년에는 각 회원조합으로부터 맥작추비 및 원예용으로 ICA 자금 민수도입비료 불화공매에 응찰하여 48만 6천 달러에 낙찰을 받아 신청 회원조합에 유안, 요소, 과석비료 87,000대를 공급하고 수도본답용 및 원예용 비료도 기수입분 104,000대를 구매 공급했다.

농약구매사업의 경우, 농협중앙회는 정부의 귀재자금에서 농약자금을 공급받아 수도종자소독용 유기수은제 74만 3천 킬로그램, BHC(2%) 68만 본, BHC(3%) 54만 8천 본, 원예용 농약 유황분 76톤, 육산동 17톤, 파라치온

2,333갤런을 구매 공급했다. 사료 및 기타 공급 알선 분야에서는 미공법 제480호에 따라 정부가 도입한 수수를 농림부를 통해 사료용으로 802만 6천 킬로그램을 배급받아 공급했다. 과실 보호대용 고신문지 19,812관, 온 상용 폴리에틸렌 39,000마, 함석 11,461매도 조합원의 요구에 따라 구입 공급했다.

1959년 농협중앙회의 판매사업으로는 고공품 판매, 녹비종자 및 군납계 란 알선 등이 진행되었다. 1959년 11월 고공품 취급을 이관 받은 농협중앙 회는 고공품 공동판매사업을 전반적으로 취급하기에 앞서 시범조합과 산하 가공공장에 인접한 조합을 선정하여 자가소비용으로 비료 가마니 525,882 매를 매입하고 새끼 32,944타래를 매입 판매했다. 또한 농업은행에서 녹비 종자 및 판매자금으로 2억 환을 융자받아 3,409석의 녹비종자를 매입하여 그중 1,194석을 판매했다. 1월 1일부터 9월 25일까지 미군에 계란 52만 개를 군납하여 19,000달러의 외화를 획득하기도 했다.

이용사업의 경우, 당시 중앙회가 소유한 농업창고는 141동 13,000평이었 다. 여기에 55만 4천 톤의 미곡과 맥류를 보관하여 총 수용능력의 49%를 이용했다. 가공사업에서는 배합사료 가공사업을 진행해 수도묘판용 2만 2 천 톤과 수도본답용 배합비료 8만 톤을 제조했다. 지도사업의 경우 조합의 업무 및 재산상황 검사를 담당할 검사요원을 확보하는 한편, 리·동 조합의 건전한 육성을 위해 정부로부터 1억 710만 환의 국고보조금을 받아 전국의 리·동 조합 중 자기자금을 14만 환 이상 적립한 377개 조합에 조합당 28만 환을 보조하고, 재정자금 융자금 1억 528만 환으로 조합당 28만 환을 융자 하여 공동이용시설을 마련하게 했다. 공동이용시설 설치조합은 도정시설 설 치 186개, 사무실 겸 구판사업장 설치 128개, 농기구 구입 21개, 창고 설치 27개, 이발소 및 목욕탕 설치 3개, 기타 12개 조합이었다.

한편 협동조합의 설립이 늘어나면서 시범조합도 늘어나 고흥군 1개가 시범지구로 추가되어 시범조합 수는 일반조합 130개, 원예조합 1개 등 모두 131개 조합에 조합원이 1만 7천 명에 달해 1958년에 비해 대폭 증가했다.

1959년 정부는 농림부에 '농업협동조합육성위원회'를 설치하고 농협의 육성과 발전을 지원하기 위한 조사연구 및 시험을 실시했다. 농림부, 농사원, 농업은행과 농협중앙회, USOM(주한미국경제원조처) 등의 대표자로 구성된 이 위원회는 농협 육성에 필요한 사항을 토의하고 그 결과를 관계 기관에 건의했다. 정부는 또 1959년에 처음으로 전국에서 30개 시·군·구 조합을 선정해 지도조합으로 중점 육성했다. 선정된 지도조합에는 434개의 리·동조합도 있었다.

131개 시범조합에 대한 융자잔액은 2억 1,863만 7천 환이었다. 이는 전년도에 비해 5배 이상 증가한 것으로서, 그중 1억 1,604만 5천 환은 조합이 직접 사용했고 1억 259만 2천 환은 조합원에 대한 융자로 쓰였다. 조합은 주로 비료 및 가축자금으로, 조합원 융자는 노임과 가축자금으로 많이 사용되었다. 또한 시범조합의 공동이용시설은 전년과 같이 정미소, 창고, 양수기, 탈곡기, 원동기, 발전소, 가공공장 등이었고, 그 평가액은 3,390만 3천 환으로 전년도보다 8배나 증가했다.

③ 1960년도 사업: 1960년도의 구매사업 중 비료구매사업을 보면, 1961년 금비수급계획은 관수 60%, 민수 40%의 구매비율로 결정되어 관수비료만으로는 절대량이 부족했기 때문에 회원조합의 신청으로 한국은행의 민수비료 구매자금배정 공매입찰에 참가했다. 그 결과 불화를 확보할 수 있었고, 유안과 과석은 일본에서, 기타는 유럽에서 현품을 도입해 공급했다. 특기할 것은 1960년 2월 부흥부와 와자청의 관수비료 구매 및 조작업무를 농협중앙회에 이관하기로 합의하여 그해 4월 13일 농림부에서 농협에 관수비료

취급을 위한 준비위원회를 구성하고 8월 1일부터 취급하기로 했으나 4·19 혁명으로 중지되고 말았다.

농약구매사업의 경우, 회원조합의 신청에 따라 벼 종자의 소독용·침적용 유기수은제 150만 포대 5,225만 환어치를 구매 공급했다. 수도본답용 농약으로는 전년도에서 이월된 살분용 유기수은제 11만 1천 톤, BHC(2%) 13만 6천 봉, BHC(3%) 8만 4천 봉을 공급했고, 제초제 2-4D 42,300병을 구매 공급했다. 농기계는 국고보조금과 자체 자금으로 발동기 14대를 비롯해 동력용 탈곡기 3대, 현미기 7대, 정미기 8대, 제분기 3대, 정맥기 2대, 타맥기 2대씩을 리·동 조합에 구매 공급했다. 취급 금액은 모두 668만 8천 환이었고, 이 밖에 전년도에 구매 신청하여 1960년에 공급한 농기계 외의 총 취급 규모는 3,060만 8천 환이었다. 사료는 PL480호에 의한 미잉여 농산물 중 옥수수 구매자금으로 배정된 50만 달러의 공매입찰에서 농협중앙회에 7만 달러가 낙찰되어 그 자금으로 1,355톤을 직수입해 회원조합에 사료용으로 공급했고, 정부에서 이미 도입한 수수의 배정 잔량 10,242톤도 공급했다. 농림부 방침에 따라 소맥피 4,000가마를 원료로 배합사료 28,500포대를 생산해 공급했고, 농림부에서 배정받은 소맥피 5,000가마도 군납 계란 출하조합에 공급했다. 기타 농업용 자재로는 보온절충 묘판용 피복자재 폴리에틸렌 1,862마를 비롯해 각종 농용자재를 구매 공급했고, 그 금액은 100만 환에 달했다.

판매사업으로는 먼저 군납 및 시판으로 계란 1,100만 개를 판매해 전년대비 급격한 성장을 기록했고, 미군 군납으로 40만 3천 달러의 외화를 획득했다. 또한 고공품 판매사업 2년차인 1960년에 곡용 가마니 2,344,766매, 소금용 가마니 950,936매, 새끼 16,107타래를 매상하여 그중 곡용 가마니 84,078매, 소금용 가마니 130,008매, 새끼 480타래를 판매했다. 그러나 금액은 1,684만 7천 환에 불과하여 실적이 극도로 부진했고, 그 결과 농협의 결손을 초래한 큰 요인이 되었다. 그리고 정부대행업무인 고공품 외에 배합 비료용 가마니 43,131매, 새끼 2,123타래를 매상하여 726만 2천 환의 실적을 올렸다. 녹비종자는 전년도 자운영, 벳지, 자두 등의 녹비종자를 이월 받아 415,118석을 전량 판매했고, 판매금액은 1,193만 5,789환이었다. 또한 1959년산 박하원유 1만 1천 근을 매취해 1960년에 공판으로 전량 판매 했다. 그러나 1960년산 박하원유 매상은 365근 122만 8천 환으로, 실적이 저조했다.

이용사업의 경우 중앙회 보유창고 153동 13,926평 중 108동 10,203평은 직영하고 잔여 45동 3,723평은 각 시·군·구 조합에 대여했다. 1960년 8월 직영창고 중 20동 1,764평을 제외한 나머지 88동 8,529평마저 10월 1일 각 시·군·구 조합에 대여해 어려운 시·군·구 조합을 도왔다. 그 결과 중앙회 가 시·군·구 조합에 대여한 창고는 133동 12,252평이었고, 직영창고 취급 실적은 정부관리양곡 1억 1,338만 4천 톤, 미당융자 87만 9천 톤, 기타 보 관물 2,318개였다.

가공사업 분야에서는 외자청과 배합비료 위탁계약을 체결하고 수도본답 용 비료 중 배합비료 39,896톤을 장항, 군산, 목포, 여수, 부산 등 5개 배합 사료공장에서 수탁가공으로 제조했고, 수도묘판용 배합비료 3,290톤을 농 림부장관의 지시에 따라 제조했다.

한편 중앙회의 공제사업은 시·군 축산조합의 가축공제사업을 지도하는 것 이었다. 중개수수료 수입에 비해 공제금액이 과다한 조합에 대해 보조금 2,459만 7천 환을 확보하여 원활한 사업을 할 수 있도록 했다.

지도사업으로는 경영기술이 우수하고 자기자금을 18만환 이상 적립한 리·동 조합 719개와 시범조합 4개 등 모두 723개 조합을 대상으로 시범

리·동 조합 공동이용시설 설치사업을 전개했다. 이들 조합에는 자기자금 외에 조합당 국고보조금 36만 환과 융자금 36만 환 등 총 시설비 90만 환이상의 수익성 있는 공동이용시설을 설치 이용하도록 하고, 이를 위해 국고보조금 2억 6,028만 환과 융자금 2억 6,028만 환을 확보하여 지원했다. 아울러 인적 자원의 질적 향상과 사무능률화를 위해 시·군·구 조합의 상무이사와 경리사, 각 도 지도담당자와 현지 지도원을 대상으로 실무강습을 실시했고, 리·동 조합의 상무이사 강습을 각 도 단위로 실시했다.

시범조합과 관련하여, 1960년도 시범조합은 전년과 같이 5개 지구에 131개 조합, 조합원 17,289명이었다. 가입률은 5개 지구 내 조합원 유자격자의 80%였다. 이들 시범조합은 총 융자배정액 4억 9,800만 환 중 2억 5,608만 1천 환을 차입했다. 그중 조합이 차입한 금액은 4,471만 2천 환, 조합원의 차입액은 2억 1,108만 1천 환으로, 조합의 직접 사용보다 조합원의 사용액이 크게 늘어났다. 이 차입금은 비료구입, 가축자금, 노임, 시설자금, 농약구매자금, 구판사업 외에도 공동이용시설을 설치함으로써 한층 더 발전했다. 1960년 말 정미소, 점포, 창고, 발전소 등 공동이용시설 평가액은 70,8700천 환에 이르러 전년에 비해 크게 늘어났다.

(3) 조합 사업 추진을 위한 자금차입

각급 농협들이 사업 추진을 위해 조합 자체 명의로 농업은행과 산업은행 등을 통해 차입한 자금은 1958년 8,368만 7천 환으로 극히 미미했다. 그러나 1959년 7억 2,850만 6천 환에서 1960년 22억 7,300만 환으로 늘어났는데, 이는 1959년 대비 15만 4,449만 4천 환이 증가한 것이었다. 그리고 1960년 말 잔액 중 2억 3,600만 환은 산업은행에서, 20억 3,700만 환은 농업은행에서 차입한 자금이었다.

농업은행에서 차입한 금액은 1959년 총 7억 2,850만 6천 환 중 중앙회가 7,270만 환, 시·군·구 조합이 5,252만 2천 환, 리·동 조합이 3억 958만 4천 환, 원예조합 7,320만 환, 축산조합 4,640만 환, 특수조합 1억 7,410만 환으로 리·동 조합과 특수조합이 많은 비중을 차지했다. 1960년에는 총 20억 3,679만 9천 환 중 중앙회가 7억 6,944만 6천 환, 시·군·구 조합 1억 5,557만 9천 환, 리·동 조합 6억 1,795만 7천 환, 원예조합 9,178만 6천 환, 축산조합 9,880만 1천 환, 특수조합 3억 321만 환으로 1959년 대비 중앙회는 11배, 시·군·구 조합은 3배, 리·동 조합과 축산조합은 2배의 증가율을 나타냈다.

농업은행에서 차입한 1960년의 차입금 20억 3,700만 환을 사업용도별로 보면 구판사업자금이 13억 5,700만 환으로 67%를 차지했고, 이용사업자금이 6억 1천만 환으로 30%, 기타 사업자금이 7천만 환이었다. 이는 1959년에 비해 구판사업자금은 9억 7,300만 환이나 더 차입된 것이었고, 이용사업자금도 4억 1,500만 환이 더 차입되었지만 기타 사업자금은 반감했다. 농협의 자금차입 내역으로만 살펴보면 1958년에는 거의 사업이 없었고 1959년에 들어 조금씩 움직임을 보이다가 1960년에야 사업이 비약적으로 확대되었음을 알 수 있다.

농업은행에서 차입한 자금의 구성은 1958년에는 전액이 재정자금이었다. 그리고 1959년에는 7억 2,850만 6천 환의 0.9%인 645만 환이 금융자금이었고, 1960년에는 20억 3,679만 9천 환의 0.8%인 1,545만 환이 금융자금이었다. 이를 보면 도시에서 자금을 흡수해 농협을 지원한다는 농업은행의 명분이 무색할 정도였다는 것을 알 수 있다. 여기서 1960년 말 농업은행에서 차입한 자금의 자원별 내역을 보면 대충자금이 17억 3,200만 환으로 총 차입금의 85%를 차지했고, 양특자금이 1억 5,100만 환, 귀재자금이 1억

3,800만 환, 금융자금이 1,500만 환이었다.

마지막으로 농협중앙회만의 1960년 말 차입금 내역을 보면, 차입자금의 총액은 잔액기준 10억 600만 환이었고, 단기차입금 2억 3,400만 환, 정부위촉판매사업 차입금 3억 8,600만 환, 장기차입금 1억 5,000만 환, 인수장기차입금 2억 3,700만 환이었다. 인수장기차입금 2억 3,700만 환은 산업은행에서 차입한 금액으로, 사업별 내역을 보면 판매사업 소요자금 차입잔액이 4억 9,700만 환으로 65%, 그 다음 이용사업 차입액이 1억 5,000만 환으로 19%, 구매사업 차입액이 2,200만 환으로 4%를 차지했고, 잔여액 1억 환은 기타 각종 사업을 수행하기 위해 차입했다. 이를 전년도와 비교하면 총액기준 6억 9,700만 환이 증가한 것으로, 구매사업에서는 차입잔액이 2,100만 환 감소했으나 판매사업에서는 4억 6,700만 환, 이용사업에서는 1억 5,200만 환, 기타 각종 사업에서는 1억 환의 차입금 순증을 보였다.

(4) 각급 협동조합과 중앙회의 수지상황

각급 협동조합의 운영성과를 판단할 수 있는 결산자료를 입수하지 못한 관계로 정확히 파악할 수 없었지만, 이렇다 할 수익자원이 없었던 각급 조합의 수지상황은 대부분 적자였을 것으로 추측된다. 다만 중앙회는 1959년 1,200만 환의 잉여금이 있었으나 1960년에는 2억 7,400만 환의 거액을 손실한 것으로 나타났다. 특히 1960년에는 경영이 극도로 어려워져 직원 봉급을 체불했고, 농업은행에 1억 환의 긴급차입을 요청했으나 농업은행이 직원을 대폭 감원하지 않으면 융자할 수 없다는 조건을 내걸어 결국 이를 받아들이고 기채승인을 받았다. 기채 후에는 농업은행이 감독자를 농협중앙회에 파견하여 일일이 감시했다.

(5) 과도정부와 민주당 정부 시대의 농협

1960년 3·15 정·부통령 부정선거로 촉발된 소요사태는 4·19혁명으로 이어져 이승만 대통령의 하야와 자유당 정권의 종말을 이끌어냈다. 그리고 1960년 4월 29일 허정 과도정부가 구성되면서 새로이 농림부장관이 취임했다. 신임 농림부장관은 농협이 농민의 경제단체로서의 목적을 이탈하여 정치적 성격이 개재되어 있다고 지적하고 중앙회와 각 업종별 농협의 개편을 병행실시하겠다는 소견을 지상에 발표했다. 농협은 농림부장관의 지상 발표문에 대해 3·15 부정선거에 가담한 것으로 보는 것은 억울하다며 농림부에 강력히 항의했다. 그러자 농림부는 1960년 5월 25일 담화문을 발표했다. 그 내용은 지방조합의 민주적 개편 이후 중앙회 임원 선출을 6월 중에 완료하고, 시·군 단위 조합은 조합장과 상임이사의 겸업을 통해 재정적으로 건전한 농협이 되어야 한다는 것이었다. 이에 농협중앙회는 중앙위원회를 소집하여 7월 초순경에 중앙회 개편대회를 하기로 결정했다. 그럼에도 농림부는 적어도 각종 시·군 조합의 50% 이상을 개편한 뒤에 중앙회 총회를 하되 새로운 정부에 농협이 민주적으로 개편되었음을 보여주어야 한다고 지시했다. 이런 과정을 거쳐 1960년 7월 5일 농협중앙회 총회 소집이 공고되었다.

이에 앞서 과도정부의 농림부는 1960년 5월 11일 국무회의에서 농협 사업 활성화 대책으로 미곡담보융자 회수금을 영농자금으로 방출하기로 하고, 같은 달 19일에 농업은행을 통해 우선 85억 환을 각 도별 군 조합에 배정했다. 이어 6월 18일에는 농림시책자문위원회를 구성하는 동시에 농은법과 농협법 개정문제를 논의하기 위해 소위원회를 구성했다. 소위원회를 구성한 것은 4·19혁명이 폭발하자 전국 농협조합장 300여 명이 제1차 궐기대회를 갖고 농은법을 폐지하여 농협으로 통합하기 위한 통합추진위원회를 구성할 것을 대정부 건의안으로 제출하고 전국 시·군별로 농민을 동원해 파상적인 궐기대회를 끊임없이 개최했기 때문이다.

1960년 7월 9일 농협중앙회는 시·군 조합 개편대회 후 총회를 열고 농협과 농업은행 통합을 위한 농협법 개정안을 만들어 입법 청원하기로 했다. 아울러 농협법 개정 기초위원회 구성안을 확정하고 사업계획 및 수지예산 변경(안)을 통과시킨 뒤 중앙회장과 부회장을 조합장들의 직선으로 선출하고 이사와 감사는 다음 정기총회 때 개선하기로 하고 전원 유임시켰다. 여기서 주목할 것은, 이날의 회장 선거는 누구의 간섭이나 추천 없이 순수하게 자의로 출마한 후보자 3인 중에서 2차 투표까지 한 끝에 중앙회장을 선출한 최초의 민주적인 선거였다는 것이다.

이렇게 선출된 정·부회장은 7월 22일 농협법 제134조 제2항에 따라 농림부의 취임승인을 받았다. 그리고 4·19혁명으로 야기된 혼란에서 직원들을 안정시키고 침체된 사업을 추스르며 체불된 임금을 해결하기 위해 농림부와 농업은행을 상대로 임시 운영자금을 얻어내려고 노력했다. 이후 1960년 7월 29일 민·참의원 선거가 끝나고, 이어 8월 12일에는 대통령이, 8월 18일에는 국무총리가 취임했다.

이런 가운데서도 농협은 전국적으로 농은법 폐지와 농협·농은의 통합을 줄기차게 외쳤다. 그리고 장면 총리가 취임한 후인 10월 1일에는 조합장 대표 5인이 전국 조합장 연명으로 건의서를 만들어 총리를 면담하고 농은·농협 통합에 관해 건의했다. 그러자 USOM은 10월 7일 보도를 통해 농민의 경제적·사회적 지위향상을 위해 조직된 조합과 중앙회가 이렇다 할 사업도 하지 못하고 허탈상태에 빠져 있으며, 최근에는 중앙회가 자체 경영에도 어려움을 겪고 있어 발전의 희망이 없으므로, 새 정부는 농협의 민주적 발전에 의한 농촌부흥의 공약을 실천하기 위해서라도 농협이 위기를 극복할 수

있도록 정책적 배려를 해야 한다는 의견을 내놓았다. 이런 상황에서 농림부
는 1960년 11월 2일 협동조합법 개정과 농협 육성방안을 발표했다. 그 내용
은 다음과 같았다.

- 농협법 및 관계 법령을 개정한다.
- 농협 육성방안으로 재정적 사업을 강화하기 위해 다음 계획을 강구한다.
  - 농업중앙금고 설치
  - 농협의 기구 강화와 신용업무 부여
  - 시·군 단위 조합의 일원화
  - 리·동 조합 구역확장
  - 행정지도권의 강화 및 체계화
  - 사업조성을 위한 사업책정
  - 조합원의 출자금 증액
- 사업 확대를 위해 다음 조치를 강구한다.
  - 구판사업은 종전에 실시한 사업은 물론 신규사업을 개척하도록 지도
    하고 재정지원을 확대
  - 공제사업은 농협 자체 공제사업을 실시하여 계통조합의 손실보전 및
    재정확립 기여
  - 이용·가공사업은 농회 재산에서 인수한 창고와 배합사료시설, 도정공
    장을 확장하여 농산물의 가공·보관사업 육성
  - 리·동 조합 및 시·군 조합의 임직원교육 강화

이와 같은 농협 관계 법령 개정과 육성방안이 발표된 뒤 농협중앙회는
체불임금을 해결하기 위한 임시 운영자금 융자에 대한 기채승인을 받기 위

해 중앙위원회와 임시총회를 소집했다. 그런데 임시총회에서는 1억 환의 기채승인(안)은 통과되었으나 임원들에 대한 불신임이 제기되어 회장 이하 임원 전원이 사의를 표명했고, 그중 부회장과 이사 4명의 사표가 수리되었다. 아울러 수습위원회를 구성하고 1개월 이내에 정기총회를 소집하기로 했다.

이에 대해 농림부는 1961년 1월 1일 농협중앙회의 이사 전원이 사임했다는 이유로 농협법 제10조, 제76조, 제138조를 적용하여 이미 공고한 총회의 무기연기, 임시이사 선임 때까지 일체 업무 즉각 중지(1월 1일자), 임시이사 선임 후 정기총회 소집, 중앙회 전 임원 개선 등의 내용을 담은 「농업협동조합중앙회에 대한 행정처분을 함에 대하여」라는 담화문을 발표했다. 그리고 담화문 발표와 함께 농협중앙회에 담화문의 내용을 담은 행정명령을 시달했다.

이런 조치에 농협중앙회 수습대책위원회는 재정난과 내부혼란을 이유로 업무정지 처분이라는 극단적인 조치를 취한 농림부에 행정처분의 부당함을 항의하고 고등법원에 업무정지가처분신청을 제출하기로 결정했다. 아울러 업무정지처분으로 인한 군납업무와 비료업무의 손해배상 청구를 하고, 임시총회에서 결정한 대로 1961년 1월 7~8일 예정대로 총회를 강행하기로 했다. 그러던 1월 8일, 신문지상에 당시 여당인 민주당 정책위원회에서 농업은행을 농협에 합병시키고 중소기업은행과 서민은행을 각각 설립한다는 원칙에 합의했다는 발표가 나왔다.

한편, 농협중앙회는 1월 1일 수습위원회의 결정대로 농림부의 업무정지가처분신청을 서울고등법원에 제출했다. 그 결과 1월 20일 가처분신청이 이유 있다는 결정이 내려져 업무는 다시 정상을 회복할 수 있었다. 이처럼 농림부와 대립하던 농협중앙회는 중앙위원회를 소집하고 농림부와 협의한 끝에 1961년 3월 2일 총회를 개최하기로 결정했다. 그리고 3월 2일부터 3일간 총회를 열고 새로운 회장을 선출했다. 그러나 얼마 후 5·16 군사정변이 일어나 농협과 농업은행이 통합되면서 업무수행을 제대로 하지 못한 채 끝나고 말았다.

2. 특수법인 농업은행의 발족과 운영

1) 농업은행의 발족

1957년 2월 14일 농업은행법 공포에 이어 4월 4일 농업은행법 시행령이 공포되었다. 시행령 공포와 함께 재무부는 재무부차관을 위원장으로 하는 7인의 농업은행 설립위원회를 구성하고 농업은행 설립에 착수했다. 그리고 설립위원회는 3차에 걸친 회의 끝에 전문 10장 부칙 89조의 정관(안)을 만들어 4월 29일자로 재무부장관의 인가를 받았다. 또한 5월 3일 4차 회의에서 농업은행 설립에 관한 건 대통령령 제8조의 규정에 따라 농업은행 자본금의 인수와 불입요청을 의결하고, 이날 일자로 10개 리·동 조합의 잔여자본금을 인수하기 위해 제1회 불입을 정부에 요청했다.

이처럼 농업은행 설립사무는 순조롭게 진행되었다. 그러나 법 자체에 문제가 생겨 법정시한인 5월 18일까지 특별법에 의한 농업은행은 발족하지 못했다. 그러던 중 이듬해인 1958년 2월 17일 개정법률(안)이 국회에서 통과되면서 3월 7일 개정법률이 공포되었고, 3월 20일 개정법 시행령이 공포됨에 따라 설립위원회는 3월 17일과 20일 각각 6차 회의와 7차 회의를 개최하고 정관을 재작성하여 재무부장관에게 인가를 신청하는 동시에 법률 제14조 제1항 제6호 단서의 규정에 따라 초대 민간위원 4명을 추천했다.

한편 1958년 3월 22일에는 시행령 제36조 제3항의 규정에 의해 사정위원회를 소집하여 대한금융조합연합회와 금융조합의 재산평가를 40억 8,700만 환으로 사정하고 농업은행이 인수할 자본금은 300억 환, 제1회 불입금은 30억 환을 한도로 할 것을 결정했다.

농업은행 정관은 1958년 3월 27일 인가되었다. 인가와 동시에 자본금 인수와 제1회 불입이 완료되었고, 이로써 농업은행이 발족했다. 그리고 같은 날 농업은행 운영위원회 제1차 회의를 재무부장관실에서 개최하고 초대 농업은행 총재로 주식회사 농업은행 은행장을 추천하여 대통령의 임명을 받았다. 3월 28일에는 제2차 운영위원회를 열고 업무개시일을 4월 1일로 결정했다. 그에 따라 특수법인 농업은행이 업무를 개시하게 되었다.

농업은행이 발족하면서 주식회사 농업은행으로부터 승계한 자산부채는 현금 및 예치금 62억 3,100만 환, 예수금 179억 4,600만 환, 대충자금·귀재자금 등 대하금 54억 7,200만 환, 차입금 343억 7,700만 환, 대출금 498억 1,900만 환이었다. 이 중 금융조합연합회에서 인수한 자산부채는 현금 및 예치금 1억 7,690만 1천 환, 예수금 1,524만 7천 환, 대출금 13억 6,467만 6천 환이었다. 그리고 점포는 주식회사 농업은행의 도 지점 영업을 폐지하고 일부 지점을 정리하여 본점 1, 지점 164, 출장소 375개소로 발족했다. 아울러 새로 발족한 농업은행의 본점기구는 금융조합청산사무부를 포함한 12개 부와 8개 도 분실(서울·제주 제외), 10개 서울시내 직할점으로 했다.

2) 금융조합의 해산

1956년 5월 1일 발족한 주식회사 농업은행은 금융조합과 금융조합연합회를 토대로 설립되었다. 따라서 금융조합과 금융조합연합회는 실질적인 해산 단계에 들어갔다. 그리고 1957년 2월 14일 공포된 농협법과 농은법에 따라 금융조합 및 동 연합회령도 폐지되었다. 그에 따라 금융조합은 시·군·구 조합이, 연합회는 농협중앙회가 인수 청산했는데, 농업은행법 시행 전에 대한금융조합연합회 및 금융조합이 은행법에 의해 설립된 농업은행법 시행 당시의 주식회사 농업은행에 인계한 출자금 이외의 재산과 업무, 그리고 주식회사 농업은행에 현존하는 재산과 업무는 그대로 특별법에 의하여 설립되는 농업은행에 다시 인계되었다.

또한 농업은행은 농은법에 규정된 목적과 업무에 부합하다고 인정되는 범위에서 금융조합과 동 연합회의 재산을 재무부장관, 농협중앙회장, 농업은행 총재가 합의하는 재산목록과 가격에 의해 설립일에 승계했다. 그리고 1958년 3월 7일 공포된 개정법에 따라 금융조합과 동 연합회의 재산을 특별법에 의한 농업은행이 인수 청산했다. 이로써 금융조합과 동 연합회는 법적으로 청산단계에 들어갔고, 농업은행 총재를 위원장으로 하는 청산위원회가 구성되어 완전하게 청산되었다.

3) 특수법인 농업은행의 사업 추진

특수법인 농업은행은 조직과 사업을 새로이 할 필요가 없었다. 주식회사 농업은행이 취급하던 재산과 업무를 그대로 이어받았기 때문이다. 다만 특수법인 농업은행은 첫째, 종전의 금융조합과 주식회사 농업은행보다 한국은행 차입이나 재정자금의 차입을 확대하거나 금융채권을 발행하여 융자자원을 확대하고, 둘째, 수리자금을 포함한 농업금융의 일원화를 기하며, 셋째, 농업신용 제도의 개선을 통해 농민의 이익증진에 기여하고, 넷째, 농협의 육성과 그 사업을 적극적으로 지원하는 사명을 부여받았다.

① 1958년도 사업(1958. 4. 1~1959. 3. 31): 농업은행이 발족한 1958년에는 재정안정계획의 규제를 받았다. 이로 인해 금융자금에 의한 여신범위는

1957년도 말의 대출잔액 중 그 회수액에 한하도록 제약을 받아 금융자금에 의한 농업자금융자는 난망한 상태였다. 그러나 각종 재정자금이 농업자금으로 대하되어 농업금융은 비약적인 발전을 이루었다.

미곡담보융자는 1957년 100만 석을 실시해 양호한 성과를 거두었다. 이에 1958년에도 계속하기로 하고 1차 융자 목표액을 150만 석으로 늘리고 그에 따른 소요자원 300억 환은 비료자금 대환분 150억 환과 현찰 150억 환으로 충당하기로 했다. 1959년 2월에는 다시 20만 석을 추가 담보하기로 하고 양특농사자금 10억 환과 양특수리자금 10억 환을 사용하기로 했다.

수리자금업무는 종전까지 한국산업은행에서 취급하던 것을 농업자금 차입은 농업은행만 할 수 있다는 농은법 규정에 따라 1958년 6월 18일 농업은행이 인수했다. 이양 받은 자금은 300억 1,400만 환이었으며, 그 전액은 산업부흥 국채기금을 재원으로 한 것이었다.

한편 농협 육성을 위해 1957년 7월 주식회사 농업은행에 대하된 대충자금 39억 7,300만 환을 협동조합 신용회전기금으로 사용했고, 그중 2억 5천만 환은 시범협동조합에 배정했다.

비료자금 경리는 비료인수자금과 비료수배자금을 사용했다. 그러나 1958년 6월 11일 합동경제위원회 결정에 따라 한국은행 차입금에 의한 인수수배자금 제도를 폐지하고 취급방법을 외상구매와 외상판매 제도로 변경했다.

농업은행 발족 당시 예수금은 179억 5,100만 환이었다. 이는 1958년 말까지 61.6%가 증가하여 290억 1,200만 환에 달했다. 이 중 저축성예금이 17.5%, 요구불예금이 82.5%였다. 또한 발족 당시 한국은행 차입금은 343억 7,800만 환, 정부대하금은 54억 7,300만 환으로 그 비율은 96.3% 대 13.7%였다. 그런데 1958년 말 대하금은 644억 2,600만 환으로 대폭 증가하여 총 차입액의 83%를 차지했고, 한국은행 차입금은 131억 5,600만 환으로 줄어들어 17% 정도가 되었다. 재정자금이 급격히 증가한 것은 수리자금 300억 1,400만 환을 인수하고 신규 수리자금으로 20억 환을 대하 받았기 때문이었다.

발족 당시 인수한 대출금 498억 2,000만 환은 1958년 말 939억 1,300만 환에 달하여 88.5%의 대폭적인 증가를 보였다. 이 중 농업자금이 902억 7,200만 환(95.1%)으로 명실 공히 농업금융 전담기관임을 과시했는데, 대출이 증가한 주요인은 장기수리자금을 방출했기 때문이었다. 도별 자금대출상황을 보면, 먼저 재정자금과 금융자금으로 구성된 농사자금은 1958년 말 재정자금에 의한 농사자금 37억 2,700만 환, 금융자금에 의한 농사자금 113억 2,400만 환으로, 발족 당시보다 각각 10%와 9%의 증가를 보였다. 재정자금에 의한 농사자금은 대충자금, 귀재 및 양특회계자금 등이었고, 금융자금에 의한 농사자금은 금융조합 시대부터 취급하던 한국은행 차입금과 자기자금이었다.

특수농산물 생산장려 및 농가부업 육성을 위한 농산물 수집목적으로 대출된 농림자금은 1958년 말까지 52억 9,600만 환이었다. 1958년도 미곡담보 융자 계획은 1차분 150만 석, 2차분 10만 석이었는데 2월 28일 마감된 융자실적은 총 278억 2,600만 환으로 계획액의 89.7%였고, 3월 말까지 융자실적은 281억 2,000만 환이었다.

비료자금융자는 1958년 6월 11일 비료자금 경리방법이 변경되어 종전 금융자금 부문에서 융자된 비료수매자금 53억 8,900만 환(1958년 10월 말 잔액)이 대충자금으로 자원 변경 경리되었다. 이 중 37억 6,000만 환은 미담자금으로 전용되고 일부 회수도 하여 1958년 말 잔액은 11억 2,900만 환이었고, 금융자금인 비료대 미수금은 14억 4,600만 환이 남아 있었다. 한편, 1958년 6월 12일부터 연말까지의 비료 외상판매 누계는 82억 3,500만 환으로, 이 기간 중 39억 7,600만 환이 회수되어 연도 말 잔액은 42억 6,000만 환이었다.

재정 장기수리자금 융자는 농특·양특·귀특회계에서 각 40억 환을 대하하기로 했으나 98억 환이 대하되어 1958년 말 대출액은 386억 9,000만 환이었다. 그리고 비농민의 예금을 재원으로 중소 상공업자나 영세 서민층에 대출하는 일반자금과 서민자금의 연도 말 대출잔액은 둘을 합하여 39억 1,500만환이었다.

② 1959년도 사업(1959. 4. 1~1960. 3. 31): 발족 2년째인 1959년도의 농업금융시책은 재정안정계획의 테두리 안에서 이루어졌다. 이 계획에 따라 여신은 수리자금조로 양특자금 50억 환, 귀재적립금 40억 환 등 합계 90억 환과 생산자금의 대출금 회수액, 전년도 이월 미대출액, 저축성예금 증가액, 대충자금 신규배정액 범위 내로 제한되었다. 이러한 긴급정책 속에서도 저축성예금이 증가하고 재정자금 대하도 원활하여 대출이 115억 환이나 증가했다.

1959년의 주요한 농업금융시책을 살펴보면, 우선 그동안 분산되었던 대충자금이 1957년 7월 합동경제위원회의 결정으로 농업협동신용회전기금으로 통합되었다. 이 기금의 규모는 168억 4,500만 환으로, 생산자금, 농협사업자금, 시범조합자금, 잠업자금 등으로 융자했다. 다음으로 하곡의 가격폭락을 방지하고 농번기의 영농자금 수요에 응하기 위해 대충자금 40억 환을 재원으로 40만 석의 하곡담보 농사자금을 방출했다. 그러나 이 융자는 매우 부진하여 실적이 3억 1,400만 환에 불과했다. 따라서 잔여재원은 1959년도 미담선대자금으로 전용되었다.

미곡담보융자는 1959년에도 계속 150만 석을 실시했다. 또한 재고 미가 폭락과 함께 9월에 닥친 태풍 사라호의 막대한 피해로 정부는 10월 중 미상

환량 약 50만 석을 112억 환의 양특자금으로 매상했다.

태풍 사라호는 농업 부문에 200억 환 이상의 피해를 주었다. 피해복구를 위해 일반농사자금에서 풍수해 복구자금 10억 환과 과수원예 복구자금 5억 환이 방출되었고, 국고채무 부담행위에 의한 20억 환과 어촌풍수해 복구자금 10억 환이 일반자금에서 방출되었다. 또한 농어촌 고리채 정리자금 확보를 위해 농업금융채권 100억 환을 발행할 예정이었으나 8억 환만 인수되었다. 당초 고리채 정리자금은 농업금융채권 발행기금에 의해 3월 말까지 25억 환을 방출할 계획이었다. 그러나 1959년 말 8억 환은 농업금융채권 발행기금으로, 나머지는 농업은행의 자기자금을 충당해 융자잔액은 24억 2,600만 환이었다.

예수금은 1959년 3월 290억 300만 환에서 1960년 3월 343억 2,100만 환으로 18.3%가 증가했다. 이는 전년도에 비해 저조한 편이었는데, 저축성 예금이 대폭 증가해 총예금의 42.9%를 차지하여 예금의 안정도는 크게 높아졌다.

1960년 3월 정부대하금 잔액은 700억 7,700만 환으로, 연도 중에 56억 5,200만 환이 증가하여 전년도 증가액의 8.8%에 불과했다. 그에 따라 영농자금 공급은 저조할 수밖에 없었다. 한국은행 차입금은 연도 중 17억 700만 환이 증가해 연도 말에는 148억 6,300만 환에 달했다. 이는 미담자금과 태풍피해 복구자금 등 대출 증가에 따른 것이었다.

대출금은 1959년에 114억 8,800만 환이 증가하여 전년도의 대출금 증가 441억 환에 비해 극히 완만한 실적을 보였다. 대출금은 주로 1960년 1/4분기에 증가했는데, 이는 1959년에 미담융자금, 풍수해 복구자금, 농어촌 고리채 정리자금 등을 집중방출한 결과였다.

1959년 말 대출잔액은 1,054억 100만 환이었다. 주요대출상황을 보면 농사자금 213억 300만 환, 농업협동신용회전기금 대출 52억 500만 환, 농림자금이 72억 3,600만 환이었고, 1960년 3월 말 미담융자 잔액은 2,476억 9,300만 환이었다.

수리자금은 1959년 말 484억 4,800만 환의 대출잔액을 시현해 총 대출액의 49.9%를 차지했다. 또한 농어촌 고리채 정리자금은 24억 2,600만 환을 융자했고, 일반자금과 서민금융자금은 각각 25억 8,900만 환, 11억 3,200만 환이 증가하여 연도 말에 45억 5,700만 환, 30억 5,900만 환을 기록했다. 이는 예수금 실적이 양호했기 때문이었다.

③ 1960년도 사업(1960. 4. 1~1961. 3. 31): 1960년의 농업금융시책은 4·19혁명 이후의 경제침체로 전년의 시책을 이어갔다. 그러나 경제침체와 자금확보의 애로에도 불구하고 각종 농업자금 대출은 증가세를 보였다. 미곡담보융자는 전년보다 30만 석을 확대하여 1960년도산 180만 석의 담보융자를 추진했다. 그리고 전년도 말까지 고리채 정리자금을 방출하기 위해 농업금융채권 25억 환을 발행할 계획이었으나 연도 중 17억 환을 신규발행하여 전년도 발행 8억 환과 합해 발행 총액은 25억 환이 되었다. 그에 따라 금융자금으로 임시 충당되었던 부채정리자금 재원은 채권발행자금으로 대체되었다.

예수금은 1960년 3.6%의 증가에 그쳐 전년도 증가율을 크게 밑돌았다. 1960년 말 예수금 잔액은 355억 4,900만 환이었고, 저축성예금과 요구불예금 구성비도 38.4%, 61.6%를 보였다. 정부대하금은 계획했던 183억 5,000만 환 대비 59.3%에 불과한 102억 9,500만 환이 대하되어 연도 말 대하금 총액은 826억 9,100만 환이었다. 그리고 연도 중 한국은행에서 농사자금 211억 3,700만 환, 농림자금 81억 1,500만 환, 양특자금 252억 6,400만 환, 일반자금 17억 6,600만 환 등 모두 562억 9,200만 환을 차입했으나

477억 1,500만 환을 상환해 연도 말 한국은행 차입금 잔액은 234억 3,000만 환이었다. 이는 전년 말보다 85억 6,700만 환이 증가한 것이었다.

1960년 말 농업자금 대출잔액은 전년도 말보다 210억 환이 증가한 1,187억 8,300만 환이었다. 연도 말 농업자금은 수리자금 대출액이 573억 5,900만 환으로 89억 1,100만 환이 증가했고, 재정 농사자금과 금융자금 농사자금 대출액은 79억 3,900만 환, 139억 4,900만 환으로 각각 80억 4,700만 환, 5억 8,400만 환이 증가했다. 그리고 미담융자는 38억 2,800만 환이 증가한 222억 환이었고, 농림자금은 3억 2,800만 환이 감소했다. 또한 1960년에 처음으로 재정자금 21억 9,400만 환, 금융자금 25억 8,100만 환 등 모두 47억 7,500만 환이 중소기업자금으로 대출되었다.

④ 1961년도 사업(1961. 4. 1~1961. 8. 15): 1961년 8월 15일 신농협이 발족하면서 농업금융시책은 그 이전까지만 이루어졌다. 이때까지의 농어촌 고리채 정리상황을 보면, 혁명정부는 1961년 5월 25일 농어촌 고리채 정리령을 공포해 농어민의 고리채 대차관계 효력을 전면 정지시킨 데 이어 6월 10일에는 농어촌 고리채 정리법을 공포했다. 이 법은 5월 25일 이전의 연리 2할 이상의 농가부채를 고리채로 규정하여 신고하도록 하고, 고리채로 판정된 금액은 농협이 채무자를 대위하여 채권자에게 변상하되 농업금융채권을 발행해 교부하는 방식을 취하도록 했다. 또한 혁명정부는 중농정책과 고리채 정리를 병행했는데, 그에 따라 영농자금을 비롯한 각종 농사자금을 과감하게 확대 공급했다.

1961년 8월 15일 현재 농업은행의 예수금은 297억 7,500만 환으로 발족 당시의 179억 4,600만 환보다 크게 늘어났다. 대출금 역시 발족 당시 181억 500만 환을 인수하여 1961년 8월 15일 현재 1,339억 5,800만 환에 달해 13배 이상 늘어났다. 차입금과 대하금도 발족 당시 398억 5,100만 환에서

1961년 8월 15일 현재 1,132억 6,400만 환으로 4배가량 늘었다.

3. 농협과 농업은행의 조직 및 운영 평가

농업협동조합은 1957년 농협법 통과로 조직되었으나 여전히 조직을 지도·지원하여 사업을 할 수 있도록 도와주는 중앙기구가 없는 상태여서 사업이 거의 불가능했다. 그러던 중 1958년 5월 중앙회가 설립되고, 그해 10월에야 설립인가가 났다. 각급 조합들은 이때부터 조직을 정비하고 비로소 사업을 추진할 수 있었다.

그러나 본격적인 사업은 농협 조직이 거의 완성단계에 들어간 1959년부터 전개할 수 있었다. 이때의 사업은 새로운 것보다는 종전에 해산된 단체들이 수행하던 사업을 인수해 지속하는 수준이었고, 사업규모도 매우 빈약했다. 사업이 활성화된 것은 1960년에 들어서면서부터였다.

축산조합과 원예조합, 특수조합은 비록 지역 간 차이는 있으나 종전에 수행하던 사업을 확대해 나가면 되었다. 그러나 리·동 조합과 시·군·구 조합, 농협중앙회는 사실상 사업을 새로 시작해야 했다. 특히 농업협동조합의 근간인 리·동 조합과 시·군·구 조합은 아무리 적은 임직원으로 조합을 운영한다 하더라도 정상적인 경영하기가 거의 불가능한 실정이었다. 이처럼 1958년 개정 농협법에 의해 설립된 농협은 2년여 동안 인적·물적 자원을 제대로 갖추지 못한 채 조직을 새롭게 다져야 했고, 모든 사업에서 차입에 의존하면서 악전고투할 수밖에 없었다.

이에 반해 특수법인 농업은행은 주식회사 농업은행의 재산과 업무를 그대로 이어받았고, 금융조합과 동 연합회의 인수 청산에 따른 물적 자원까지

고스란히 인수해 새로운 계통조직을 만들거나 인적 자원을 충원할 필요도 없었다. 따라서 애로사항이나 무리 없이 풍부하게 주어지는 정부대하금과 한국은행 차입금으로 농업자금을 공급하며 업무를 수행할 수 있었다.

농민을 위한 경제사업은 농협에서, 신용사업은 농업은행에서 담당하되 양 기관은 다 같이 농업생산력 증진과 더불어 농민의 경제적·사회적 지위향상을 도모함으로써 국민경제의 균형 있는 발전을 기한다는 목적을 가지고 있었다. 그런데 양 기관의 효율적 운영과 유기적 협력관계가 제대로 이루어지지 않았다.

농협은 리·동 조합부터 중앙회에 이르는 계통조직을 완성하고 사업을 추진할 태세는 갖추었으나 정부의 지도·육성은 소극적이었다. 또한 물적 자원의 빈곤과 신용업무의 탈락 등으로 사업활동이 약화되었고, 군 단위 조직의 중복 등으로 인해 사업이 과소해져 농민의 실익을 위한 기관이 되지 못한 채 거의 휴면상태로 적자경영을 지속했다. 다시 말하면, 농협은 정부의 적절한 지도·지원 미흡, 사업·재정·경영기술 부족(수익원 미비, 자체 자금 부족, 인적·물적 자원 불충분, 경영기술 미숙 등)에 더하여 농업은행의 비협조 속에서 자산 인수에 장시간을 소요하며 몰락의 길을 걸었던 것이다.

그런데 농업은행은 농협과 표리일체가 되어 농민과 농협사업을 위해 금융을 뒷받침해야 하는데도 금융논리와 농협에 대한 불신 등으로 실질적인 지원활동을 거의 하지 않았다. 따라서 농민의 경제적 지위향상과 농협의 건전한 육성발전에 전혀 기여하지 못했다. 결국 농협과 특수법인 농업은행은 원래 제정된 농협법과 농은법에 의해 운영되지 못하고 개정된 농협법과 농은법에 의해 분리 조직·운영되어 사실상 실패했다고 볼 수밖에 없다.

제5장
종합농협의 성립

1. 종합농협법 추진의 배경

농협과 농업은행의 비합리적 운영을 지양하고 진정한 농민단체를 만들기 위해서는 양 기관의 통합이 불가피했다. 혁명정부도 농촌경제의 재건이야말로 시급한 과제이며, 이를 위해서는 농민의 자주적인 조직체로서 새로운 농협이 긴요하다고 판단했다. 그에 따라 국가재건최고회의는 중농정책의 일환으로 농협과 농은의 통합을 전격적으로 결정하고 1961년 6월 16일 재무 제58호로 농림부장관에게 다음과 같은 처리요강을 통첩하고 새로운 기구를 설립하기 위한 특별법 및 시행령(안)과 더불어 통합으로 인한 자산부채 및 요원처리 결과를 보고하라고 지시했다.

농협·농은 통합 처리요강
● 방침
  · 현행 농협과 농은은 통합한다.
  · 본 기구 통합 시의 자산과 부채는 통합된 신(新)기구가 인수한다.
  · 본 기구 통합 시의 임원 및 직원은 농협 및 농은 통합처리위원회의

의결에 따라 정리하며, 해임 또는 신규발령한다.

● 요령

· 농협 및 농은 통합처리위원회의 구성: ① 농림부장관을 위원장, 재무부차관을 부위원장으로 하여 농협·농은 통합처리위원회를 구성한다. ② 본 위원회의 위원은 위원장과 부위원장이 필요하다고 인정하는 요원을 임명 또는 위촉한다. ③ 본 위원회는 본 방침에 입각하여 신기구 설립을 위한 특별법과 그 시행령을 입안하고, 통합에 필요한 조치를 취한다.

· 신 기구 설립 특별법 입안의 고려사항: ① 목적은 농촌경제를 향상 발전시켜 신용 부문과 일반사업 부문이 유기적으로 운영되도록 하는 것이다. ② 본 기구의 신용 부문은 금융기관으로서의 역할을 담당하게 하되 농어촌 육성발전 이외에는 대상으로 할 수 없게 제한한다. ③ 본 기구의 기금은 출자금, 사업의 이익금, 적립금, 보조금 등으로 조성한다.

· 통합기간: 농협·농은의 통합기간은 7월 말로 한다.

국가재건최고회의의 통합처리방안에 따라 농림부는 먼저 위원장 농림부장관, 부위원장 재무부차관을 제외한 10명의 위원으로 농협·농은 통합처리위원회를 구성했다. 그리고 1961년 6월 19일 제1차 위원회를 소집해 통합처리위원회 규정을 결의하고, 이후 7월 1일까지 8차례 회의를 가지면서 통합요강을 결의했다. 이어 통합농협을 위한 농협법 시안과 시행령 시안을 결의하고 기타 조치사항을 결정했고, 7월 3일 국가재건최고회의에 법안을 제출했다. 통합처리위원회가 마련한 통합처리요강의 주요내용은 다음과 같았다.

- 개편기구: 현재의 이원적인 기구를 단일기관으로 통합한다.
- 개편방법: 현행 농협법과 농은법을 폐지하고 새로운 농협법을 제정한다.
- 개편원칙
  · 양 기구를 통합하여 농촌유통기구로서 유기적인 체제를 도모한다.
  · 군 단위 농협을 단일화해 사업분산을 방지하고 경제기반을 조성한다.
  · 운영관리는 과거의 농협운영 실정을 감안하여 회원관리의 자율성을 지양하고, 잠정적으로 정부의 적극적인 참여와 자체 상위기관의 능동적인 지도를 기도한다.
  · 신용 부문과 사업 부문의 회계를 엄격히 구분하여 금융의 독자성이 유지되도록 한다.
  · 현재 농은이 취급하는 신용 부문은 전부를 계속 취급하게 한다.

이 통합요강은 그때까지 금융조합, 주식회사 농업은행, 특수법인 농업은행을 거치면서 재무부가 감독기관이 되어 주도적으로 이끌어오던 금융업무를 농림부가 최초로 주도해 농협에 통합시키는 작업이었다. 따라서 개편원칙에서 새로 발족되는 농협의 농촌유통기구로서의 기능을 강조한 것은 의미 있는 일이었다. 그러나 과거의 파행적 운영에 비추어 회원관리의 자율성을 제한하고 정부의 지도감독 기능을 강화한다고 천명한 것이 이후 제정되는 입법에 그대로 반영됨으로써 기존 농협법에 비해 민주성·자율성 면에서 현저히 후퇴했을 뿐만 아니라 오랫동안 정부의 지도감독이 지속되는 계기가 되었다.

1961년 7월 3일 통합처리위원회는 신농협법(안)을 작성해 국가재건최고회의에 제출하고 신기구의 업무개시일을 8월 1일로 정해 추진했다. 그러나 본 법과 시행령 외에 시행세칙, 각급 조합의 정관예 등의 심의와 더불어 법제국, 국무회의 의결, 국가재건최고회의 법사위원회와 재경위원회 등의 심의를 거치면서 계획보다 지연되었다. 즉 1961년 7월 26일 국가재건최고회 상임분과위원회를 거쳐 7월 27일 본회의에 상정되었고, 7월 29일 구법을 폐지하고 전문 8장 176조 부칙 17조항의 새 농협법이 법률 제670호로 공포된 것이다.

이처럼 농협과 농은의 통합으로 이루어진 종합농협은 농민과 농협의 실체적 필요에 따라 자율적으로 만들어진 것이 아니라, 농촌중흥이라는 명분에 따라 강제적으로 만들어진 것이었다.

2. 새 농협법의 주요내용과 그 의의

1) 주요내용

새 농협법의 골자는 첫째, 농업협동조합과 농업은행을 통합하여 단일기관으로 한다는 것, 둘째, 군 단위 조합을 단일화하고 축산협동조합과 원예협동조합을 정비한다는 것, 셋째, 일반경제사업과 신용사업의 양 회계를 구분한다는 것, 넷째, 농업은행의 신용업무 중 중소기업은행에 이관할 업무를 제외한 업무는 신기구에서 승계한다는 것, 다섯째, 업무개시일은 법 공포일로부터 20일 이내로 한다는 것, 여섯째, 종래의 농협법과 농은법을 폐지한다는 것이었다. 새 농협법의 내용 중 종전과 다른 점은 다음과 같았다.

- 농민의 자주적인 협동조직을 통해 농업생산력 증진과 농민의 경제적·사회적 지위향상을 도모함으로써 국민경제의 균형 있는 발전을 기한다.
- 농업협동조합이라 함은 리·동 농업협동조합, 군 농업협동조합, 서울특

별시 농업협동조합과 특수농업협동조합, 중앙회라 함은 농협중앙회를 포함한다.

- 조합과 중앙회의 업무와 재산에 대해서는 국가나 지방자치단체의 세금과 부과금을 면제한다(단 관세와 물품세 제외).

- 정부는 매 회계연도 예산의 범위 내에서 조합과 중앙회 사업에 필요한 경비를 보조할 수 있다.

- 군 조합과 중앙회의 신용사업은 은행법과 한국은행법 관련 조항을 준용하고, 조선보험업령, 양곡관리법, 조선잠업령, 소운송법, 자동차 교통사업법, 중앙도매시장법, 무역법의 관련 조항은 조합과 중앙회에 적용하지 않는다.

- 리·동 조합의 구역은 리·동으로 한다. 단 자연부락 또는 인접한 수 개 리·동을 구역으로 할 수 있다.

- 조합설립신청이 있을 때 주무부장관은 설립절차 또는 사업계획서의 내용이 법령을 위반했거나 사업량으로 보아 조합운영이 심히 곤란하다고 인정될 때를 제외하고 등록 또는 인가를 하여야 한다.

- 리·동 조합은 그 구역 내에 주소 또는 거소를 가진 농민을 조합원으로 한다.

- 조합은 출자 외에 정관에 정하는 바에 의하여 그 사업의 이용분량에 따라 배당한 잉여금의 전부 또는 일부를 당해 조합원으로 하여금 출자하게 할 수 있다.

- 리·동 조합의 책임은 보증책임으로 한다.

- 조합은 정당한 사유 없이 조합원이 될 자격을 가진 자에 대해 가입을 거절하거나 그 가입에 관하여 타 조합원에 대한 것보다 불리한 조건을 부할 수 없다.

- 조합원은 60일 전에 예고하고 회계연도 말에 탈퇴할 수 있다.
- 조합원이 100인을 초과하는 조합은 정관의 정하는 바에 따라 총회에 대할 총대회를 둘 수 있다.
- 조합에 이사회를 두되 조합장과 이사로 구성하며, 조합장이 이를 소집한다.
- 임원으로 조합장 1인, 이사 4인, 감사 2인을 둔다. 조합장은 이사회에서 호선하고, 이사와 감사는 총회에서 조합원 중에서 선임하며, 임원은 명예직으로 한다.
- 누구든지 특정인을 임원으로 당선되게 하거나 당선되지 못하게 할 목적으로 선거인에게 금품향응, 기타 재산상의 이익이나 공사의 직 제공, 청약 또는 약속하지 못한다.
- 임원이 직무수행에서 고의 또는 중대한 과실로 조합 또는 타인에게 가한 손해에 대해서는 연대하여 손해배상의 책임을 진다.
- 사업은 생산 및 생활지도사업, 구매사업, 판매사업, 신용사업, 이용사업, 공제사업, 농촌가공사업, 의료사업, 단체협약의 체결, 군 조합이 위촉하는 사업, 정부가 위촉하는 사업 등으로 한다.
- 회계연도는 정관에 정하고, 회계는 종합회계로 하되 일반사업과 신용사업으로 구분하여 경리하며, 사업별 자금은 상호 유용하지 못한다.
- 조합은 매 회계연도의 사업계획서와 수지예산서를 작성하여 해당 회계연도가 개시되기 1개월 전에 이사회의 의결을 거쳐 총회의 승인을 얻어야 한다.
- 조합의 일반사업과 신용사업의 재무관계, 조합과 조합원 간의 재무관계는 주무부장관이 정하는 재무기준에 의하고, 조합의 계정과목과 장부조직은 주무부장관의 승인을 얻어 중앙회장이 정한다.

- 조합은 법정적립금, 사업준비금 외에 잉여금의 20/100 이상을 다음 회계연도에 이월하여야 한다.
- 회계연도에 손실이 발생했을 때는 사업준비금, 자본적립금, 법정적립금, 회전출자금 순으로 이를 보전하고, 조합은 손실을 보전하고 법정적립금, 사업준비금, 이월금을 공제한 후가 아니면 잉여금을 배당하지 못한다. 잉여금의 배당은 출자에 대하여는 불입액의 5%를 초과하지 못하고, 잉여가 있을 때는 조합원의 사업이용분량 비율에 따라 배당한다.
- 감자에 의한 차익, 유형고정자산의 수증익, 자산재평가 차익, 합병 차익에서 생기는 금액은 자본적립금으로 적립한다.
- 군 조합은 조합원의 상호협력으로 공동이익의 증진을 도모함을 목적으로 한다.
- 군 조합은 군·서울특별시 또는 인접한 시·군을 구역으로 하고, 정관의 정하는 바에 따라 지소 설치가 가능하다.
- 군 조합은 정관의 정하는 바에 따라 그 구역의 전부 또는 일부를 구역으로 하는 특수조합을 준조합원으로 할 수 있고, 준조합원은 출자를 불허하고 가입금을 부담하며, 의결권, 선거권, 총회소집청구권, 결의취소청구권을 갖지 않는다.
- 군 조합의 임원으로 조합장 1인, 이사 약간인과 감사 2인을 두되 조합장과 감사는 총회에서 조합원인 리·동 조합의 조합원 중에서 선임하고, 이사는 총회에서 조합원인 리·동 조합장이 읍·면별로 1인을 호선한다.
- 군 조합에 간부직원으로 전무 1인, 상무 2인 이내를 두되 필요에 따라 지소에 상무 1인을 둔다. 전무와 상무는 조합장이 이사회의 의결을 거쳐 중앙회장의 승인을 얻어 임면하고, 간부직원은 농림부령이 정하는 전형시험에 합격한 자라야 한다. 전무는 조합장을 보좌하여 조합의 업무를

처리하며, 상무는 전무를 보좌하여 조합의 업무를 분장한다.

- 군 조합의 사업은 생산 및 생활지도사업, 구매사업, 판매사업, 신용사업, 이용사업, 공제사업, 농촌가공사업, 의료사업, 단체협약의 체결, 중앙회 및 정부가 위촉하는 사업 등으로 한다.

- 군 조합이 공제사업을 하고자 할 때는 공제규정을 제정하여 주무부장관의 인가를 받아야 한다.

- 군 조합의 여유금은 중앙회에 예치한다.

- 군 조합장은 총회에서 결산보고서의 승인을 얻으면 2주일 내에 그 부본을 주무부장관에게 제출하고 대차대조표를 공고해야 한다. 또한 연 2회 이상 주무부장관이 정하는 바에 따라 사업 전반에 긍한 사업보고서를 조합원에 송부한다.

- 특수조합은 특수농업을 경영하는 조합원의 공동이익을 도모함을 목적으로 한다.

- 특수조합의 조합구역은 정관으로 정한다.

- 특수조합의 조합원은 구역 내 주소 또는 거소를 가진 특수농업 경영자로 정관이 정한 요건을 구비한 자로 한다.

- 특수조합의 임원은 조합장 1인, 5인 이내의 이사, 감사 2인을 두며, 조합장, 이사, 감사는 총회에서 그 조합의 조합원 중에서 선출한다.

- 특수조합에 간부직원으로 전무 1인 또는 상무 1인을 둔다.

- 특수조합의 사업은 생산 및 생활지도사업, 구매사업, 판매사업, 이용사업, 공제사업, 농촌가공사업, 의료사업, 단체협약의 체결, 타 조합·중앙회·정부가 위촉하는 사업으로 한다.

- 특수조합의 업무상 여유금은 군 조합 또는 중앙회에 예치해야 한다.

- 중앙회의 목적은 회원조합의 공동이익 증진과 그 건전한 발전을 도모함

으로 한다.

- 중앙회의 정관 변경은 총회의 의결을 거쳐 주무부장관의 승인을 얻어야 한다. 단, 주무부장관은 신용사업에 관한 사항은 재무부장관과 합의해야 한다.
- 중앙회에 총회를 두되 그 의결사항은 정관의 변경, 대의원과 감사의 선출, 기타 중요사항의 건의로 한다.
- 중앙회에 대의원회를 두며, 대의원회는 운영위원 선출, 매 회계연도 사업계획, 수지예산 및 결산승인, 총회에서 위임받은 사항, 기타 회장이 제의하는 사항을 의결한다. 대의원의 정수는 군 조합원인 회원이 각 도별로 호선하는 3인(서울시와 제주도는 각 1인)과 특수조합인 회원이 호선하는 3인으로 한다.
- 중앙회에 운영위원회를 두며, 운영위원회는 법과 정관의 규정 및 총회와 대의원회에서 의결된 범위 내에서 중앙회 업무운영관리에 관한 기본방침을 수립한다. 운영위원회는 중앙회장, 농림부장관, 재무부장관, 한국은행 총재, 대의원에서 선출한 5인으로 구성한다.
- 중앙회에 회장 1인, 부회장 2인, 6인 이내의 이사, 감사 2인을 두되 감사 1인은 상임으로 한다. 중앙회장은 운영위원회 추천에 의해 주무부장관의 제청으로 내각수반이 임명하고, 부회장과 이사는 운영위원회 승인을 얻어 중앙회장이 임명하며, 감사는 총회에서 선출한다. 상임감사는 학식과 경험이 풍부한 자로 하여야 한다.
- 정관이 정한 간부직원은 운영위원회 승인을 얻어 중앙회장이 임명한다.
- 중앙회의 사업은 회원을 위한 각종 사업과 시설 외에 신용사업, 정부가 위촉하는 사업과 보조사업 등으로 한다. 농업에 관한 자금은 중앙회만이 정부 또는 한국은행으로부터 차입할 수 있다.

- 중앙회는 불입출자금의 20배를 초과하지 않는 범위 내에서 농업금융채권을 발행할 수 있다.

- 중앙회는 매 회계연도의 사업계획서와 수지예산서를 작성하여 당 회계연도가 개시되기 1개월 전에 대의원회의 의결을 거쳐 주무부장관의 승인을 얻어야 한다. 또한 매 회계연도 경과 후 2개월 이내에 당해 연도의 결산을 완료하고 결산보고서를 작성하여 대의원회의 승인을 얻은 후 주무부장관에게 보고하고 대차대조표를 지체 없이 공고한다.

- 주무부장관은 이 법이 정하는 바에 따라 조합과 중앙회를 감독하며, 서울특별시장, 도지사 또는 중앙회장에게 이 법이 정한 감독권의 일부를 위임할 수 있다. 주무부장관은 필요할 경우 한국은행 감독부장으로 하여금 조합 또는 중앙회를 검사할 수 있게 하고, 조합 또는 중앙회가 정부로부터 보조금을 받았을 때는 당해 보조 목적 부분에 대해 심계원의 검사를 받는다.

- 조합과 중앙회의 총회, 대의원회, 이사회 또는 운영위원회가 의결한 사항이 위법 또는 부당하다고 인정될 때는 주무부장관이 그 전부 또는 일부를 취소하거나 집행정지를 할 수 있다.

- 조합원이 총 조합원 1/10 이상의 동의를 얻어 소속 조합의 업무집행상황이 법령, 정관 또는 공제규정에 위반된다는 이유로 검사를 청구할 때 주무부장관은 중앙회장 또는 군 조합장으로 하여금 당해 조합의 업무상황을 검사하게 한다.

- 주무부장관은 조합 또는 중앙회의 업무와 회계가 법령에 의거한 행정처분 또는 정관에 위반된다고 인정될 때는 당해 조합 또는 중앙회에 대해 기간을 정하여 그 시정을 명령하거나 관계 직원에 대해 필요한 조치를 취한다. 만일 조합 또는 중앙회가 주무부장관의 명령에 복종하지 않을

때는 기간을 정하여 업무의 전부 또는 일부를 정지시키거나 관계 임원의 개선 또는 직무의 정지를 명할 수 있다. 또한 주무부장관은 정당한 이유 없이 장기간 사업을 실시하지 않거나 위법행위에 대한 행정처분을 받고 이행하지 않을 때는 중앙회장의 의견을 물어 조합에 해산명령을 내릴 수 있다.

● 중앙회장은 이 법이 정하는 바에 따라 회원을 지도하며, 필요한 규정과 지시를 할 수 있다. 이를 위해 필요하다고 인정될 때는 그 소속 직원으로 하여금 회원조합을 감사하게 할 수 있다. 또한 중앙회장은 회원조합에 대해 그 업무의 건전한 운영과 조합원 또는 제3자의 보호를 위해 필요하다고 인정될 때는 당해 업무에 관하여 정관 또는 공제규정의 변경, 업무의 전부 또는 일부의 정지, 재산의 공탁처분 금지 등 필요한 처분을 주무부장관에게 신청할 수 있다.

● 부칙

· 조합과 중앙회는 1961년 8월 15일부터 업무를 개시한다.

· 이 법 시행 당시의 농업은행 본점, 지점과 출장소는 이 법에 의하여 설립되는 중앙회, 군 조합과 지소의 사무소가 된다.

· 법률 제436호 농협법과 법률 제437호 농은법은 1961년 8월 15일 0시에 폐지한다.

· 이 법 시행 당시의 리·동 조합과 군 조합은 이 법에 의한 리·동 조합, 군 조합으로 설립된 것으로 하고, 이 법 시행 당시의 원예조합, 축산조합, 특수조합은 이 법에 의한 특수조합으로 설립된 것으로 간주한다. 또한 이 법 시행 당시의 시 농업협동조합은 이 법에 의해 인근 군 조합과 합병된 것으로 하고, 이 법 시행 당시의 구 협동조합은 이 법에 의해 서울시조합에 합병된 것으로 한다. 이 법 시행 당시의

농협중앙회는 이 법에 의해 중앙회로 설립된 것으로 한다.

· 중앙회의 초대 회장은 재무부장관의 합의를 얻어 주무부장관의 제청으로 내각수반이 임명한다. 중앙회의 초대 감사 및 운영위원은 재무부장관의 합의를 얻어 주무부장관이 임명한다.

· 군 조합의 초대 조합장과 감사는 중앙회장이 임명한다. 초대 조합장과 감사의 임기는 차기 정기총회에서 조합장과 감사가 선출될 때까지로 한다.

· 군 조합의 전무와 상무는 법의 규정에 불구하고 각령이 정하는 시기까지 중앙회장이 임명한다.

· 이 법에 의한 군 조합과 중앙회는 종전의 조합과 중앙회가 인수 청산 중인 재산과 업무를 인수 청산하고, 청산 잔여재산은 당해 군 조합 또는 중앙회 소유로 한다. 대한금융조합연합회와 금융조합의 재산은 각령의 정하는 바에 따라 이 법에 의한 중앙회가 인수 청산한다. 대한금융조합연합회와 금융조합의 청산 잔여재산 중 각령에 지정하는 재산은 대한금융조합연합회의 분은 그 회원에게, 금융조합의 분은 그 조합원에게 출자액에 비례하여 분배하되 그 분배금은 당해 리·동 조합의 출자금으로 하고, 리·동 조합은 당해 군 조합에, 군 조합은 중앙회에 각각 출자한다. 이 법 시행 당시의 농업은행에 현존하는 재산과 업무 중 각령으로 지정하는 것을 제외하고는 이 법에 의해 설립된 중앙회에 인계한다. 중앙회가 인수한 농업은행의 재산과 업무 중 이 법에 의하여 설립된 군 조합의 업무수행에 필요한 재산과 업무는 군 조합에 인계한다.

· 신용사업을 영위하는 군 조합과 중앙회는 각령의 정하는 시기까지 은행법 및 한국은행법을 적용하되 은행법의 일부와 그와 관련되는

한국은행법 일부는 적용하지 않는다.

2) 의의

새로 제정된 농협법의 내용과 의의를 좀 더 자세히 살펴보면 다음과 같다.

첫째, 농민의 자주적인 협동조직을 통해 농업생산력 증진과 농민의 경제적·사회적 지위향상을 도모함으로써 국민경제의 균형 있는 발전을 기하는 데 목적을 둠으로써 종전의 농협법 목적을 그대로 천명했다. 이는 형식상 구(舊)농협법과 농은법의 대등한 통합으로 보이지만, 실질적으로는 농업은행이 농협에 통합되었음을 단적으로 드러내는 것이다. 또한 구(舊)농협법과는 달리 군 조합과 특수조합의 목적도 조합원의 공동이익을 도모함이라고 명시하여 조합의 목적이 특정 산업의 발전이 아니라 협동조합 존립의의에 맞도록 조합원의 편익을 증진하는 것임을 명백히 했다.

둘째, 리·동 조합은 그대로 두었으나 시·군·구 조합에서 시 조합은 서울시 조합을 제외하고 인근의 군 조합에 합병시키고, 구 조합은 서울시조합에 통합하여 군 조합의 구역을 확대했다. 군 조합의 사업영역을 넓히고, 원예조합과 축산조합을 모두 특수조합에 포함시켜 단순화했다. 또한 원예조합과 축산조합의 구역을 시·군·구 단위에서 정관에 정하는 바에 따라 광역화할 수 있도록 하여 업무구역의 광역화와 더불어 원예조합과 특수조합의 관계도 해소했다.

셋째, 조합과 중앙회의 업무 및 재산에 대하여 구(舊)농협법은 소득세, 법인세, 영업세, 인지세와 그 부가세에 한하여 면세했으나 새 농협법은 관세나 물품세를 제외한 국가와 지방자치단체의 세금과 그 부과금까지 면제하여 단순히 세금만 아니라 부과금까지 폭넓게 면제혜택을 주었다. 뿐만 아니라 정부가 매년 예산의 범위 내에서 조합과 중앙회의 사업에 필요한 경비를 보조할 수 있도록 하여 국가가 농협육성을 한층 더 배려했음을 알 수 있다.

넷째, 군 조합과 중앙회의 신용사업에 대하여 은행법 및 한은법의 일부 규정만 준용하는 것이 아니라 부칙의 각령이 정하는 시기까지 은행법과 한은법을 무조건 준용하되 은행법 일부와 그와 관련된 한은법 일부는 적용하지 않음으로써 금융업무를 일정기간 포괄적으로 은행법과 한은법의 적용 범위에 들도록 엄격히 규정했다.

다섯째, 리·동 조합의 구역은 종전에는 리·동의 구역으로 하되 리·동의 구역과 다르게 할 경우에는 농림부장관의 승인을 받아 정하도록 했으나 새 농협법에서는 자연부락 또는 인접한 수 개 리·동을 구역으로 할 수 있게 했다. 이는 리·동 조합의 구역을 자유롭게 획정할 수 있도록 융통성을 부여한 것이다.

여섯째, 조합 설립은 종전에는 창립총회 후 주무부장관이 정하는 바에 따라 등록만 하면 되었으나 새 농협법은 설립절차 또는 사업계획 내용에 하자가 있을 때를 제외하고는 등록 또는 인가해야 한다고 규정했다. 이는 등록 또는 인가에 보다 깊이 있는 검토가 필요하다는 뜻으로, 조합설립등록 또는 조합설립인가를 더욱 철저히 했다.

일곱째, 리·동 조합의 조합원은 종전에는 업무구역 내에 주소나 거소 또는 사업장을 가진 농민으로 했으나 새 농협법은 사업장을 가진 자를 제외하여 단순화했다.

여덟째, 모든 조합은 출자배당과 잉여금배당의 전부 또는 일부를 다시 출자할 수 있는 회전출자 제도를 도입해 출자장려와 조합원 편의를 도모했다.

아홉째, 조합원의 책임 제도는 종전에는 리·동 조합, 시·군·구 조합, 특수 조합, 중앙회는 경비를 부담하는 외에 그 출자액을 한도로 하고 다만 원예조합과 축산조합은 보증책임 제도를 도입했으나 새 농협법은 리·동 조합, 특수조합은 보증책임제, 군 조합과 중앙회는 출자액을 한도로 책임지도록 했다. 이는 조합원과 직접 연결되는 일선조합은 보다 큰 책임을 지게 하는 보증책임을, 연합회적 성격이 있는 군 조합과 중앙회는 그 회원조합의 출자액을 한도로 책임지도록 한 것이다.

열째, 조합원의 가입은 종전에는 정당한 사유가 없는 한 조합원 자격을 가진 자에 대해 가입을 거절할 수 없다는 전제하에 총회의 동의를 얻어 가입하도록 했으나 새 농협법은 총회의 동의 없이 이사회의 의결만으로도 가입할 수 있도록 단순화했다.

열한째, 조합원의 탈퇴는 종전에는 3개월 전에 예고하고 연도 말에 총회의 동의를 얻어 할 수 있도록 했으나 새 농협법은 60일 전에 예고하고 회계연도 말에 탈퇴할 수 있도록 했다.

열두째, 조합의 총대회는 종전에는 조합원이 300인을 초과하는 조합이 총대회를 둘 수 있게 했으나 새 농협법은 조합원이 100인만 초과해도 정관에 따라 총대회를 둘 수 있도록 했다. 이는 조합원의 수를 낮추어 조합원 총의보다는 대의 제도를 통해 업무의 능률화를 도모한 것이다.

열셋째, 조합의 이사회는 종전에는 조합장, 상무이사, 이사로 구성하도록 했으나 새 농협법은 상무이사를 임원에서 제외하여 조합장과 이사로 구성하도록 했다.

열넷째, 리·동 조합 임원 정수와 선임방법은 종전에는 조합장, 이사 5~9인, 상무이사와 감사 2인을 두되 조합장과 이사, 감사는 총회에서 조합원 중에서 선임하고 상무이사는 총회의 동의를 얻어 조합장이 임명했으나 새 농협법은 상무이사를 임원에서 제외하고 조합장을 이사회에서 호선하도록 했으며 모든 임원은 종전처럼 명예직으로 했다. 특히 조합장을 이사회에서 호선하게 한 것은 총회에서 선출하는 번거로움을 없애는 한편, 다른 나라들이 보편적으로 채택하고 있는 이사회 호선제를 택함으로써 조합장이 될 자의 조합경험을 높이 사도록 한 것이었다.

열다섯째, 새 농협법은 조합의 선거운동을 제한하여 선거과열 방지와 더불어 선거과정의 불미스러운 일을 없애고 공정한 선거가 되도록 했다. 또한 임원으로 당선되어 직무를 수행할 때도 중대과실로 조합 또는 타인에 가한 손해는 연대하여 배상하도록 하여 업무집행의 엄격성을 요구했다.

열여섯째, 리·동 조합의 사업은 생활지도사업, 농촌가공사업, 의료사업, 단체협약의 체결, 군 조합이나 정부가 위촉하는 사업을 추가했다. 다만 신용사업은 종전처럼 군 조합에 예금하기 위한 자금의 수집, 군 조합으로부터의 융자에 관한 알선, 자기자금에 의한 자금대출 등을 제한적으로 허용해 진정한 의미의 신용사업, 즉 조합금융을 구현하기가 어려웠다. 따라서 4종 겸영의 종합농협이기는 하지만 신용사업이 불완전하여 리·동 조합의 경우 사업의 시너지 효과를 기대하기 곤란했다. 군 조합의 사업은 생활지도사업, 농촌가공사업, 의료사업, 신용사업, 타 조합 또는 중앙회와의 공동사업 또는 그 대리업무, 중앙회가 위촉하는 사업이 추가되었지만 농촌공업시설과 문화사업은 배제했다. 그러나 신용사업은 전면적인 금융업무를 허용해 과거와는 다른 특징이라 하겠다. 특수조합은 생활지도사업, 농촌가공사업, 의료사업, 단체협약의 체결, 타 조합·중앙회·정부가 위촉하는 사업이 추가되었으나 형식적으로나마 존재하던 신용사업이 전면 폐지되어 경제사업에만 집중하도록 했다.

열일곱째, 조합과 중앙회의 회계연도는 종전에는 정부의 회계연도에 준하도록 했으나 새 농협법은 정관으로 정하도록 했다. 아울러 리·동 조합, 군 조합, 중앙회의 회계는 종합회계로 하되 일반사업과 신용사업으로 구분하여 경리하고, 사업별 자금은 상호 유용하지 못하게 했다. 또한 조합과 중앙회의 일반사업과 신용사업의 재무관계, 조합과 조합원 간의 재무관계는 주무부장관이 정하는 재무기준에 의하고, 조합과 중앙회의 계정과목과 장부조직은 주무부장관의 승인을 얻어 중앙회장이 정하도록 했다. 이는 신용사업으로 인한 자금흐름의 왜곡을 막으려는 금융논리로 이해할 수 있으나 사업 간 자금의 활용을 막고, 심지어 장부조직까지 주무부장관의 승인을 얻도록 한 것은 지나친 간섭이었다.

열여덟째, 새 농협법은 리·동 조합과 특수조합은 매 회계연도의 사업계획서와 수지예산서를 작성하여 당해 회계연도가 개시되기 1개월 전에 이사회 의결을 거쳐 총회의 승인을 얻도록 했고, 군 조합은 이사회의 의결을 거쳐 주무부장관의 승인을 받도록 했다. 중앙회는 대의원회의 의결을 거쳐 주무부장관의 승인을 받도록 했다.

열아홉째, 조합의 여유금 예치는 종전에는 농업은행에 예치하도록 했으나 새 농협법은 리·동 조합은 군 조합에, 군 조합은 중앙회에, 특수조합은 군 조합 또는 중앙회에 예치하게 했다.

스무째, 조합의 법정적립금, 사업준비금, 이월금, 잉여금배당은 종전에는 이월금 적립 제도가 없었으나 새 농협법은 생산 및 생활지도사업 비용에 충당하기 위해 잉여금의 20/100 이상을 다음 회계연도에 이월하는 이월금 제도를 도입해 지도사업비용 적립을 의무화했다. 잉여금배당은 종전에는 손실을 보전한 후 배당이 가능하게 했으나 새 농협법은 손실을 보전하더라도 법정적립금, 사업준비금, 이월금을 공제한 후가 아니면 배당하지 못하도록 하여 배당보다 조합안정에 더 우선을 두었다. 잉여금배당 제한은 종전에는 주무부장관이 정하는 바에 의하고 조합원의 조합이용비율에 따라 배당하게 했으나 새 농협법은 출자배당을 연 5% 이내로 하고 잉여가 있을 경우 조합원의 사업이용분량 비율에 따라 배당하도록 했다. 이는 출자배당을 최소한의 고정률로 보장해주고 나머지 잉여에 대해서는 이용고에 의한 배당을 하겠다는 취지로 보인다.

스물한째, 군 조합은 종전에는 시·군·구를 구역으로 했으나 새 농협법은 군·서울특별시 또는 인접한 시·군을 구역으로 하여 군 조합의 수를 대폭 축소해 업무영역을 확대했고, 정관에 따라 필요한 곳에 자유롭게 지소를 설치할 수 있도록 했다.

스물두째, 군 조합은 정관에 따라 그 구역의 전부 또는 일부를 구역으로 하는 특수조합을 준조합원으로 둘 수 있고, 출자 대신 가입금을 부담하게 했지만 의결권과 선거권 등은 부여하지 않았다. 이는 같은 지역에 있는 다른 종류의 조합 간에 상호 유기적 연대가 가능한 협동조합 간의 협동을 더 잘하기 위한 조치였다.

스물셋째, 군 조합 임원 정수는 조합장 1인, 이사 약간인, 감사 2인을 두고 상무이사는 제외했으며, 조합장과 감사는 종전처럼 총회에서 조합원인 리·동 조합의 조합원 중에서 선임했으나 이사는 총회에서 조합원의 이사 중에서 선임하던 것을 조합원인 리·동 조합장이 읍·면별로 1인을 호선하도록 변경했다. 여기서 특기할 점은 리·동 조합의 경우 조합장 선거를 이사회 호선제로 하고 군 조합과 특수조합은 왜 훨씬 더 어려운 농민조합원에 의한 직선제를 채택했냐는 것이다.

스물넷째, 새 농협법은 조합에 전문경영인에 해당하는 간부직원으로 전무 1인과 2인 이내의 상무를 둘 수 있게 했으며, 필요에 따라 지소에 상무를 두게 했다. 전무와 상무는 조합장이 이사회의 의결을 거쳐 중앙회장의 승인을 받아 임면했고, 간부직원이 될 자는 농림부령이 정하는 전형시험에 합격해야 한다는 별도의 자격요건을 두었다. 간부직원의 임명을 승인한 것은 조합의 자율성을 크게 해치는 것이었지만, 자율임명으로 인한 경영상의 위험을 고려하여 이런 제도를 채택한 것으로 보인다. 이렇게 임명된 전무는 조합장을 보좌하여 업무를 처리하고 정관에 정한 업무에 관해 조합을 대표할 수 있도록 했다. 그리고 상무는 전무를 보좌하여 업무를 분장 처리하거나 직무를 대행하도록 했다. 전·상무 제도는 군 조합이 신용사업을 전면적으로 취급하게 되어 일정한 자격요건을 구비한 보다 전문적인 경영인을 둘 필요성이 불가피하다고 보고 도입한 것으로 보인다.

스물다섯째, 군 조합과 특수조합의 사업 중 특히 공제사업을 영위할 경우 공제규정을 제정해 주무부장관의 인가를 받도록 했다. 이는 보험업인 공제사업의 공익성과 책임성을 감안한다면 반드시 필요한 절차였다.

스물여섯째, 군 조합과 특수조합은 조합장이 총회에서 결산보고서에 대한 승인을 얻었을 때는 2주일 내에 그 부본을 주무부장관에게 제출하고 대차대조표를 공고하도록 했다. 또한 조합장이 연 2회 이상 주무부장관이 정하는 바에 따라 사업 전반에 긍한 사업보고서를 조합원에게 송부하는 '업무운영 공개 제도'를 도입해 대내외 유관 기관과 조합원이 조합업무를 투명하게 알 수 있도록 했다.

스물일곱째, 특수조합의 업무구역은 정관으로 정하도록 하여 종전에 원예조합과 축산조합은 시·군·구로, 특수조합은 정관에 정하도록 분리했던 것을 통일시켰다. 또한 원예조합과 축산조합은 시·군·구에 제한하지 않고 업무구역을 광역화할 수 있도록 했다.

스물여덟째, 특수조합의 조합원은 종전까지 특수농업을 주업으로 하는 자는 주소나 영농규모에 관계없이 누구나 조합원이 될 수 있도록 했으나 새 농협법은 구역 내에 주소 또는 거소를 가진 특수농업 경영자로서 정관이 정한 요건을 구비한 자로 한정하여 조합원을 정예화했다.

스물아홉째, 특수조합의 임원은 조합장 1인, 5인 이내의 이사와 감사를 두되 이들은 모두 총회를 통해 조합원 중에서 자유롭게 선출하도록 했다. 그리고 간부직원으로 전무 1인과 상무 1인을 두되 이들은 조합장의 명을 받아 업무집행을 전담하며, 군 조합과 달리 일상업무에 한해 조합장을 대리하게 했다. 이는 신용사업이 없는 관계로 차이를 둔 것이다.

서른째, 중앙회의 회원은 종전에는 시·군·구 조합과 원예조합, 축산조합, 특수조합으로 하던 것을 군 조합과 특수조합으로 했고, 출자도 회원조합의 출자 좌수와 1좌 금액을 명시하지 않았던 종전과 달리 1좌 금액이 10만 환인 출좌를 10좌 이상 갖도록 명시했다.

서른한째, 회장과 회원으로 구성된 총회를 두되 그 의결사항은 주무부장관의 승인을 받기 위한 정관의 변경, 대의원과 감사의 선출, 기타 업무 등 극히 제한된 업무에 국한했고, 총회를 대신할 대의원회를 두었다. 이는 종전에 중앙위원회를 두었던 것과 유사한 제도라 할 수 있다. 대의원회에서는 운영위원을 선출하고 사업계획, 수지예산 및 결산의 승인, 총회에서 위임받은 사항을 의결하도록 했다. 대의원회를 구성하는 대의원의 정수는 군 조합 회원이 각 도별로 호선하는 3인과 특수조합 회원이 호선하는 3인으로 했다. 그런데 새 농협법의 총회는 종전 농협법의 총회와 달리 총회 구성원의 숫자가 대폭 줄어들어 소수의 대의기구인 대의원회를 두지 않고도 업무수행에 큰 애로가 없었다. 그럼에도 대의원회를 둔 것은 조합원 100인 이상 조합의 경우 대의원회를 둘 수 있도록 한 것과 궤를 같이하려고 한 것처럼 보인다. 그러나 조합원 총의의 집결과 업무능률 양 측면에서 어떤 제도가 더 바람직했는지는 명확히 알 수 없다.

서른두째, 새 농협법은 종전의 농은법에 있던 운영위원회 제도를 그대로 존속시켜 법과 정관의 규정 및 총회와 대의원회에서 의결된 범위 내에서 중앙회의 업무운영관리에 관한 기본방침을 수립하도록 했다.

이 운영위원회는 회장과 농림부장관, 재무부장관, 한국은행 총재, 대의원회에서 선출하는 5인(3인은 대의원, 2인은 학식경험자)으로 구성되었다. 즉 내부 인사 4인에 외부 인사 5인으로 구성된 위원회였다. 그런데 농림부장관, 재무부장관, 한국은행 총재는 농협을 감독하는 기관의 장으로서 업무집행의 최고의결기관인 운영위원회의 의사결정에 중대한 영향을 미칠 수도 있기 때문에 농협의 기본방침 수립과 사업계획, 수지예산, 자금계획, 중앙회장·부회장·이사·간부 직원의 인사 등 주요 결정에 농협의 의사가 제대로 반영될 수 있을지 의심할 수밖에 없는 구조였다. 농협 자체적으로 총회 또는 대의원회에서 선출하거나 총회 또는 대의원회의 동의를 얻어 임명된 이사들이 이사회를 구성하고 그들이 업무운영관리에 관한 기본방침을 수립하고 결정해야 진정한 협동조합적 의사결정기관이라 할 수 있음에도 굳이 농업은행이 채택했던 운영위원회 제도를 존치한 것은 농협이 유일한 농업금융 전담기관이어서 정부의 절대적인 관리·감독이 필요하다는 인식 때문이었다.

서른셋째, 임원으로 중앙회에 회장 1인, 부회장 2인(종전 1인), 6인 이내의 이사(종전 5인)와 감사 2인(종전 3인)을 두되 감사 1인을 상임으로 했다. 종전에는 특별한 자격조건 없이 회장과 부회장은 총회에서 선임해 주무부장관의 승인을 얻도록 하고 이사는 중앙위원회에서 선임하도록 했으나, 새 농협법은 중앙회장을 운영위원회의 추천에 의해 주무부장관의 제청으로 내각수반이 임명토록 하는 선거제가 아닌 임명제를 채택했고, 부회장과 이사는 운영위원회의 승인을 얻어 중앙회장이 임명하게 했다. 여기서 이사는 총회에서 선출하거나 총회의 동의를 얻어 임명된 의결기관인 이사회 멤버가 아니라 중앙회장이나 부회장의 업무를 분장하여 처리하는 임원에 불과했다. 감사는 종전처럼 총회에서 선출하되 상임감사는 학식과 경험이 풍부한 자여야 한다는 조건이 있었다.

서른넷째, 중앙회에 군 조합과 특수조합처럼 정관이 정하는 간부직원을 두고, 간부직원은 운영위원회의 승인을 얻어 중앙회장이 임명하도록 했다. 소속직원까지 중앙회장이 직접 임명권을 행사하지 못하고 운영위원회의 승인을 얻어 임명한 것은 지나친 자율권의 제약이라 볼 수 있다.

서른다섯째, 중앙회의 사업에 종전에 없던 신용사업과 정부보조사업 등을 추가했다. 특히 신용사업은 회원조합 신용사업의 중앙금고 역할과 더불어 중앙회 사업 부문에 대한 자금공급, 농어촌자금의 직접 대출, 정부와 한국은행에서의 자금차입은 물론 일반인을 대상으로 한 직접 예금의 수집과 대출, 내국환과 보호예수 등의 업무도 수행할 수 있게 했다. 또한 종전의 특수법인 농업은행처럼 농업에 관한 자금은 중앙회만이 정부 또는 한국은행으로부터 차입할 수 있도록 명백히 규정했다.

서른여섯째, 농업금융채권은 중앙회가 납입출자금의 20배를 초과하지 않는 범위 내에서 발행하여 장기대출자원으로 활용할 수 있도록 한도를 확장했다.

서른일곱째, 매 회계연도의 사업계획서와 수지예산서를 작성하여 당 회계연도가 개시되기 1개월 전에 대의원회의 의결을 거쳐 주무부장관의 승인을 얻도록 했다. 또한 매 회계연도 경과 후 2월 이내에 당해 연도 결산을 완료하고 결산보고서를 작성하여 대의원회의 승인을 얻은 후 주무부장관에게 보고하고, 대차대조표를 지체 없이 공고하도록 했다. 이는 종전의 농은법 규정에서 의결기관만 변경하고 그대로 채택한 것이었다.

서른여덟째, 새 농협법은 다른 법조문에 있는 주무부장관의 인가승인권 외에도 주무부장관이 조합과 중앙회를 감독하고 감독상 필요한 명령과 조치를 취할 수 있도록 포괄적 감독권을 명시했다. 그리고 이 감독권의 일부를 서울특별시장, 도지사, 중앙회장에게 위임할 수 있도록 했다. 뿐만 아니라 주무부장관에 의한 한국은행 감독부장의 검사, 국가보조금 관련 심계원의 검사는 종전의 농은법 내용을 이어받았다. 또한 중앙회 지도 및 감사, 주무부장관의 위법 또는 부당 의결사항의 취소 또는 집행정지권, 조합원 또는 회원의 조합 또는 중앙회에 대한 검사청구권, 주무부장관의 위법행위에 대한 행정처분권, 회원에 대한 특별조치권 등 중앙회의 지도감독권 외에 주무부장관의 감독권을 지나칠 만큼 과다하게 규정하여 사실상 농협의 자율성과 자정노력은 현저히 떨어질 수밖에 없었다.

서른아홉째, 부칙으로 3가지 중요한 사항을 규정했다. 먼저 조합 설립에 대해서는 종전의 농협법에 의해 설립된 리·동 조합, 군 조합은 모두 새로운 농협법에 의해 설립된 것으로 했고, 종전의 원예조합, 축산조합, 특수조합은 새로운 농협법의 특수조합으로 변경했다. 그리고 종전의 시 농협은 서울시를 제외하고는 모두 인근 군 조합에 합병된 것으로 했고, 종전의 구 농협은 서울시 농협에 합병된 것으로 간주했다.

다음으로 조합과 중앙회의 임직원 임명에 대해서 새로운 농협법은 중앙회장은 운영위원회의 추천을 받아 주무부장관의 제청으로 내각수반이 임명하고 감사는 총회에서 선출하도록 했으나, 부칙에서는 중앙회 초대 회장은 운영위원회의 추천절차를 생략하고 재무부장관의 합의를 얻어 주무부장관의 제청으로 내각수반이 임명하도록 했다. 또한 중앙회의 초대 감사와 운영위원은 소정의 절차를 생략하고 재무부장관의 합의를 얻어 주무부장관이 임명하도록 하여 최소한의 절차마저 생략한 전형적인 임명제를 취했다.

한편 조합의 조합장과 감사는 새로운 농협법에 총회에서 선임하게 되어 있었지만, 부칙에서는 군 조합의 초대 조합장과 감사를 중앙회장이 임명하도록 했다. 군 조합의 간부직원인 전무와 상무도 이사회 의결을 거쳐 중앙회장의 승인을 얻어 임면하도록 되어 있었으나 이것도 각령이 정하는 시기까지 중앙회장이 임명하도록 했다. 따라서 군 조합은 조합장, 감사, 간부직원 모두 중앙회장이 임명했다.

여기서 특기할 것은, 이렇게 된 이후 법에 의한 정상적인 임원 선임절차를 경험할 겨를도 없이 1962년 농업협동조합 임원 임명에 관한 임시조치법이 제정되어 군 조합장과 특수조합장은 계속해서 농협중앙회장이 농림부장관의 승인을 얻어 임명하게 되었다는 것이다. 이때 리·동 조합장도 중앙회의 도지부장이 임명할 수 있도록 변경되어 중앙회장을 제외한 모든 농협 조합장은 중앙회장 임명제로 바뀌고 말았다. 그 후 1972년 임시조치법이 개정되어 리·동 조합장의 도지부장 임명은 군 조합장으로 바뀌었는데, 조합장 등에 대한 직접선거가 이루어지지 않아서 조합의 민주적 운영관리는 오랫동안 이루어지지 않았다.

마지막으로 재산과 업무의 인수 청산에 대해서는, 새로운 농협법에 의한 군 조합과 중앙회는 종전의 조합과 중앙회가 인수 청산 중이던 재산과 업무를 인수 청산하고, 대한금융조합연합회와 금융조합의 재산도 각령에 따라 새로운 농협법에 의한 군 조합과 중앙회가 인수 청산하되 청산 잔여재산은 조합원 또는 회원에게 출자액에 비례하여 분배하고 그 분배금은 다시 리·동 조합, 군 조합, 중앙회의 출자금이 되도록 했다. 아울러 특수법인 농업은행이 보유했던 재산과 업무는 모두 새로운 농협법에 의한 중앙회에 인계하도록 조치했다.

이와 같은 새 농협법의 제정 배경과 법의 내용, 그리고 의의를 살펴보면 다음과 같은 특징이 있다. 첫째, 종전의 농업협동조합과 특수법인 농업은행은 조합과 조합원의 노력에 의해 자율적인 통합을 이룬 것이 아니라, 새로운 농협법에 의해 강제적인 통합을 이루었다.

둘째, 리·동 조합의 불완전한 신용사업, 즉 조합원의 여유자금을 조합에 예입하고 필요한 자금을 자유롭게 빌릴 수 있는 조합금융에 이르지 못한 신용사업과 특수조합의 신용사업이 불가능해졌다 하더라도 군 조합과 중앙회가 신용사업을 할 수 있게 되어 금융업무를 전면적으로 실시할 역량을 갖추지 못한 리·동 조합을 적극적으로 근접 지원할 수 있었다. 이는 리·동 조합이 신용사업을 실시하는 것과 같은 실효를 거두었는데, 이러한 체계를 갖춤으로써 농림 계통에서 그토록 염원하던 신용·경제 겸영의 종합농협이 탄생했다.

셋째, 협동조합에 정책금융인 농업금융이 통합되어 정부재정자금 등의 공급과 농민이 필요로 하는 중장기 농업자금이 현저히 증대되었다. 그에 따라 농사자금의 양적 확대와 협동조합을 통한 질적 개선도 많은 진전을 보였다.

넷째, 중앙회장, 각급 조합장, 심지어 간부직원에 이르기까지 조합원에 의한 민주적 선출제가 아닌 임명제를 채택하여 협동조합을 조합원이 관리하는 민주적 조직이 될 수 없도록 했다.

다섯째, 협동조합은 조합원이 관리하는 자율적인 자조조직이므로 다른 조직과 약정을 맺거나 외부에서 자본을 조달할 때는 어디까지나 조합원에 의한 민주적 관리가 보장되고 자율성이 유지되어야 한다. 그러나 새로운 농협법은 주무부장관의 승인, 인가, 검사권 및 감독권 외에 조합과 중앙회의 일반사업과 신용사업의 재무관계, 조합과 조합원 간의 재무관계를 주무부장관이 정하는 재무기준에 의하고 조합과 중앙회의 계정과목과 장부조직조차 주무부장관의 승인을 얻도록 하는 등 세세한 부분까지 지도하도록 했다. 아울러 위법 또는 부당한 의결사항의 취소 또는 집행정지, 위법행위에 대한 행정처분 등 지나칠 정도로 과도한 지도감독으로 조합과 중앙회가 자율성과 독립성을 유지하기 어려웠다.

여섯째, 군 조합과 중앙회가 신용사업을 실시해 모든 업무체계를 은행업무에 준해 엄격화함으로써 금융은 은행금융이 되었고, 중앙회의 일반사업체계는 은행업무와 상이한 절차와 방법에 따라야 함에도 결국 신용업무 주도로 업무가 이루어졌다.

종합적으로 볼 때 새로운 농협법에 의한 최초의 종합농협은 금융조합 이래의 농업정책금융과 은행업무를 인위적으로 협동조합에 통합하는 과정에서 민주적 관리와 자율, 독립이라는 협동조합의 근본적인 원칙을 결함으로써 진정한 농업협동조합이라고는 결코 말할 수 없었다.

3. 종합농협의 발족

새로 발족하는 농협의 업무개시일은 1961년 8월 1일을 목표로 했다. 그러나 입법 지연 등의 사정으로 8월 1일에 업무개시를 하지 못하고 농협 발족에 대한 제반 준비를 담당할 통합준비위원회를 다시 설치했다.

정부는 8월 4일 신 농협의 중앙회 회장을 현역 군인으로 임명하고, 상임감사 1인과 비상임감사 1인을 임명하는 동시에 민간인 운영위원 5인을 임명했다. 이어 8월 7일 제1차 운영위원회를 열고 중앙회 정관과 직제를 의결한 뒤 부회장 2인과 이사 4인의 임명을 승인하고 간부직원 임명까지 마쳤다. 그리고 중앙회장은 군 조합의 임원과 간부직원의 인사발령을 마침으로써 기구와 인적 구성을 완료하고 새로운 농협을 발족할 준비를 끝냈다. 또한 이보다 앞서 8월 1일에는 농업은행 도시점포 31개가 새로 발족한 중소기업은행으로 이전되었다.

1961년 8월 15일, 농협중앙회와 전국 140개 군 조합은 역사적인 창립기념식을 가졌다. 이로써 새로운 농협이 출범했다. 새롭게 발족한 농협은 중앙회를 서울에 두고 7개 부서 25개 과로 조직되었다. 그리고 도지부 8개, 군 조합 140개, 군 조합 지소 383개, 특수조합 101개, 농협조직의 기반인 리·동 조합 21,042개를 망라한 계통체계를 갖추었다. 참고로 통합 직전 1961년 2월의 농협 설립상황은 리·동 조합 18,706개, 시·군·구 조합 168개, 원예조합 80개, 축산조합 152개, 특수조합 27개였다.

새롭게 출범한 농협중앙회와 군 조합의 직원은 총 4,476명이었다. 이 중 3,656명이 농업은행에 종사하던 직원이었고, 820명이 종전의 시·군·구 농협과 농협중앙회에 종사하던 직원으로 농업은행의 직원이 대부분을 차지했다. 이 직원들은 중앙회에 887명, 시·군 조합에 3,597명이 배치되었다. 또한 새로 발족한 농협의 출자금은 농업은행 30억 환, 농협중앙회 1,100만 환으로 새로운 중앙회의 총 출자금은 30억 1,100만 환이었고, 140개 시·군 조합의 총 출자금은 2억 200만 환이었다.

요약 및 결어

지금까지 1945년 8월 15일부터 1961년 8월 15일까지 16년간의 종합농협 성립과정을 살펴보았다. 이 시기의 정치적 상황을 보면, 광복 후 미군정과 과도정부, 대한민국 정부 수립과 자유당 정부, 4·19혁명과 민주당 정부, 그리고 5·16 군사정변과 그에 따른 국가재건최고회의가 정치를 주도한 시기로 이루어져 있다.

이러한 정치적 상황과 맞물린 농협 성립과정을 살펴보면, 먼저 미군정과 과도정부 시기에는 정치·경제적 혼란 속에서 좌익 또는 우익 성향의 농민단체들과 민간인들이 농촌경제의 재건과 농민의 삶의 질 향상을 위해 농민운동 또는 협동조합적 차원에서 농업협동조합의 필요성과 방향을 제시하고 부분적으로 실천적 운동을 전개했다. 그러나 이들의 움직임은 농협 성립에 직접적인 영향을 미치지 못했다. 그리고 이들의 움직임에도 불구하고 미군정과 과도정부는 진정한 협동조합을 만들어 농촌을 재건하고 농민의 질곡을 해소하려는 그 어떤 조치도 취하지 않았다. 이는 협동조합이 우리 농업과 농촌에 미칠 영향에 대해 무지했을 뿐만 아니라, 일제 치하 금융조합 이래 농협 관련 단체에 대한 인식이 전혀 없었기 때문이다. 그 결과 일제 치하에서 만들어진 농협 관련 단체들이 합법화와 더불어 재편 기회까지 얻어 해방 후 경제적 난관을 수습하는 일에 적극 활용되었다. 요컨대 미군정과 과도정부는 새로운 농협을 만들 수 있는 절호의 기회를 놓치고 금융조합과 농회 등 종전의 단체들이 그대로 농협으로 연결되도록 보존하는 역할을 했을 뿐 농협 성립에 기여한 바가 없었다.

다음으로 대한민국 정부 수립과 자유당 정부 시기에는 헌법으로 일제 치하 농협 관련 단체들을 존속시켜 재편과정을 밟도록 했고, 농협법 입법을 추진했다. 일제 치하 농협 관련 단체들의 재편과정을 보면, 금융조합은 본연의 금융업무보다는 국가적으로 필요한 정부대행업무에 주력하여 전혀 다른 양상의 금융조합으로 확대 발전하면서 경제적·사회적 지위와 평판을 획득했다. 그리고 정부대행업무를 이관한 뒤에는 주식회사 농업은행으로 전환되어 농협 외에 금융업무를 전담할 특수은행인 농업은행을 설립하는 데 강력한 발판을 마련했다.

이러한 금융조합과는 달리 일제 치하에서 경제사업을 담당했던 농회는 스스로 자초한 부정적인 이미지로 인해 농민의 호응을 얻지 못하고 본연의 사업도 하지 못했다. 정부와 지방자치단체의 자금과 경비지원이 끊겨 어렵게 운영해야 했고, 원래 수행하던 업무마저 이관하고 합병되었다가 해산되는 운명을 맞았다. 그러나 농회 소속이었던 축산 관계 업무는 가축보호법에 의해 축산동업조합으로 부활했고, 원예 관계 업무는 협회로 재편되었다. 다만 광복 후 살아남은 몇 개의 산업조합은 명맥만 유지했다.

이처럼 일제 치하 농협 관련 단체들이 재편되는 가운데 농협법 입법화가 추진되었다. 농협법 입법화는 1949년 농림부의 농협법 입법을 최초로 하여 1958년 농협법과 농은법 개정안이 확정될 때까지 모두 11차례, 9년이라는 시간을 소요하며 최종적인 결과에 이를 수 있었다.

농협법이 이렇게 오랜 시간을 소요하고서야 확정된 원인은, 첫째, 이승만 대통령의 협동조합에 대한 무지와 혐오, 불신 때문이었다. 해외에서 독립운동을 했던 이승만 대통령은 농민의 경제적 어려움을 협동조합적 방법으로 해결할 수 있음을 인식하거나 협동조합과 접촉할 기회가 없었을 것이다. 그리고 정부 수립 후에는 기대 이상으로 경제적 기능을 잘 수행한 금융조합에 호감을 가졌을 것이고, 남북으로 분단된 상황에서 북한의 공산주의자들이 일으킨 6·25전쟁을 통해 협동조합이 그들의 아류가 아니냐는 의심을 했을 가능성도 있다. 이런 이유로 이승만 대통령은 금융조합을 잘 유지해 나가라는 지시를 하여 산업조합법의 입법 동기를 만들었고, 농협법과 농은법이 국회를 통과했는데도 대통령 담화를 통해 애초의 법안을 왜곡시킴으로써 결국 새로 탄생하는 농협과 농업은행이 입법 의도대로 자리 잡을 수 없었다.

이와 함께 무시할 수 없는 것은, 1950년 이전까지는 제헌국회 의원들이 농협 설립에 비협조적이었다는 것이다. 당시 의원들은 지주 출신이 많았다. 따라서 농지개혁으로 쓰라린 경험과 상처를 입은 의원들이 농촌 민주화 조치인 협동조합법 입법을 환영하지 않았을 것이다.

둘째, 협동조합 입법 내용과 성격을 놓고 농림부와 재무부, 국회 농림위원회와 재경위원회가 의견대립을 하면서 농협법 입법이 지연되었다. 금융조합과 그 연합회의 재산 및 업무를 누가 인수할 것이며, 새로 탄생할 기관의 감독권은 누가 가질 것이냐를 놓고 이들은 서로 대립하며 끝까지 의견 차이를 해소하지 못했다.

재무부는 그때까지 지도감독하던 금융조합의 재산과 업무를 농협 설립에 따라 농림부 산하로 이관하는 것을 원하지 않았다. 그래서 새로 탄생하는 농협은 구매·판매·이용 등 경제사업을 전담하고 농업금융업무와 신용사업은 별도의 농업은행을 설립해 전담시켜야 한다고 주장했다. 반면에 농림부는 금융업무를 별도의 기관이 담당하면 경제사업을 원활하게 추진할 수 없으므로, 농협이 신용사업을 담당하거나 아니면 농업중앙금고를 설치해야 한다는 입장이었다. 이에 국회 재경위는 재무부의 입장을, 농림위는 농림부의 입장을 지지했다.

소농경제체제의 한국 농협은 당연히 농림부의 주장대로 설립되어야 했다. 그러나 농림부는 실질적으로 예산과 금융정책을 장악하고 있는 재무부의 막강한 힘에 눌릴 수밖에 없었다. 게다가 재무부는 금융통화위원회를 동원해 전시하에서 농협 설립은 이르다는 시기상조론까지 들고 나왔다. 이런 상황에서 농림부는 해마다 겪는 농번기의 긴급 자금수요에 대비하고 농지개혁으로 몰락한 지주계급을 대신해 농촌경제의 안전판 역할을 담당할 자작농 중심의 민주적 농협이 하루빨리 설립되기를 바라며 재무부와 맞섰다.

셋째, 이상 두 가지 표면적인 문제와는 다른 근본적인 문제가 대립해 입법 지연의 원인이 되었다. 그 하나는 협동조합의 성립은 자연발생적이어야 한다는 원칙론적인 입장이었고, 다른 하나는 농민의 의식계발과 더불어 어느 정도 여건이 성숙하기를 기다려 협동조합을 스스로 조직하게 하는 것은 시간이 걸릴 뿐만 아니라 비현실적이라는 현실론적인 입장이었다.

자연발생적 조직을 기대하자는 원칙론은 자발적 조직이야말로 조합원 주체의 협동조합에 불가결한 요건이며, 정부는 보호육성과 세제감면 등의 혜택만 제공하면 그만인데 설립 때부터 법 제정을 선행하면 협동조합을 관제조합으로 만들 가능성이 크다는 입장이었다. 반면 현실론은 여러 나라의 협동조합 역사를 볼 때 설립 초기에는 선구자나 지도자의 영도가 크기 때문에 농민의 역량과 여건이 성숙되기를 기다려 자연발생적으로 조직되기를 기대하는 것은 우리의 농촌 현실에 맞지 않으므로 정부가 비강제적·비간섭적으로 관여하는 것은 배척할 일이 아니라는 입장이었다.

이상의 원인들 때문에 농협법 입법은 계속 지연되었다. 그런 가운데 외국

기관이 초청한 외부 전문가들이 방안을 내놓았고, 이는 농협법 입법에 속도를 붙이는 결정적 계기가 되었다. 협동조합 전문가인 이들의 방안을 서로가 아전인수 격으로 이용하여 결론을 얻을 수 있었기 때문이다. 즉 앞서 기술한 농협법 입법 지연의 두 번째 문제는 이미 주식회사 농업은행을 발족시켜놓은 재무부의 주장대로 되었고, 세 번째 문제는 원칙론보다 현실론의 우세로 결론이 났던 것이다.

이렇게 최초의 농협법과 농은법은 험난한 과정을 거쳐 제정되었다. 그런데 이 법들은 제정 공포된 이후 시행도 못한 채 이승만 대통령의 담화에 따라 1년 이상 경과한 후 개정되었고, 농협법과 농은법 입법화는 그제야 비로소 완료되었다. 그리고 경제사업을 전담하는 협동조합인 농업협동조합과 농업정책금융 및 신용사업을 담당하는 농업정책금융기관인 특수법인 농업은행이 탄생했다.

1957년 법 제정 당시 농업협동조합과 농업은행은 협력적이면서도 유기적인 관계를 유지하며 농민조합원을 지원하도록 되어 있었다. 그러나 법 개정으로 인해 농협과 농업은행은 완전히 별개의 독립된 기관이 되고 말았다. 이로 인해 농협은 재산과 사업은 물론 인적 자원도 제대로 갖추지 못한 채 사업부진에 빠져 사실상 계통조직만 완료한 가운데 개점휴업 상태에 놓이고 말았다. 이에 반해 농업은행은 금융조합과 주식회사 농업은행의 재산과 업무, 인적 자원까지 그대로 이어받아 무리 없이 존립할 수 있었다. 이러한 차이는 농협과 농업은행의 연계성을 파괴하며 불협화음을 낳았고, 결국 광복 후 최초로 성립된 농업협동조합 제도는 실패로 끝났다.

이렇게 농협은 오랜 산고 끝에 태어났지만 그 기능을 제대로 발휘해보지도 못하고 4·19혁명과 과도정부, 민주당 정부 시기에 개편대상이 되고 말았다. 그러나 기간이 짧았던 민주당 정부 집권기에는 개편에 대한 논의만 무성했을 뿐 어떠한 성과도 얻지 못했다. 그리고 5·16 군사정변으로 이루어진 국가재건최고회의에서 "협동조합을 재편성하여 농촌경제를 향상시킨다"는 기본정책과 함께 농협·농은 통합을 결정함으로써 농협은 새로운 전기를 맞게 되었다.

농협·농은 통합은 비록 강제력에 의해 이루어졌지만 농업협동조합과 농업정책금융기관이 통합됨으로써 농림 계통에서 그토록 오랫동안 희구했던 경제사업과 신용사업을 통합한 종합농협을 구현할 수 있게 되었다. 경제사업과 신용사업의 시너지효과는 물론 대부분 소농인 농민조합원에 대한 원스톱 지원이 가능하게 되었고, 농촌경제에 지대한 영향을 줄 수 있는 유일무이한 농촌단체로 재탄생한 것이다.

그런데 문제는 종합농협을 탄생시킨 새로운 농협법이 종전의 농협법 목적은 그대로 이어받았으나 민주적 관리와 자율성, 독립성의 측면에서는 진정한 농업협동조합이라고 부를 수 없는 형태의 농협을 만들었다는 것이다. 이는 결국 1988년 농협 민주화가 이루어질 때까지 비민주적 농협이라는 오명을 쓰는 시발점이 되었다.

광복 후 1961년까지 우리나라 협동조합의 역사는 종합농협의 성립사라 해도 과언이 아니다. 그러나 종합농협은 농민에 의해 자연발생적으로 태어나지 못하고 입법에 의해 정부 주도로 이루어졌다. 그리고 창립 이후 양적·질적 변화를 거듭한 끝에 1988년 민주농협으로 탈바꿈했다. 그 후 농협은 후진국 협동조합사에서는 유례를 찾아볼 수 없는 영향력을 발휘하며 농촌협동조합으로서 그 존재감을 빛내고 있다.

제3부
종합농협의 완성

서언

1961년 8월 15일 새롭게 출범한 농협은 종합농협의 틀은 갖추었으나 완전한 종합농협이라고 하기에는 미흡한 점이 있었다. 그것은 첫째, 새로운 농협은 운영시스템과 조직문화가 다른 이질적 조직과 사람들의 화학적 통합이 이루어지지 않은 상태여서 경제사업과 신용사업이 유기적으로 결합하지 못해 시너지효과를 발휘할 수 없었다.

둘째, 농협의 풀뿌리 조직인 리·동 조합이 완전히 조직되지 못했다. 또한 리·동 조합의 구역을 리·동으로 함을 원칙으로 하되 경우에 따라서는 자연부락 또는 인접한 수 개 리·동을 구역으로 하는 소구역 제도를 채택하여 사실상 조직만 되었지 사업을 할 수 없어 종합농협으로서의 기능 발휘가 어려웠다.

셋째, 리·동 조합으로 하여금 조합원에 필요한 생산 및 생활지도사업, 구매사업, 판매사업, 이용사업, 농촌가공사업, 심지어 공제사업까지 할 수 있도록 규정했으나 신용사업은 군 조합에 예금하기 위한 자금의 수집, 군 조합으로부터의 융자에 관한 알선, 자기자금에 의한 대출로 한정하여 조합원 간에 자율적으로 자금을 유무상통할 수 있는 조합금융이 불가능했다. 즉 리·동 조합의 신용사업이 실질적으로 이루어질 수 없었기 때문에 4종 겸영의 종합농협이 될 수 없었고, 신용사업을 군 조합에 의존해야 했다. 이는 중앙회의 회원조합인 특수조합도 마찬가지였다.

이는 종합농협 구현을 어렵게 했을 뿐만 아니라 농협조직의 역피라미드 현상을 초래해 중앙회와 회원조합인 군 조합은 비대해지고, 그 바탕이 되는 리·동 조합은 유명무실한 상태로 만들었다. 이로 인해 리·동 조합의 연합회 기능을 수행해야 할 군 조합이 사실상 단위조합의 기능을 하는 2단계 조직이 될 경우, 과거 금융조합연합회–금융조합–식산계와 같은 형태가 될 수도 있는 문제였다. 그리고 농민조합원과 가장 가까이 있는 리·동 조합의 기능이 정상적이지 않다면 조합과 조합원과의 밀착도가 현저히 떨어져 조합원의 전이용을 기대할 수 없게 되고, 군 조합과 중앙회의 사업도 장기적으로는 성장을 기대할 수 없게 된다.

넷째, 조합원인 소농들의 경제를 효율적으로 지원할 목적으로 만들어진 리·동 조합이 온전한 신용사업을 영위할 수 없어 조합원에 대한 원스톱 서비스를 할 수 없었다. 이로 인해 서비스 비용 증가는 물론 조합원에 대한 편익 제공이 원활하게 이루어지지 않았다.

이상의 문제는 향후 농협의 성패를 좌우할 수 있는 큰 문제였다. 따라서 제3부에서는 농협이 이 문제를 어떻게 해결하고 오늘날의 농협을 만드는 초석을 쌓을 수 있었는지 살펴볼 것이다. 결론적으로 말해 농협은 중앙회가 주도하여 외부의 지원이나 간섭 없이 비교적 단기간에 가장 바람직한 방향으로 이 문제들을 해결함으로써 오늘날과 같은 거대 농협으로 발전할 수 있었다. 그러므로 여기서는 새로운 농협이 출범한 1961년 8월 15일부터 리·동 조합을 읍·면 단위 또는 경제권 중심의 단위조합으로 재편한 뒤 단위조합에 신용사업을 법적으로 허용한 1973년 3월 5일 제4차 농협법 개정과, 단위조합의 신규개발사업 취급과 더불어 군 조합이 주요업무를 단위조합에 이관 완료한 1974년까지 종합농협이 완성되어가는 과정을 살펴볼 것이다. 그러나 중앙회와 회원조합인 군 조합, 특수조합의 조직과 운영, 성과는 가급적 다루지 않고, 리·동 조합과 이후 이루어진 단위조합에 초점을 맞출 것이다. 덧붙여, 이 글은 특별한 연구 또는 평가자료가 없는 이유로 농협중앙회가 발행한 공식적인 자료만을 가지고 기술했음을 밝혀둔다.

제1장
종합농협 초기의 움직임

 1961년 8월 15일부터 1964년 초반까지를 종합농협 초기라 할 수 있다. 이 시기는 통합 직후의 정비기, 1962년 상반기까지의 기반 정비기, 그리고 그 이후의 사업 개척기까지 아우른다. 이 시기의 중앙회장은 법에 따라 임명되었다. 그런데 초대 회장과 2대 회장은 전문성이 없는 군 출신으로서 초대 회장은 3개월, 2대 회장은 8개월 정도 재임했다. 3대 회장은 민간인 전문가가 임명되었으나 재임 기간은 1년 미만이었다. 이후 약 7개월 동안 공석(직무대행체제)이었다가 1964년 초에 업무가 가능한 회장이 임명되었다.
 어떤 조직이든 초기에는 조직을 장악하고 기반을 다질 수장이 필요하다. 그런데도 중앙회장은 비전문인이 임명되었고, 잦은 교체로 인해 방향성을 상실했다. 따라서 자칫했다가는 당초 의도했던 종합농협으로서 정착하지 못했을지도 모른다. 과거의 체제에 길들여진 업무체질을 청산하고 새로운 농협에 맞는 체질을 강화하는 체질개선운동을 가장 먼저 전개해야 할 초기에 이러한 움직임이 없었다는 것은, 중앙회장의 잦은 교체는 물론 당시 임원들의 정신자세와 무관하지 않을 것이다.
 이런 상황에서도 체제정비와 업무태세 확립, 인사 쇄신 등은 계속되었다. 먼저 중앙회의 기구개편과 계통조직 강화작업을 살펴보면, 중앙회는 1961

년 8월 15일 통합 당시 10부 20과로 출발하여 7차의 개편을 통해 1964년 초에는 2실 7부 1원 28과로 개편되었다. 특히 리·동 조합과 특수조합의 지도·지원과 관련한 업무는 종합농협 발족 당시에는 중앙회 지도부 지도과와 도지부 지도과가 담당했으나 1961년 12월에는 리·동 조합의 지도·지원을 강화하기 위해 중앙회 지도부에는 리·동 조합과를, 도지부에는 리·동 조합과를, 시·군 조합에는 리·동 조합계를 설치했다. 1963년 3월에는 특수조합의 지도·지원을 강화할 목적으로 중앙회 지도부에 특수조합과를 신설하는 한편, 리·동 조합과를 없애고 그 업무를 다른 곳으로 변경했다. 이후 리·동 조합과는 1965년 2월에 부활되었다가 1969년 또다시 폐지되었다.

리·동 조합에 대한 집중적인 관심은 리·동 조합과 특수조합에 관한 업무를 담당하는 중앙회 기구를 보강하면서 더욱 커졌다. 당시 리·동 조합은 종전의 리·동 조합을 그대로 인수 개편하여 어느 정도 설립을 완료했으나 조합이 아직 설립되지 않은 곳도 있었고, 조합원 규모도 조합당 100명 정도에 불과했다. 그에 따라 농협은 미설립 지역의 조합 설립, 미가입 농민의 조합가입운동, 조합원의 농협인식 제고, 조합의 자기자금 조성과 자체 사업을 통한 재원확보 등의 지도에 주력했다. 또 리·동 조합의 경영체제를 조기에 확립하기 위해서는 무엇보다 조합장을 비롯한 임원들의 신망과 경영 마인드가 중요했다. 따라서 이를 위한 지도와 더불어 조합 지도자에 대한 시·군 조합의 교육을 적극 실시했다.

1961년 농협중앙회는 농촌지도원 제도를 도입하고 156명의 지도원을 채용했다. 이들은 중앙회의 직원으로 각 도지부와 시·군 조합에 배치되어 리·동 조합의 경영지도, 조합원 농민에 대한 영농 및 생활개선, 농촌부락의 자체 사업 지도를 담당했다. 아울러 중앙회는 시·군 조합과 리·동 조합의 유대를 강화하고 사업을 연계시키기 위해 사업개척원 제도를 도입해 711명의 개척원을 채용하여 각 시·군 조합의 직원으로 배치했다. 이들은 농촌지도와 더불어 리·동 조합 사업 추진을 전담했다. 이렇게 하여 종합지도를 담당하는 중앙회는 도지부의 농촌지도원을, 도지부의 농촌지도원은 군 조합의 농촌지도원을, 군 조합의 농촌지도원은 사업개척원을 지도하며 계통조직의 지도사업을 활발하게 수행했다.

여기서 주목해야 할 것은 농촌지도원과 사업개척원이 조합원의 영농계획을 기초로 리·동 조합의 사업계획을 지도하고, 리·동 조합 사업계획을 종합해 군 조합이 사업계획을 수립하도록 조합과 조합원을 지도한 것이다. 이는 당시로서는 막대한 인건비가 들어가는 획기적인 조치였다. 농협이 농민조합원의 영농과 생활개선, 리·동 조합 육성을 얼마나 중요시했는지 알 수 있다.

이런 노력의 결과 1960년 말 18,906개였던 리·동 조합은 1961년 말에는 21,042개, 1962년 말에는 21,518개로 늘어나 통합 직전인 1961년 2월의 18,706개 대비 2,812개나 증가했다. 조합원은 222만 7천 명에 달하여 전 농가의 90% 이상이 조합원으로 가입하는 성과를 거두었다. 중앙회는 이처럼 리·동 조합을 설립하고 기반을 조성하며 1962년 하반기부터 리·동 조합의 기능을 강화하기 위해 육성지원책을 마련하여 조합원의 의식앙양과 농가경제 개선, 조합 자체사업 확대에 노력을 경주했다. 그 첫 번째 조치로 중앙회는 비록 단기간이었지만 중앙회에 5개소, 각 도지부와 시·군 조합, 그 지소에 1개소 등 모두 528개소에 '리·동 조합연구소'를 설치했다. 이 기관은 리·동 조합에 대한 현지조사를 바탕으로 리·동 조합의 육성방안을 연구했다.

다음으로 중앙회는 리·동 조합 책임지도제를 만들어 중앙회와 군 조합의 모든 임직원이 각기 2개 이상의 리·동 조합을 책임 지도하도록 했다. 리·동 조합의 발전형태를 고려해 단계적으로 중점 육성한다는 리·동 조합 지도목표를 세우고 획일적인 지도가 아닌 리·동 조합의 발전도와 지리적·경제적 여건에 부합하는 지도에 역점을 둔 것이다. 그에 따라 일부 조합은 별도의 사무소를 설치하고 조합운영에 필요한 관계 서류를 정비했으며, 자기자금 조성도 활기를 띠기 시작했다.

1963년 중앙회는 1962년 10월에 실시한 전국 리·동 조합 발전실적에 대한 심사결과를 기초로, 발전형태별로 리·동 조합을 육성하기로 했다. 전국의 리·동 조합을 A, B, C 3등급으로 구분하여 A급 조합은 조합원의 생산소득 증대에 중점을 두고 경영지도 및 농사자금 운영을 효율적으로 하도록 하고, B급 조합은 경제사업 확충에 중점을 두고 A급 조합으로 승격하는 데 주력했으며, C급 조합은 조합원의 농협사업 이용 촉진, 조합의 조직기반 확충 및 강화, 경제사업 보강에 힘쓰도록 했다.

리·동 조합 육성지원 방침에 따라 중앙회는 조합의 경영 및 성장결과를 분석 평가하는 등 조합 발전의지를 고취시키고, 조합 간 선의의 경쟁을 통해 우량조합이 다른 조합의 시범이 되도록 조합업적 경진대회를 개최했다. 이 대회는 매년 리·동 조합을 중심으로 시·군 조합과 특수조합도 구분하여 실시했다. 리·동 조합들이 시·군 단위와 도 단위 경진대회를 거쳐 전국 리·동 조합 업적 경진대회에 진출하는 식이었다. 시·군 조합과 특수조합의 업적 경진대회는 중앙회에서 직접 관장했다. 이 대회는 1962년부터 1966년까지 4회에 걸쳐 개최되었다. 전국적으로 개최된 이 대회를 통해 각 조합은 성장과 발전에 강력한 동기부여를 받았으며, 우수 사례 전파를 통해 후진적인 조합들은 큰 자극을 받았다. 그러나 이런 다양한 노력에도 불구하고 리·동 조합은 규모의 영세성, 자체 자금의 과소성, 유능한 경영자 미확보 등의 문제로 제 기능을 발휘하지 못했다.

한편, 특수조합은 통합 직전에 원예조합 80개, 축산조합 152개, 특수조합

27개 등 모두 259개 조합이었으나 신농협법에 따라 일정 기준에 미달하는 조합이 해산되어 1963년 말 120개로 정비되었다. 그러나 정비에도 불구하고 사업은 원활하게 추진되지 못했다. 또한 시·군 조합은 통합 직전 168개(시·군·구 조합)에서 1963년 말 139개로 정비되었다.

시·군 조합은 리·동 조합이나 특수조합과는 달리 정책사업을 중심으로 활발히 사업을 추진했다. 초기의 정책사업인 영농자금 및 비료공급을 중심으로 하여 통합과 동시에 농업은행의 재정자금과 한국은행 차입금을 재원으로 하는 정책농업자금을 승계해 공급했다. 특히 구매사업이 활기를 띠었는데, 이는 시·군 조합이 비료공급을 전담했기 때문이다. 1951년 이래 비료는 민수와 관수의 이원적 체제로 공급되고 있었다. 그러던 중 시·군 조합이 통합 개편과 함께 민수용 비료를 부분적으로 취급했고, 1962년부터는 비료공급이 농협으로 일원화되어 시·군 조합이 비료공급을 전담하게 되었다. 이처럼 시·군 조합은 비록 정책사업 위주였지만 경제사업뿐만 아니라 신용사업까지 겸영하면서 사업기반을 빠르게 확충할 수 있었다.

이 시기 특기할 사항은 농협이 국제협동조합연맹에 가입한 것이다. 그러나 정회원이 아닌 준회원 자격이었다. 이는 국제협동조합연맹이 규약 제8조(가맹자격)와 우리의 농협중앙회 정관 제56조(운영위원회), 제75조(임원의 임명), 부칙 제1조(초대 임원의 임명) 등이 일치하지 않는다고 보았기 때문이다. 즉 한국 농협은 민주성과 자율성이 없다고 본 것이었다.

제2장
농협 체질 확립운동

초기 3년간 농협은 조직기반을 정비하고 사업을 확대할 수 있는 단계에 이르렀다. 그러나 조합원의 주체성 결여와 참여의식 부족이 여전히 문제였다. 주변 상황도 기대와 달리 긍정적인 방향으로 전개되지 않았고, 그동안의 활동에 대해 농협의 자성을 촉구하는 목소리마저 터져나오면서 반농협적 움직임도 나타났다. 이런 상황에서 새로 취임한 제4대 농협중앙회장은 일시적·대중적 시책만으로는 문제를 해결할 수 없다고 보고, 농협운동 이념의 재무장과 농민조합원의 정신적 각성을 통해 농협운동을 농민운동으로 승화시키는 내부혁신운동이 필요하다고 판단했다. 이는 1964년 8월 농협 창립 3주년을 맞아 농협 체질개선운동으로 나타났다.

이 운동은 농민조합원의 주인정신 확립을 통해 농민의 조합을 만들고, 임직원의 봉사정신을 앙양하며 경영을 합리화한다는 목표를 갖고 중앙회의 주도로 전 계통기관을 망라하여 전개되었다. 그런데 이 운동은 얼마 지나지 않아 농민이 변하지 않는 상황에서 농협 내부의 체질개선만으로는 안 된다는 한계에 부딪쳤다. 이는 농협이 농민의 필요에 따라 스스로 조직된 것이 아니라 정부에 의해 하향식으로 조직되었기 때문이다. 당시 농민들은 협동조합의 필요성을 인식하지 못하고 있었을 뿐만 아니라 농협의 운영원리도 제대로 알지 못해 자발적인 참여 없이 무한봉사만을 요구했다. 따라서 농협은 농민의 자조적인 협동조직으로서 본래의 기능을 충분히 발휘할 수 없었고, 체질개선운동도 힘을 잃고 말았다.

그러나 농협은 1965년 8월 '새농민운동'을 선언하고 지역사회에서 자발적인 운동으로 전개되도록 노력했다. 이 운동은 농촌 근대화의 실천적 주체인 농민들이 의타심을 버리고 영농 및 생활환경을 부단히 개선해 나가는 동시에 협동조합인으로서 상부상조하면서 스스로 농촌운동의 선구자적 주인공이 되도록 하는 데 목표를 두었다. 농협 체질개선운동과 새농민운동을 좀 더 구체적으로 살펴보면 다음과 같다.

1. 농협 체질개선운동

농협 체질개선운동은 자조·자주·봉사의 이념을 바탕으로 농업생산자단체임을 재확인하고, 농가소득 증대에 기여하며, 사업확충을 통해 농민의 권익수호에 대처하는 동시에 임직원 모두 봉사자로서의 신념을 더욱 굳게 할 것을 다짐하는 운동이었다. 주요 실천항목은 다음과 같았다.

가. 지도이념 정립

자조·자주·봉사를 이념으로 하여 농업생산력 증진과 경제적·사회적 지위 향상을 위해 농업생산량을 증대하고, 경제사업을 통해 소득증대를 촉진하며, 권익수호를 위한 농정활동 등 농업생산자의 조직체로서 지도이념을 정립하고 이를 구현한다.

나. 농민의 주체의식 앙양

농협운동의 생활화를 적극 추진하여 '농협은 농민의 것'이라는 주체의식을 농민 스스로의 운동으로 앙양하여 반농협운동에 대처한다.

다. 농협적 경영자 확보

자조·자주·봉사의 지도이념에 철저한 농협적 경영자의 확보 여부는 성장의 성패를 좌우하므로 진정한 농협적 경영자가 될 적격자를 넓은 영역에서 양성 확보하며, 8,000여 임직원은 스스로 농협적 경영자로서의 이념과 소양 함양에 충실한 기풍을 진작한다.

라. 농업생산 위주의 경영체질 확보

계통농협은 농업생산, 즉 농민의 영농계획을 사업계획의 기본토대로 하여 신용·경제·판매·지도 등의 사업계획을 조합원의 영농과 밀착하도록 수립하고, 실질적으로 이를 지원할 수 있는 경영체질을 확립한다.

마. 자조·자립적 경영체질로의 순화

관제농협이라는 세평과 그 유인을 점차 불식하며, 계통농협 상호 간에 각급 농협의 특성이 발휘될 수 있도록 자조·자립의 창의적 능력을 보장하는 체질로 순화한다.

- 자체 자금을 조속히 조성할 수 있도록 자기자금 확보에 전력을 경주한다.
- 자체 경제사업 규모를 확대하고, 정부대행사업이라 할지라도 자체 사업적으로 순화한다.
- 계통농협 간의 접촉은 경제적 상호거래관계의 원칙을 견지하고, 획일적

인 지배의식과 그 유인이 되는 제도를 개선한다.

바. 기본 단위조직 강화

농협이 지역적 단체임에 입각하여 리·동 조합, 특수조합 등의 기본 단위조합은 지역적 특수 사정에 부합하도록 사업의 성격과 규모를 신중하게 재검토하고, 조직 강화에 필요한 조치를 취하되 획일적이며 통제적인 방법을 피한다.

농협은 각 항목에 상응한 실천목표와 방법을 정하고 각급 조합에 실천지도 및 확인반을 편성해 운영하는 등 1964년부터 1966년까지 3개년 동안 연차적으로 체질개선운동을 적극 추진했다. 농협 체질개선운동을 정리하면 다음과 같다.

첫째, 농협은 농협법의 목적을 구현하기 위해 스스로 돕는 자조, 외부의 도움이나 간섭 없이 자립하는 자주, 농민조합원에 대한 최대 봉사를 실천하는 봉사를 실천이념으로 정립했다. 그리고 이를 농협 내부의 임직원뿐만 아니라 농민조합원과 농협 외부에 분명하게 천명했다.

둘째, 향후 농협의 존립과 성장발전은 오로지 농민조합원의 주체의식 함양에 있음을 밝히고, 이를 통해 농민조합원이 농협의 주인이라는 인식을 확고하게 심는 것을 중요한 목표로 했다.

셋째, 농민의 영농과 생활의 집약이 곧 농협의 사업이 될 수 있도록 농민조합원의 영농과 생활계획을 바탕으로 사업계획을 수립하고 이를 집행함으로써 농민조합원과 농협의 밀착을 강화했다.

넷째, 자조·자립·봉사에 투철한 유능한 경영자의 확보와 자체 자금 조성, 자체 사업의 확대를 통해 자조·자립적 경영체질을 확립해 나갔다.

다섯째, 농협의 기본단위인 리·동 조합과 특수조합의 경영기반을 강화하여 하루 속히 자립할 수 있도록 했고, 획일성을 탈피해 지역적 특수성과 규모를 고려하여 육성해 나갔다.

이상의 요점을 종합해보면 첫째와 둘째는 정신적 측면을, 셋째부터 다섯째까지는 농협이 나아가야 할 구체적인 행동계획을 표명했다. 이는 당시의 시점에서 농협이 이루어 나가야 할 방향을 정확히 설정한 것이었다.

그러나 이 운동으로 과연 어느 정도 성과를 보았는지 명확히 파악할 수 있는 자료는 없다. 다만 농협의 지도이념을 천명한 것과 농민의 주체의식을 앙양한 것은 임직원들의 의식개혁에 큰 영향을 주었을 것이다. 그리고 농협적인 경영체질을 확립하고 기본 단위조직을 강화한 것은 이후 계속된 후속사업에서 확실한 성과를 보았다. 따라서 이 운동이 농협의 경영체질을 개선하는 데 상당히 기여한 것만은 틀림없는 사실이다. 다만 이 운동이 겨냥했던 반농협운동 순화에는 얼마나 기여했는지 확실히 알 수 없다. 또한 특별히 중요한 과제로 설정한 농민조합원의 주체의식 함양은 운동을 추진한 지 1년만에 새농민운동을 전개한 것으로 보아 기대만큼 성과를 얻지 못한 것으로 보인다.

2. 새농민운동

새농민운동의 목표는 농촌 근대화의 실천적 주체인 농민으로 하여금 의타심을 버리고 영농 및 생활환경을 부단히 개선해 나가는 동시에 상부상조하는 농민이 되도록 하며, 아울러 이들 스스로가 농촌운동의 선구자적 주인공이 되도록 한다는 것이었다. 1965년 8월 15일 발표된 새농민운동 선언은 다음과 같이 밝혔다.

"우리는 농업 근대화를 담당하여 전진하는 새농민임을 선언한다. 이제 우리는 주저할 시간이 아님을 자각하고 용기와 노력을 다하여 하루바삐 풍부한 살림의 기틀을 세워 자라나는 새싹들에게 물려주어야 한다. 우리는 자주·자립의 신념으로 스스로 새역사를 개척하는 새농민이 되기를 다짐하고, 이에 대한 올바른 뒷받침을 요구하면서 우리들이 설정하는 새농민상을 내걸고 새농민운동을 일으킨다."

여기서 밝힌 새농민상(像)은 다음과 같았다.

· 우리는 '인습적인 타성에서 벗어나 진취적이고 희망에 찬 자립하는 농민'이 되자.
· 우리는 '부지런히 배우고 꾸준히 연구하고 영농과 생활을 개선하여 과학하는 농민'이 되자.
· 우리는 '공동의 이익을 위해 서로 돕고 힘을 뭉쳐 살기 좋은 고장을 만드는 협동하는 농민'이 되자.

농협은 새농민운동을 뿌리박기 위해 새농민육성종합계획을 수립하고 생산기반 조성을 위한 토지기반 정비, 새로운 농업기술의 고도 활용, 협동조직의 고도 이용, 생활개선과 복지향상시설 설치 등 농민이 자발적으로 운동에 동참할 수 있도록 만드는 데 주력했다. 이를 위해 각 면 단위에 1개소의 개척원센터를 만들어 개척원을 주재시켰고, 이들은 월례회의와 실천조직을 통해 동조자를 확보했다.

또한 농협은 새농민운동을 시작한 이듬해인 1966년부터 농민들의 능동적인 참여와 의욕을 고취한다는 목표로 새농민의 표상이 될 인물을 해마다 선발하여 새농민상(賞)을 주었다. 그리고 이들이 농협운동과 지역사회 개발에 선도요원이 되도록 유도했다.

새농민운동은 농협 체질개선운동으로 전개한 농민의 주체의식 앙양만으로는 농민의 변화를 이끌어내기에 부족하다는 인식에서 비롯되었다. 농협운동이 진전되기 위해서는 우선 농민이 잘살고 농촌이 발전해야 하며, 그러기 위해서는 정부와 농협의 힘만으로는 불가능하다는 인식 아래 농민 자신이 인습적인 타성과 의타심을 버리고 능동적이고 적극적으로, 자립적이고 과학적으로 협동하는 마음으로 영농과 생활을 개선하도록 하는 행동적이면서도 실천적인 운동이었던 것이다.

농협 체질개선운동이 주로 농협 내부에서 농협운동의 체질을 변화시키려는 하향식 운동이었다면 새농민운동은 구성원인 농민조합원의 자발적인 노력에 의해 경제적 향상과 협동정신을 고양시키려는 상향식 운동이었다. 농협은 이 두 운동을 통해 비로소 협동조합적인 종합농협으로서 기능할 수 있는 기반을 확립했다.

제3장
리·동 조합의 규모화·역동화

리·동 조합의 역동화는 앞서 기술한 대로 리·동 조합 조직 완료 후 1963년부터 발전형태별로 A·B·C 등급으로 구분하여 하위기준의 조합을 상위기준의 조합으로 끌어올리는 노력에서 시작되었다. 이렇게 하여 A급 조합은 1962년 1,392개에서 1963년 2,142개로 늘었고, B급 조합도 1962년 9,444개에서 1963년 9,734개로 늘어났다. 그리고 1964년에는 전년 대비 2,283개가 줄어든 18,963개 조합 중 A급 조합이 1,774개, B급 조합이 8,611개, C급 조합이 8,578개였다.

농협은 리·동 조합의 발전형태별 육성과 병행하여 농협 체질개선운동의 기본단위조직 강화운동의 일환으로 리·동 조합의 규모확대를 통해 경영기반을 강화하기 위한 리·동 조합 합병 4개년 계획(1964~1967)과 리·동 조합 자기자금 조성 10개년 계획(1964~1973)을 수립해 추진했다.

리·동 조합 합병 4개년 계획은 경영규모가 영세하거나 경영이 부진한 조합을 인근 조합 또는 우량조합에 합병하여 조합당 조합원 규모가 최소 200호 이상 되도록 하는 것이 목표였다. 이 계획은 1963년 21,239개였던 리·동 조합을 목표연도인 1967년까지 약 40% 수준인 8,045개로 대폭 통합 정비한다는 것이었다. 그러나 이는 1967년까지 12,577개 조합으로 줄이는 정도로 조정되었다. 그 이유는 먼저 갑작스런 합병에서 오는 무리를 피하고, 합병 분위기를 조성해 조합원 스스로 합병으로 인한 이해득실을 충분히 인식한 뒤 자주적인 의사결정에 따라 합병되도록 방침을 변경했기 때문이다.

이 계획에 따라 1963년 21,239개였던 리·동 조합은 목표연도인 1967년에 16,963개로 줄었다. 이는 당초 목표는 이루지 못한 것이었으나 4,276개 조합을 합병한 것이었다. 그리고 1968년에도 합병을 계속하여 16,089개 조합으로 줄었는데, 1963년 대비 5,150개 조합을 합병한 것이었다. 이와 함께 조합원 규모는 100호 미만의 영세 조합이 1963년 11,823개였으나 1968년에는 7,337개로 줄었고, 이 기간 동안 200호 이상 조합은 1,588개에서 2,641개로 늘어났다. 그러나 1968년에는 16,089개 조합 중 500호 이상의 대단위 조합이 393개로 전체의 2%에 불과했던 반면 200호 미만 영세 조합은 84%에 달해 조합의 대부분이 지역발전의 구심체가 되기에는 역부족이었다.

리·동 조합 합병 4개년 계획과 동시에 추진된 리·동 조합 자기자금 조성 10개년 계획은 자기자금 조성 목표액을 197억 원으로 했다. 출자적립금, 환원수수료, 비료 및 미담에 의한 저축, 현금저축, 출자증좌를 통해 자기자금을 늘려나가도록 지도했다. 그러나 농협은 조합의 합병과 자기자금 조성만으로는 리·동 조합이 활성화되기에 미흡하다고 판단하고, 발전단계별 등급을 1965년부터 자립조합·A·B·C 4등급으로 구분하여 지도했다. 그리고 자립조합으로 선정된 276개 조합에는 시범적으로 시·군 농협이 전담하던 비료와 농사자금 취급 등 일부 업무를 이관하기 시작했다. 이런 조치는 자체 사업을 확대할 수 없는 상황에서 리·동 조합의 사업확대를 통해 그 기능을 강화한다는 획기적인 발상이었다.

규모화와 역동화 조치로 1968년 리·동 조합은 16,089개로 정비되었다.

조합당 평균 조합원도 1963년 105명에서 1968년 139명으로 늘어났다. 면 단위의 대단위 조합도 1963년에는 2개에 불과했으나 1968년에는 72개로 늘었고, 자립조합도 362개로 늘어났다. 이와 더불어 자체 자금 규모도 1963년 조합당 3만 원에서 1968년 43만 원으로 크게 늘었다. 또한 리·동 조합의 경제사업실적도 1963년 조합당 평균 85만 5천 원에서 1968년 271만 원으로 늘었고, 조합원의 평균 사업이용실적도 1963년 7,367원에서 19,424원으로 신장되었다. 그러나 이 정도의 규모 확대와 기능 활성화만으로는 리·동 조합이 정상적인 종합농협으로 기능하기에는 부족한 상태였다.

제4장
신규사업 개발과 도입

리·동 조합은 규모 확대와 체계적인 육성, 군 조합 업무의 일부 이관을 통해 그 기능이 조금씩 살아나고 있었으나 그것만으로는 군 조합처럼 종합적인 서비스를 할 수 없었다. 따라서 농협법에 명시된 대로 구체적으로 수행할 수 있는 사업과, 그 사업을 할 수 있는 외연의 확장, 즉 보다 큰 규모로 탈바꿈하는 것이 절대적으로 필요했다. 여기서는 리·동 조합이 종합농협으로 기능하기 위해 개발했던 새로운 사업에 대해 살펴보겠다.

1. 생명공제사업

농협의 공제(보험)사업은 1915년 지방금융조합이 채권보전을 목적으로 실시한 화재공제사업이 효시이다. 이후 1919년 경북축산동업조합에서 가축공제사업을 처음 실시했고, 광복 후에는 1959년 농업은행이 한우를 대상으로 농경우공제사업을 시작했다. 농업은행은 1961년 화재공제사업을 추가한 데 이어 1962년에는 공제대상을 확대했다. 1963년에는 그동안 중앙회가 전담하던 공제사업을 시·군 조합이 담당하도록 체제가 변경되었다. 또한 1964

년부터는 특수가축공제(농경우공제를 개칭)에서 젖소도 공제에 가입할 수 있도록 대상을 확대했다.

이처럼 농협은 공제사업 가운데 손해보험에 해당하는 손해공제사업만 해왔다. 그러던 중 중앙회장은 공제담당 책임자를 일본 농협에 보내 공제사업을 연수하고 오도록 했다. 이를 계기로 중앙회는 1964년 공제사업 확장강화 계획을 수립한 뒤 그동안 취급하던 손해공제사업에 더해 생명보험에 해당하는 생명공제사업을 개발하기로 했다.

생명공제사업을 준비하던 1964년 이전만 하더라도 한국전쟁으로 와해되었던 생명보험업계가 업무를 재개한 지 얼마 되지 않아서 불안정한 사회여건으로 인해 보험에 대한 인식이 거의 없던 상태였다. 이런 상황에서 농민을 대상으로 한 생명공제사업은 검토할 단계가 아니었다. 그럼에도 불구하고 생명공제사업을 개발하려 했던 것은 일본 농협이 생명공제사업을 통해 농민조합원의 생활안정과 복지에 크게 기여하고 있었고, 조합의 수지와 자금 조성 면에서 절대적인 비중을 차지하고 있었기 때문이다. 또한 농협은 종합 농협으로 발족한 이후 새로운 업무를 개발하지 못하고 있었을 뿐만 아니라 자립을 위해서는 농민의 복지적 측면보다는 자체 자금 조성이 시급한 과제였다. 따라서 생명공제사업에 큰 기대를 할 수밖에 없었다.

이런 배경에서 1964년 8월 생명공제개발 기본계획이 수립되었다. 이 계획은 1965년 1월부터 실시할 방침이었다. 그러나 열악한 여건과 개발해야 할 방대한 업무로 인해 다소 지연되어 1965년 6월 1일에야 농수산부로부터 공제규정과 공제요율에 대한 승인을 받았다. 이어 그해 8월 10일부터 양로보험에 해당하는 생활안정공제와 학자금보험에 해당하는 어린이 희망공제 등 2가지 상품으로 역사적인 생명공제업무가 시작되었다.

농협은 생명공제사업을 개시함으로써 손해공제와 생명공제를 겸영하게 되었다. 생명공제사업은 처음에는 시·군 조합이 직접 농민조합원을 대상으로 원수공제계약을 체결한 뒤 중앙회와 공제계약을 체결하는 방법으로 시·군 조합을 중심으로 이루어졌다. 그 후 1970년 164개 중점지원 단위조합과 시·군 조합이 공제대리 업무계약을 체결하여 단위조합도 공제업무를 대리 취급하기 시작했다. 이로써 단위조합은 공제사업의 기반을 확대하는 전기를 마련했고, 1974년부터는 단위조합이 직접 원수공제계약을 체결할 수 있도록 하여 단위조합도 전면적인 공제사업을 실시했다.

2. 상호금융업무

농협의 상호금융 제도는 경제력이 미약한 농민들이 상호 유무상통하여 자금의 과부족을 스스로의 힘으로 해결하는 호혜적 금융 제도다. 이는 일찍이 독일의 신용협동조합에서 라이파이젠에 의해 처음 실시된 뒤 전 세계로 확대되었는데, 우리나라는 1960년대 초부터 설립된 소수의 민간 신용협동조합에서만 실시하고 있었다.

그동안 농협은 상호금융 제도를 도입하지 못하고 1960년 말까지 농민의 농업자금을 정부와 한국은행으로부터의 차입금, 시·군 농협을 통한 비농민 예수금 등 주로 외부 자원에 의존하고 있었다. 그러나 농업의 상업화 추세가 진전되면서 자금수요에 대응하기 위해서는 외부 자원에만 의존하지 말고 농촌에 분산되어 있는 자금을 흡수하여 자본화함으로써 자금조달을 확대하고 다변화해야 할 필요성이 강하게 대두되었다. 이런 현실에서 중앙회장은 농촌의 고질적인 고리사채를 농민의 상호협조로 해결하는 방안을 찾으라는 대통령의 지시에 따라 관계자를 동원해 업무개발에 나섰다.

이렇게 시작된 업무개발은 전문부서인 금융부서에서 담당하는 것이 바람직했으나 지도부서가 담당했다. 이는 제도금융에 매몰되어 있던 금융부서가 현 단계에서의 조합금융은 생각조차 할 수 없을 뿐만 아니라 자칫하다간 농민을 수탈하는 새로운 고리대금 제도가 될 수 있다는 부정적인 태도를 보였기 때문이다. 이런 이유로 업무개발은 리·동 조합을 지도하는 지도부서가 담당하게 되었다.

상호금융업무는 라이파이젠 신용협동조합을 모델로 신용협동조합의 당무자들에게 이론과 실제에 대한 조언을 받았을 것으로 짐작된다. 이런 경과를 거쳐 예수금은 일시 예탁금과 자유계금, 상호계금을, 대출금은 일반대출금, 자유계금대출금, 상호계금대출금을 개발하여 예금 및 대출업무를 시작했다. 그리고 상호금융을 실시하는 조합은 시·군 조합과 중앙회에서 일시부족금이나 지원자금을 차입할 수 있도록 했다.

한편, 상호금융업무를 시작하기에 앞서 1969년 7월 28일 업무의 법적 근거를 마련하기 위해 농협법 제58조 제1항 제17호에 따라 기타 목적 달성에 필요한 사업으로 주무부장관의 승인을 받았다. 그리고 1970년에는 단위조합 정관(예)를 개정(농림부 고시 제2137호)하여 상호금융업무를 단위조합의 사업으로 규정했다. 또한 1972년 8월 17일 법률 제2338호로 신용협동조합법이 제정 공포되어 농협의 상호금융업무는 이 법에 의해 완전한 법적 장치를 갖게 되었다.

상호금융업무는 단위조합 자립계획의 일환으로 1969년 8월부터 면 단위 대단위조합부터 시작되었다. 그해 145개 단위조합에서 상호금융을 실시했으며, 1970년에는 355개의 단위조합이 실시했다. 초기 정착기의 많은 어려움에도 불구하고 단기생산자금의 확대 공급, 농촌의 사채금리 인하, 농촌 유휴자금 흡수 등 다양한 효과를 보면서 농어촌 고리채 완화는 물론 이후 농협의 경제사업 신장에 기여하며 농민의 협동의식 제고를 통해 농협 사업의 획기적 성장과 발전을 견인했다.

3. 생활물자사업

농협은 농민조합원의 보다 나은 생활을 실현하기 위해 구매사업으로 농업생산자재를 원활하게 공급하고, 소비생활의 합리화를 통해 가정경제를 향상시킬 목적으로 소비물자를 구매 공급하는 소비조합적인 활동을 할 수 있다. 따라서 종합농협은 통합 이후에도 일부 리·동 조합에 구판장을 설치하고 농가생활용품을 자체구매방식으로 운영했다. 하지만 1968년 리·동 조합 구판장은 2,007개로 전체 조합의 12.4%에 불과했다.

구판장도 규모와 시설이 영세하여 조합원의 요구를 충족시키지 못했고, 경영수지도 맞출 수 없었다. 따라서 구판장을 통한 생활물자구매사업은 갈수록 위축되어 1969년에는 거의 유명무실해졌다. 그에 따라 농협은 1969년 단위조합 합병운동과 더불어 생활물자사업을 확대 추진하기 위해 '구판장혁신계획'을 수립하고 향후 3년간 읍·면 단위로 합병될 1,500개 단위조합에 농협연쇄점을 설치하기로 했다.

당시에는 농가소득의 향상으로 생활물자 구매가 다소나마 늘어나는 추세였다. 그래서 구멍가게처럼 영세한 유통체제에 있던 농촌에 대자본 유통이 선점하고 들어온다면 농민의 경제생활에 심대한 영향을 미칠 수도 있었다. 이런 우려 속에서 생활물자사업을 추진하는 것은 대단히 무모한 발상이었는데, 그 이유는 성공 여부를 점치기 어려운 상황이었기 때문이다.

생활물자사업을 전개한 계기는 상호금융업무 개발과 유사하다. 당시 단위조합 육성을 고심하던 중앙회장의 지시, 즉 신용사업 외에 농민조합원의 소비물자사업을 검토해보라는 지시에 따라 경제사업부서가 아닌 조사부에서 사업방안을 연구한 것이다. 그에 따라 연구팀은 첫째, 현대적인 기업경영 방식을 도입한 협동조합 상점을 개점한다, 둘째, 교통여건이 급속히 개선되고 있으므로 농협의 소재지에 구애받지 않고 입지를 선정하여 점포를 대형화·근대화한다, 셋째, 체인스토어 경영방식을 도입해 중앙 집중구매방식을 채용하고, 점포경영 및 점원의 교육과 중앙 단위 판촉활동을 강화한다, 넷째, 사업의 성공을 위해 중앙회의 고위급 인사가 경영을 책임진다는 방침을 세우고 본격적인 작업에 들어갔다.

1969년 12월 중앙회는 먼저 생활물자구매 확대추진사무국을 개설하고 모든 제도와 집중구매에 따른 물류시스템을 구축했다. 그리고 1970년 1월 30일 제1호 점포를 이천 장호원농협에 개설했다. 당시 이 점포는 구판장 평균 매장면적 9.3평보다 4배가 큰 40평 규모였다. 또한 중앙회는 1970년 2월 1일 생활물자구매 확대추진사무국을 확대 개편한 생활물자사업소를 개설하고 1년도 안 되어 모두 225개의 연쇄점을 전국 단위조합에 개설했다. 이어 1971년 202개, 1972년 50개, 1973년 42개, 1974년 151개 등 1974년까지 도합 700개의 점포를 개점했다.

이 과정에서 농협 내부의 반발과 저항은 물론 상인들과의 치열한 경쟁과 경험부족으로 많은 어려움을 겪었다. 그러나 이를 모두 극복하고 구매사업의 새로운 전기를 마련할 수 있었고, 도시에서도 제대로 발달하지 못한 소비조합운동을 농촌에 정착시키는 성과를 이루어냈다. 연쇄점 운영은 우선 농가의 상품구입가격 인하를 가져왔다. 또한 가격과 품질 면에서 비정상적이었던 상거래질서를 바로잡는 계기가 되었고, 그동안 주로 5일장에 의존하던 농민들에게 시간적인 불편을 덜어주는 효과까지 가져왔다. 그리고 농가 구매행위의 합리화를 통해 농민조합원의 간접적인 소득증대 효과를 가져왔다.

4. 단위조합 내부조직 육성

농협은 리·동 조합의 대단위 합병계획으로 단위조합의 경영수지를 자립화하고 조합원 지원을 확대할 수 있는 여건을 갖추었으나, 오히려 조합과 조합원 사이의 공간적 거리가 멀어지면서 조합원 참여와 이용이 저해되는 상황에 봉착했다. 따라서 조합과 조합원의 밀착도를 높이기 위해서는 단위조합 내부에 조합원의 자율조직과 협동조직을 육성할 필요가 있었다.

이런 필요성은 리·동 조합의 대단위 합병 이전에도 있었다. 그런데 리·동 조합이 대단위로 합병되면서 읍·면을 포괄하는 광역조합으로 재탄생하여 그 필요성이 더욱 커졌다. 즉 단위조합 내부에 지역별·작목별·계층별·사업별 소조직 활동을 통해 조합원의 욕구와 활동을 집결하여 조합사업과 경영에 반영하고, 조합의 운영상황을 조합원에게 신속히 전달하여 조합과 조합원을 긴밀히 연계시키면서 광역조합이면서도 소규모 조합처럼 협동조합 참여도가 높은 종합농협으로 발전할 필요성이 한층 높아진 것이다.

이런 배경에서 1970년 최초로 작목반이 조직되기 시작했다. 이 작목반은 단위조합 내에 동일 작목을 재배 사육하는 농가들이 반을 조직하여 생산에서 판매에 이르기까지 영농개선을 위한 공동대책을 수립하고, 단위조합의 사업과 조합원의 생산을 연결시켜 농가소득을 증대한다는 목적으로 만들어졌다. 이런 목적으로 1970년에는 397개 중점지원조합에 1,484개 작목반이 조직되었고, 1971년에는 이를 정비해 857개 작목반을 시범운영했다. 1972년에는 시범운영 결과를 평가 분석하여 작목반 육성방향을 확정했다.

추진방향은 첫째, 조합원의 자생조직으로 자주적 운영을 한다, 둘째, 작목반의 영농계획을 조합 사업계획에 반영한다, 셋째, 조합원 영농과 조합사업을 밀착시킨다, 넷째, 작목반을 통해 자금과 자재를 지원한다는 것이었다. 구체적인 추진요령으로는 1개 단위조합에 1개 작목반 이상을 조직하고, 새마을전진시범단위조합에서는 상품판매가 가능한 작목 3개를 선택하여 작목반을 조직해 이를 시범작목반으로 육성하며, 1개 작목반은 농가 50호 내외로 조직하되 반원이 많을 경우 자연부락 단위로 조를 구성해 운영한다는 것이었다.

이런 방침에 따라 1974년까지 7,029개의 작목반이 전국 단위조합에 조직되어 생산 및 판매협동체로 자리매김했다. 그리고 이보다 앞선 1973년에는 1972년부터 조직에 착수한 부락 단위조직인 부락회를 협동회로 바꾸고, 그 하부조직으로 작목반, 저축반, 학습반 등을 조직하는 한편, 부녀회, 4H구락부를 협력조직으로 연계해 운영하는 단위조합 내부 및 협력조직 운영요령을 제정 시행하여 단위조합의 마을 단위 실천조직의 기본골격을 갖추었다. 또한 1974년에는 사업과 자립기반을 확립하는 가운데 새마을사업이 본격적으로 추진되어 사업 기능이 다양화되면서 단위조합의 내부조직을 기능별·계층별로 조정했다. 즉 협동회를 정점으로 작목반과 부녀회를, 자립마을에는 저축조직으로 일조금고를, 일반 마을에는 새마을저축반을 조직하는 등 농협운동 활성화와 더불어 새마을운동과 연계성을 강화했다. 그 결과 1974년 마을 단위조직인 협동회 35,454개, 작목별 생산조직인 작목반 7,029개, 농촌 부녀활동의 생활개선조직인 부녀회 7,914개, 조합원의 저축조직인 일조금고와 새마을저축반이 각각 4,093개와 28,454개 조직되어 농협운동과 새마을운동의 실천조직체로서 중요한 기능을 담당했다.

이상에서 살펴본 4대 사업은 시기를 초월해 단기간에 이루어졌다. 그럼에도 단위조합의 자립은 물론 단위조합이 종합농협으로서 기능해 나가는 데 결정적인 사업이 되었고, 현재까지 단위조합 기간사업으로 유지되고 있다.

제5장
단위조합의 성립과 사업이관

1. 리·동 조합의 읍면 단위 통합

농협은 1964년부터 1968년까지 리·동 조합 합병운동을 전개해 리·동 조합이 적정규모를 확보하고 기능을 발휘할 수 있도록 했다. 그러나 이 시기 합병운동은 조합원 200호를 기준으로 한 소규모 통합운동이어서 대부분의 조합이 사업량 확보나 자기자금 조성 면에서 규모의 경제에 크게 미달한 상태였다. 1968년 리·동 조합은 16,089개였는데, 이 중 조합원 200명 이상인 조합은 16%인 2,641개에 불과했고, 조합당 평균 조합원 수도 139호에 불과하여 경제단체로서 기능을 발휘하며 자립적인 경영기반을 조성하기는 어려운 실정이었다. 따라서 리·동 조합의 경영기반을 조성하여 대농민 지원을 전담하기 위해서는 읍·면 단위 이상으로 통합해야 했다. 그에 따라 농협은 1969년부터 1973년까지 1개 읍·면당 1개 단위조합을 원칙으로 1,500개 조합으로 통합한다는 계획을 세우고 1969년 제2차 합병운동을 추진했다.

제2차 합병운동은 단위조합의 대형화를 통해 자금조달 확대, 적정규모의 사업량 발굴, 유능한 경영자 확보 등 규모의 경제를 실현함으로써 단위조합이 경제단체로서 기능할 수 있는 자립기반을 조성하는 것을 목적으로 했다.

통합운동은 성공적이었다. 1968년 16,089개였던 리·동 조합을 1969년에는 7,525개, 1970년에는 5,859개, 1971년에는 4,512개로 통합했고, 1972년에는 1,567개 조합에 평균 조합원 1,393명으로 통합하여 당초 계획을 1년 앞당긴 4년 만에 목표를 달성하며 유래 없는 조합 통합사를 이룩했다. 이후 단위조합은 1973년 1,549개, 1974년 1,545개로 통합되었는데, 사실상 농협의 대단위 합병은 1972년에 완료되었다고 할 수 있다.

리·동 조합의 합병을 성공적으로 추진한 농협은 단위조합 자립 5개년 계획을 수립 시행했다. 이 계획은 새로 개발된 상호금융과 생활물자사업 등 신규사업 도입과 더불어 대농민업무의 단위조합 이관을 포함하고 있었다. 구체적으로는 조합원의 자발적 참여를 통한 상향식 농협조직 확립, 회원조합에 중앙회 업무와 권한의 점차적 이관, 시·군 조합의 중앙회 의존 지양 및 단위조합으로의 단계적 업무 이관, 계통조합의 자기자금 조성 확대, 농민 조합원의 자조적 협동사업 적극 확대 등이었는데, 이를 통해 농협은 단위조합의 대단위화를 정착시키고 사업 기능을 활성화시킴으로써 단위조합이 농협운동의 중심체가 되도록 육성했다.

이런 목적으로 농협은 리·동 조합 합병을 통한 적정규모 확보(단위조합당 조합원 규모 1,500명 정도), 사무실을 비롯한 창고, 구판장 등 단위조합 종합 시설 확충, 자기자금 조성 및 상호금융 확대, 단위조합 내부조직 육성 등을 적극 추진했다.

2. 단위조합 육성계획 시행

농협은 리·동 조합 합병을 추진하며 처음에는 합병된 조합을 중점 지원하기 위해 중점지원조합 육성계획(1970~1972년)을 수립 실시했다. 이 계획은 읍·면 단위 합병을 끝낸 단위조합을 1년 동안 중점지원해 사업 기능을 발휘하도록 하는 것이었다. 중점지원조합 선정기준은 읍·면 단위로 합병을 완료하고, 자기자금 규모가 200만 원 이상이며, 고정투자를 위한 여유자금을 150만 원 이상 보유하고 있는 조합이었다. 이 기준에 의해 선정된 조합에 대해서는 1969년부터 시작된 상호금융과 1970년부터 도입한 생활물자사업을 타 조합보다 우선 착수하도록 했고, 비료, 농사자금, 공제, 정책 구·판매 등 시·군 조합이 맡고 있던 4종 업무를 이관하여 사업기반을 조속히 확충하도록 했다.

이처럼 시의적절한 육성계획은 단위조합 대단위 합병의 기폭제가 되었다. 이 계획을 바탕으로 1972년까지 대단위 조합 통합운동이 일단 완료되어 단위조합의 자립화를 위한 기반을 마련할 수 있었다. 그러나 단위조합은 시·군 조합 업무의 이관 및 자체 사업 개발 도입 등으로 조직과 사업이 활성화되고 있었으나 그때까지도 대농민사업을 전담하기에는 부족했다. 영농 및 생활지원을 원활히 수행하여 조합원의 여망에 부응하며 봉사하는 농협으로서 기능을 충실히 발휘하기 위해서는 무엇보다 자립적인 경영기반을 확립하는 것이 시급했는데, 이런 면에서는 완전하지 못했다. 그에 따라 농협은 중점지원조합 육성계획을 보다 발전시켜 기초경영자립조합 육성계획(1973~1977년)을 수립해 추진했다.

이 계획은 단위조합의 자립기준을 설정하여 모든 단위조합을 발전수준에 따라 자립·준자립·지원·준비조합으로 분류하고 각기 특성에 부합하는 육성책을 수립해 사업자금을 지원하고 경영지도를 강화함으로써 자립조합으로 육성해 나가는 데 목적을 둔 발전수준별 단위조합 육성계획이었다. 이 계획 역시 성공적으로 추진되었다. 1972년 104개 조합에 불과했던 자립조합이

3년차인 1974년에는 635개 조합으로 늘어났다는 점에서 얼마나 효과적이었는지 알 수 있다. 또한 농협은 자립조합이 급격히 증가하자 1974년부터 지역여건을 고려하여 단위조합을 종합형·신용형·경제형·육성형으로 분류하고 상대적으로 유리한 전략사업을 중점개발하도록 지원하는 종전의 발전수준별 육성계획을 지역별·전략사업별 육성계획으로 전환하여 추진했다.

3. 시·군 조합 대농민업무의 단위조합 이관

시·군 조합 업무의 리·동 조합 이관은 1965년 이후부터 비료 및 농사자금 중심으로 일부 실시되었으나 실적은 극히 미미했다. 그 후 대단위조합 통합운동과 기간사업의 확대도입을 계기로 단위조합의 기능화·자립화가 크게 진전되면서 시·군 조합의 비료, 영농자금, 공제, 정책 구·판사업 등 대농민 사업을 1971년 중점지원조합 육성계획에 따라 자립조합부터 우선적으로 이관했다. 그 결과 1971년 말까지 4대 업무가 296개 단위조합에 이관되었고, 1972년 말에는 764개 단위조합에 이관되었다. 또한 기초경영자립조합 육성계획 2차년도인 1974년도에는 모든 단위조합에 완전히 이관되었다.

그동안 단기농사자금 대부업무는 시·군 조합이 취급하여 불편을 겪고 있었다. 그러나 이 업무가 단위조합에 이관되어 상호금융자금과 함께 자금공급규모가 양적으로 확대되었고, 질적인 면에서도 크게 개선되는 등 조합원의 편리를 도모할 수 있게 되었다. 아울러 다른 업무도 단위조합에서 직접 취급함으로써 영농과 생활 전반에 걸쳐 종합적인 서비스가 가능해졌다. 그에 따라 단위조합은 사업확충에 박차를 가할 수 있었다.

4. 단위조합의 종합농협 법적 지위 확립

앞서 살펴본 대로 리·동 조합은 읍·면 단위 통합을 넘어 향후 더욱 대규모 합병을 추진해야 할 상황이었다. 따라서 종래의 리·동 조합 명칭을 단위조합으로 변경하고, 구역과 경제권 등을 정관에 명시하도록 했다. 특히 신용사업은 시·군 조합에 예금하기 위한 자금의 수집과 시·군 조합으로부터의 융자에 관한 알선, 자기자금에 의한 대출로 한정하여 불완전한 상태였다. 그러므로 조합원의 예금과 적금의 수입, 시·군 조합 또는 중앙회로부터의 자금차입, 조합원에게 필요한 자금의 대출 등을 명확히 규정하여 신용사업을 완전히 수행하는 종합농협으로서 기능해야 했다. 이를 위해 법률 개정이 필요했는데, 1973년 3월 5일 법률 제2577호로 공포됨으로써 단위조합은 종합농협으로서 법적 지위를 확립할 수 있었다.

요약 및 결어

통합농협은 1961년 발족 이후 혼란상태에서 잠시나마 방향을 찾지 못하기도 했지만 리·동 조합의 조직을 완료하고 내부조직을 재정비한 뒤 1964년부터는 당면한 현실을 직시하고 체질개선운동과 새농민운동을 통해 혁신운동을 단행했다. 그리고 리·동 조합 합병운동과 리·동 조합 자기자금 조성운동을 통해 리·동 조합의 자립기반을 만드는 데 매진했다. 또한 1969년부터는 리·동 조합의 읍·면 단위 합병운동과 단위조합 자립 5개년 계획을 추진하여 1972년까지 불과 수년 만에 리·동 조합을 1,500여 개의 대단위조합으로 합병하는 놀라운 성과를 거두었다.

이런 성과는 시의적절한 리·동 조합 육성지원책을 마련하고 단위조합화를 뒷받침함으로써 얻을 수 있었다. 그리고 조합 규모화를 지속적으로 추진하여 시·군 조합의 대농민 지원업무, 즉 비료, 농사자금지원, 공제, 정책 구·판매업무 등을 자립 가능성이 높은 조합에 과감하게 이관하여 단위조합을 활성화시켰다. 아울러 1969년부터는 미래 단위조합의 기간사업이 될 상호금융, 생활물자 구매사업, 영농지도사업으로 작목반을 비롯해 단위조합 내부조직 육성사업을 개발 도입함으로써 공제사업과 더불어 4대 신규사업을 정착시켜 명실상부 종합농협으로 기능할 수 있는 규모와 사업을 갖추었다.

그동안 농협은 리·동 조합의 미조직 및 소규모화, 신용사업 미실시에 따른 리·동 조합의 종합농협 기능 발휘 곤란, 농민조합원 편익 위주의 농민 본위 사업 곤란 등 많은 문제를 안고 있었다. 이러한 문제는 농협 체질개선운동과 단위조합의 정상화로 해소할 수 있었고, 이를 통해 임직원의 화학적 통합도 이룰 수 있었다. 다만 하나, 경제사업과 신용사업의 시너지효과는 당시 연구 및 평가된 자료가 없어 확인할 수 없다. 그러나 농협은 상호금융 실시에 따라 생긴 자금과 정부지원자금으로 새로운 작목 입식을 통해 농민조합원의 생산지원을 강화했고, 자체 구매사업을 확충해 양질의 저렴한 영농자재를 공급하여 농민조합원의 생산비 절감에 기여했다. 그리고 무엇보다 농민조합원이 생산한 농산물의 위탁 또는 매취판매를 통해 농가소득 향상에 직접적인 혜택을 주었다. 아울러 단위조합의 합병 및 자립화 이후 판매사업 실적이 이전과는 비교할 수 없을 정도로 증가한 것은 경제사업과 신용사업의 시너지효과가 컸다고 볼 수 있다. 따라서 단위조합의 성립은 사실상 농협의 계통기관 전부를 종합농협으로 완성시켰다고 할 수 있다.

그런데 한 가지, 단위조합이 완전한 종합농협으로 새롭게 탄생했다고 해서 농협 전체를 종합농협이라 할 수 있느냐는 것이다. 농협중앙회와 시·군농협은 당초부터 도시금융업무를 포함한 종합농협으로 발족했다. 그러나 특수조합은 리·동 조합처럼 신용사업이 불완전한 형태로 설립되었다. 즉 특수조합은 단위조합이 상호금융을 도입할 때도 상호금융을 도입하지 않았던 것이다. 이는 특수조합이 지역농협과 달리 특정 농축산물의 구·판매사업을 위주로 하는 전문농협을 지향했기 때문이었다. 따라서 신용사업 실시 여부와 관계없이 중앙회와 시·군 조합에서 조합원이 필요로 하는 자금을 조달했고, 이런 이유로 종합농협으로 보는 데 무리가 없을 것이다.

이처럼 농협은 1961년 통합 이후 1972년 국제협동조합연맹에 정회원으로 가입하고, 1974년에는 종합농협으로 완성되었다. 하지만 농협은 당시까지 진정한 협동조합이 아니었다. 그 이유는 여전히 민주성과 자율성을 상실한 상태였기 때문이다. 즉 농협 임원 임명에 관한 임시조치법에 의해 중앙회장은 대통령이, 각급 조합장은 중앙회장이 임명했고, 특히 농협중앙회에는 이사회가 아닌 운영위원회가 상존하면서 중요 의사결정을 했는데, 중앙회의 사업계획과 수지예산도 주무부장관의 승인을 받아야 집행할 수 있는 구조였다. 이 문제는 1988년 말 해소되었다. 오랜 시간이 지나고 나서야 조합원이 조합장을 선출하고, 그 조합장들이 중앙회장을 선출하는 종합농협으로 거듭난 것이다. 그러므로 농협은 이때 비로소 민주적이고 자율적인 종합농협으로 탄생했다고 볼 수 있다.

부록

참고문헌

참고문헌

제1부 한국 농협의 뿌리

신근혜, 『금융조합개론』, 1929.

차전독, 『조선협동조합론』, 1932.

본위전상남, 『조선의 협동조합에 관한 의견』, 1933.

조선총독부, 『조선사정』, 1934~1944.

조선농회, 『조선농무제요』, 1936.

택촌강, 『농업단체론』, 1936.

조선금융조합연합회, 『조선 금융조합의 현세』, 1937.

문정창, 『조선농촌단체사』, 1942.

농협중앙회, 『한국농업금융사』, 1963.

최종식, 『농업협동조합론 신강』, 1966.

농협대학교 농협문제연구소, 『한국 농협의 성립 과정』, 1976.

농업협동조합전문대학, 『1920년대의 민간 협동조합운동』, 1991.

농협중앙회, 『농업협동조합법령연혁집』, 1990.

미판용남, 『농업협동조합사 입문』, 1994.

(사)한국협동조합연구소, 『서기 2000년의 협동조합』, 2000.

(사)한국협동조합연구소, 『성공하는 협동조합의 일곱 가지 원칙』, 2001.

이경란, 『일제하 금융조합 연구』, 2002.

농협대학교 출판부, 『한국농업협동조합론』, 2004.

농협대학교 농협경제연구소, 『일제강점기 협동조합 관련 법령자료집』, 2004.

농협중앙회, 『농협 20년사』, 1982.

축협중앙회, 『축협 10년사』, 1992.

한국인삼사업편찬위원회, 『한국인삼사』, 2002.

광산구청, 『광산구지』, 1994.

농협중앙회 전남도지회, 『전남농협 5년의 발자취』, 1967.

황의영, 「왜정 치하의 농업협동조합운동──금융조합, 산업조합, 농민공생조합을 중심으로」,

전북대학교 석사학위 논문, 1980.

기칠능, 「일제하 농회에 관한 사적 연구」, 서울대학교 석사학위 논문, 1983.

정용욱, 「1907~1918년 지방금융조합 활동의 전개」, 서울대학교 석사학위 논문, 1985.

김영희, 「1920~1930년대 금융조합의 금융활동에 관한 일 연구」, 숙명여자대학교 석사학위 논문, 1988.

최재성, 「지방금융조합 설립 초기 활동에 관한 연구―1907, 1908년 대부금 순보 분석을 중심으로」, 성균관대학교 석사학위 논문, 1996.

문영주, 「일제 말 전시체제기(1937~1945) 촌락금융조합의 활동」, 고려대학교 석사학위 논문, 1996.

이경란, 「일제하 금융조합과 농촌사회 변동」, 연세대학교 박사학위 논문, 2000.

이경란, 『일제하 금융조합의 농촌 침투와 산업조합―1910~1920년을 중심으로』, 2001.

김용택, 「해방 후 한국 농협의 기점에 관한 소고」, 『농협경제연구』 제28집, 2003.

소순열 외, 『식민지 조선에서의 산업조합의 일 특질―불이농촌산업조합을 중심으로』, 2005.

김용달, 『일제의 농업 정책과 조선 농회』, 2003.

제2부 광복 후 종합농협의 성립과정

농업은행조사부, 『농업연감』, 4291(1958).

농업은행조사부, 『농업연감』, 4292(1959).

농업은행조사부, 『농업연감』, 4293(1960).

농업협동조합중앙회, 『농업연감』, 1961.

농업협동조합중앙회, 『농업연감』, 1962.

최응상, 『농정십년사』, 1959.

문정창, 『한국농촌단체사』, 1961.

농업협동조합중앙회, 『한국농협 5년사』, 1966.

농업협동조합중앙회, 『한국농업금융사』, 1963.

농협대학교, 『한국협동조합관계기사목록』, 1975.

이환규, 『한국 농협의 성립 과정 (1)』, 1976.

전진한, 『나는 이렇게 싸웠다』, 1996.

이우재, 『한국농민운동사』, 1986.

박현채 외, 『해방 전후사의 인식』, 1988.

송진호·진덕규 외, 『해방 전후사의 인식 1』, 1989.

농협중앙회, 『농업협동조합법령연혁집』, 1990.

이우재, 『한국농민운동사연구』, 1991.

이승억, 『8·15 후 남한에서의 금융조합 재편 과정』, 1993.

강희구, 『한국농협창립실록』, 1996.

권태헌선생추모기념사업회, 『위대한 한 알의 밀알이』, 1996.

농림부, 『농정 반세기 증언』, 1999.

(사)한국협동조합연구소출판부, 『성공하는 협동조합의 일곱 가지 원칙』, 2001.

농협대학교 출판부, 『한국농업협동조합론』, 2004.

농협대학교 농협경제연구소, 『일제강점기 협동조합 관련 법령 자료집』, 2004.

홍행남, 『농업협동조합법 해설』, 2012.

제3부 종합농협의 완성

농협중앙회, 『한국농협 5년사』, 1966.

농협중앙회, 『한국농협 10년사』, 1971.

농협중앙회, 『한국농협 20년사』, 1982.

농협중앙회, 『농협 4반세기』, 1987.

농협중앙회, 『농업협동조합법령연혁집』, 1990.

농협중앙회, 『역대회장 연설문집』, 1991.

농협중앙회, 『농업연감』, 1962~1975.